Geltung und Fortbestand der Verfassungsgarantie staatlichen Religionsunterrichts in den neuen Bundesländern

Schriften zum

STAATSKIRCHENRECHT

Herausgegeben von
Axel Frhr. von Campenhausen
und Christoph Link

Band 19

PETER LANG
Frankfurt am Main · Berlin · Bern · Bruxelles · New York · Oxford · Wien

Markus Ogorek

Geltung und Fortbestand der Verfassungsgarantie staatlichen Religionsunterrichts in den neuen Bundesländern

Ein Beitrag zur Lehre vom sogenannten Verfassungswandel

PETER LANG
Europäischer Verlag der Wissenschaften

Bibliografische Information Der Deutschen Bibliothek
Die Deutsche Bibliothek verzeichnet diese Publikation in der Deutschen Nationalbibliografie; detaillierte bibliografische Daten sind im Internet über <http://dnb.ddb.de> abrufbar.

Zugl.: Köln, Univ., Diss., 2001

D 38
ISSN 1437-3149
ISBN 3-631-53052-8

www.peterlang.de

Meinen Eltern

Vorwort

Diese Arbeit wurde im Sommersemester 2001 von der juristischen Fakultät der Universität zu Köln als Dissertation angenommen. Sie wurde von der Friedrich-Ebert-Stiftung durch ein Promotionsstipendium gefördert. Die Entwicklung der Diskussion über die Einführung des Unterrichtsfachs Lebensgestaltung-Ethik-Religionskunde (LER) wurde bis Mai 2001 berücksichtigt. Später erschienene Literatur konnte in Einzelfällen noch eingearbeitet werden.

Der Streit um LER hat vor dem BVerfG zwischenzeitlich ein überraschendes Ende gefunden: Das BVerfG, das nach der mündlichen Verhandlung vom 26.6.2001 eine einvernehmliche Lösung angeregt hatte, legte den Beteiligten mit Beschluß vom 11.12.2001 einen detaillierten Vergleichsvorschlag vor (vgl. BVerfGE 104, 305). Danach bleibt das Fach LER zwar weiterhin erhalten; der Religionsunterricht, der auch fortan nicht ordentliches Lehrfach ist, wird aber insgesamt deutlich aufgewertet. Der Landtag in Brandenburg hat dem Kompromiß durch eine entsprechende Änderung des Schulgesetzes zugestimmt (Drittes Änderungsgesetz des Brandenburgischen Schulgesetzes vom 10.7.2002, GVBl. 2002/I, S. 55). In der Folgezeit haben die meisten Verfahrensbeteiligten ihre Anträge beim BVerfG zurückgenommen. Insoweit konnte das Verfahren mit Beschluß vom 31.10.2002 eingestellt werden.

Ganz herzlich bedanken möchte ich mich an dieser Stelle bei meinem Doktorvater, Herrn Prof. Dr. Stefan Muckel, der das Thema angeregt und mich bei der Anfertigung der Arbeit unermüdlich unterstützt hat.

Mein Dank gilt ferner Herrn Prof. Dr. Wolfgang Rüfner für die zügige und umsichtige Erstellung des Zweitgutachtens.

Schließlich möchte ich Herrn Prof. Dr. Axel Frhr. v. Campenhausen und Herrn Prof. Dr. Christoph Link für die freundliche Aufnahme meiner Arbeit in die Reihe „Schriften zum Staatskirchenrecht" danken.

Köln, im Mai 2004 Markus Ogorek

Inhaltsverzeichnis

Abkürzungen

Die in der Arbeit verwendeten Abkürzungen sind entweder aus sich heraus verständlich oder bei *Kirchner*, Abkürzungsverzeichnis der Rechtssprache, 4. Auflage, Berlin, New York 1993, erläutert.

Erster Teil
Einleitung

A. Die Lehre vom Verfassungswandel – zentraler Gesichtspunkt der in bezug auf Ostdeutschland geführten Schulrechtsdiskussion

Das Spannungsverhältnis zwischen Rechtswirklichkeit und Normgeltung ist in der Rechtswissenschaft wiederholt thematisiert worden[1]. Ähnlich verhält es sich mit dem Einfluß der Zeit auf Staatsverfassungen[2]. Dabei wurden die unterschiedlichsten Argumentationstopoi bemüht, um eine Rückwirkung der tatsächlichen Normsituation auf Rechtsnormen zu begründen: So sollten der „Wegfall der Geschäftsgrundlage", die „clausula rebus sic stantibus", die „normative Kraft des Faktischen" und der Satz „cessante ratione legis cessat lex ipsa" erklären, unter welchen Voraussetzungen der Norminterpret angesichts einer Veränderung bestimmter tatsächlicher Verhältnisse auf die sich wandelnden Gegebenheiten reagieren bzw. sogar vom Außerkrafttreten von Rechtsnormen ausgehen darf[3]. In diesem Zusammenhang ist vielfach auch auf das Institut des Verfassungswandels verwiesen worden. Hierunter wird eine Veränderung des Inhalts von Verfassungsnormen bei gleichbleibendem Verfassungstext verstanden, wenn neue, nicht vorhergesehene Tatbestände auftauchen oder bekannte Tatbestände durch ihre Einordnung in den Gesamtablauf einer Entwicklung in neuer Beziehung oder Bedeutung erscheinen[4]. Ein solcher Bedeutungswandel vollzieht sich in erster Linie durch die letztverbindliche Interpretation der Verfassungsnormen durch das Bundesverfassungsgericht[5], kann sich aber auch durch eine

---

[1] Vgl. etwa *Dreier*, JZ 1972, 329 ff.; *Maunz*, BayVBl. 1969, 1 ff.; *Müller*, ARSP 56 (1970), 493 ff.

[2] Vgl. *Häberle*, Jura 2000, 1 ff.; *Kloepfer*, Der Staat 13 (1974), 457 ff.; *Schenke*, AöR 103 (1978), 566 ff.

[3] Vgl. hierzu *Heckmann*, Geltungskraft und Geltungsverlust von Rechtsnormen, S. 417 ff.

[4] Vgl. BVerfGE 2, 380, 401; 3, 407, 422; *Erbel*, RiA 1987, 25, 29; *Hesse*, FS Scheuner (1973), S. 123, 126 ff.; *Lücke*, in: Sachs, Grundgesetz, Art. 79 Rn. 7; *Pauly*, Verfassungswandel und normative Kraft des Faktischen, S. VII; *Pieroth*, in: Jarass/Pieroth, Grundgesetz, Art. 79 Rn. 3; *Badura*, in: Isensee/Kirchhof, HdbStR VII, § 160 Rn. 13 ff.; *Schneider*, DVBl. 1990, 282, 285; *Walter*, AöR 125 (2000), 517 Fn. 2.

[5] Vgl. *Walter*, AöR 125 (2000), 517 ff.; *Schuppert*, AöR 120 (1995), 32, 68.

bestimmte „politische Praxis" anderer Staatsorgane[6] sowie den Erlaß von Gesetzen durch den einfachen Gesetzgeber[7] einstellen.

Unter Berufung auf einen entsprechenden Verfassungswandel ist im staatsrechtlichen Schrifttum die These verfochten worden, daß es in Anbetracht der durch die Wiedervereinigung veränderten Bekenntnissituation sowie des Mitgliederschwundes der christlichen Großkirchen zu einem partikulären Unwirksamwerden des Art. 7 Abs. 3 Satz 1 GG gekommen sei[8]. Die grundgesetzliche Garantie des Religionsunterrichts könne für die neuen Bundesländer, in denen sich die Kirchen in einer „Diaspora-Situation" befänden, nicht mehr gelten. Um diese Argumentation zu stützen, wird eine vermeintlich vom Grundgesetz intendierte strikte Trennung von Staat und Kirche bemüht, die in Art. 140 GG i.V.m. Art. 137 Abs. 1 WRV ihren Ausdruck finden soll[9]. Im Lichte dieses Trennungsgedankens stelle Art. 7 Abs. 3 Satz 1 GG eine „prinzipienwidrige Verfassungsvorschrift" dar, deren Geltung wegen ihres Ausnahmecharakters vom Vorliegen einer „volkskirchlichen Rechtfertigung" abhängig sei[10]. Von einer derartigen volkskirchlichen Situation lasse sich allerdings in Ostdeutschland, wo – so *Ludwig Renck* im Jahre 1994 – nur noch ca. 10% der Bevölkerung der katholischen Kirche und weniger als 25% den evangelischen Kirchen verbunden sind, schwerlich sprechen[11]. Durch den Bedeutungsverlust der Volkskirchen sei Art. 7 Abs. 3 Satz 1 GG kraft Verfassungswandels in den neuen Bundesländern gegenstandslos geworden. Da die Einführung des Religionsunterrichts als ordentliches Lehrfach nicht durch Art. 7 Abs. 3 GG gerechtfertigt sei, könnten die Beitrittsländer kein prinzipienwidriges Verfassungsrecht setzen und so ihre staatliche Bekenntnisneutralität an den öffentlichen Schulen einschränken[12]. Außerhalb des Geltungsbereichs von Art. 7 Abs. 3 GG sei daher die bekenntnisneutrale Schule das einzige verfassungsgängige Schulmodell[13].

---

[6] Vgl. zur Möglichkeit eines Verfassungswandels durch Koalitionsvereinbarungen *Zuck*, ZRP 1998, 457, 458 f.

[7] Vgl. hierzu *Lerche*, FS Maunz (1971), S. 285, 286, dem zufolge die Verfassung „eine Art *Konzentrat* jener *unter*verfassungsgesetzlichen Vorstellungen ist, die zu rechtsverbindlicher Stärke gelangt sind, sich also in Gestalt geschriebener oder ungeschriebener Normen niederzuschlagen vermochten."

[8] Vgl. *Renck*, ThürVBl. 1994, 182, 183 f.

[9] Vgl. *Renck*, ThürVBl. 1994, 182.

[10] Vgl. *Renck*, ThürVBl. 1994, 182.

[11] *Renck*, ThürVBl. 1994, 182, 183; vgl. auch das Zahlenmaterial bei *Muckel*, Religiöse Freiheit und staatliche Letztentscheidung, S. 2 Fn. 10.

[12] *Renck*, DÖV 1994, 27, 32.

[13] *Renck*, a.a.O.

B. Gang der Darstellung

Die Überzeugungskraft der sehr skizzenhaften These vom Geltungsverlust des Art. 7 Abs. 3 Satz 1 GG hängt entscheidend von der Anerkennung des Rechtsinstituts Verfassungswandel ab. Dessen Voraussetzungen und Grenzen sind jedoch alles andere als geklärt. Wenn das teilweise Unwirksamwerden des Art. 7 Abs. 3 Satz 1 GG unter Zuhilfenahme eines Verfassungswandels nachgewiesen werden soll, läuft diese Argumentation der im Schrifttum vorherrschenden Auffassung zuwider, daß ein Verfassungswandel über den Wortlaut einer Rechtsnorm nicht hinausgehen kann[14]. Der in bezug auf die institutionelle Garantie des Religionsunterrichts konstatierte Verfassungswandel wäre nämlich gerade nicht mehr mit dem Normprogramm des Art. 7 Abs. 3 Satz 1 GG in Einklang zu bringen, das weder eine territoriale Eingrenzung seines Geltungsbereichs vorsieht noch das Fortbestehen einer bestimmten religionssoziologischen Situation zur Vorbedingung für seine Anwendbarkeit erklärt. Der Begriff „Verfassungswandel“ wird hier also ohne eine nähere dogmatische Grundlegung in einem weiteren Sinne verwendet.

Ziel der vorliegenden Arbeit soll es sein, die für die aktuelle Schulrechtsdiskussion in Ostdeutschland ausschlaggebende Problematik des Verfassungswandels näher zu beleuchten. Dabei muß zunächst der Frage nachgegangen werden, ob Art. 7 Abs. 3 Satz 1 GG nicht ohnehin wegen Art. 141 GG in den neuen Bundesländern unanwendbar ist. Bevor in einem historischen Rückblick die Entwicklung der Lehre vom Verfassungswandel in ihren wesentlichen Ausprägungen nachgezeichnet wird, gilt es, die Rechtsnatur des Art. 7 Abs. 3 Satz 1 GG zu klären, da die Einordnung der Norm als Grundrecht einem rechtssatzvernichtenden Verfassungswandel entgegenstehen könnte. Im Rahmen der historischen Darstellung muß mit Blick auf die einzelnen verfassungsdogmatischen Ansätze sodann untersucht werden, ob ein Außerkrafttreten des Art. 7 Abs. 3 Satz 1 GG möglicherweise anhand einer der früher zum Verfassungswandel im staatsrechtlichen Schrifttum vertretenen Theorien begründet werden kann. Zu diesem Zweck wird es erforderlich sein, diese auf ihre Vereinbarkeit mit den Maßgaben des Grundgesetzes zu hinterfragen. Im Anschluß daran soll auf das gegenwärtige Begriffsverständnis vom Verfassungswandel eingegangen und sein Zusammenhang mit der Rechtsfigur eines geltungsbeendigenden Obsoletwerdens von Normen aufgezeigt werden. Der letzte Teil der Arbeit widmet sich der verfassungsrechtlichen Zulässigkeit einer Umgestaltung des Religionsunter-

---

[14] So etwa *Kleine*, Institutionalisierte Verfassungswidrigkeiten, S. 146; *Pieroth*, in: Jarass/Pieroth, Grundgesetz, Art. 79 Rn. 3.

richts in Richtung einer bloß darstellenden Religionskunde, weil bei Fortgeltung des Art. 7 Abs. 3 Satz 1 GG unter Umständen auf diesem Weg dem abnehmenden Schülerinteresse an religiösen Lehrinhalten entgegengewirkt werden kann.

Zweiter Teil
Zur Geltung des Art. 7 Abs. 3 Satz 1 GG in den ostdeutschen Bundesländern

A. Anwendbarkeit von Art. 141 GG

Ob es infolge eines Verfassungswandels zu einer Reduktion des territorialen Geltungsbereichs von Art. 7 Abs. 3 Satz 1 GG auf das Gebiet der alten Bundesrepublik gekommen ist, bedürfte keiner Erörterung, wenn die ostdeutschen Bundesländer aus einem anderen Grund dazu berechtigt wären, von der Einführung des Religionsunterrichts abzusehen. Ein Dispens von der institutionellen Garantie des Art. 7 Abs. 3 Satz 1 GG könnte sich für sie aus der „Bremer Klausel" des Art. 141 GG ergeben: Art. 141 GG nimmt diejenigen Länder von der Verpflichtung des Art. 7 Abs. 3 Satz 1 GG aus, in denen am 1. Januar 1949 eine abweichende landesrechtliche Regelung bestand.

Die Problematik, ob sich auch die neuen Bundesländer unter Art. 141 GG subsumieren lassen, war schon vor der Wiedervereinigung Deutschlands von Vertretern der christlichen Großkirchen erkannt und infolgedessen eine ausdrückliche Regelung aus Gründen der Rechtssicherheit angemahnt worden[15]. Weil der Bund der Evangelischen Kirchen in der DDR vor der Wiedervereinigung davon ausging, daß Art. 141 GG auf die Beitrittsländer nicht anzuwenden sei, Art. 7 Abs. 3 Satz 1 GG also auch in Ostdeutschland die Einführung des Religionsunterrichts erforderlich machen würde, rief er am 30. Juli 1990 den Ministerpräsidenten der DDR *Lothar de Maizière* in einer Stellungnahme[16] dazu auf, einer Einführung des Art. 7 Abs. 3 Satz 1 GG in den neuen Bundesländern entgegenzutreten[17]. Geprägt durch die Erfahrungen in der DDR, gab es bei den evangeli-

---

[15] Vgl. *Winter*, NVwZ 1991, 753.

[16] „Der Bund der Evangelischen Kirchen in der DDR sieht es als erforderlich an, in den Verhandlungen mit der Bundesregierung zu Festlegungen zu kommen, daß die Regelung des Religionsunterrichtes den künftigen Ländern und den Kirchen überlassen bleibt. Art. 7 Abs. 3 des Grundgesetzes der Bundesrepublik Deutschland kann deshalb für die Länder in der DDR nicht zur Anwendung kommen. Er müßte für diesen Bereich ausgesetzt werden." (Zitiert nach *Winter*, NVwZ 1991, 753).

[17] Auch in der katholischen Kirche der DDR gab es erhebliche Vorbehalte gegen eine Beteiligung am staatlichen Unterricht, wie die Ausführungen des Prälaten *Schmitz*, Diskussionsbeitrag, in: Marré/Schümmelfeder/Kämper, Essener Gespräche zum Thema Staat und Kirche 32 (1998), S. 112, belegen: „Als im Laufe des Jahres 1990 immer deutlicher wurde, daß uns doch die Wiedervereinigung geschenkt würde, und zwar auf dem Weg des Beitritts zum Geltungsbereich des Grundgesetzes, wurde den Männern und Frauen bei uns plötzlich deutlich, daß wir dann einige Dinge sozusagen erben und bekommen würden, bei denen man Bedenken

schen Kirchen erhebliche Vorbehalte gegen einen staatlich organisierten Religionsunterricht, weil darin die Gefahr einer „neuen Ideologisierung“[18] erblickt wurde. Der Indoktrination in der sozialistischen Schule sollte keine „schwarze Schule“ folgen, die viele durch die Zusammenarbeit mit staatlichen Stellen sich anbahnen sahen[19]. Die evangelischen Kirchen erachteten es deshalb für notwendig, eine Art. 141 GG entsprechende Vorschrift in den Einigungsvertrag mit aufzunehmen[20].

Der Religionsunterricht ist trotz dieser kirchlichen Initiative bei den Beratungen mit der Bundesrepublik nicht zum Verhandlungsgegenstand gemacht worden[21]. Art. 141 GG wurde deshalb weder ausdrücklich geändert noch die Geltung des Art. 7 Abs. 3 Satz 1 GG für die Beitrittsländer im Einigungsvertrag suspendiert. Gleichwohl wird in der politischen Diskussion[22] ebenso wie im wissenschaftlichen Schrifttum[23] die Auffassung vertreten, der vor der Wiedervereinigung nur in bezug auf Bremen und Berlin relevante Art. 141 GG erstrecke sich mit Vollendung der deutschen Einheit auch auf die Länder Brandenburg, Mecklenburg-Vorpommern, Sachsen, Sachsen-Anhalt und Thüringen. Außer im erstgenannten Bundesland sehen die Schulgesetze aller Beitrittsländer den Reli-

---

hatte. [...] Aber vor allem gab es sehr viele Emotionen hinsichtlich des Religionsunterrichts in der Schule. Pfarrer, Kapitäne, Seelssorgshelferinnen [...], Katecheten und Eltern waren der Meinung: Wir können doch nicht in die kommunistische Schule gehen und dort Religionsunterricht machen. Wir wollen das weiter in unseren Pfarreien machen, wo wir doch die ganzen Jahre über immer die Erfahrung gemacht haben, daß wir die Kinder dann leichter an den Gottesdienst, an die gottesdienstliche Gemeinschaft binden, daß wir sie zu unseren Kinder- und Jugendgruppen gewinnen können.“

[18] Vgl. *Winter*, NVwZ 1991, 753.

[19] *von Campenhausen*, in: Isensee/Kirchhof, HdbStR IX, § 207 Rn. 53; *Mehrle*, Trennung vom Staat – Mitarbeit in staatlichen Institutionen, S. 92 ff.; *Mückl*, AöR 122 (1997), 513, 537; *Renck*, NVwZ 1992, 1171; *Kremser*, JöR NF. 40 (1991/1992), 501, 522 f.; *Winter*, NVwZ 1991, 753; *Oebbecke*, DVBl. 1996, 336: „In vier Jahrzehnten, wenn man die nationalsozialistische Zeit hinzurechnet, sogar in fünzig Jahren, haben die Christen in Ostdeutschland die Erfahrung gemacht, daß kirchliche Nähe zum Staat und seinen Institutionen stets Gefahren für die innere und äußere Freiheit des kirchlichen Wirkens mit sich bringen konnte.“

[20] Vgl. *Winter*, a.a.O.

[21] *Anger*, Die Einführung des Unterrichtsfaches „LER“ in Brandenburg – ein Paradigmenwechsel im deutschen Staatskirchenrecht?, S. 18; *Kremser*, Der Rechtsstatus der evangelischen Kirchen in der DDR und die neue Einheit der EKD, S. 229.

[22] Auf diese Vorschrift berief sich etwa der Brandenburgische Justizminister *Bräutigam* am 15. März 1996 vor dem Deutschen Bundestag, vgl. Stenographische Berichte, S. 8545 f.

[23] So etwa *Pieroth*, in: Jarass/Pieroth, Grundgesetz, Art. 141 Rn. 1; *Schmitt-Kammler*, in: *Sachs*, Grundgesetz, Art. 141 Rn. 10 ff.; *Pieroth/Schlink*, Grundrechte, Rn. 672; *Goerlich*, NVwZ 1998, 819, 822; *Renck*, ThürVBl. 1993, 102 f.

gionsunterricht als ordentliches Unterrichtsfach vor, so daß das Problem dort allenfalls von theoretischer Bedeutung ist. Ganz anders stellt sich die Situation in Brandenburg dar, wo ungeachtet eines abratenden Appells des Deutschen Bundestages[24] am 28. März 1996 ein neues Schulgesetz[25] beschlossen wurde, das in § 141 Satz 1 i.V.m. § 11 an den brandenburgischen Schulen zwar das Unterrichtsfach Lebensgestaltung-Ethik-Religionskunde (LER)[26] einführt, daneben aber Religionsunterricht lediglich als von den Kirchen veranstaltetes, zusätzliches Wahlfach vorsieht[27].

---

[24] Der Antrag der Fraktionen von CDU/CSU und FDP auf BT-Drs. 13/4073, S. 1, wurde am 15. März 1996 mit 320 gegen 274 Stimmen (bei 14 Enthaltungen) angenommen (Stenographische Berichte, S. 8538 f.): „Der Deutsche Bundestag betrachtet mit Sorge die Diskussion um den brandenburgischen Schulgesetzentwurf und sieht sich in seinem dem Föderalismus verbundenen länderfreundlichen Verhalten durch ein bundesunfreundliches Verhalten des Landes Brandenburg beeinträchtigt. Er fordert deshalb den Landtag von Brandenburg auf, den von der Landesregierung eingebrachten Gesetzesentwurf über die Schulen im Land Brandenburg vom 24. Oktober 1995 (Landtags-Drucksache 2/1675) in der vorgelegten Form nicht zu verabschieden oder jedenfalls dahin gehend abzuändern, daß der Religionsunterricht an öffentlichen Schulen als ordentliches Lehrfach angeboten wird." Einen ganz anderen Inhalt besaß dagegen der Antrag der Abg. *Nickels*, *Beck*, *Häfner*, *Özdemir* und der Fraktion BÜNDNIS 90/DIE GRÜNEN „Das Reformprojekt 'Lebensgestaltung-Ethik-Religionskunde' an Brandenburger Schulen als Beitrag zur Vermittlung von Wertorientierung" (BT-Drs. 13/4090, S. 1): „Der Bundestag wolle beschließen: 1. Der Deutsche Bundestag weist den Vorwurf des Verfassungsverstoßes gegen das Land Brandenburg im Zusammenhang mit der Einführung des neuen Lehrfachs 'Lebensgestaltung-Ethik-Religionskunde' (L-E-R) als haltlos zurück. Er fordert die Verfassungsorgane des Bundes auf, die demokratisch gefaßten Entscheidungen des Landtages in Brandenburg zu respektieren und von einer Normenkontrollklage vor dem Bundesverfassungsgericht Abstand zu nehmen. 2. Der Deutsche Bundestag sieht in der im Entwurf eines Brandenburger Schulgesetzes vorgesehenen Regelung, Religionsunterricht an Schulen entsprechend der Berliner Praxis als freiwilliges Angebot der Kirchen einzuführen, das Bemühen, Rechtsgleichheit mit dem Bundesland Berlin herzustellen. 3. Der Deutsche Bundestag sieht in der Einführung von L-E-R im Entwurf eines Schulgesetzes des Landes Brandenburg (Landtags-Drucksache 2/1675) einen zulässigen und wertvollen Beitrag zur Debatte um Wertorientierung für Kinder und Jugendliche in einer zunehmend säkularen und pluralistischen Gesellschaft. 4. Der Deutsche Bundestag appelliert an die beiden großen christlichen Kirchen, ihren Widerstand gegen das Reformprojekt aufzugeben."

[25] Gesetz über die Schulen im Land Brandenburg vom 12.4.1996, GVBl. I 1996, S. 102 ff.

[26] Vgl. zur Entstehungsgeschichte von LER die knappe Zusammenfassung von *Kostorz*, „Lebensgestaltung-Ethik-Religionskunde" statt Religionsunterricht in Brandenburg, S. 4.

[27] Der hier einschlägige § 11 Abs. 2 bis 4 Bbg SchulG lautet: (2) Das Fach Lebensgestaltung - Ethik - Religionskunde soll Schülerinnen und Schüler in besonderem Maße darin unterstützen, ihr Leben selbstbestimmt und verantwortlich zu gestalten und ihnen helfen, sich in einer demokratischen und pluralistischen Gesellschaft mit ihren vielfältigen Wertvorstellungen und Sinnangeboten zunehmend eigenständig und urteilsfähig zu orientieren. Das Fach dient der Vermittlung von Wissen über Traditionen philosophischer Ethik und Grundsätzen ethischer Urteilsbildung sowie über Religionen und Weltanschauungen. (3) Das Fach Lebensgestaltung

Nach Angaben des Brandenburgischen Bildungsministers *Reiche* nahmen im Schuljahr 1999/2000 insgesamt 54767 Schüler der Jahrgangsstufen sieben bis zehn in 341 Schulen am Unterricht in LER teil[28]. Die Zahl der qualifizierten Lehrkräfte ist im gleichen Zeitraum von 521 auf 686 angestiegen[29]. Einem noch weiterreichenden Lehrangebot steht zur Zeit das Fehlen entsprechend ausgebildeter Lehrer entgegen[30].

In der Einführung von LER läge grundsätzlich nur dann kein Verstoß gegen Art. 7 Abs. 3 Satz 1 GG, wenn das Land Brandenburg wegen Art. 141 GG den Religionsunterricht nicht in den Kanon der ordentlichen Lehrfächer aufnehmen müßte. Etwas anderes könnte nur gelten, wenn die dominierende Areligiosität im Osten Deutschlands einer Anwendung der Norm entgegensteht oder zumindest zu einer von ihrem herkömmlichen Verständnis abweichenden Auslegung zwingt. Unbeirrt von den verfassungsrechtlichen Bedenken gegen das Unterrichtsfach, hat die Regierung Brandenburgs die Ausweitung des Lehrangebots an LER bislang konsequent weiterverfolgt[31].

- Ethik - Religionskunde wird bekenntnisfrei, religiös und weltanschaulich neutral unterrichtet. Die Eltern werden über Ziele, Inhalte und Formen des Unterrichts in Lebensgestaltung - Ethik - Religionskunde rechtzeitig und umfassend informiert. Gegenüber der religiösen und weltanschaulichen Gebundenheit von Schülerinnen und Schülern ist Offenheit und Toleranz zu wahren. (4) Das für die Schule zuständige Mitglied der Landesregierung wird ermächtigt, die Ausgestaltung des Faches Lebensgestaltung - Ethik - Religionskunde durch Rechtsverordnung zu regeln. Bezüglich des Stundenvolumens und der Einführung des Faches in den einzelnen Jahrgangsstufen ist rechtzeitig und nach umfassender Information das Benehmen mit dem für Schule zuständigen Ausschuß des Landtags herzustellen.

[28] FAZ vom 26. Juli 2000, S. 9.

[29] FAZ vom 26. Juli 2000, S. 9.

[30] FAZ vom 26. Juli 2000, S. 16.

[31] FAZ vom 26. Juli 2000, S. 16: „Denn bis zur Entscheidung des Bundesverfassungsgerichts über LER will der frühere Pfarrer und Kultusminister Reiche vollendete Tatsachen schaffen. Je weiter der Karlsruher Richterspruch verschoben wird, desto leichter wird es ihm gemacht. Denn LER hat sich in Brandenburg als Unterrichtsfach durchgesetzt." Frankfurter Rundschau vom 20. März 1997: „Heikle Fragen sind zu klären, und die Richter werden das kaum vor 1998, wahrscheinlich erst 1999 schaffen. Und wenn sie LER kippen? Wenn sie die Religion zum Pflichtfach erklären, wie dies im ganzen Bundesgebiet außer Bremen und Berlin der Fall ist? Dann wird es in Brandenburg vermutlich kaum mehr jemanden kümmern. „Lebensgestaltung-Ethik-Religionskunde" wird zum schöneren Teil des Alltags an den Brandenburger Schulen gehören und die Kritiker lehren, daß man vielleich ein Kruzifix mit schnellem Griff von der Wand nehmen kann. Einem lebendigen Schulfach ist so leicht nicht beizukommen."

B. Grammatikalische und genetisch-historische Auslegung

I. Der Wille des Verfassunggebers

In den Beratungen des Parlamentarischen Rates wurde Art. 141 GG in erster Linie mit Blick auf die besonderen Verhältnisse Bremens diskutiert[32]. Dessen Landesverfassung sah in Art. 32 einen „bekenntnismäßig nicht gebundenen biblischen Geschichtsunterricht auf allgemein christlicher Grundlage" vor, der mit Rücksicht auf seine mehr als 150jährige Tradition durch Art. 7 Abs. 3 Satz 1 GG nicht verdrängt werden sollte[33]. Das aus Spannungen innerhalb der evangelischen Landeskirche Bremens hervorgegangene Unterrichtsmodell half Kontroversen zwischen dem lutherischen und dem reformierten Bekenntnis vermeiden, indem Angehörigen beider Konfessionen eine einheitliche und damit auch einheitsstiftende religionskundliche Unterweisung zuteil wurde[34]. Der bekenntnismäßig nicht gebundenen Unterricht war in Bremen bereits 1799 an den privaten, im 19. Jahrhundert dann an den sich ausbildenden staatlichen Schulen des Landes eingeführt worden[35]. Mit dem Inkrafttreten der bremischen Verfassung am 21. Oktober 1947 fand der bislang nicht ausdrücklich geregelte Zustand eine gesetzliche Kodifizierung[36], deren Nichtberücksichtigung durch den Parlamentarischen Rat die Akzeptanz des Grundgesetzes in der Bevölkerung der Hansestadt ganz erheblich beeinträchtigt hätte[37]. Die Verabschiedung des Grundgesetzes

---

32 Lediglich der Abg. *von Mangoldt* (CDU) hielt Art. 141 GG hinsichtlich der bremischen Schulen für überflüssig, weil es sich bei diesen um „weltliche Schulen" handele, vgl. *ders.*, AöR 75 (1949), 286. Später rückte er allerdings von dieser Auffassung ab, *von Mangoldt*, Das Bonner Grundgesetz, Berlin, Frankfurt 1953, S. 664.

33 Darauf wies der Abg. *Ehlers* (SPD) im Hauptausschuß hin, Parlamentarischer Rat, Verhandlungen des Hauptausschusses, 43. Sitzung vom 18. Januar 1949, S. 557: „Das ist die Facon [sic!], nach der unsere Urgroßväter seliggeworden sind und nach der auch wir selig werden wollen."

34 Vgl. *Mückl*, AöR 122 (1997), 513, 527; *Maurer*, FS Zacher (1998), S. 577, 587 f.

35 *Schmoeckel*, Der Religionsunterricht, S. 301 f.

36 *Schmoeckel*, Der Religionsunterricht, S. 302.

37 Der Abg. *Ehlers* (SPD) bemerkte, die bremische Tradition zu übergehen, hätte für die Annahme des Grundgesetzes „unüberwindliche Schwierigkeiten" bereitet, Parlamentarischer

wollte der Parlamentarische Rat aber nicht wegen einer derartig „peripheren Frage“[38] gefährden oder unnötig hinauszögern.

Vor diesem Hintergrund erklärt sich auch, daß Art. 141 GG im Verlauf der Beratungen nicht ausschließlich auf die besondere Situation Bremens begrenzt blieb: Denn nicht nur in Bremen, sondern auch in Berlin hing die Zustimmung zum Grundgesetz maßgeblich davon ab, ob der Parlamentarische Rat sich bereit fand, auf landesspezifische Besonderheiten beim Religionsunterricht Rücksicht zu nehmen. Hamburg stand Art. 7 Abs. 3 Satz 1 GG ebenfalls eher skeptisch gegenüber. Der Abg. *Schönfelder* (SPD) machte in einem Protest der hamburgischen Schulbehörde gegen Art. 7b, einer Entwurfsfassung des späteren Art. 7 GG, darauf aufmerksam, daß eine territorial uneingeschränkte Garantie des Religionsunterrichts das Ende der dort seit 80 Jahren etablierten Simultanschule bedeuten würde[39]. Die Forderung, daß sich Art. 141 GG nicht in einer Sonderregelung zugunsten Bremens erschöpfen dürfe, wurde im Parlamentarischen Rat wiederholt erhoben. So erklärte der Abg. *Walther Menzel* in Erwiderung auf die Feststellung des Abg. *Jakob Kaiser*, Art. 141 GG sei „lediglich unter Hinweis auf einen außergewöhnlichen verfassungsrechtlichen Zustand in Bremen zustande gekommen“[40]: „Als Mitglied des Fünferausschußes muß ich den Feststellungen des Herrn Kollegen Kaiser widersprechen. Es ist richtig, daß wir bei den Beratungen im Fünferausschuß zunächst den Fall Bremen behandelt haben. Dann haben die Abgeordneten aus dem Gebiet von Hamburg uns erklärt, daß bei ihnen die gleichen Bedingungen gegeben seien. Dann kam Hessen und hat ebenfalls erklärt, daß es auf diese Vorschriften Wert lege. Es ist nicht so, daß mit dieser Bestimmung nur der Fall Bremen erledigt werden sollte.“[41]

Da den Delegierten des Parlamentarischen Rates nicht die erforderliche Zeit zur Verfügung stand, die Rechtslage in Bremen, Berlin und vielleicht noch Hamburg und Hessen eingehend zu begutachten, gaben sie letztlich einer sehr allgemeinen Formulierung den Vorzug, die den Kreis der berücksichtigten Länder bewußt nicht zu eng faßte[42]. Problematisch ist jedoch, ob sie in diesen Kreis auch die sowjetische Besatzungszone (SBZ) einbezogen wissen wollten. Das hätte für die dort konstituierten Länder bei einem Beitritt zum Grundgesetz die Unanwendbarkeit von Art. 7 Abs. 3 Satz 1 GG bedeutet.

Rat, Verhandlungen des Hauptausschusses, 43. Sitzung vom 18. Januar 1949, S. 557.

[38] *Heckel*, Religionsunterricht in Brandenburg, S. 99.

[39] von Doemming/Füßlein/Matz, JöR 1 (1949), 908.

[40] Abg. *Kaiser* (CDU), 51. Sitzung vom 10. Februar 1949, Parlamentarischer Rat, Verhandlungen des Hauptausschusses, S. 683.

[41] Abg. *Menzel* (SPD), 51. Sitzung vom 10. Februar 1949, Parlamentarischer Rat, Verhandlungen des Hauptausschusses, S. 684.

[42] Vgl. *Heckel*, Religionsunterricht in Brandenburg, S. 99.

Was die Tatbestandsvoraussetzungen anbelangt, fiel die Mark Brandenburg unproblematisch unter die in Art. 141 GG vorgesehene Stichtagsregelung. In ihrer Landesverfassung[43] wurde am 1. Januar 1949 in Art. 66 Abs. 1[44] nämlich nur ein von den Religionsgemeinschaften organisierter Religionsunterricht verbürgt[45]. Einer Berücksichtigung der Vorschrift durch den Parlamentarischen Rat könnte aber entgegenstehen, daß alle politischen Kräfte der SBZ vor den parlamentarischen Detailberatungen darin übereinstimmten, es handele sich bei den sowjetzonalen Landesverfassungen lediglich um Übergangsregelungen[46]. Angesichts dessen wird teilweise gesagt, der Parlamentarische Rat habe die „Ostgebiete“ durch Art. 141 GG keinesfalls auf Dauer von Art. 7 Abs. 3 Satz 1 GG dispensieren wollen[47]. Eine solche Argumentation vernachlässigt jedoch, daß die westdeutschen Landesverfassungen nicht weniger von provisorischer Natur waren als die im Ostteil Deutschlands beschlossenen[48]. Gleichwohl sollten diese Interimsverfassungen, soweit sie eine von Art. 7 Abs. 3 Satz 1 GG abweichende Rechtslage statuierten, im Rahmen des Art. 141 GG Beachtung finden. Der Tatsache, daß den ostdeutschen Verfassungen nur ein kurzfristiger Bestand vorausgesagt wurde, läßt sich daher kein ihrer Einbeziehung in Art. 141 GG entgegenstehendes Argument abgewinnen.

Allerdings kann gegen eine Geltungserstreckung des Art. 141 GG auf die Länder in der SBZ der provisorische Charakter des Grundgesetzes ins Feld geführt werden[49]. Das Grundgesetz verstand sich als eine vorläufige Regelung für die an

---

[43] GVBl. der Provinzialregierung Mark Brandenburg, 1947, S. 45 ff.

[44] Art. 66 Abs. 1 LVerf MBr lautete: „Das Recht der Religionsgemeinschaften auf Erteilung von Religionsunterricht in den Räumen der Schule ist gewährleistet. Der Religionsunterricht wird von den durch die Kirchen ausgewählten Kräften erteilt. Niemand darf gezwungen oder gehindert werden, Religionsunterricht zu erteilen.“

[45] Von Art. 7 Abs. 3 Satz 1 GG abweichende Regelungen enthielten ebenfalls Art. 72 Abs. 2 Thüringische Verfassung, Art. 93 der Verfassung des Landes Mecklenburg-Vorpommern, Art. 93 der Verfassung der Provinz Sachsen-Anhalt, Art. 93 der Verfassung des Landes Sachsen.

[46] Vgl. *Kremser*, JZ 1995, 928, 931; *Muckel/Tillmanns*, RdJB 1996, 360, 361.

[47] Vgl. *Kremser*, a.a.O.

[48] Vgl. *Wißmann*, RdJB 1996, 368, 373: „Der Verweis auf die Benennung der Vorläufigkeit durch ostdeutsche Politiker geht fehl, weil auch westliche Länder noch bis vor kurzem vorläufige Verfassungen hatten.“

[49] *Muckel/Tillmanns*, RdJB 1996, 360, 361; vgl. auch *Link*, in: Listl/Pirson, HdbStKR II, S. 439, 444: „Hinzu kommt, daß Art. 141 GG Sonderregelungen der westlichen Länder im Blick hatte, nicht aber die Situation eines großen Beitrittsgebietes.“ *Jeand'Heur/Korioth*, Grundzüge des Staatskirchenrechts, Rn. 322.

seiner Beratung beteiligten westdeutschen Länder[50]. Eine gesamtdeutsche Verfassung sollte erst später gemäß Art. 146 GG vom deutschen Volk in freier Entscheidung beschlossen werden. Dies drückt sich insbesondere im Wortlaut der Präambel aus, der die Geltungsdauer des Grundgesetzes auf „eine Übergangszeit" beschränkte[51]. An gleicher Stelle findet sich zwar auch die Aussage, das Deutsche Volk in den westdeutschen Ländern habe mit der Ausarbeitung des Grundgesetzes stellvertretend „für jene Deutschen gehandelt, denen mitzuwirken versagt war."[52] Diese Formulierung verdeutlicht aber nur, daß das Grundgesetz in seiner freiheitlichen Substanz auch für einen Beitritt der Länder in der Sowjetzone offen war[53]. Sie brachte damit die Hoffnung des Parlamentarischen Rates auf eine baldige Wiedervereinigung zum Ausdruck, ohne daß ihr das Verbot einer auf bestimmte westdeutsche Bundesländer begrenzten Regelung entnommen werden könnte.

Ein Indiz für eine extensive Interpretation des Art. 141 GG liefert möglicherweise eine Bemerkung des Delegierten *Kaiser* auf der 9. Hauptausschußsitzung des Parlamentarischen Rates vom 10. Februar 1949, in der dieser auf „die Bedeutung der Angelegenheit für die Stadt Berlin und [...] die Besorgnis, die wir um die Ostzone haben", hinwies[54].

Bernhard Schlink will diesem Wortbeitrag entnehmen, *Kaiser* sei von der Geltung des Art. 141 GG auch für die unter sowjetischer Besatzung stehenden Länder ausgegangen[55]. Bedeutung für die Auslegung komme insbesondere dem Umstand zu, daß *Kaiser* mit seiner Bemerkung zwar nicht auf ausdrückliche Zustimmung, allerdings auch nicht auf offenen Widerstand stieß[56]. Obwohl die Reaktion der anderen Abgeordneten wegen der geringen Relevanz der Schulrechtsfrage in ihrer Bedeutung nicht überschätzt werden dürfe, offenbare das Ausblei-

---

[50] *Kenntner*, DÖV 1997, 450: „Die Teilung Deutschlands sollte durch die Verfassungsgebung nicht zementiert werden. Deshalb sollte der provisorische Charakter des Verfassungswerks betont, das staatliche Leben nur 'für eine Übergangszeit' geordnet werden."

[51] Daß sich die Bremer Klausel nur auf die in der Präambel des Grundgesetzes genannten Länder beziehen sollte, ergibt sich auch aus den Besprechungen unter den im Parlamentarischen Rat vertretenen Fraktionen, vgl. *Goeschen*, Bremer Klausel: „In einem Lande der Bundesrepublik", AfkKR 170 (2001), S. 129 ff.

[52] Darauf verweist *Kostorz*, „Lebensgestaltung-Ethik-Religionskunde" statt Religionsunterricht in Brandenburg, S. 22 f.

[53] *Heckel*, Religionsunterricht in Brandenburg, S. 100; *ders.*, ZevKR 44 (1999), 147, 213 f.

[54] Abg. *Kaiser* (CDU), Parlamentarischer Rat, Verhandlungen des Hauptausschusses, 51. Sitzung vom 10. Februar 1949, S. 684.

[55] *Schlink*, NJW 1992, 1008, 1010 f.: „*Kaiser* wollte warnen, daß die Folgen des allgemeinen Verständnisses von Art. 141 GG nicht auf Bremen und vielleicht noch Hamburg und Hessen beschränkt blieben, sondern Berlin und die Länder der Ostzone beträfen."

[56] *Schlink*, NJW 1992, 1008, 1110.

ben jedweder Kritik, daß *Kaisers* Ansicht nicht als „befremdlich“, sondern insgesamt als „jedenfalls vertretbar“ empfunden wurde[57].

Gegen diese von ihm als „groteske historische Fehleinschätzung“[58] bewertete Ansicht wendet sich *Martin Heckel*, der die „dunkle Äußerung“[59] des Abg. *Kaiser* in einem ganz anderen Sinne verstehen zu können glaubt. *Heckel* sieht sie als Beleg dafür an, daß der Parlamentarische Rat die in der Ostzone erfolgte Ausgrenzung des Religionsunterrichts aus der Schule weder anerkennen noch durch Art. 141 GG für den Beitrittsfall aufrechterhalten wollte. Den Delegierten habe die politische Entwicklung in der sowjetisch besetzten Zone mit aller Deutlichkeit vor Augen gestanden[60]. Eingedenk der „klaren antikommunistischen Mehrheitsverhältnisse“[61] könne daher nicht ernsthaft unterstellt werden, sie hätten sich „zum Handlanger des kommunistischen Systems mit verzögerter Zukunftswirkung“[62] machen wollen: „Stellt man sich vor, daß der Wiedervereinigungsfall bereits kurz nach Erlaß des Grundgesetzes eingetreten wäre, so hätte niemand in der politischen Szene und in der Wissenschaft daran gedacht, die Maßnahmen der kommunistischen Religionspolitik mit der freiheitlichen Bremer Tradition gleichzusetzen und als durch Art. 141 GG verfassungsrechtlich abgesichert anzusehen.“[63]

Der Argumentation *Heckels*, welche die in Ostdeutschland erlassenen Regelungen zum Religionsunterricht als ideologische „Religionsbekämpfung durch die sowjetische Besatzungsmacht und ihre kommunistische Blockherrschaft“[64] brandmarkt, ist entgegengehalten worden, sie zeichne ein allzu einseitig gefärbtes Bild von der Verfassunggebung in den ostdeutschen Ländern. So wird im Schrifttum darauf hingewiesen, die in der SBZ beschlossenen Landesverfassungen seien im Grunde nicht weniger demokratisch legitimiert gewesen als jene im Westen, auf welche die Besatzungsmächte ebenfalls nicht unerheblichen Einfluß genommen hätten[65]. Zur Begründung wird dabei auf das Fehlen einer gefestigten demokratischen Tradition in ganz Deutschland aufmerksam gemacht[66]. Westdeutschland habe mit der Stunde Null genauso am demokratischen Neuanfang

---

57 *Schlink*, NJW 1992, 1008, 1011.

58 *Heckel*, Religionsunterricht in Brandenburg, S. 99.

59 *Heckel*, Religionsunterricht in Brandenburg, S. 100.

60 *Heckel*, Religionsunterricht in Brandenburg, S. 101.

61 *Heckel*, a.a.O., S. 99.

62 *Heckel*, a.a.O., S. 101. Ähnlich *Janz*, öarr 2002, 22, 29.

63 *Heckel*, a.a.O., S. 100.

64 *Heckel*, a.a.O., S. 100.

65 Vgl. *Renck*, LKV 1997, 81, 83.

66 *Renck*, a.a.O.

gestanden wie die Sowjetzone[67]. Die demokratische Legitimation der ostdeutschen Landesverfassungen lasse sich nicht ohne näheres Hinsehen mit der Behauptung einer Einflußnahme seitens der Sowjetunion und ihrer Gefolgsleute verwerfen[68], solange nicht in bezug auf die konkret in Rede stehende Vorschrift der Nachweis einer Verletzung rechtsstaatlicher Grundsätze geführt worden sei[69]. Art. 66 LVerf MBr offenbare bei einer solchen Betrachtungsweise gerade kein demokratisches Defizit, sondern stelle eine aus konfligierenden Interessen hervorgegangene Kompromißlösung der an den Verfassungsberatungen beteiligten Parteien dar.

In der Tat hatte nicht die SED, sondern die CDU im brandenburgischen Verfassungsausschuß den Antrag eingebracht, Religionsgemeinschaften an den Schulen das Recht zur Erteilung entsprechenden Unterrichts durch eigene Lehrkräfte zu garantieren[70]. Später distanzierten sich die Christdemokraten in einer Fraktionssitzung von ihrer Forderung und sprachen sich dafür aus, den Religionsunterricht zum gleichberechtigten Lehrfach aufzuwerten[71]. Sie beschlossen daher, einen entsprechenden Änderungsantrag zu stellen. Damit konnten sie gegen den Widerstand der SED zwar nicht durchdringen, bei deren Delegierten die Meinung vorherrschte, daß die Erteilung von Religionsunterricht allein Sache der Kirchen und aus diesem Grund auch räumlich vom staatlichen Schulunterricht zu separieren sei[72]. Nachdem die CDU im weiteren Verlauf der Beratungen aber an ihrem ursprünglichen Antrag festhielt, ging auch die SED nicht weiter gegen den Ausschußentwurf an[73]. So konnte der Abg. *Ernst Lemmer* (CDU) die später in die brandenburgische Verfassung aufgenommene Ausschußfassung resümierend mit den Worten kommentieren, man habe sich zwar „in dieser oder

[67] *Renck*, LKV 1997, 81, 83; *Kostorz*, „Lebensgestaltung-Ethik-Religionskunde" statt Religionsunterricht in Brandenburg, S. 23

[68] So ist etwa *Wegener*, Die neuen deutschen Verfassungen, S. 48, der Auffassung, insbesondere die Vorschriften über die Kultur hätten „vielleicht allzusehr die augenblickliche Stellung der SED zum Ausdruck" gebracht.

[69] *Kostorz*, „Lebensgestaltung-Ethik-Religionskunde" statt Religionsunterricht in Brandenburg, S. 24: „Zwar ist es richtig, daß Art. 66 LVMBr untrennbarer Bestandteil der Gesamtverfassung war, doch kann die Frage der demokratischen Legitimation dieser Norm nicht deduktiv, also von der gesamten Verfassung und dem sonst typischen Procedere ihrer Verabschiedung ausgehend, beurteilt werden."

[70] Vgl. *Braas*, Die Entstehung der Landesverfassungen in der Sowjetischen Besatzungszone Deutschlands 1946/1947, S. 250.

[71] *Braas*, a.a.O.

[72] Vgl. *Kostorz*, „Lebensgestaltung-Ethik-Religionskunde" statt Religionsunterricht in Brandenburg, S. 25.

[73] *Kostorz*, „Lebensgestaltung-Ethik-Religionskunde" statt Religionsunterricht in Brandenburg, S. 25.

jener Frage“ eine andere Formulierung gewünscht, „der Artikel über die Erteilung des Religionsunterrichts [sei] aber letztlich so gehalten“, daß er den „Geist der religiösen und weltanschaulichen Toleranz als ein wesentliches Element unserer neuen Demokratie“ respektiere[74]. Diese Einschätzung aufgreifend, will *Peter Kostorz* in Art. 66 LVerf MBr einen „klaren, nach demokratischen Gesichtspunkten nicht zu beanstandenden Kompromiß zwischen SED und CDU“[75] erkennen, der auch inhaltlich „insgesamt nicht aus dem Rahmen dessen falle, was in Ländern unter der westlichen Militärverwaltung festgelegt wurde.“[76]

Die bloße Verweisung auf ähnliche Regelungen in Westdeutschland ist allerdings wenig überzeugend. Denn eine in rechtsstaatswidriger Weise erlassene Rechtsnorm erfährt keinerlei Legitimation dadurch, daß ein demokratischer Verfassung- bzw. Gesetzgeber inhaltlich vergleichbare Regelungen getroffen hat. Für die Beurteilung einer Verfassungsvorschrift sind die Umstände ihres Zustandekommens nicht weniger maßgeblich als ihr Normbefehl[77]. Es kann nämlich nicht ausgeschlossen werden, daß die Vorschrift in einem demokratisch und rechtsstaatlich ausgestalteten Verfahren mit einem anderen Inhalt erlassen worden wäre.

Abgesehen davon wird es einer ausgewogenen historischen Analyse nicht gerecht, den Entstehungsprozeß einer Verfassung auf den Verfahrensgang bei einzelnen Vorschriften zu reduzieren. Ein solches Vorgehen verliert das zugrundeliegende politische Umfeld aus den Augen, so daß unberücksichtigt bleibt, in welchem Ausmaß der Aufbau demokratischer Strukturen im Zeitpunkt des Zustandekommens der brandenburgischen Verfassung bereits vereitelt worden war. So wurde beispielsweise die SPD schon im April 1946 mit der KPD zur SED zwangsvereinigt. Außerdem hatte die Provinzialregierung der Mark Brandenburg wenige Monate nach Kriegsende jede Form religiöser Unterweisung in der „Verfügung über die Säuberung der Schulen“ vom 13. Oktober 1945 unterbunden[78]: „Da Religion nicht mehr Lehrfach der Schule, sondern Angelegenheit der Religionsgesellschaften ist, sind auch religiöse Lehrgegenstände aus dem Unterricht wegzulassen. Selbstverständlich gilt das auch von den Anfangs- und

---

[74] *Braas*, Die Entstehung der Landesverfassungen in der Sowjetischen Besatzungszone Deutschlands 1946/1947, S. 250.

[75] *Kostorz*, „Lebensgestaltung-Ethik-Religionskunde“ statt Religionsunterricht in Brandenburg, S. 25.

[76] *Kostorz*, „Lebensgestaltung-Ethik-Religionskunde“ statt Religionsunterricht in Brandenburg, S. 25; *Wißmann*, RdJB 1996, 368, 373.

[77] Zu Recht verwirft deshalb *Mückl*, AöR 122 (1997), 513, 544, die „Einrede verfassungsmäßigen Alternativverhaltens“.

[78] Vgl. *Boese*, Die Entwicklung des Staatskirchenrechts in der DDR von 1945 bis 1989, S. 75.

Schlußgebeten."[79] Schließlich dürfte die am 24. Juni 1948 einsetzende Blockade der Zufahrtswege nach West-Berlin[80] bei den Abgeordneten des Parlamentarischen Rates nicht den Eindruck erweckt haben, die sowjetzonalen Verfassungen seien aus einem freien und demokratischen Willensbildungsprozeß der ostdeutschen Bevölkerung hervorgegangen.

Bei der Rekonstruktion des Normverständnisses, das den Beratungen des Parlamentarischen Rates zugrunde lag, muß besondere Aufmerksamkeit darauf verwandt werden, wie sich die Situation in Ostdeutschland aus damaliger Sicht beurteilte. Angesichts der aufgezeigten Entwicklungen in der SBZ darf es als nahezu ausgeschlossen gelten, daß die Abgeordneten des Parlamentarischen Rates Art. 66 Abs. 1 LVerf MBr bereits deshalb als demokratietauglich qualifizierten, weil die SED sich mit ihrer kirchenfeindlichen Politik nicht in voller Linie durchsetzen konnte. Entscheidend dürfte für sie vielmehr der Gesamteindruck der zunehmenden politischen Repression in Ostdeutschland gewesen sein[81]. Die Skepsis, die den sowjetzonalen Verfassungen entgegengebracht wurde, trat auch bei den Beratungen des Grundsatzausschusses zu Art. 28 Abs. 1 GG offen zutage[82], als der Abg. *Otto Suhr* diese als „scheindemokratische Verfassungen"[83] anprangerte. Bereits bei den Beratungen des Herrenchiemseer Verfassungskonvents hatte *Suhr* festgestellt, in der Sowjetzone werde der Versuch unternommen, „unter demokratischem Gewand die Demokratie außer Kurs zu setzen."[84] Um zu verdeutlichen, daß den Ländern Ostdeutschlands ein Beitritt

[79] Zitiert nach *Boese*, Die Entwicklung des Staatskirchenrechts in der DDR von 1945 bis 1989, S. 75.

[80] Vgl. hierzu *Loth*, Die Teilung der Welt, S. 229 ff.; *A. Hillgruber*, Deutsche Geschichte 1945-1986, S. 39 f.

[81] Ähnlich *Heckel*, ZevKR 44 (1999), 147, 214.

[82] *Anger*, Die Einführung des Unterrichtsfaches „LER" in Brandenburg – ein Paradigmenwechsel im deutschen Staatskirchenrecht?, S. 17 f.

[83] *Suhr* (SPD) im Grundsatzausschuß, in: Pikart/Werner, Der Parlamentarische Rat 1948-1949, Band 5/I, S. 304: „Wenn man sich die Verfassungen der Länder der Ostzone ansieht, so entsprechen sie auf den ersten Blick fast völlig den formalen Bedingungen einer Demokratie. Aber es gibt da Pferdefüße, die man am besten erkennt, wenn man den Entwurf des Volksrats einer näheren Prüfung unterzieht. Da gibt es eine kleine Fußnote, ganz klein und unscheinbar, die bestimmt, daß alle Grundrechte außer Kraft gesetzt werden können, sofern das Wohl der Allgemeinheit dies erfordert. Das bedeutet die Aufhebung der Grundrechte, wenn es dem Inhaber der Macht gefällt. Ferner kann die gesetzgebende Körperschaft in allen Fällen als oberstes Gericht tätig werden und entscheiden. Damit wird die Aufhebung der Gewaltenteilung vorweggenommen. In Wirklichkeit handelt es sich bei den Verfassungen der Länder der Ostzone um scheindemokratische Verfassungen."

[84] *Suhr* (SPD), in: *Bucher*, Der Parlamentarische Rat 1948-1949, Akten und Protokolle, Band 2, S. 211 Fn. 72.

zum Grundgesetz nur bei Übernahme der freiheitlich demokratischen Grundordnung der Bundesrepublik ermöglicht werden sollte, hatte eine Entwurfsfassung des Art. 23 GG[85] explizit auf den späteren Art. 28 GG (damals Art. 29) Bezug genommen[86]. Auf diese Verweisung wurde später zwar verzichtet, um nicht „politischen Gefühlsmomenten zu starke Angriffspunkte [zu] geben."[87] Hieraus sollten jedoch keine Änderungen in der Sache folgen[88].

Die Warnung des Abg. *Kaiser*, der dem Abg. *Suhr* „die Bedeutung der Angelegenheit für die Stadt Berlin und [...] die Besorgnis, die wir um die Ostzone haben"[89], zu Bedenken gab, bezog sich auf die auch von *Suhr* konstatierte politische Entwicklung in der SBZ, die insbesondere in Berlin zu einer kritischen Zuspitzung der Situation geführt hatte. Um so brisanter mußte die Wortmeldung des *Abg. Suhr* auf die Delegierten wirken, daß die Stellung Berlins zum Grundgesetz von der Geltung des Art. 141 GG eventuell abhängen könne[90]. *Kaiser* wußte, daß vom Parlamentarischen Rat mit der Erweiterung des Anwendungsbereichs von Art. 141 GG auf eine Vielzahl von westdeutschen Ländern ein gefährliches politisches Signal ausgegangen wäre, das in der Ostzone als Billigung der dort praktizierten religionsfeindlichen Politik hätte aufgefaßt werden können. Der SED wäre es ein Leichtes gewesen, hieraus entsprechenden propagandistischen Nutzen zu ziehen[91]. Nur darauf wollte *Kaiser* aufmerksam machen. Die Äußerung des Abg. *Kaiser* läßt sich daher nicht als Argument für eine Geltungserstreckung des Art. 141 GG auf Ostdeutschland verwenden. Die historische Auslegung führt zu dem Ergebnis, daß die Einbeziehung der SBZ in den Anwendungsbereich des Art. 141 GG nicht beabsichtigt war.

---

[85] Die Entwurfsfassung des Herrenchiemseer Verfassungskonvents (Art. 27) lautete in Abs. 3 (abgedruckt in: *Bucher*, Der Parlamentarische Rat 1948-1949, Akten und Protokolle, Band 2, S. 583): „Jeder andere Teil Deutschlands kann auf seinen Wunsch durch Bundesgesetz in den Bund aufgenommen werden; wenn er sich nicht einem Bundesland anschließt, bildet er ein neues Land, dessen Verfassung dem Art. 29 entsprechen muß."

[86] Vgl. *Goeschen*, LKV 1997, 320.

[87] *von Mangoldt*, in: Pikart/Werner, Der Parlamentarische Rat 1948-1949, Band 5/I, S. 452.

[88] Vgl. *Goeschen*, a.a.O.

[89] Abg. *Kaiser* (CDU), 51. Sitzung vom 10. Februar 1949, Parlamentarischer Rat, Verhandlungen des Hauptausschusses, S. 684.

[90] Abg. *Suhr* (SPD), 51. Sitzung vom 10. Februar 1949, Parlamentarischer Rat, Verhandlungen des Hauptausschusses, S. 684.

[91] Vgl. *Heckel*, ZevKR 44 (1999), 147, 210, insb. Fn. 138.

II. Die Bedeutung des Wortes „Land“ in Art. 141 GG

Die Ausweitung des Anwendungsbereichs von Art. 141 GG könnte weiterhin daran scheitern, daß die Vorschrift eine rechtliche Identität der neuen Bundesländer mit den in der SBZ gegründeten Ländern voraussetzt. Hiervon wäre auszugehen, wenn die Bremer Klausel mit dem Wort „Land“ die heute nicht mehr existierenden Nachkriegsländer der sowjetischen Besatzungszone bezeichnet.

1. Land als geographischer Bereich

Gegen eine derartige Einschränkung des Tatbestandes wird angeführt, mit dem Wort „Land“ wolle Art. 141 GG nicht eine Gebietskörperschaft, sondern nur ein Gebiet oder einen Landstrich umschreiben[92]. *Renck* hat insoweit die Behauptung aufgestellt, eine derartige Auslegung lasse sich „verbalinterpretatorisch bedenkenlos unter den gesetzlichen Tatbestand subsumieren“[93]. Da Fundament der grammatikalischen Auslegung einer Rechtsnorm der konventionelle Wortgebrauch der Sprachgemeinschaft ist und das Wort „Land“ umgangssprachlich einen „Teil der Erdoberfläche“[94] bezeichnet, verdient *Renck* mit seinem Befund zumindest auf den ersten Blick Zustimmung.

2. „Land“ im Kontext anderer Verfassungsbestimmungen

Der Bedeutungsgehalt des Wortes „Land“ erschöpft sich allerdings nicht in der von *Renck* vorgeschlagenen Interpretation. Der Begriff wird nämlich auch zur

---

[92] *Renck*, LKV 1997, 81, 82; *Schlink*, NJW 1992, 1008; *Schmitt-Kammler*, in: Sachs, Grundgesetz, Art. 141 Rn. 13; *Lörler*, ZRP 1996, 121, 123; *Pieroth/Kingreen*, GS Jeand'Heur (1999), S. 265, 273: „Des weiteren findet nach Art. 141 GG die Garantie des Religionsunterrichts als ordentliches Lehrfach *in* einem Lande und nicht *auf* ein Land unter den genannten Voraussetzungen keine Anwendung. Darin kommt der territoriale Bezug zum Ausdruck.“

[93] *Renck*, a.a.O; ebenso *Lörler*, a.a.O, und *Hufeld*, Die Verfassungsdurchbrechung, S. 207.

[94] Duden, Band 8: Die sinn- und sachverwandten Wörter, 21. Auflage; Wahrig, Deutsches Wörterbuch, 6. Auflage, S. 792.

Kennzeichnung von Staaten verwendet[95]. Bei den Ländern der Bundesrepublik handelt es sich um Staaten[96], so daß eine rechtssubjektsbezogene Auslegung mit dem Wortlaut des Art. 141 GG gleichfalls im Einklang steht[97].

Die Beantwortung der Frage, in welcher Bedeutungsmodalität die Verfassung das Wort in der Bremer Klausel gebraucht, macht es somit erforderlich, sich dessen sonstige Verwendung in einer Gesamtschau von Verfassungsartikeln zu vergegenwärtigen, die den Begriff enthalten. Es muß schon aufgrund des Bestrebens des Verfassunggebers nach Normklarheit davon ausgegangen werden, daß der Verfassung als zusammenhängender Kodifikation eine einheitliche Terminologie zugrunde liegt, das gleiche Wort in verschiedenen Normen also grundsätzlich denselben Aussagegehalt haben soll[98]. Natürlich ist es auch möglich, daß ein Wort in verschiedenen Verfassungsbestimmungen etwas Unterschiedliches bedeutet[99]. So versteht man unter dem Begriff „verfassungsmäßige Ordnung" in Art. 2 Abs. 1 GG die Gesamtheit der Normen, die formell und materiell verfassungsmäßig sind[100], während in Art. 9 Abs. 2 GG mit der „verfassungsmäßigen Ordnung" die „freiheitlich demokratische Grundordnung" gemeint ist. Dennoch weist die durchgängig oder zumindest überwiegend konsistente Verwendung eines Wortes in einem bestimmten Sinn deutlich auf ein einheitliches Begriffsverständnis hin. Zieht man die Präambel sowie andere Artikel des Grundgesetzes heran, welche die Begriffe „Land" oder „Länder" enthalten (z.B. Art. 28, 70, 83, 92 GG), so zeigt sich, daß die Verfassung mit diesem Wort in den angeführten Bestimmungen ein „Land" als Rechtssubjekt und nicht nur ein bestimmtes Territorium bezeichnen will[101]. Eine solche Auslegung drängt sich dementsprechend auch für Art. 141 GG auf. Bekräftigt wird das Ergebnis dieses Bedeutungsvergleichs durch ein argumentum e contrario: Dort, wo das Grundgesetz nicht auf die Bundesländer als Gebietskörperschaften, sondern auf

---

[95] Wahrig, Deutsches Wörterbuch, 6. Aufl., S. 792.

[96] *Maunz/Zippelius*, Deutsches Staatsrecht, S. 106 f.; *Maurer*, Staatsrecht, § 10 Rn. 1 ff.; *Berg*, Staatsrecht, Rn. 168.

[97] Vgl. *Jeand'Heur/Korioth*, Grundzüge des Staatskirchenrechts, Rn. 322: „Die grammatische Interpretation verschließt sich weder der einen noch der anderen Lösung."

[98] Vgl. *Zippelius*, Juristische Methodenlehre, S. 53, spricht diesbezüglich von der „Einheitlichkeit der Terminologie". Daß die einheitliche Verwendung von Begriffen innerhalb eines Gesetzes verfassungsrechtlich allerdings nicht gefordert ist, hat *Felix*, Einheit der Rechtsordnung, S. 189 ff., nachgewiesen.

[99] BVerfGE 6, 32, 38.

[100] *Dreier*, in: Dreier, Grundgesetz, Art. 2 Rn. 38; *Kunig*, in: von Münch/Kunig, Grundgesetz-Kommentar, Art. 2 Rn. 22.

[101] Vgl. *Muckel/Tillmanns*, RdJB 1996, 360, 362; *Uhle*, DÖV 1997, 409, 410; *de Wall*, ZevKR 42 (1997), 353, 368. I.E. auch *Heckel*, Religionsunterricht in Brandenburg, S. 103.

einen geographischen Bereich rekurriert, hat es das – wie etwa in Art. 23 a.F.: „in anderen Teilen“ – durch die Wahl eines anderen Terminus hinreichend zum Ausdruck gebracht[102]. Auch das Nebeneinander der Begriffe „landesrechtliche Regelung“ und „Land“ legt eine rechtssubjektsbezogene Auslegung nahe. Da sich die „landesrechtliche“ Regelung deutlich auf ein Land als Rechtssubjekt bezieht (nur Länder im staatsrechtlichen Sinne können *Landes*recht erlassen), wäre es zumindest mißverständlich gewesen, in einer so knapp gefaßten Vorschrift wie Art. 141 GG das Wort „Land“ rein territorial zu verstehen[103].

3. Kein Widerspruch zur historischen Interpretation

Eine solche Auslegung gerät auch nicht in Widerspruch zu Äußerungen des Abg. *Heinrich von Brentano*, der Art. 141 GG selbst dann für anwendbar hielt, wenn „die 'andere landesrechtliche Regelung' nicht in dem Gesamtgebiet eines Landes“ gelten oder es zur „Bildung eines größeren Landes aus früheren Einzelländern“[104] kommen sollte[105]. Bei einer Neugliederung des Bundesgebiets könnte hiernach auf dem Gebietsteil eines vormals von Art. 141 GG erfaßten Landes weiterhin an einer von Art. 7 Abs. 3 Satz 1 GG divergierenden Regelung festgehalten werden. Beispielsweise unterfiele Bremen auch nach einem Zusammenschluß mit Niedersachsen Art. 141 GG und müßte deshalb seinen biblischen Geschichtsunterricht nicht aufgeben[106]. Weil im Zeitpunkt der Verhandlungen des Parlamentarischen Rates die Länderbildung noch nicht abgeschlossen war[107], trug die Auslegung *von Brentanos* dem Umstand Rechnung, daß ein

---

[102] Vgl. *Muckel/Tillmanns*, a.a.O; *Ramb*, Das Verhältnis von Kirche und Staat nach der deutschen Wiedervereinigung in der Krise?, S. 144; *Isensee/Ossenbühl*, Normenkontrollantrag, in: Konrad-Adenauer-Stiftung, Religionsunterricht in den Schulen, S. 17, 27.

[103] Vgl. *Tillmanns*, Grundzüge des Staatskirchenrechts in den neuen Bundesländern, in: Tillmanns/Neumann, Verfassungsrechtliche Probleme bei der Konstituierung der neuen Bundesländer, S. 161, 237; *Gröschner*, in: Dreier, Grundgesetz, Art. 141 Rn. 15.

[104] Abg. *von Brentano* (CDU), Parlamentarischer Rat, Schriftlicher Bericht zum Entwurf des Grundgesetzes für die Bundesrepublik Deutschland, Anlage zum stenographischen Bericht der 9. Sitzung des Parlamentarischen Rats am 6. Mai 1997, S. 77.

[105] Davon geht aber *Schlink*, NJW 1992, 1008, 1011 aus.

[106] *Isensee/Ossenbühl*, Normenkontrollantrag, in: Konrad-Adenauer-Stiftung, Religionsunterricht in den Schulen, S. 17, 32; *de Wall*, ZevKR 42 (1997), 353, 370; *Heckel*, Religionsunterricht in Brandenburg, S. 103; *Pieroth/Kingreen*, GS Jeand'Heur (1999), S. 265, 274; *Starck*, FS Listl (1999), S. 391, 400.

[107] Dies zeigt etwa der Zusammenschluß der Länder Württemberg-Baden, Württemberg-Hohenzollern und Baden im Jahre 1952.

Zusammenschluß von Bundesländern nicht automatisch eine Nivellierung regionaler Besonderheiten zur Folge hat. Wird das Wort „Land" in Art. 141 GG als Rechtssubjekt verstanden, bleiben *von Brentanos* Ausführungen weiterhin in sich schlüssig. Wenn Art. 141 GG von einem „Land" spricht, ist dieser Begriff folglich nicht im Sinne eines bestimmten geographischen Gebiets, sondern als Bezeichnung eines Staates gemeint.

4. Notwendigkeit einer Rechtssubjektsidentität

Auch für das Erfordernis einer Rechtssubjektsidentität bietet der Wortlaut des Art. 141 GG eindeutige Hinweise. Denn bei einer gebietskörperschaftsbezogenen Verwendung des Wortes „Land" müßten die Beitrittsländer am 1. Januar 1949 eine von Art. 7 Abs. 3 Satz 1 GG abweichende Regelungen vorgesehen haben, was nur denkbar ist, wenn sie zu diesem Zeitpunkt bereits existierten[108]. Eine Inanspruchnahme des Art. 141 GG seitens der neuen Bundesländer kommt demnach nur in Betracht, falls es sich bei ihnen um die Nachkriegsländer der SBZ handelt.

Demgegenüber ist vorgebracht worden, eine solche Auslegung des Art. 141 GG führe für Ost-Berlin zur Verfassungswidrigkeit der mit der Wiedervereinigung von West-Berlin übernommenen, mit Art. 7 Abs. 3 Satz 1 GG unvereinbaren Regelungen zum Religionsunterricht. Ost-Berlin entlarve die Identitätstheorie daher als „normgelöste Zweckerfindung"[109], da unter ihrer Prämisse im Ostteil der Stadt verfassungswidrig sei, „was in West-Berlin 50 Jahre lang selbstverständlich als verfassungsgemäß angesehen wurde."[110]

Tatsächlich wird von *Holger Kremser*, der vom Erfordernis der rechtlichen Identität der neuen mit den sowjetzonalen Ländern ausgeht, die Auffassung vertreten, Art. 141 GG befreie lediglich West-Berlin von Art. 7 Abs. 3 Satz 1 GG, wohingegen der Ostteil der Stadt zur Einführung des Religionsunterrichts als ordentliches Lehrfach verpflichtet sei. Die dadurch herbeigeführte rechtliche Tei-

---

[108] Vgl. *de Wall*, ZevKR 42 (1997), 353, 369; *Frisch*, DtZ 1992, 144, 145; *Kremser*, JZ 1995, 928, 929; *Göbel*, FS Hollerbach (2001), S. 771, 788; *Mückl*, AöR 122 (1997), 513, 542; I.E. auch *Link*, in: Listl/Pirson, HdbStKR II, S. 439, 443; *Puza*, Das in Brandenburg eingeführte Unterrichtsfach Lebensgestaltung-Ethik-Religionskunde und der konfessionelle Religionsunterricht, in: Biesinger/Hänle, Gott – mehr als Ethik, S. 147, 162; *Puza*, FS Listl (1999), S. 407, 425; *Ramb*, Das Verhältnis von Kirche und Staat nach der deutschen Wiedervereinigung in der Krise?, S. 139; *Kästner*, in: Marré/Schümmelfeder/Kämper, Essener Gespräche zum Thema Staat und Kirche 32 (1998), S. 61, 87 f.; *Janz*, öarr 2002, 22, 29.

[109] *Pieroth/Kingreen*, GS Jeand'Heur (1999), S. 265, 278.

[110] *Pieroth/Kingreen*, a.a.O.

lung der wiedervereinigten Stadt muß seiner Ansicht nach „aus verfassungspolitischen Gründen“ durch eine einheitliche verfassungsrechtliche Regelung für Groß-Berlin überwunden werden, „die die Rechtswohltat aus Art. 7 Abs. 3 Satz 1 GG in ganz Berlin zur Geltung kommen läßt.“[111] *Kremsers* Ausführungen beruhen auf dem Grundgedanken, daß Ost-Berlin mit dem Ländereinführungsgesetz eine neue Identität erlangt habe[112], so daß das neugegründete, durch den Einigungsvertrag mit West-Berlin zusammengeschlossene Land Ost-Berlin nicht von Art. 141 GG erfaßt gewesen sei. Daher sei Art. 7 Abs. 3 Satz 1 GG mit dem Beitritt zur Bundesrepublik auf seinem Gebiet verpflichtend[113].

Diese Argumentation begegnet jedoch erheblichen Bedenken. Im Zuge der Wiedervereinigung wurde entgegen der Auffassung *Kremsers* in der DDR nämlich kein den Ostteil Berlins umfassendes neues Land gegründet. Der Wortlaut des § 1 Abs. 2 Ländereinführungsgesetz, auf den *Kremser* in diesem Zusammenhang abstellt[114], deutet vielmehr in eine andere Richtung. Während in § 1 Abs. 1 Ländereinführungsgesetz unzweideutig davon die Rede ist, daß mit Wirkung vom 14. Oktober 1990 in der DDR Länder „gebildet“ werden, sollte Berlin als Hauptstadt der DDR lediglich „Landesbefugnisse erhalten“. Die unterschiedliche Wortwahl ist kein Zufall: Die Formulierung des § 1 Abs. 2 Ländereinführungsgesetz bringt zum Ausdruck, daß die Entscheidung über die Frage, ob Berlin der Status eines eigenständigen Bundeslandes zuerkannt oder ob es in einem Land Berlin-Brandenburg aufgehen würde, den Gremien eines wiedervereinigten Deutschland vorbehalten sein sollte[115].

Außerdem muß beachtet werden, daß auch in Ost-Berlin am 1. Januar 1949 eine von Art. 7 Abs. 3 Satz 1 GG abweichende Rechtslage bestand. Das Schulgesetz vom 26. Juni 1948, das den Religionsunterricht zur ausschließlich kirchlichen Angelegenheit erklärte, war bereits vor der politischen Trennung Ost- und West-Berlins von der damals noch nicht gespaltenen Stadtverordnetenversammlung beschlossen worden[116]. Es sprach dem Staat keine Einwirkungsmöglichkeit auf den Religionsunterricht zu, der zwar in staatlichen Schulen, aber ausschließlich im Auftrag und unter der Aufsicht der Kirchen erteilt wurde. In-

---

[111] *Kremser*, JöR 40 (1991/1992), 501, 521.

[112] *Kremser*, Der Rechtsstatus der evangelischen Kirchen in der DDR und die neue Einheit der EKD, S. 225; ähnlich auch *Schmidt-Bleibtreu/Klein*, Kommentar zum Grundgesetz, Art. 141 Rn. 2, unter Berufung darauf, daß auch der Ostsektor Berlins Gegenstand eines „staatlichen Neuschöpfungsprozesses wurde“.

[113] Vgl. *Kremser*, JöR 40 (1991/1992), 501, 521.

[114] Vgl. *Kremser*, Der Rechtsstatus der evangelischen Kirchen in der DDR und die neue Einheit der EKD, S. 224.

[115] *Kilian*, in: Isensee/Kirchhof, HdbStR VIII, § 186 Rn. 21, Fn. 115.

[116] Vgl. *Schmoeckel*, Der Religionsunterricht, S. 307.

haltlich orientierte sich die Stadtverordnetenversammlung dabei an den von der sowjetischen Militärverwaltung im Juni 1945 erlassenen „Richtlinien für die Wiedereröffnung des Schulwesens in Berlin“, die vorsahen, daß der Religionsunterricht als „zusätzliche oder als Eckstunde von den von der Kirche damit betrauten Geistlichen oder Lehrern zu erteilen“ war[117]. Dieses Schulgesetz galt auch noch an dem für Art. 141 GG maßgeblichen Referenzdatum des 1. Januar 1949. Überdies sah die gleichfalls an diesem Tag in Berlin geltende „Vorläufige Verfassung von Groß-Berlin“[118], die ohne Mitwirkung gewählter deutscher Stellen durch einstimmige Anordnung der Berliner Alliierten Kommandatura in Kraft gesetzt worden war[119], keine Regelungen über die Erteilung von Religionsunterricht vor. Diese Verfassung hatte zur Bildung einer Gebietskörperschaft mit Staatsqualität geführt[120]. Das so entstandene Land Groß-Berlin war allerdings trotz entsprechender Zustimmung der Stadtverordnetenversammlung nach Auffassung der Siegermächte nicht zu einem Bundesland Westdeutschlands geworden, weil sich in dem das Grundgesetz betreffenden Genehmigungsschreiben der drei westlichen Militärgouverneure ein Vorbehalt findet, der „die Beteiligung Groß-Berlins am Bund [betrifft]“[121]. Wie sich aus Art. 23 GG a.F. ergibt, wollten die Abgeordneten des Parlamentarischen Rates dagegen Groß-Berlin, also auch den Ostteil der Stadt, in die Verfassungsordnung der Bundesrepublik einbezogen wissen.

Für die Frage der Anwendbarkeit des Art. 141 GG kommt es somit entscheidend darauf an, ob das Land Groß-Berlin im Zeitpunkt der Wiedervereinigung noch bestanden hat. Das ist schon deshalb zu bejahen, weil eine Auflösung Groß-Berlins durch die DDR daran scheitern mußte, daß es sich bei diesem Land nicht um einen Teil ihres Staatsgebiets handelte[122]. Seitens der DDR ist zwar immer wieder der Versuch unternommen worden, allein den westlichen Teil Berlins dem fortbestehenden Besatzungsstatus, den Ostteil dagegen dem ei-

---

[117] *Schmoeckel*, Der Religionsunterricht, S. 306.

[118] Verordnungsblatt der Stadt Berlin 1946, S. 295 ff. In Auszügen abgedruckt bei *von der Gablentz/Kuhn/Mettenheim*, Dokumente zur Berlin-Frage, Nr. 30, S. 62 ff.

[119] Vgl. *von Mangoldt*, ROW 1990, 1, 4; *Zivier*, Verfassung und Verwaltung von Berlin, Rn. 11.

[120] Vgl. *von Mangoldt*, ROW 1990, 1, 5.

[121] *von der Gablentz/Kuhn/Mettenheim*, Dokumente zur Berlin-Frage 1944-1966, Nr. 87, S. 132, zitiert nach *von Mangoldt*, ROW 1990, 1, 6.

[122] So heißt es etwa in den Background Notes des US-Department of State vom November 1981: „Capital – While the GDR claims East Berlin as its capital and has established its governmental organs there, the four occupied sectors of Greater Berlin remain under Four Power (US, UK, France and USSR) control. The US does not recognize the Sovjet sector of Berlin as a legally constituent part of the GDR“ (zitiert nach *von Mangoldt*, Zur Rechtslage Berlins, ROW, 1990, 1).

genen Staatsgebiet zuzuordnen[123]. Auch die Sowjetunion gab wiederholt zu erkennen, daß sie Ost-Berlin als Bestandteil der DDR betrachtete[124]. Dahinter stand die Erwägung, Groß-Berlin sei vollständig in der sowjetischen Besatzungszone enthalten, weil es von der Roten Armee erobert worden war[125], so daß nur die UdSSR über die Zukunft der Stadt entscheiden könne. So erklärte die Sowjetunion am 14. Juli 1948 in einer Note an die westlichen Siegermächte, daß „Berlin im Zentrum der sowjetischen Besatzungszone [liege] und einen Teil dieser Zone dar[-stelle]“[126]. Dieser Behauptung wurde von den Westmächten in einer gemeinsamen Erklärung zu dem zwischen der Sowjetunion und Ost-Berlin abgeschlossenen Freundschaftsvertrag allerdings entschieden widersprochen[127]: „Within the framework of their responsibilities regarding Germany as a whole, the Four Powers have put the German Capital, the city of 'Greater Berlin' under their joint administration. Unilateral initiatives taken by the Sovjet Government [...] cannot in any way modify this legal situation nor abrogate the rights and responsibilities of the Four Powers in regard of Berlin”[128].

Zwar kam es am 30. November 1948 zur politischen Teilung der Stadt, als der in Ost-Berlin gegründete „Demokratische Block“ den bisherigen gemeinsamen Magistrat für abgesetzt erklärte und einen „provisorischen demokratischen Magistrat“ wählte[129]. Der im Ostteil gebildete Magistrat wurde durch die Sowjetische Militäradministratur am 2. Dezember 1948 anerkannt[130]. In dieser Maßnahme der Sowjetunion lag jedoch eine Verletzung des alliierten Besatzungsstatuts. Später seitens der Sowjetunion unternommene Versuche, Ost-Berlin dem Staatsgebiet der DDR zuzurechnen, widersprachen darüber hinaus dem Vier-Mächte-Abkommen über Berlin vom 3. September 1971, wonach die Besatzungsrechte den Siegermächten gesamthänderisch zustehen sollten. Bezüglich einer Einwirkung auf den Rechtsstatus Groß-Berlins fehlten den beiden deutschen Staaten daher die erforderlichen Souveränitätsrechte. Dessen ungeachtet

---

[123] Vgl. *Maunz/Zippelius*, Deutsches Staatsrecht, S. 12 f.

[124] Vgl. *Schweitzer*, Staatsrecht III, Rn. 638 ff.

[125] Zur Kapitulation der deutschen Truppen in Berlin kam es am 2. Mai 1945. Am 24. August gab Geberaloberst Bersarin durch Befehl Nr. 1 bekannt, daß er zum Chef der Besatzung und zum Stadtkommandanten von Berlin ernannt worden sei, vgl. *Zivier*, Verfassung und Verwaltung von Berlin, Rn. 9.2.

[126] *von der Gablentz/Kuhn/Mettenheim*, Dokumente zur Berlin Frage 1944-1966, Nr. 52, S. 85, 88; zitiert auch bei *von Mangoldt*, ROW 1990, 1, 2.

[127] *von Mangoldt*, ROW 1990, 1, 3.

[128] Selected Documents on Germany and the Question of Berlin 1961-1973, Command Papers 6201, Nr. 47, S. 109, zitiert nach *von Mangoldt*, Zur Rechtslage Berlins, ROW 1990, 1, 3.

[129] *von Mangoldt*, ROW 1990, 1, 4.

[130] *von Mangoldt*, ROW 1990, 1, 4.

blieb in den Westsektoren Berlins die in der Kontinuität der Vorläufigen Verfassung von Groß-Berlin stehende Stadtverwaltung erhalten. West-Berlin wurde vom Bundesverfassungsgericht mehrfach als ein Land der Bundesrepublik Deutschland bezeichnet, das freilich besonderen besatzungsrechtlichen Beschränkungen unterlag[131]. Erst mit dem sog. Zwei-plus-Vier-Vertrag vom 12. September 1990[132] verzichteten die Siegermächte auf ihre Rechte und Verantwortlichkeiten für Berlin. Mit dem Wirksamwerden des Beitritts der DDR zur Bundesrepublik Deutschland bestanden daher keine Souveränitätsvorbehalte der Siegermächte mehr[133], so daß Art. 1 Einigungsvertrag vorsehen konnte, daß die 23 Bezirke von Berlin nunmehr das (Bundes-) Land Berlin bilden. Hierdurch wurde nicht etwa ein neues Land Berlin gegründet[134]. Vielmehr wurde das aus „Groß-Berlin" hervorgegangene, bislang durch die politische Teilung der Stadt auf deren Westteil begrenzte Land Berlin um die östlichen Bezirke erweitert. Mit der Wiedervereinigung liegt somit in bezug auf Berlin kein „Neugliederungsfall"[135] vor. Hierfür spricht auch die Verfassung Berlins aus dem Jahre 1950[136], die in Art. 4 ausdrücklich feststellte, daß Berlin das Gebiet der bisherigen Gebietskörperschaft Groß-Berlin umfasse und aus 23 Bezirken bestehe. Diesem Geltungsanspruch der Berliner Verfassung stand bis zur Wiedervereinigung Deutschlands die faktische Teilung der Stadt zwar entgegen. Mit dem Einigungsvertrag erhielt das Bundesland Berlin letztlich aber doch den seit der

---

[131] BVerfGE 7, 1, 10; 19, 377, 384; 20, 257, 266; 36, 1, 17; 37, 57, 62; vgl. *Schweitzer*, Staatsrecht III, Rn. 650; *von Lampe/Pfennig*, in: Pfennig/Neumann, Verfassung von Berlin, Art. 1 Rn. 23, 37; a.A. *von Mangoldt*, ROW 1990, 1, 6: „Das ist in Methode wie Ergebnis zwar falsch, aber nicht zu ändern. Und es entfaltet gemäß § 31 Abs. 1 BVerfGG Bindungswirkung für alle der Jurisdiktion des Bundesverfassungsgerichts unterworfenen Stellen, also alle deutschen Staatsorgane im Bundesgebiet, aber ausschließlich Berlins, da hier das Bundesverfassungsgerichtsgesetz nicht gilt."

[132] BGBl. II 1990, S. 1318 ff.

[133] Der Vertrag über die abschließende Regelung in bezug auf Deutschland („Zwei-Plus-Vier-Vertrag") ist zwar erst am 15. März 1991 in Kraft getreten (vgl. insoweit die Bekanntmachung über das Inkrafttreten des Vertrags über die abschließende Regelung in bezug auf Deutschland, BGBl. II, S. 587). Die Siegermächte hatten aber bereits in der Suspendierungs-Erklärung der Vier Mächte vom 1. Oktober 1990 (BGBl. II, S. 1331) bis zum Inkrafttreten des Zwei-plus-Vier-Vertrages ihre Rechte in bezug auf Berlin und Deutschland als Ganzes ausgesetzt.

[134] *Finkelnburg*, LKV 1991, 6, 7: „Die DDR ist mit allen ihren Teilen, also mit ihren fünf (neu gebildeten) Ländern und den keinem dieser Länder angehörenden und auch kein neues Land bildenden elf Bezirken Ost-Berlins der Bundesrepublik beigetreten."

[135] *Finkelnburg*, LKV 1991, 6, 7.

[136] In Auszügen abgedruckt bei *von der Gablentz/Kuhn/Mettenheim*, Dokumente zur Berlin-Frage 1944-1959, Nr. 114, S. 161 ff.

Verfassung von 1950 als „Wunschziel“[137] postulierten Gebietsteil zugesprochen. Die elf Bezirke Ost-Berlins wurden damit in das Land Berlin der Bundesrepublik Deutschland integriert.

Das heutige, auch den Ostteil der Stadt umfassende Bundesland Berlin ist sonach mit dem vom Bundesverfassungsgericht anerkannten Land Berlin rechtsidentisch, dessen ursprünglicher und in der Berliner Verfassung aus dem Jahre 1950 eingeforderter territorialer Bestand lediglich wiederhergestellt wurde[138]. Da die Bremer Klausel des Art. 141 GG für ganz Berlin gilt, hat die Identitätstheorie keine sinnwidrige Aufspaltung der Rechtslage innerhalb des Landes zur Folge[139].

5. *Notwendigkeit einer Rechtssubjektskontinuität*

Über die Notwendigkeit rechtlicher Identität hinausgehend, wird in der verfassungsrechtlichen Diskussion zum Teil vertreten, Art. 141 GG setze ein ununterbrochenes Fortbestehen der von ihm privilegierten Länder voraus. Diese Auffassung machte sich etwa der frühere Bundesinnenminister *Wolfgang Schäuble* zu eigen, der die Verhandlungsdelegation der BRD bei den Beratungen zum Einigungsvertrag leitete. Der Paderborner Erzbischof *Joachim Degenhardt*, Vorsitzender der Kommission für Erziehung und Schule der Deutschen Bischofskonferenz, hatte sich mit der Bitte an *Schäuble* gewandt, die Geltung des Art. 7 Abs. 3 Satz 1 GG im Einigungsvertrag ausdrücklich absichern zu lassen[140]. In seinem Antwortschreiben verwies der Bundesinnenminister darauf, daß diesbezügliche Verhandlungen mit der DDR nicht erforderlich seien, weil die Beitrittsländer die „stillschweigende Voraussetzung“ des Art. 141 GG nicht erfüllten, im Zeitraum zwischen dem Erlaß der fraglichen Norm (Art. 141 GG) und dem Inkrafttreten

---

[137] *Finkelnburg*, a.a.O.

[138] Vgl. hierzu auch *Zivier*, Verfassung und Verwaltung von Berlin, Rn. 25.2, der die Frage der Rechtsidentität der Gebietskörperschaft Berlin im Ergebnis offen läßt.

[139] I.E. ebenso *Tillmanns*, RdJB 1999, 471, 475; *Mehrle*, Trennung vom Staat – Mitarbeit in staatlichen Institutionen, S. 274, der zusätzlich darauf hinweist, daß „die Interpretation *Kremsers* eine späte Absage an den Sonderstatus Berlins und damit auch an das Wiedervereinigungsgebot darstellt“.

[140] Vgl. *Link*, FS Hollerbach (2001), S. 747, 756; *Leistikow/Krzyweck*, RdJB 1991, 308, 309; *de Wall*, ZevKR 42 (1997), 353, 370; *Heckel*, Religionsunterricht in Brandenburg, S. 106; *Uhle*, DÖV 1997, 409, 415; *Starck*, FS Listl (1999), S. 391, 403; *Link*, Verfassungsbeschwerde, in: Konrad-Adenauer-Stiftung, Religionsunterricht in den Schulen, S. 41, 54; *Badura/Starck*, Verfassungsbeschwerde, in: Konrad-Adenauer-Stiftung, Religionsunterricht in den Schulen, S. 71, 80.

des Grundgesetzes (3. Oktober 1990) auf ihrem Territorium ununterbrochen bestanden zu haben: „Diese Voraussetzung erfüllen die Länder Brandenburg, [...] aber gerade nicht, da sie durch die Entwicklung der Deutschen Demokratischen Republik zum sozialistischen Zentralstaat und die damit verbundene Zerschlagung sämtlicher Länderstrukturen faktisch und deshalb auch rechtlich untergegangen, nunmehr mithin gänzlich neu zu gründen sind. Daher erscheint es mir nicht erfolgversprechend, daß sich die in Rede stehenden Länder für länderrechtliche Ausnahmeregelungen i.S. des Art. 141 GG auf die Landesverfassungen aus den Jahren 1946 und 1947 berufen können. Ich sehe keine Notwendigkeit, die Frage der grundrechtlichen Verbürgung des Religionsunterrichts in diesen Ländern gegenüber den Vertretern der Regierung der Deutschen Demokratischen Republik zum Gegenstand besonderer Verhandlungen zu machen."[141]

Von seiner zunächst gegenteiligen Ansicht abrückend[142], betrachtet auch *Axel Freiherr von Campenhausen* in seiner Kommentierung zu Art. 141 GG die Rechtssubjektskontinuität der sowjetzonalen Länder als ein Merkmal dieser Vorschrift[143]. Hiergegen spricht jedoch, daß sich ein solches Erfordernis – anders als das der rechtlichen Identität – dem Wortlaut des Art. 141 GG nicht entnehmen läßt[144]. Art. 141 GG verlangt nur, daß in einem Land „am" 1. Januar 1949 und nicht etwa „seit" diesem Stichtag eine von Art. 7 Abs. 3 Satz 1 GG abweichende Regelung bestand[145]. Auch geben die Aufzeichnungen des Parlamentarischen Rates zur Unterstützung der von *von Campenhausen* vertretenen Position nichts her[146]. Vielmehr streiten vor allem die Ausführungen *von Brentanos*, der Art. 141 GG auch für den Fall einer Fusion von Bundesländern für anwendbar erklärte, gegen die Kontinuitätstheorie. Art. 141 GG bleibt daher selbst dann anwendbar, wenn ein Land innerhalb seines Territorium nicht ununterbrochen als Rechtssubjekt existiert haben sollte.

[141] Zitiert nach *Starck*, FS Listl (1999), S. 391, 403.

[142] Vgl. *von Campenhausen*, Kirchliche Zukunft bedarf des Religionsunterrichts, Rheinischer Merkur/Christ und Welt vom 25. Mai 1990.

[143] Vgl. *von Campenhausen*, in: von Mangoldt/Klein/von Campenhausen, Das Bonner Grundgesetz, Art. 141 Rn. 7.

[144] Vgl. *Kostorz*, „Lebensgestaltung-Ethik-Religionskunde" statt Religionsunterricht in Brandenburg, S. 16; *Pieroth*, in: Jarass/Pieroth, Grundgesetz, Art. 141 Rn. 1; *Gröschner*, in: Dreier, Grundgesetz, Art. 141 Rn. 12; *Leistikow/Krzyweck*, RdJB 1991, 308, 309: „Die Behauptung, die Länder müßten durchgehend bis zum heutigen Tage existiert haben, ist für Art. 141 GG willkürlich."

[145] Vgl. *Pieroth/Kingreen*, GS Jeand'Heur (1999), S. 265, 273.

[146] *Leistokow/Krzyweck*, RdJB 1991, 308, 309.

III. Der Untergang der Mark Brandenburg

An der Identität des Landes Brandenburg mit der Provinz Mark Brandenburg würde es fehlen, wenn die Länder der DDR infolge des „Gesetzes über die weitere Demokratisierung des Aufbaus und der Arbeitsweise der staatlichen Organe in der Deutschen Demokratischen Republik“[147] vom 23. Juli 1952 untergegangen wären[148]. Obwohl in diesem Gesetz ihre Auflösung nicht ausdrücklich angeordnet wurde[149], sollen die Länder Teilen des Schrifttums zufolge hierdurch nicht nur faktisch zerschlagen, sondern auch de jure beseitigt worden sein[150].

Diese Auffassung schenkt jedoch dem Umstand zu wenig Beachtung, daß bei der Begründung des Gesetzesentwurfs in der Volkskammer ausdrücklich festgestellt wurde, die Existenz der Länder bleibe vom Demokratisierungsgesetz unberührt[151]. Auch machte die mit dem Demokratisierungsgesetz intendierte Neugestaltung der administrativen Strukturen die Auflösung der Länder nicht zwangsläufig erforderlich. Das Demokratisierungsgesetz betrachtete die Einteilung des Staates in Länder als ein zur „Fessel der neuen Entwicklung“[152] gewordenes Relikt des „kaiserlichen Deutschland“[153]. Der Verwaltungsaufbau der DDR sollte „so reorganisiert werden, daß der Staatsapparat die Möglichkeit erhält, den Willen der Werktätigen, der in den Gesetzen der Deutschen Demokratischen Republik zum Ausdruck gelangt ist, unverbrüchlich zu erfüllen.“[154] Dies sollte zwar die Neugliederung der Landesgebiete in Kreise und Bezirke bedingen; über das rechtliche Schicksal der Länder war damit allerdings noch nichts gesagt, zumal die vom Demokratisierungsgesetz angestrebte Steigerung der Verwaltungseffektivität durch das Fortbestehen der Länder „im Hintergrund“ in keiner Weise beeinträchtigt worden wäre.

---

147 GBl. DDR 1952, S. 613 ff.

148 So etwa *Maurer*, Staatsrecht, § 10 Rn. 11.

149 Gem. § 1 Abs. 1 DemokratisierungsG wurden die Länder in Kreise gegliedert, die ihrerseits gem. § 2 Abs. 1 DemokratisierungsG in Bezirke zusammengefaßt wurden. Die bislang von den Landesregierungen wahrgenommenen Aufgaben wurden gem. § 4 lit.a DemokratisierungsG fortan von den Bezirken wahrgenommen.

150 Vgl. *Frisch*, DtZ 1992, 144, 145; *Uhle*, DÖV 1997, 409, 411; *Depenbrock*, NVwZ 1992, 736, 739; *Scholz*, in: Marré/Stüting, Essener Gespräche zum Thema Staat und Kirche 26 (1992), S. 7, 15.

151 Vgl. *Muckel/Tillmanns*, RdJB 1996, 360, 362 f.

152 GBl. DDR 1952, S. 613.

153 GBl. DDR 1952, S. 613.

154 GBl. DDR 1952, S. 613 f.

Daß an den Ländern festgehalten werden sollte, wird daneben durch die „Bekanntmachung über die einheitliche Bezeichnung der örtlichen Organe der Staatsgewalt“[155] vom 16. August 1952 bestätigt. Die neu gegründeten Bezirke mußten nämlich ihrer Amtsbezeichnung den jeweiligen Landesnamen hinzufügen[156]. Diese Anordnung würde wenig Sinn machen, wenn die Länder zu diesem Zeitpunkt bereits nicht mehr bestanden. Hiergegen kann auch nicht eingewandt werden, der Untergang der ostdeutschen Länder sei als Folge des Umstandes eingetreten, daß sie nicht mehr zur Ausübung von Staatsgewalt in der Lage gewesen seien[157]. Das Bundesverfassungsgericht[158] hat in bezug auf das Deutsche Reich wiederholt hervorgehoben, daß der Wegfall der Staatsgewalt nicht zwangsläufig zum Erlöschen eines Staates als Rechtssubjekt führen müsse[159]. Deshalb steht das „Gesetz über die Auflösung der Länderkammer der Deutschen Demokratischen Republik“[160] vom 8. Dezember 1958 einer Beibehaltung der Länderstaatlichkeit gleichfalls nicht entgegen[161].

Die Länder der DDR sind jedoch mit dem Inkrafttreten der „Verfassung der Deutschen Demokratischen Republik“[162] vom 6. April 1968 beseitigt worden[163]. Diese statuierte in Art. 47 Abs. 2 den mit dem ursprünglich föderalen Staatsaufbau der DDR[164] unvereinbaren Grundsatz des „demokratischen Zentralismus“. Zwar ist richtig, daß das Gesetz über die Auflösung der Länderkammer vom 8. Dezember 1958 bereits von einer „Stärkung der Verantwortung der Volksver-

---

155 GBl. DDR 1952, S. 750

156 Vgl. *Muckel/Tillmanns*, RdJB 1996, 360, 363.

157 Vgl. *Leistikow/ Krzyweck*, RdJB 1991, 308, 309; *Muckel/Tillmanns*, a.a.O.

158 Vgl. BVerfGE 36, 1, 16 f.; 77, 137, 154.

159 Vgl. *Muckel/Tillmanns*, RdJB 1996, 360, 363.

160 GBl. I DDR 1958, S. 867 ff.

161 Vgl. *Kostorz*, „Lebensgestaltung-Ethik-Religionskunde“ statt Religionsunterricht in Brandenburg, S. 17.

162 GBl. I DDR 1968, S. 199 ff.

163 Vgl. *Bayer*, DVBl. 1991, 1014, 1015: „Die Verfassung der Deutschen Demokratischen Repunlik vom 6.4.1968 sanktionierte die Entwicklung zum zentralistischen Einheitsstaat; von einer Gliederung in Ländern und einer Existenz von Länderorganen und Ländervertretungen ist nicht mehr die Rede. Ein >> latentes << Fortbestehen der früheren Länder über den 6.4.1968 hinaus bis zum 3.10.1990 kann somit nicht angenommen werden.“ Ebenso *Muckel/Tillmanns*, RdJB 1996, 360, 363; *Link*, Verfassungsbeschwerde, in: Konrad-Adenauer-Stiftung, Religionsunterricht in den Schulen, S. 41, 45; *Mehrle*, Trennung vom Staat – Mitarbeit in staatlichen Institutionen, S. 262; *Starck*, FS Listl (1999), S. 391, 395; *Lindner*, Baulasten an kirchlichen Gebäuden, S. 284; *Niehues*, Schul- und Prüfungsrecht, Band 1, Rn. 552.

164 Art. 1 Abs. 1 Verf. DDR/1949 (GBl. DDR 1949, S. 5 ff.) lautete: „Deutschland ist eine unteilbare demokratische Republik; sie baut sich auf den deutschen Ländern auf.“

tretungen [...] auf der Grundlage des Demokratischen Sozialismus" sprach und alle Vorschriften aus der Verfassung strich, die die Länder betrafen[165]. Dennoch war es vor dem Inkrafttreten der Verfassung von 1968 noch nicht zum Untergang der Länder gekommen, weil in ihr das Prinzip des „demokratischen Zentralismus" erstmals in den Rang eines Verfassungsrechtssatzes erhoben wurde[166]. Dementsprechend sind die sich auf die Länder beziehenden Vorschriften in die Verfassung aus dem Jahre 1968 nicht wieder aufgenommen worden. Die Staatsqualität der Nachkriegsländer in der DDR fand damit rechtlich ihr Ende[167].

Gegen den Untergang der Nachkriegsländer hat sich *Siegfried Mampel* mit dem Argument ausgesprochen, daß die nach der politischen Wende in der DDR entstandenen Verfassungsentwürfe der Länder Sachsen und Sachsen-Anhalt Bestimmungen vorgesehen hätten, welche die früheren Landesverfassungen ausdrücklich außer Kraft setzen sollten[168]. Einer solchen Regelung hätte es indessen nicht bedurft, wenn die Länder der SBZ zu diesem Zeitpunkt bereits untergegangen und ihre Verfassungen damit erloschen wären. Zu Recht ist aber darauf hingewiesen worden, daß die Aufhebung der Verfassungen aus den Jahren 1946 und 1947 auch aus „Klarstellungsgründen" erfolgen konnte[169]. Ein solches Vorgehen ist nicht ungewöhnlich. So sah etwa Art. 178 WRV die Aufhebung der Verfassung vom 16. April 1871 explizit vor, obwohl diese nach damals vorherrschender Ansicht bereits durch die Revolution in weiten Teilen außer Kraft gesetzt worden war[170]. Gerade bei so fundamentalen Bestimmungen, wie sie in Verfassungen enthalten sind, besteht ein erhöhtes Bedürfnis nach Rechtssicherheit und Rechtsklarheit, so daß auch eine nur deklaratorische Aufhebung bereits anderweitig erloschener Vorschriften sinnvoll sein kann. Außerdem läßt sich den Verfassungsentwürfen einzelner ostdeutscher Länder allenfalls ein Anhaltspunkt dafür entnehmen, wie der jeweilige Landesverfassunggeber die Rechtslage in bezug auf die Fortexistenz der Nachkriegsländer einschätzte. Angesichts der für die Auflösung der ostzonalen Länder sprechenden Argumente besteht

---

[165] Vgl. *Kostorz*, „Lebensgestaltung-Ethik-Religionskunde" statt Religionsunterricht in Brandenburg, S. 17.

[166] Vgl. *Mampel*, Die sozialistische Verfassung der Deutschen Demokratischen Republik, Art. 2 Rn. 7.

[167] Vgl. *Muckel/Tillmanns*, RdJB 1996, 360, 363.

[168] *Mampel*, Deutschland Archiv 1990, 1377, 1394 Fn. 103.

[169] Vgl. *Kremser*, Der Rechtsstatus der evangelischen Kirchen in der DDR und die neue Einheit der EKD, S. 223.

[170] *Anschütz*, Die Verfassung des Deutschen Reichs, Art. 178 Anm. 1: „Abs. 1 hat, was die RVerf vom 16. April 1871 betrifft, insofern nur deklarative Bedeutung, als die RVerf vom 16. April 1871 schon durch die Revolution – aber nicht als Ganzes und im ganzen, sondern nur, soweit sie der Revolution im Wege stand [...] – außer Kraft gesetzt worden war."

keinerlei Notwendigkeit, diesen Rechtsstandpunkt für allein maßgeblich zu erklären. Die Verfassungsentwürfe Sachsens und Sachsen-Anhalts belegen sonach nicht das Fortbestehen der in der SBZ gegründeten Länder.

IV. Neugründung der ostzonalen Länder?

Es stellt sich die Frage, ob die im Zuge der Wiedervereinigung erfolgte Konstituierung von Ländern in der DDR zu einer Wiedererrichtung der Nachkriegsländer geführt hat. In diesem Fall könnte Art. 141 GG, der ja keine kontinuierliche Fortexistenz der von ihm begünstigten Länder voraussetzt, auch auf die im Zuge der Wiedervereinigung in Ostdeutschland gegründeten Länder Anwendung finden.

Eine Restitution der Nachkriegsländer ist jedoch mit § 1 Abs. 1 des Verfassungsgesetzes zur Bildung von Ländern in der Deutschen Demokratischen Republik vom 22. Juli 1990[171] nicht zu vereinbaren, dem zufolge die Länder durch die Vereinigung der im Demokratisierungsgesetz eingeführten Bezirke „gebildet", d.h. nicht bloß neu organisiert oder wiederbelebt werden[172]. Einen weiteren, allerdings nur ergänzenden[173] Beleg bietet die Denkschrift zum Einigungsvertrag[174], welche die sowjetzonalen Länder durch das Ländereinführungsgesetz

---

[171] GBl. DDR I 1990, S. 955 ff.

[172] Ebenso *Badura/Starck*, Verfassungsbeschwerde, in: Konrad-Adenauer-Stiftung, Religionsunterricht in den Schulen, S. 71, 82; *Kremser*, Der Rechtsstatus der evangelischen Kirchen in der DDR und die neue Einheit der EKD, S. 223; *Lindner*, Baulasten an kirchlichen Gebäuden, S. 284; *Tillmanns*, in: Tillmanns/Neumann, Verfassungsrechtliche Probleme bei der Konstituierung der neuen Bundesländer, S. 161, 239; *Isensee/Ossenbühl*, Normenkontrollantrag, in: Konrad-Adenauer-Stiftung, Religionsunterricht in den Schulen, S. 17, 28; *Niehues*, Schul- und Prüfungsrecht, Band 1, Rn. 552; *Mehrle*, Trennung von Staat – Mitarbeit in staatlichen Institutionen, S. 262; *Starck*, FS Listl (1999), S. 391, 395; *Kästner*, Diskussionsbeitrag, in: Marré/Schümmelfeder/Kämper, Essener Gespräche zum Thema Staat und Kirche 32 (1998), S. 118, 119: „Aus dem Ländereinführungsgesetz geht klar hervor, daß es sich bei der Schaffung der fünf neuen Bundesländer um Neuschöpfungen handelte und nicht lediglich um eine 'Reanimation' der betreffenden früheren Länder." Dagegen spricht *Kostorz*, „Lebensgestaltung-Ethik-Religionskunde" statt Religionsunterricht in Brandenburg, S. 20, dieser Formulierung jede Bedeutung ab, weil sie lediglich die Tatsache verdeutlicht, „daß die Abgeordneten der Volkskammer von der – letztendlich falschen – Theorie des Untergangs der Länder in der DDR ausgingen."

[173] Insoweit sind nämlich dieselben Bedenken anzumelden wie gegen eine Heranziehung der Verfassungsentwürfe in Sachsen und Sachsen-Anhalt.

[174] BT-Drs. 11/7760, S. 355, 357.

nicht als wiederhergestellt ansieht[175]. Auch wenn ostdeutsche Landes- und Kommunalpolitiker gerne eine auf die Nachkriegsländer zurückgehende Tradition bemühen, sind die Beitrittsländer mit diesen nicht identisch, so daß sie am 1. Januar 1949 keine von Art. 7 Abs. 3 Satz 1 GG abweichende Regelung treffen konnten[176]. Mangels Vorliegens der Tatbestandsvoraussetzungen scheidet ein Dispens von dieser Norm über Art. 141 GG deshalb aus.

C. Teleologische und systematische Auslegung

I. Sicherung „liebgewordener Traditionen"?

Von einigen Autoren wird die Anwendbarkeit des Art. 141 GG auf die Beitrittsländer mit dem Argument verneint, die Vorschrift habe „liebgewordene Traditionen"[177] in Schutz nehmen wollen; dergleichen suche man in den neuen Bundesländern aber vergeblich[178]. Diese Argumentation stützt sich in erster Li-

---

[175] Vgl. *Frisch*, DtZ 1992, 144, 145; *Hufeld*, Die Verfassungsdurchbrechung, S. 207, will dem Ländereinführungsgesetz indessen einen „restaurativen Charakter" zuerkennen, aus dem sich die Anwendbarkeit des Art. 141 GG auf die neuen Länder ergeben soll.

[176] *Scholz*, Diskussionsbeitrag, in: Marré/Stüting, Essener Gespräche zum Thema Staat und Kirche 26 (1992), S. 43, 44: „[...] das politische Selbstverständnis der neuen Bundesländer ist natürlich das der Wiederherstellung der früheren Länder. Aber diese Länder verharrten in der Zeit ihrer Auflösung nicht sozusagen im juristischen Schlaf oder in einem Zustand des wenigstens faktischen Fortbestehens. [...] Dies scheint mir juristisch völlig klar zu sein, was an dem politischen Selbstverständnis jener Länder und ihrem Identitätsempfinden nichts ändert, dies auch gar nicht in Frage stellen soll."

[177] *von Campenhausen*, Staatskirchenrecht, S. 239; vgl. auch *ders.*, in: Marré/Schümmelfeder/Kämper, Essener Gespräche zum Thema Staat und Kirche 34 (2000), S. 105, 115; *Robbers*, in: von Mangoldt/Klein/Starck, Das Bonner Grundgesetz, Art. 7 Rn. 121.

[178] *von Campenhausen*, Staatskirchenrecht, S. 239: „Liebgewordene Traditionen aus der Sowjetischen Besatzungszone oder der DDR, welche man im Demokratischen Rechtsstaat als Sonderrecht schützen müßte, gibt es aber nicht. Im Gegenteil ist die Rechtslage, welche im Augenblick der Wiedervereinigung im Blick auf den Religionsunterricht bestand, durch Rechtsbruch und Gewalttaten gekennzeichnet, die sinnvollerweise nicht mit einer verfassungsrechtlichen Sonderregelung erhalten bleiben sollen." Vgl. auch *Heckel*, Religionsunterricht im Lichte der Religionsfreiheit, ZevKR 44 (1999), 147, 211. In diesem Sinne argumentiert auch *Gröschner*, in: Dreier, Grundgesetz, Art. 141 Rn. 17: „Denn die auf dem Gebiet der sowjetisch besetzten Zone geschaffene Verfassungslage stellt gerade nicht die Anerkennung einer geschichtlich gewachsenen Situation, sondern den bewußten Bruch mit der Vergangenheit dar. Art. 141 GG auf die neuen Bundesländer anzuwenden hieße daher, die Ernte der antireligiösen SED-Politik in die Scheuern des Grundgesetzes einzufahren."

nie auf eine Äußerung des Abg. *Theodor Heuss*, der mit der Aufnahme des Art. 141 GG in das Grundgesetz „den föderativen Anspruch der Gestaltung des Schulwesens in seiner geschichtlichen Entwicklung“ absichern wollte und mit Blick auf den bremischen Bibelunterricht von einer Tradition sprach, die „geistesgeschichtlich sehr interessant“ sei[179].

Trotz dieser Einschätzung durch *Heuss* läßt sich der Zweck des Art. 141 GG nicht auf den Schutz eines bestimmten Traditionsbestandes reduzieren: Eine solche Tradition mag es in Bremen gegeben haben[180], in Berlin existierte sie jedenfalls nicht[181]. Obwohl es hier an einer über längere Zeit gewachsenen, traditionellen Rechtslage mangelt, ist die Geltung des Art. 141 GG für West-Berlin im staatsrechtlichen Schrifttum durchweg anerkannt[182]. Aus den Worten des Abg. *Heuss* kann daher nicht auf eine Ausgrenzung der ostdeutschen Länder aus dem Anwendungsbereich des Art. 141 GG geschlossen werden, nur weil diese keine dem Bremer Geschichtsunterricht vergleichbar historisch fundierte Sonderregelung aufzuweisen vermochten.

---

[179] Abg. *Heuss* (FDP), Parlamentarischer Rat, Verhandlungen des Hauptausschusses, 51. Sitzung vom 10. Februar 1949, S. 683.

[180] Dies wird etwa von *Schlink*, NJW 1992, 1008, 1011, bestritten: „Aber bei genauer Betrachtung erweist sich die alte bremische Tradition als Legende“.

[181] Ebenso *Renck*, LKV 1997, 81, 83; *Kremser*, Der Rechtsstatus der evangelischen Kirchen und die neue Einheit der EKD, S. 231; *Wähler*, Diskussionsbeitrag, in: Marré/Schümmelfeder/Kämper, Essener Gespräche zum Thema Staat und Kirche, 32 (1998), S. 118: „Auch die Westberliner Regelung, die anerkanntermaßen unter die Bremer Klausel fällt und besagt, daß der Religionsunterricht in staatlichen Schulen nur durch kirchliche Lehrkräfte in Eckstunden erteilt wird (eine Regelung, die jetzt auch auf Ostberlin erstreckt worden ist), ist aus einer eher antikirchlichen Übereinkunft von drei Parteien des Berliner Stadtparlaments in der Zeit vor der Spaltung der Stadt entstanden und danach nur etwas kirchenfreundlicher in Westberlin gehandhabt worden.“

[182] Vgl. *Pieroth*, in: Jarass/Pieroth, Grundgesetz, Art. 141 Rn. 1; *von Campenhausen*, Staatskirchenrecht, S. 239; *Wrege*, LKV 1996, 191; *Schmitt-Kammler*, in: Sachs, Grundgesetz, Art. 141 Rn. 8; *Link*, in: Listl/Pirson, HdbStKR II, S. 439, 484; neuerdings hat allerdings *Kremser*, Der Rechtsstatus der evangelischen Kirchen in der DDR und die neue Einheit der EKD, S. 232, Zweifel an der Anwendung des Art. 141 GG auf West-Berlin geäußert, weil „sie der Perpetuierung einer von Art. 7 Abs. 3 Satz 1 GG abweichenden landesrechtlichen Regelung dient, die keineswegs die Bewahrung einer besonderen Landestradition im Bereich des Religionsunterrichts zum Gegenstand hat.“

II. Art. 141 GG als Triebfeder der Verhandlungen des Parlamentarischen Rates?

Zum Teil wird zugunsten einer Anwendbarkeit von Art. 141 GG auf die neuen Bundesländer angeführt, die Vorschrift habe ausschließlich der Beseitigung einer „Blockierung“[183] der Beratungen im Parlamentarischen Rat gedient. Das Grundgesetz sollte nicht wegen Art. 7 Abs. 3 Satz 1 GG aufs Spiel gesetzt werden. Art. 141 GG sei seinem Sinn und Zweck nach darauf ausgerichtet gewesen, den ins Stocken geratenen Verfassungsgebungsprozeß wieder anzukurbeln[184]. In Anbetracht der Tatsache, daß Art. 141 GG keine Zwecke verfolge, die seine Anwendung auf die ostzonalen Nachkriegsländer ausschlössen, müsse die Bremer Klausel auch für die Beitrittsgebiete Geltung beanspruchen können[185].

Diese Argumentation vermag nicht zu überzeugen. Der Kompromißcharakter des Art. 141 GG legt nämlich eine auf die westdeutschen Länder begrenzte Auslegung nahe. Die Vorschrift diente der Schlichtung einer bei den Verhandlungen des Parlamentarischen Rates aufgetretenen Streitigkeit, die darin begründet lag, daß einige Länder ihre Eigenständigkeit auf dem Gebiet des Schulwesens unterlaufen sahen. Wenn Art. 141 GG wirklich den Weg zur Verabschiedung des Grundgesetzes ebnen sollte, dann mußte er ein Zugeständnis an jene dissentierenden Länder bedeuten[186]. Dagegen bestand für den Parlamentarischen Rat nicht die geringste Veranlassung, sich über etwaige Vorbehalte der ohnehin auf unabsehbare Zeit an einem Beitritt zum Grundgesetz gehinderten sowjetzonalen Länder Gedanken zu machen. Aus dem Kompromißcharakter des Art. 141 GG folgt daher nicht die Geltung der Bestimmung auch für Ostdeutschland. Weil die Vorschrift dazu bestimmt war, Einwände gegen das Grundgesetz abzufedern, die sich aus den die Kultushoheit der Länder tangierenden bundesverfassungsrechtlichen Vorgaben hinsichtlich des Religionsunterrichts ergaben, läßt sich aus ihr ganz im Gegenteil eine Begrenzung auf die in Westdeutschland entstandenen Länder ableiten. Den Ländern, die bereits abweichende schulrechtliche Regelungen getroffen hatten und – aus welchen Motiven auch immer – daran festzuhalten gedachten, sollte die Annahme des Grundge-

---

[183] *Schlink*, NJW 1992, 1008, 1012.

[184] Vgl. *Anger*, Die Einführung des Unterrichtsfaches „LER“ in Brandenburg – ein Paradigmenwechsel im deutschen Staatskirchenrecht?, S. 20.

[185] *Schlink*, a.a.O.

[186] Vgl. *Link*, FS Hollerbach (2001), S. 747, 752; *Isensee*, Diskussionsbeitrag, in: Marré/Schümmelfeder/Kämper, Essener Gespräche zum Thema Staat und Kirche 32 (1998), S. 102.

setzes durch Art. 141 GG erleichtert werden[187]. Art. 141 GG kann somit als Reverenz des Parlamentarischen Rates an die Schulhoheit der bei den Beratungen zum Grundgesetz beteiligten Länder aufgefaßt werden, um das in ihrer Hand liegende[188] Zustandekommen der Verfassung nicht dem Risiko des Scheiterns auszusetzen. Diese Auslegung trägt auch dem Umstand Rechnung, daß es bei der Ausarbeitung des Grundgesetzes um die Gründung eines Weststaates ging. Dies war von den westlichen Militärgouverneuren mit Übergabe der Frankfurter Dokumente eindeutig zum Ausdruck gebracht worden[189]. Die Ministerpräsidenten hatten sich zwar anfangs entschieden gegen eine verfassunggebende Versammlung für einen Weststaat zur Wehr gesetzt, weil man durch sie eine Zementierung der deutschen Spaltung befürchtete[190]. Bei einem zweiten Treffen am 21./22. Juli 1948 auf Schloß Niederwald bei Rüdesheim wurden die Bedenken hiergegen nach langen Debatten aber schließlich doch ausgeräumt[191]. Ausschlaggebend für diesen Positionswechsel war der Berliner Oberbürgermeister *Ernst Reuter*, der die Spaltung Deutschlands durch einen Weststaat nicht herbeigeführt, sondern – wegen der hiervon ausgehenden politischen und wirtschaftli-

---

[187] *Mehrle*, NVwZ 1999, 740, 742.

[188] Das erste der Frankfurter Dokumente (abgedruckt in: *Hohlfeld*, Dokumente der Deutschen Politik und Geschichte von 1848 bis zur Gegenwart, Band VI, S. 320 ff.) sah vor, daß die Verfassung von Zwei Dritteln der Länder ratifiziert werden mußte, um in Kraft zu treten und für alle Länder Verbindlichkeit zu erlangen: „In Übereinstimmung mit den Beschlüssen ihrer Regierungen autorisieren die Militärgouverneure der amerikanischen, britischen und französischen Besatzungszone in Deutschland die Ministerpräsidenten der Länder ihrer Zonen, eine Verfassunggebende Versammlung einzuberufen, die spätestens am 1. September 1948 zusammentreten sollte. [...] Die Verfassunggebende Versammlung wird eine demokratische Verfassung ausarbeiten. [...] Die Ratifizierung in jedem beteiligten Land erfolgt durch ein Referendum, das eine einfache Mehrheit der Abstimmenden in jedem Land erfordert, nach von jedem Land jeweils anzunehmenden Regeln und Verfahren. Sobald die Verfassung von zwei Dritteln der Länder ratifiziert ist, tritt sie in Kraft und ist für die Länder bindend. Jede Abänderung der Verfassung muß künftig von einer gleichen Mehrheit der Länder ratifiziert werden."

[189] Vgl. *Stern*, Das Staatsrecht der Bundesrepublik Deutschland V, S. 1214 f.

[190] *A. Hillgruber*, Deutsche Geschichte 1945-1986, S. 44 ff; *Vogelsang*, Das geteilte Deutschland, S. 87 ff.; *Maurer*, Staatsrecht, § 3 Rn. 18. Die Länder sahen sich durch die Forderung der Alliierten, eine verfassunggebende Versammlung einzuberufen, in eine schwierige Lage gebracht, die der württembergisch-badische Ministerpräsident *Reinhold Maier* mit den Worten beschrieb: „Jede Länderregierung war unausweichlich vor die elementare Grundfrage gestellt, die einem Kompromiß nicht zugänglich war; entweder einer staatlichen, zumindest staatsähnlichen Organisation Westdeutschlands zuzustimmen mit der unvermeidbaren Konsequenz einer Teilung Deutschlands, wenn [...] nicht auf die Dauer, so doch auf Zeit; oder aber hochgefährlich und ohne eigene Rechte dahinzuvegetieren" (Erinnerungen 1948-1953, 1966, S. 66, zitiert nach *Stern*, Das Staatsrecht der Bundesrepublik Deutschland V, S. 1214).

[191] Vgl. *A. Hillgruber*, a.a.O.

chen Anziehungskraft – über kurz oder lang überwunden sah[192]. Daß das Grundgesetz sich lediglich auf einen Teil Deutschlands beziehen sollte, stand daher auch für den Parlamentarischen Rat fest, auf dessen 2. Sitzung der Abg. *Carlo Schmid* mit Nachdruck bekräftigte: „Wir haben unter Bestätigung der alliierten Vorbehalte das Grundgesetz zur Organisation der heute freigegebenen Hoheitsbefugnisse des deutschen Volkes *in einem Teile Deutschlands* zu beraten und zu beschließen."[193] Der Begrenzung der Verfassungsberatungen auf die Länder Westdeutschlands wäre es aber zuwidergelaufen, mit Art. 141 GG die Nichtgeltung des Art. 7 Abs. 3 Satz 1 GG für die sowjetzonalen Länder zu präjudizieren.

III. Wiederherstellung der strikten Trennung von Staat und Kirche?

Eine ganz andere Zielsetzung wird Art. 141 GG von *Renck* beigelegt. *Renck* glaubt, die Norm diene der Wiederherstellung der von Art. 7 Abs. 3 Satz 1 GG durchbrochenen staatlichen Bekenntnisneutralität zugunsten solcher Länder, die aus Tradition oder aus anderen Gründen Religionsunterricht nicht wünschten[194]. Art. 141 GG sei deshalb nicht als Ausnahmevorschrift konzipiert, sondern umreiße die räumlichen Grenzen, innerhalb derer Art. 7 Abs. 3 Satz 1 GG überhaupt Geltung beanspruchen könne[195]. *Rencks* Ansatz stützt sich auf die Erwägung, daß es sich bei Art. 7 Abs. 3 Satz 1 GG um eine dem religionsverfassungsrechtlichen „Trennungsprinzip" zuwiderlaufende Vorschrift handelt, die „prinzipienwidriges Verfassungsrecht" beinhaltet, d.h. Recht, „mit dem sich der Staat in Gegensatz zu seinen Grundsätzen stellt."[196] So faßt *Renck* das Verhältnis zwischen Art. 7 Abs. 3 Satz 1 GG und Art. 141 GG mit den Worten zusam-

---

[192] Vgl. *Stern*, Das Staatsrecht der Bundesrepublik Deutschland V, S. 1228; *Vogelsang*, a.a.O.

[193] Abg. *Schmid* (SPD), Parlamentarischer Rat, Stenographischer Bericht, 2. Sitzung vom 8. September 1948, S. 11 (Hervorhebung nicht im Original).

[194] Vgl. *Renck*, LKV 1997, 81, 83; *ders.*, DÖV 1994, 27, 32.

[195] Vgl. *Renck*, LKV 1997, 81, 83; *ders.*, DÖV 1994, 27, 32; *ders.*, ThürVBl. 1993, 102, 103; *ders.*, LKV 1993, 89.

[196] *Renck*, ThürVBl. 1994, 182. Vgl. auch *ders.*, NVwZ 1992, 1171, 1172; *ders.*, ZRP 1999, 323; ähnlich *Preuß*, in: Wassermann, Grundgesetz-Alternativkommentar, Art. 140 Rn. 41 sowie *Kleine*, Institutionalisierte Verfassungswidrigkeiten, S. 151; vgl. auch *Fischer*, Volkskirche ade!, S. 177 ff., der Art. 7 Abs. 3 Satz 1 GG als verfassungswidrig ansieht; von der Prinzipienwidrigkeit des Art. 7 Abs. 3 Satz 1 GG geht auch *von Drygalski*, Die Einwirkungen der Kirchen auf den Religionsunterricht an öffentlichen Schulen, S. 68, aus.

men: „Art. 7 Abs. 3 Satz 1 GG macht [...] eine Ausnahme [scil. vom Trennungsprinzip] nicht zur Regel, und Art. 141 GG räumt keine solche von einer derartigen ausnahmsweisen Regel ein."[197]

Den Normzweck des Art. 141 GG in der Wiederherstellung einer strikten Trennung von Staat und Kirche zu erblicken, erscheint indes problematisch, weil sich aus den Vorschriften des deutschen Staatskirchenrechts nicht ohne weiteres der von *Renck* behauptete rigide Trennungsansatz ableiten läßt[198].

Wenn *Renck* auf das in Art. 140 GG i.V.m. Art. 137 Abs. 1 WRV enthaltene Verbot einer Staatskirche zurückgreift, um hieran eine vom Grundgesetz vermeintlich intendierte strikte Trennung von Staat und Kirche festzumachen, dann übersieht er, daß die Verfassung selbst beim Körperschaftsstatus (Art. 140 GG i.V.m. Art. 137 Abs. 5 WRV), der Kirchensteuer (Art. 140 GG i.V.m. Art. 137 Abs. 6 WRV), der Militär- und Anstaltsseelsorge (Art. 140 GG i.V.m. Art. 141 WRV) und dem Religionsunterricht Regelungen trifft, die den Staat nicht zur Gleichgültigkeit gegenüber Religiosität verurteilen, sondern zur Zusammenarbeit mit den Bekenntnisgemeinschaften anhalten[199]. Seine problematische Argumentationslinie kann *Renck* nur dadurch aufrechterhalten, daß er diese Vorschriften zu „prinzipienwidrigem" Verfassungsrecht erklärt, um aus diesem in der Verfassung nicht zum Ausdruck gelangten Theorem Rückschlüsse auf die Auslegung des Art. 141 GG zu ziehen. Das von *Renck* vertretene Regel-Ausnahme-Verhältnis vermag vor allem mit Blick darauf nicht zu überzeugen, daß der Wortlaut von Art. 141 GG dessen Ausnahmecharakter unzweideutig zum Ausdruck bringt, indem er Art. 7 Abs. 3 Satz 1 GG einschränkt. Es wäre

---

[197] *Renck*, LKV 1997, 81, 83. Vgl. auch *ders.*, Der Streit um den Bekenntnis- und Ethikunterricht, NJ 2000, 393, 394.

[198] Vgl. *Link*, FS Hollerbach (2001), S. 747, 755; *Jeand'Heur/Korioth*, Grundzüge des Staatskirchenrechts, Rn. 164; *Tillmanns*, in: Tillmanns/Neumann, Verfassungsrechtliche Probleme bei der Konstituierung der neuen Bundesländer, S. 161, 189; *Link*, Verfassungsbeschwerde, in: Konrad-Adenauer-Stiftung, Religionsunterricht in den Schulen, S. 41, 53; *von Campenhausen*, BayVBl. 1999, 65, 67; *Heckel*, ZevKR 44 (1999), 147, 195 f.; *Niehues*, Schul- und Prüfungsrecht, Band 1, Rn. 542: „Art. 7 Abs. 3 GG ist daher keine Ausnahmevorschrift zu Art. 4 Abs. 1 und 2 GG, sondern dokumentiert lediglich, dass die grundsätzliche Trennung von Staat und Kirche (Art. 140 GG, Art. 137 Abs. 1 WRV) nicht in einem streng laizistischen Sinne zu verstehen ist."

[199] I.E. ebenso *Muckel/Tillmanns*, RdJB 1996, 360, 365; *Ehlers*, in: Pieroth, Verfassungsrecht und soziale Wirklichkeit in Wechselwirkung, S. 85, 94; *Friesenhahn*, in: Krautscheidt/Marré, Essener Gespräche zum Thema Staat und Kirche 5 (1971), S. 67, 69; *Jeand'Heur/Korioth*, Grundzüge des Staatskirchenrechts, Rn. 164: „Gerade die verfassungsgesetzlich vorgesehenen Bereiche der Zusammenarbeit belegen, daß eine solche systematische Strenge und Eindeutigkeit dem Grundgesetz nicht zugrunde liegt." Dieser Eindruck wird bestätigt, wenn man den Blick von der Verfassung abwendet und sich die zahlreichen Vertragswerke in Erinnerung ruft, die das Verhältnis des Staates zu den Kirchen im einzelnen ausgestalten.

rechtstechnisch verfehlt, einen Grundsatz nicht positiv zu umschreiben, sondern negativ durch die teilweise Nichtgeltung einer Ausnahme festlegen zu wollen[200]. Schließlich läuft *Rencks* Ansatz der Kontinuität des Staatskirchenrechts zuwider, gegenüber der sich alle auf eine striktere Trennung hinauslaufenden Vorschläge bislang nicht durchzusetzen vermochten[201]. Der insoweit eindeutige Wille des Verfassunggebers darf nicht durch eine die Anordnungen der Verfassung mißachtende Auslegung konterkariert werden.

Auch der Judikatur des Bundesverfassungsgerichts lassen sich für ein uneingeschränktes Trennungsprinzip keine Anhaltspunkte entnehmen. Einen diesbezüglichen Umschwung in der Rechtsprechung hat insbesondere der sog. Kruzifix-Beschluß[202] nicht mit sich gebracht[203]. Darin hatte das Bundesverfassungsgericht festgestellt, daß das Grundrecht aus Art. 4 GG dem „Einzelnen und den religiösen Gemeinschaften [...] keinen Anspruch darauf [verleiht], ihrer Glaubensüber-

---

200 I.E. ebenso *Muckel/Tillmanns*, RdJB 1996, 360, 361; *Heckel*, Der Religionsunterricht in Brandenburg, S. 104: „Dieser Ausnahmecharakter ergibt sich unzweideutig aus der Formulierung des Wortlauts, die in Art. 141 GG eine zeitliche und räumliche Begrenzung für diese Abweichung von der Regel des Art. 7 Abs. 3 GG vorsieht."

201 BT-Drs. 12/6000, S. 106 f. (Abschlußbericht der Gemeinsamen Verfassungskommission): „Die wenigen Befürworter der Anträge mit grundsätzlicher Neuordnungstendenz (Kommissionsdrucksachen Nr. 37 und Nr. 89) wollten – neben dem Verzicht auf die Bezugnahme auf Gott in der Präambel, weil eine solche ´unspezifische Rede von Gott´ in einem staatlichen Verfassungstext ´nichts zu suchen´ habe – insbesondere die Art. 7 Abs. 2 und 3, die Artikel 140 und 141 GG streichen und dafür einen neuen Artikel 9a GG einfügen, der bei grundsätzlicher Trennung von Staat und Kirche für alle Kirchen und Religionsgemeinschaften gleiche Freiheiten im Sinne der in Artikel 4 GG verbürgten Glaubens- und Gewissensfreiheit aller Menschen vorsieht und auf die bisherige staatsnahe Stellung und den Erhalt überkommener Privilegien verzichtet. Eine Überarbeitung der weitgehend unverändert gebliebenen Weimarer Kirchenverfassung sei notwendig geworden, da nach 1949 ein tiefgreifender Wandel der gesellschaftlichen Bedingungen eingetreten sei, der eine Anpassung des Verfassungsrechts an die moderne, polyreligiöse Gesellschaft erfordere, auch im Interesse der Unabhängigkeit der Kirche selbst. Die ganz überwiegende Mehrheit in der Gemeinsamen Verfassungskommission war dagegen der Auffassung, daß eine grundsätzliche Neuordnung nicht angezeigt sei, da sich das staatskirchenrechtliche System des Grundgesetzes bewährt habe oder jedenfalls eine grundsätzliche Reform in diesem Sektor der Verfassung den Zeitrahmen der Gemeinsamen Verfassungskommission übersteige. Auch die nur redaktionelle Überarbeitung im Sinne einer direkten Übernahme der Artikel 136 bis 139, 141 der WRV in das Grundgesetz (Kommissionsdrucksache Nr. 70) wurde von der großen Mehrheit abgelehnt, da dies – entgegen dem ersten Anschein – nicht nur ein redaktionelles Problem beinhalte, sondern der historische Bezug der Materie mit einer solchen Überarbeitung verloren gehen könnte. Außerdem wollte die Mehrheit der Gemeinsamen Verfassungskommission sich die in Art. 140 GG in Bezug genommenen Artikel der Weimarer Reichsverfassung nicht durch Inkorporation inhaltlich zu eigen machen."

202 BVerfGE 93, 1 ff.; vgl. hierzu *Muckel*, KuR 110, 21 ff. (= 1996, 65 ff.).

203 Vgl. *Heckel*, Religionsunterricht in Brandenburg, S. 104 f.

zeugung mit staatlicher Unterstützung Ausdruck zu verleihen."[204] Der Staat, in dem Anhänger unterschiedlicher oder sogar gegensätzlicher Glaubensüberzeugungen leben, sei zu strikter Neutralität in Glaubensfragen verpflichtet. Hieraus folge, daß „dort, wo er mit ihnen [scil. den Religions- und Weltanschauungsgemeinschaften] zusammenarbeitet oder sie fördert, [...] dies nicht zu einer Identifikation mit bestimmten Religionsgemeinschaften führen"[205] dürfe. Das Bundesverfassungsgericht geht also durchaus von der Berechtigung des Staates aus, mit den Religionsgemeinschaften in bestimmten Bereichen zusammenzuarbeiten und sie gegebenenfalls auch zu fördern. Beim Kruzifix-Beschluß kann deshalb keine Rede sein von einer Trendwende hin zu einer strikteren Trennung von Staat und Kirche. Das Grundgesetz erklärt allein die Identifikation des Staates mit bestimmten Bekenntnisgemeinschaften für unzulässig. Einer auf Westdeutschland begrenzten Interpretation des Art. 141 GG steht die Rechtsprechung des Bundesverfassungsgerichts folglich nicht im Wege.

Schließlich kann auch der von *Erwin Fischer* vertretene Ansatz, Art. 4 GG fordere eine strikte Trennung der Tätigkeitsbereiche von Staat und Kirche, nicht überzeugen. Ausgangspunkt der Argumentation *Fischers* ist ein Urteil des Bundesverfassungsgerichts vom 23. Oktober 1951, in dem zu Fragen der Auslegung ausgeführt wird: „Eine einzelne Verfassungsbestimmung kann nicht isoliert betrachtet und allein aus sich ausgelegt werden. Sie steht in einem Zusammenhang mit den übrigen Vorschriften der Verfassung, die eine innere Einheit darstellt. Aus dem Gesamtinhalt der Verfassung ergeben sich gewisse verfassungsrechtliche Grundsätze und Grundentscheidungen, denen die einzelnen Verfassungsbestimmungen untergeordnet sind."[206] Bei der Religionsfreiheit aus Art. 4 GG, die vom Trennungsprinzip nicht losgelöst werden könne, handelt es sich nach *Fischers* Meinung um einen solchen prädominierenden Grundsatz. Der Vorrang der Religionsfreiheit (und damit des Trennungsprinzips) folge zunächst daraus, daß Art. 4 GG im Gegensatz zu Art. 135 WRV nicht mehr unter Gesetzesvorbehalt stehe[207]. Ferner könne die Glaubensfreiheit nicht gemäß Art. 18 GG verwirkt werden und sei in der Verfassung nicht mehr im Zusammenhang mit den Bestimmungen über das Verhältnis von Staat und Kirche[208] angeordnet. Nur die „grundsätzliche Trennung von Staat und Kirche" vermag nach *Fischers* Ansicht „der unverletzlichen Religionsfreiheit in ihrer dreifachen Bedeutung als Frei-

---

204 BVerfGE 93, 1, 16; Kritisch gegenüber dieser Formulierung *Muckel*, in: Friauf/Höfling, Berliner Kommentar, Art. 4 Rn. 43.

205 BVerfGE 91, 1, 17.

206 BVerfGE 1, 14, 32; vgl. *Fischer*, Volkskirche ade!, S. 44.

207 Vgl. *Fischer*, Volkskirche ade!, S. 47. Hiergegen zu Recht *Muckel*, Religiöse Freiheit und staatliche Letztentscheidung, S. 224 ff. m. umf. Nachw.

208 Vgl. *Fischer*, Volkskirche ade!, S. 47.

heitsrecht des Einzelnen, als wertentscheidende Grundsatznorm und als Magna Charta der Freiheit der Religionsgesellschaften vom Staat gerecht“ zu werden[209].

Fischer muß sich jedoch entgegenhalten lassen, daß die Verfassung selbst mit Ausnahme des Art. 79 Abs. 3 GG keine Hierarchie der in ihr enthaltenen Vorschriften kennt[210]. Aus diesem Grund kann beispielsweise auch nicht gesagt werden, bestimmte Grundrechte seien kollidierendem Verfassungsrecht gegenüber prinzipiell zu bevorzugen. Das Bundesverfassungsgericht hat es abgelehnt, den anfänglich in der Verfassung enthaltenen Normen eine unterschiedliche Wertigkeit zuzusprechen[211]. Allerdings soll es möglich sein, daß die Verfassung überpositive Grundsätze der Gerechtigkeit mißachtet, die ihrerseits im Rang der Verfassung vorgehen[212]. Ein derartiger Widerspruch des Verfassungsrechts zu überpositiven Rechtsgrundsätzen wurde vom Bundesverfassungsgericht aber selbst als Ausnahmefall bezeichnet, dessen Eintritt „einer praktischen Unmöglichkeit gleichkommt“[213]. Vergegenwärtigt man sich, daß die in das Grundgesetz inkorporierten Weimarer Kirchenartikel vollgültiges Verfassungsrecht beinhalten und gegenüber anderen Verfassungsnormen nicht auf der Stufe minderen Ranges stehen[214], so lassen sich die in Art. 140 GG i.V.m. Art. 137, 141 WRV vorgesehenen Überschneidungen von staatlicher und kirchlicher Sphäre nicht durch einen Rückgriff auf Art. 4 GG als regelwidrig abtun. Entscheidend gegen eine die Bedeutung des Art. 4 GG verabsolutierende Verfassungsdogmatik spricht schließlich, daß ihr eine gewisse Beliebigkeit innewohnt. Während *Fischer* sie zur Grundlage einer strikten Trennung des staatlichen vom kirchlichen Wirkungsbereichs machen will, versucht *Joseph Listl*[215] hierdurch die Stellung der Kirchen zu stärken[216]. *Heckel* hat daher zu Recht festgestellt, daß die „Überinterpretation der grundrechtlichen Religionsfreiheit“ zu einem Bouquet von Auslegungsmöglichkeiten führt und „vagen weltanschaulichen Konkretionen der Religionsfreiheit im ′positiven′ wie im ′negativen′, im ′klerikalen′ wie im ′laizistischen′ Sinne Raum“[217] läßt[218]. Insgesamt bleibt damit feszuhalten,

---

209 *Fischer*, Volkskirche ade!, S. 92.

210 So auch *Kleine*, Institutionalisierte Verfassungswidrigkeiten, S. 93 f.

211 Vgl. BVerfGE 3, 225, 232 ff.

212 Vgl. BVerfGE 3, 225, 232 f.; *Leisner*, DÖV 1992, 432, 436 f.

213 BVerfGE 3, 225, 233; vgl. auch *Jeand'Heur/Korioth*, Grundzüge des Staatskirchenrechts, Rn. 165; *Ress*, FS Doehring (1985), S. 5, 14.

214 Vgl. BVerfGE 19, 206, 219; *de Wall*, NVwZ 2000, 857, 859.

215 *Listl*, in: Krautscheidt/Marré, Essener Gespräche zum Thema Staat und Kirche 3 (1968), S. 34, 87 ff.

216 Vgl. *Kleine*, a.a.O., S. 95.

217 *Heckel*, Staat und Kirchen in der Bundesrepublik, in: Mikat, Kirche und Staat in der neueren Entwicklung, S. 21, 61.

daß sich dem Grundgesetz eine strikte Trennung von Staat und Religion nicht entnehmen läßt. Art. 7 Abs. 3 Satz 1 GG ist dementsprechend keine regelwidrige Verfassungsbestimmung.

IV. Der Ausnahmecharakter des Art. 141 GG

Auch ein Blick auf die systematische Stellung des Art. 141 GG unterstreicht das durch die obigen Ausführungen gewonnene Ergebnis; die Vorschrift ist nämlich in den Schluß- und Übergangsbestimmungen des Grundgesetzes enthalten, was den Ausnahmecharakter von der an zentraler Stelle plazierten Regel des Art. 7 Abs. 3 Satz 1 GG besonders betont[219].

Dagegen will *Renck* hierin lediglich „eine redaktionelle Schwäche" erkennen, die Aussagen im Hinblick auf die Interpretation von Art. 141 GG nicht gestatte[220]. Im Schrifttum wird überdies darauf hingewiesen, daß auch Art. 140 GG in die Übergangs- und Schlußbestimmungen aufgenommen worden sei, ohne daß bei dieser „Grundsatznorm des geltenden Staatskirchenrechts" von einer Beschränkung in die Zukunft hinein die Rede wäre[221]. Dieser Einwand vermag jedoch deshalb nicht zu überzeugen, weil die Aufnahme des Art. 141 GG in den Schlußteil des Grundgesetzes gerade vor dem Hintergrund der systematischen Stellung des Art. 7 Abs. 3 Satz 1 GG Bedeutung erlangt. Die Restriktion der Bremer Klausel ergibt sich nicht allein daraus, daß sie im letzten Abschnitt des Grundgesetzes zu finden ist, sondern aus dem in der Anordnung beider Vorschriften zum Ausdruck gelangenden Verhältnis des Art. 141 GG zu Art. 7 Abs. 3 Satz 1 GG. Da das Grundgesetz an anderer Stelle eine Art. 140 GG ausdrücklich einschränkende Regelung nicht enthält, scheidet eine entsprechende Reduktion dieser Norm aus. Der Umstand, daß Art. 140 GG gleichfalls in die Übergangs- und Schlußbestimmungen des Grundgesetzes aufgenommen wurde, führt sonach die einschränkende Interpretation des Art. 141 GG nicht ad absurdum.

Über Art. 141 GG nicht nur Bremen und Berlin, sondern auch die Beitrittsländer von der Verpflichtung zur Erteilung von Religionsunterricht freizustellen, würde nach Ansicht *Rolf Gröschners* dessen verfassungsrechtliche Verbürgung

---

218 Auf *Heckel* nimmt in diesen Zusammenhang auch *Kleine*, Institutionalisierte Verfassungswidrigkeiten, S. 95, Bezug.

219 Vgl. *Link*, FS Hollerbach (2001), S. 747, 755; *Mückl*, AöR 122 (1997), 513, 543; *Rüfner*, in: Marré/Stüting, Essener Gespräche zum Thema Staat und Kirche 26 (1992), S. 60, 69; *Muckel/Tillmanns*, RdJB 1995, S. 360, 361 f.

220 Vgl. *Renck*, BayVBl. 1999, 70, 71.

221 *Pieroth/Kingreen*, GS Jeand'Heur (1999), S. 265, 277.

größtenteils entwerten[222]. Gegen ein derartiges „Quantifizierungsmodell" hat *Gebhard Mehrle* mit der Behauptung Stellung bezogen, es könne durch ein einfaches „Rechenbeispiel" widerlegt werden. Geht man, so *Mehrle*, davon aus, daß Art. 141 GG in Geltung geblieben wäre, wenn er nicht nur Bremen und Berlin, sondern auch Hessen und Hamburg erfaßt hätte, wären vor der Wende 36% der Länder von der Verpflichtung aus Art. 7 Abs. 3 Satz 1 GG befreit gewesen[223]. Schlägt man die neuen Länder des wiedervereinigten Deutschland dem Anwendungsbereich des Art. 141 GG zu, so wären es nach heutiger Zählung 43,74%, also gerade einmal 7,74% mehr[224]. Angesichts dieser nur geringen Verschiebung des Verhältnisses zwischen den an Art. 7 Abs. 3 Satz 1 GG gebundenen und den durch Art. 141 GG von dieser Vorschrift dispensierten Ländern lasse sich kaum behaupten, daß die Anwendung des Art. 141 GG auf die neuen Bundesländer dazu geeignet sei, die institutionelle Garantie des Religionsunterrichts auszuhöhlen[225].

Auf den ersten Blick verblüfft das von *Mehrle* gewonnene Ergebnis. Für *Mehrle* könnte sprechen, daß sich seine Argumentation auch bei der Wahl eines anderen Bezugspunktes scheinbar bestätigt: Zwar richtet sich Art. 141 GG seinem Wortlaut nach an die Länder als Rechtssubjekte, so daß es naheliegt, den Stellenwert der Vorschrift an der Zahl der hiervon in Pflicht genommenen Bundesländer zu messen. Die eigentliche Bedeutung des Art. 141 GG erschließt sich aber erst, wenn man sich vergegenwärtigt, welche Länder (Stadtstaaten wie Bremen, bevölkerungsarme Flächenstaaten wie Mecklenburg-Vorpommern, Ballungszentren wie Nordrhein-Westfalen) von Art. 7 Abs. 3 Satz 1 GG dispensiert werden, wie viele Menschen also von der Nichtgeltung des Art. 7 Abs. 3 Satz 1 GG „betroffen" sind. Geht man nun davon aus, daß Art. 141 GG sowohl in West-Berlin[226], Bremen[227], Hamburg[228] und Hessen[229] der „alten Bundesrepublik" gegolten hätte, dann wäre er für insgesamt 11,243 Millionen Menschen, d.h. 16,2% der westdeutschen Bevölkerung (69,4 Mio.) relevant gewesen[230]. Hält man Art. 141 GG hingegen nach der Wiedervereinigung nicht nur in (ganz)

---

222 Vgl. *Gröschner*, in: Dreier, Grundgesetz, Art. 141 Rn. 14.

223 Vgl. *Mehrle*, Trennung vom Staat – Mitarbeit in staatlichen Institutionen, S. 265.

224 Vgl. *Mehrle*, a.a.O.

225 Vgl. *Mehrle*, Trennung vom Staat – Mitarbeit in staatlichen Institutionen, S. 265.

226 3,05 Mio. Einwohner.

227 683.000 Einwohner.

228 1,67 Mio. Einwohner.

229 5,84 Mio Einwohner.

230 Die Zahlen sind dem Knaurs Lexikon, 2. Auflage, München 1985, entnommen.

Berlin[231] und Bremen[232], sondern auch in Brandenburg[233], Mecklenburg Vorpommern[234], Sachsen[235], Sachsen-Anhalt[236] und Thüringen[237] für anwendbar, wären es dagegen 17.997.766 Mio. Menschen, was 21,94% der Gesamtbevölkerung Deutschlands (82.047.000 Einwohner) entspricht[238]. Der Bevölkerungsanteil, für den Art. 7 Abs. 3 Satz 1 GG nicht mehr gelten würde, hätte damit gerade einmal um 5,74% zugenommen.

Auch wenn man nicht auf die Anzahl der von Art. 141 GG dispensierten Länder, sondern auf die von der Nichtgeltung des Art. 7 Abs. 3 Satz 1 GG „betroffenen" Personen abstellt, geht die Rechnung *Mehrles* jedoch im Ergebnis nicht auf. Denn bei der Berechnung des Prozentsatzes der in der alten Bundesrepublik von Art. 141 GG erfaßten Länder bezieht *Mehrle* Hamburg und Hessen in den Kreis der Länder mit ein, für die Art. 141 GG gelten sollte (weil auch im Parlamentarischen Rat davon ausgegangen wurde, daß die Vorschrift dort anzuwenden sei[239]), nicht aber bei der die neuen Bundesländer berücksichtigenden Rechnung (weil die Nichtgeltung des Art. 141 GG für Hamburg und Hessen mittlerweile als erwiesen gilt). Dadurch gewinnt *Mehrle* zwar ein Bild davon, wie sich die Geltung des Art. 141 GG heute tatsächlich darstellt; er läßt aber unberücksichtigt, wie sie sich aus der Sicht des Parlamentarischen Rates entwickelt hätte: Wenn der Parlamentarische Rat nicht nur von einer Einbeziehung Bremens, Berlins, Hamburgs und Hessens, sondern auch noch von einer Geltungserstrekkung auf die fünf Länder der SBZ ausgegangen wäre, hätte er damit neun der sechzehn Länder eines zukünftigen deutschen Gesamtstaates von Art. 141 GG als erfaßt angesehen. Das wären 56,25%. *Mehrles* Rechenexempel vermag zwar den Hinweis auf eine gravierende Änderung des Verhältnisses von Art. 7 Abs. 3 Satz 1 GG zu Art. 141 GG zu widerlegen. Es ruft aber zugleich in Erinnerung, daß der Parlamentarische Rat mit der als Ausnahmevorschrift gedachten „Bre-

---

[231] 3.386.667 Einwohner

[232] 663.065 Einwohner.

[233] 2.601.207 Einwohner.

[234] 1.789322 Einwohner.

[235] 4.459.686 Einwohner.

[236] 2.648737 Einwohner.

[237] 2.449.082 Einwohner.

[238] Alle Zahlen sind dem Fischer-Weltalmanach 2001, Frankfurt/Main 2000, Spalten 179, 201 ff., entnommen.

[239] Sowohl in bezug auf Hamburg als auch Hessen hat sich allerdings im Nachhinein herausgestellt, daß die im Parlamentarischen Rat zugunsten einer Geltung des Art. 141 GG angeführten Argumente sich nicht als schlüssig erwiesen. Vgl. zur Situation in Hamburg die Nachweise bei *Schmitt-Kammler*, in: Sachs, Grundgesetz, Art. 141 Rn. 8 Fn. 18.

mer Klausel“ wohl kaum die Mehrheit der Länder von der Geltung des Art. 7 Abs. 3 Satz 1 GG dispensieren wollte.

Der den Ausnahmecharakter des Art. 141 GG betonenden Argumentation ist entgegengehalten worden, sie gehe zu Unrecht davon aus, daß Ausnahmebestimmungen restriktiv zu interpretieren seien. Einer solchen Faustformel sei allgemeine Anerkennung versagt geblieben[240], so daß sich mit ihrer Hilfe auch nicht die Unanwendbarkeit des Art. 141 GG auf die neuen Bundesländer begründen lasse[241]. Insbesondere die als Ausnahme konzipierten Gesetzgebungszuständigkeiten des Bundes verdeutlichten, wie extensiv die Auslegung von Ausnahmebestimmungen betrieben werden könne[242]. Dergleichen Kritik geht aber fehl, da zumindest überwiegend nicht aus der Natur des Art. 141 GG als Ausnahmevorschrift auf dessen Nichtgeltung für die neuen Bundesländer geschlossen, sondern vielmehr der Historie sowie der systematischen Stellung zu Art. 7 Abs. 3 Satz 1 GG entscheidendes Gewicht beigemessen wird[243]. Der Ausnahmecharakter des Art. 141 GG präsentiert sich demnach nicht als Grundlage, sondern als das Ergebnis der Auslegung, so daß aus ihm selbst keine interpretatorischen Konsequenzen gezogen werden. Auch wenn es ein allgemeingültiges Prinzip des Inhalts, daß Ausnahmebestimmungen eng auszulegen sind, nicht geben sollte, folgt hieraus nicht, daß deren restriktive Interpretation niemals zulässig ist. Es muß nämlich vermieden werden, daß „durch eine allzu weite Auslegung von Ausnahmebestimmungen oder durch deren analoge Anwendung die Regelungsabsicht des Gesetzgebers schließlich in ihr Gegenteil verkehrt wird.“[244] Eine Auslegung, die diesen Gesichtspunkt berücksichtigt, ist nicht mit der starren Formel zu verwechseln, Ausnahmebestimmungen seien „so eng wie möglich“ zu handhaben[245]. Auch eine Extension mittels einer Analogie ist deshalb nicht schlechterdings ausgeschlossen. Maßgeblich ist aber, daß den Gründen, die den Gesetzgeber dazu veranlaßten, die in Rede stehende Ausnahmevorschrift nur auf begrenzte Fälle für anwendbar zu erklären, vom Norminterpreten hinreichend Beachtung geschenkt wird. Folglich läßt es sich nicht generell ausschließen, daß bestimmte Ausnahmevorschriften einschränkend ausgelegt wer-

---

240 Vgl. *Müller*, Juristische Methodik, S. 211.

241 Vgl. *Anger*, Die Einführung des Unterrichtsfaches „LER“ in Brandenburg – ein Paradigmenwechsel im deutschen Staatskirchenrecht?, S. 18; *Pieroth/Kingreen*, GS Jeand'Heur (1999), S. 265, 277.

242 Vgl. *Pieroth/Kingreen*, GS Jeand'Heur (1999), S. 265, 277.

243 Vgl. insoweit den Gang der Argumentation bei *Heckel*, Religionsunterricht in Brandenburg, S. 103 f.

244 *Larenz*, Methodenlehre der Rechtswissenschaft, S. 344; so auch *Link*, Verfassungsbeschwerde, in: Konrad-Adenauer-Stiftung, Religionsunterricht in den Schulen, S. 41, 53.

245 *Larenz*, a.a.O.

den müssen. Das Fehlen einer allgemeinen Auslegungsregel, wonach der Anwendungsbereich von Ausnahmebestimmungen nicht zu weit ausgedehnt werden darf, macht eine restriktive Interpretation des Art. 141 GG somit nicht unmöglich.

Die durch die Einbeziehung der neuen Bundesländer in den Anwendungsbereich der Bremer Klausel intendierte Umkehrung des Regel-Ausnahme-Verhältnisses von Art. 7 Abs. 3 Satz 1 GG zu Art. 141 GG läßt sich auch nicht mit dem lakonischen Hinweis darauf rechtfertigen, daß die Wiedervereinigung Deutschlands auch „in manch anderer Hinsicht (notwendigerweise) die gesamtstaatliche Situation verändert"[246] habe. Daß die deutsche Einheit auch für den Juristen erhebliche Veränderungen auf vielen Gebieten mit sich gebracht hat, ist zwar unbestritten. Allerdings sagt dies nichts darüber aus, ob dergleichen auch für Art. 141 GG zu gelten hat.

D. Ergebnis

Das Land Brandenburg kann sich nicht auf Art. 141 GG berufen[247]. Es ist verpflichtet, den Religionsunterricht als ordentliches Lehrfach auszugestalten. Die hiergegen verstoßenden Vorschriften des brandenburgischen Schulgesetzes sind somit grundsätzlich verfassungswidrig. Etwas anderes gilt nur dann, wenn sich Art. 7 Abs. 3 Satz 1 GG infolge eines Verfassungswandels lediglich an die nicht von Art. 141 GG ausgenommenen Länder Westdeutschlands richten würde. Einem partiellen Geltungsverlust des Art. 7 Abs. 3 Satz 1 GG könnte aber von vornherein dessen Grundrechtscharakter entgegenstehen.

---

[246] *Schmitt-Kammler*, in: Sachs, Grundgesetz, Art. 141 Rn. 15.

[247] I.E. ebenso *Heckel*, Religionsunterricht in Brandenburg, S. 98 ff.; *Tillmanns*, in: Tillmanns/Neumann, Verfassungsrechtliche Probleme bei der Konstituierung der neuen Bundesländer, S. 161, 239; *Hemmrich*, in: von Münch/Kunig, Grundgesetz-Kommentar, Art. 7 Rn. 29; *Ramb*, Das Verhältnis von Kirche und Staat nach der deutschen Wiedervereinigung in der Krise?, S. 151.

Dritter Teil
Geltungsverlust von Grundrechten durch Verfassungswandel?

A. Grundrechte als Instrument des Minderheitenschutzes

Ein Verfassungswandel, der in der Lage wäre, den Normbefehl des Art. 7 Abs. 3 Satz 1 GG aufzuheben, könnte unter Umständen dann nicht in Betracht kommen, wenn es sich bei dieser Vorschrift um eine grundrechtliche Gewährleistung des Religionsunterrichts handeln sollte. Die Funktion von Grundrechten liegt nämlich nicht zuletzt darin, Minderheiten bestimmte Freiheitsbereiche zuzuerkennen, um ihre Belange gegenüber den Interessen der Mehrheit zu schützen, die sich im demokratischen Staat in den Gesetzgebungskörperschaften regelmäßig durchsetzen[248]. Der freiheitssichernden Funktion der Grundrechte liefe es zuwider, wenn die dem einzelnen von Verfassungs wegen verbürgten Rechte bereits dadurch außer Kraft gesetzt würden, daß eine Mehrheit keinen Gebrauch mehr von ihnen macht, also den staatlicherseits zur Verfügung gestellten Freiraum aus freien Stücken nicht mehr nutzt[249].

Gegen die Möglichkeit eines derartigen Grundrechtsschwundes spricht auch die in Art. 18 GG vorgesehene Grundrechtsverwirkung, die vom Parlamentarischen Rat auf die dort genannten Grundrechte beschränkt und von bestimmten Voraussetzungen abhängig gemacht wurde. Tragender Gedanke dieser Vorschrift ist, daß derjenige, der die vom Staat gewährleisteten Rechte für sich in Anspruch nimmt, sie nicht zum Kampf gegen die freiheitlich demokratische

---

[248] Vgl. *Häberle*, Rechtstheorie 24 (1993), 397, 427 ff.; *Schnapp*, JZ 1985, 857, 860 f.; *Folke*, EuGRZ 1985, 525, 526: „Daß Minderheiten als 'Mehrheiten in being' existieren, sich artikulieren und organisieren können, garantieren die Grundrechte, insbesondere die Meinungs- und Vereinigungsfreiheit."

[249] Kritisch daher *Post*, ZRP 1999, 347 f.: „Folgt man Renck, so würde auch die Aufrechterhaltung des Asylrechts in Art. 16 GG ihre Wirksamkeitsvoraussetzung verlieren und könnte deklaratorisch als nicht existent festgestellt werden, wenn irgendwann einmal die Asylbewerberzahlen gegen null gehen sollten." Ähnlich auch *Heckel*, JZ 2000, 563, 564: „Kulturstaatliche Einrichtungen (Museen, Theater usw.) und institutionelle Hilfen zur Grundrechtsverwirklichung (Ausbildungshilfen, Studienstipendien, Förderung des Eigenheimbaus, der Industrieansiedlung usw.) werden nicht dadurch unzulässig und suspekt, daß stets nur eine Minderheit von dem 'Angebot' des Staates zu Förderung der Kultur und der realen Verwirklichung ihrer Grundrechte aus Art. 5, 12, 14 GG Gebrauch macht."

Grundordnung mißbrauchen darf[250]. Art. 18 GG ist damit Ausdruck der auf Selbstverteidigung angelegten „streitbaren Demokratie“, die aus dem Untergang der Weimarer Republik entsprechende Lehren gezogen hat[251]. Eine Verwirkung der in Art. 18 Satz 1 GG aufgezählten Grundrechte erfolgt nicht ipso iure, sondern durch konstitutive Entscheidung des Bundesverfassungsgerichts, der ex-nunc-Wirkung zukommt[252]. Diese eng begrenzte Möglichkeit der Einbuße an grundrechtlich geschützter Freiheit würde in unüberschaubarer Weise ausgeweitet, sollte außerhalb des in Art. 18 Satz 2 GG i.V.m. §§ 36 ff. BVerfGG vorgesehenen Verfahrens der Verzicht auf Grundrechtspositionen durch andere Grundrechtsträger zu ihrer Beseitigung auch für denjenigen führen, der von der hierdurch vermittelten Freiheitssphäre weiterhin Gebrauch machen will. Über den Ausgleich, den Art. 18 GG zwischen dem Recht des Staates auf Selbsterhaltung und dem Interesse des einzelnen an der Ausübung der ihm von der Verfassung garantierten Freiheit herbeiführt, würde sich ein Verfassungswandel, der zur Geltungsbeendigung von Grundrechten imstande wäre, einseitig zu Lasten des Bürgers hinwegsetzen. Zu Recht hat *Heckel* deshalb festgestellt, daß es „ein eigenartiges Licht auf das Grundrechtsverständnis derer [wirft], welche hier die Grundrechtsentfaltung beschneiden und Institutionen beseitigen wollen, wenn sie zur Begründung anführen, daß die einschlägige Grundrechtsausübung nur von einer Minderheit in Anspruch genommen werde.“[253]

Die Schlüssigkeit der These, daß Art. 7 Abs. 3 Satz 1 GG infolge eines Verfassungswandels außer Kraft getreten ist, hängt somit entscheidend davon ab, ob das Grundgesetz mit dieser Norm lediglich eine objektiv-rechtliche Garantie statuiert oder darüber hinaus dem einzelnen ein Grundrecht auf Einführung von Religionsunterricht an die Hand gibt. Ein solches Recht könnte einerseits den Bekenntnisgemeinschaften zustehen, nach deren Grundsätzen der Religionsunterricht gemäß Art. 7 Abs. 3 Satz 2 GG inhaltlich auszugestalten ist. Andererseits kommen Schüler und Eltern[254] als Träger eines grundrechtlichen Anspruchs

---

250 Vgl. *Brenner*, DÖV 1995, 60.

251 Vgl. BVerfGE 28, 36, 48 f.; 80, 244, 253; BVerwG NVwZ 1995, 1134; *Jarass*, in: Jarass/Pieroth, Grundgesetz, Art. 18 Rn. 1; *Stern*, Das Staatsrecht der Bundesrepublik Deutschland I, S. 201; *Maunz/Zippelius*, Deutsches Staatsrecht, S. 156; *Gröschner*, in: Dreier, Grundgesetz, Art. 18 Rn. 3; *Brenner*, in: von Mangoldt/Klein/Starck, Das Bonner Grundgesetz, Art. 18 Rn. 2.

252 Vgl. *Gröschner*, in: Dreier, Grundgesetz, Art. 18 Rn. 25.

253 *Heckel*, Religionsunterricht in Brandenburg, S. 106; ähnlich auch *Maurer*, FS Zacher (1998), S. 577, 590, mit Hinweis darauf, daß der Religionsunterricht seine Grundlage „nicht in der tatsächlichen Bedeutung der Kirchen und ihrem Verhältnis zum Staat, sondern in den Grundrechten der Schüler“ hat und Art. 7 Abs. 3 GG als Grundrecht auch Minderheiten zustehe.

254 Resp. anderweitig Erziehungsberechtigte.

auf Einrichtung und Durchführung eines in Übereinstimmung mit den Grundsätzen der jeweiligen Religionsgemeinschaft konzipierten Religionsunterrichts in Betracht[255].

B. Art. 7 Abs. 3 Satz 1 GG – Grundrecht auf Religionsunterricht?

I. Institutionelle Garantie und Grundrecht?

Nach einhelliger Ansicht handelt es sich bei Art. 7 Abs. 3 Satz 1 GG um eine sogenannte institutionelle Garantie[256]. Darunter werden objektive Einrichtungsgarantien verstanden, die sich auf öffentlich-rechtliche Institutionen beziehen[257], wohingegen die der Disposition des Gesetzgebers entzogenen Institutsgarantien privatrechtliche Institutionen in Schutz nehmen[258]. So beinhaltet beispielsweise Art. 6 Abs. 1 GG nicht nur ein subjektives Recht auf Unterlassung von Eingriffen, sondern schützt als Institutsgarantie Ehe und Familie als vorgegebene Lebensordnungen[259]. Die Lehre von den Einrichtungsgarantien geht auf die Staatsrechtslehre der Weimarer Republik zurück. Nach damals vorherrschender Ansicht war nur die Exekutive an die Grundrechte gebunden, so daß mit der Klassi-

---

[255] Die Frage nach dem subjektiv-rechtlichen Charakter des Art. 7 Abs. 3 Satz 1 GG spielt auch bei den von Eltern und Schülern gegen das brandenburgische Schulgesetz erhobenen Verfassungsbeschwerden eine maßgebliche Rolle. Gemäß Art. 93 Abs. 1 Nr. 4a GG i.V.m. §§ 13 Abs. 1 Nr. 8 i.V.m. §§ 90 ff. BVerfGG setzt die Zulässigkeit einer Verfassungsbeschwerde die Behauptung einer Verletzung in Grundrechten oder grundrechtsgleichen Rechten voraus. Neben Art. 6 Abs. 2 GG haben sich die Beschwerdeführer dabei auf Art. 7 Abs. 3 Satz 1 GG berufen.

[256] Vgl. BVerfGE 74, 244, 253; *Badura/Starck*, Verfassungsbeschwerde, in: Konrad-Adenauer-Stiftung, Religionsunterricht in den Schulen, S. 71, 74; *Oebbecke*, DVBl. 1996, 336, 339; *Listl*, in: ders., Der Religionsunterricht als bekenntnisgebundenes Lehrfach, S. 49, 52; *Stern*, Das Staatsrecht der Bundesrepublik Deutschland III/1, S. 799; *de Wall*, ZevKR 42 (1997), 353, 359; *Uhle*, DÖV 1997, 409; *Niehues*, Schul- und Prüfungsrecht, Band 1, Rn. 538; *Heckel*, Religionsunterricht in Brandenburg, S. 27; *Robbers*, in: von Mangoldt/Klein/Starck, Das Bonner Grundgesetz, Art. 7 Rn. 118; *Renck*, DÖV 1994, 27, 29; *ders.*, NVwZ 1992, 1171, 1172; *Winter*, NVwZ 1991, 753, 754; *Richter*, RdJB 1996, 295; *Jeand'Heur/Korioth*, Grundzüge des Staatskirchenrechts, Rn. 307.

[257] Vgl. *Schmitt*, Freiheitsrechte und institutionelle Garantien, Verfassungsrechtliche Aufsätze, S. 140, 149; *Pieroth/Schlink*, Grundrechte, Rn. 70.

[258] Vgl. *Maurer*, Staatsrecht, § 9 Rn. 22; *Pieroth/Schlink*, Grundrechte, Rn. 70.

[259] Vgl. *Pieroth/Schlink*, Grundrechte, Rn. 634.

fizierung bestimmter Grundfreiheiten als Instituts- oder institutionelle Garantien der Versuch unternommen wurde, die Kompetenzen des Gesetzgebers zu begrenzen[260]. Obwohl die Geltung der Grundrechte für die Legislative im Grundgesetz in Art. 1 Abs. 3 GG explizit angeordnet wird, ist die Lehre von den Einrichtungsgarantien in der Staatsrechtswissenschaft nicht völlig aufgegeben worden[261]. Ihr soll heute die Aufgabe zufallen, „bei der Ermittlung des grundrechtlichen Schutzumfangs bzw. der grundrechtlichen Schutzwirkung [...] mit dem Gedanken des Schutzes der tradierten Essentialia ein Hilfsmittel [zu] sein"[262]. Daneben schützen Einrichtungsgarantien die den subjektiven Freiheitsgebrauch ermöglichenden rechtlichen bzw. tatsächlichen Grundlagen. Der durch subjektive Rechte gewährleistete Freiraum vom Staat „soll nicht des Instruments verlustig gehen, durch das er sich entfaltet"[263].

Die Einordnung einer Verfassungsbestimmung als institutionelle Garantie schließt es dabei nicht aus, daß mit ihr zugleich Individualrechte verbunden sind[264], wenn auch die Kehrseite des in einer Einrichtungsgarantie verbrieften Sozialgefüges nicht notwendigerweise ein entsprechendes subjektives Recht sein muß[265]. Bereits *Carl Schmitt* erkannte diese Janusköpfigkeit von institutioneller Garantie einerseits und subjektivem Recht andererseits an, wenn er ausführt: „Eine weitere, wiederum andersgeartete Frage ist es, wie weit eine Garantie von *subjektiven Rechten* – sei es des Trägers der Institution selbst, sei es individueller Rechte einzelner Beteiligter – zu einer institutionellen Garantie gehört. Auch diese Frage kann durch die verfassungsgesetzliche Regelung verschieden beantwortet werden. Es ist eine [...] häufig auftretende, aber unrichtige Denkweise, institutionelle Garantie oder subjektives Recht alternativ einander entgegenzustellen. Beides kann miteinander verbunden sein"[266]. Dem Umstand, daß es sich bei Art. 7 Abs. 3 Satz 1 GG um eine institutionelle Garantie des Religionsunterrichts handelt, kommt im Hinblick auf die Frage, ob der Vorschrift auch ein subjektives Recht innewohnt, deshalb keinerlei Sperrwirkung zu[267].

---

260 Vgl. *Maurer*, FS Zacher (1998), S. 577, 583 f.

261 Kritisch daher *Maurer*, Staatsrecht, § 6 Rn. 21.

262 *Hildebrandt*, Das Grundrecht auf Religionsunterricht, S. 146 m.w.N.

263 *Stern*, in: Isensee/Kirchhof, HdbStR V, § 109 Rn. 52.

264 Vgl. hierzu die eingehenden Ausführungen von *Hildebrandt*, Das Grundrecht auf Religionsunterricht, S. 154 ff.

265 Vgl. *Maunz/Zippelius*, Deutsches Staatsrecht, S. 139; *de Wall*, Der Staat 38 (1999), 377 f.

266 *Schmitt*, Freiheitsrechte und institutionelle Garantien, in: ders., Verfassungsrechtliche Aufsätze aus den Jahren 1924-1954, S. 140, 149.

267 Vgl. *Mückl*, AöR 122 (1997), 513, 521.

II. Grammatikalische Auslegung

Gemäß Art. 7 Abs. 3 Satz 1 GG ist der „Religionsunterricht in den öffentlichen Schulen mit Ausnahme der bekenntnisfreien Schulen ordentliches Lehrfach." Im Gegensatz etwa zu Art. 2 GG („jeder"), Art. 8 GG („alle Deutschen") und Art. 3 GG („alle Menschen") verzichtet Art. 7 Abs. 3 Satz 1 GG auf die ausdrückliche Nennung eines Grundrechtsberechtigten. Der Wortlaut des Art. 7 Abs. 3 Satz 1 GG ist daher möglicherweise ein Indiz für eine rein objektiv-rechtliche Auslegung. Eine solche Interpretation ließe aber unberücksichtigt, daß auch andere Grundrechte den durch sie begünstigten Grundrechtsträger nicht näher bezeichnen. So stellt z.B. Art. 4 GG lediglich fest, daß die Freiheit des Glaubens, des Gewissens und die Freiheit des religiösen und weltanschaulichen Bekenntnisses unverletzlich sind. Ähnlich verhält es sich mit der Eigentumsgarantie des Art. 14 Abs. 1 GG, die von der Gewährleistung des Eigentums und Erbrechts spricht. Dennoch würde niemand daran zweifeln, daß es sich bei Art. 14 Abs. 1 GG nicht nur um eine Institutsgarantie des Privateigentums[268], sondern darüber hinaus um ein „elementares"[269], die materielle Seite der Freiheit schützendes Grundrecht handelt[270]. Während Art. 14 GG als Institutsgarantie den Gesetzgeber davon abhält, Sachbereiche der Privatrechtsordnung zu entziehen, die zum elementaren Bestand grundrechtlich geschützter Betätigung im vermögensrechtlichen Bereich gehören[271], erhebt sein grundrechtlicher Gehalt die Vorschrift zum „klassischen Freiheitsrecht", das sowohl die Inhaltsbestimmung als generell-abstrakte Festlegung aus der Innehabung einer Eigentumsposition sich ergebender Rechte und Pflichten[272] als auch den völligen Entzug von rechtlich verselbständigbaren Eigentumspositionen[273] durch Enteignungen von bestimmten Anforderungen abhängig macht. Ebenso wie Art. 14 GG enthält Art. 6 Abs. 1 GG nicht nur ein Grundrecht, sondern zugleich eine Institutsgarantie. Aus diesem Grund ist dem Gesetzgeber eine Abänderung der sozialen und rechtlichen Prägung, welche die Ehe als Institut in ihrer historischen Entwicklung ange-

---

268 Vgl. *Jarass*, in: Jarass/Pieroth, Grundgesetz, Art. 14 Rn. 4.

269 BVerfGE 14, 263, 277; *Jarass*, in: Jarass/Pieroth, Grundgesetz, Art. 14 Rn. 1.

270 Ähnlich *de Wall*, NVwZ 1997, 465; *ders.*, Zum subjektiven Recht der Kirchen auf den Sonntagsschutz, NVwZ 2000, 857, 859; *Hildebrandt*, Das Grundrecht auf Religionsunterricht, S. 170 f.

271 Vgl. BVerfGE 24, 367, 388; 58, 300, 339.

272 Vgl. BVerfGE 72, 66, 76; *Wendt*, in: Sachs, Grundgesetz, Art. 14 Rn. 58; *Sieckmann*, in: Friauf/Höfling, Berliner Kommentar, Art. 14 Rn. 103.

273 Vgl. *Wieland*, in: Dreier, Grundgesetz, Art. 14 Rn. 69.

nommen hat, prinzipiell verwehrt[274]: „Nach den durch Art. 6 Abs. 1 GG gewährleisteten Strukturprinzipien, die der Verfügungsgewalt des Gesetzgebers entzogen sind, ist das vorgegebene Institut der Ehe die Vereinigung eines Mannes und einer Frau zu einer umfassenden, grundsätzlich unauflösbaren Lebensgemeinschaft."[275]

Im Ergebnis steht der Wortlaut des Art. 7 Abs. 3 Satz 1 GG, obwohl er keinen Träger eines „Grundrechts auf Religionsunterricht" benennt, der Existenz eines derartigen Rechts damit nicht entgegen[276].

III. Grundrechtscharakter des Art. 7 Abs. 3 Satz 1 GG wegen Art. 4 GG?

Ein Grundrecht auf Religionsunterricht könnte sich aus dem Verhältnis des Art. 4 GG zu Art. 7 Abs. 3 Satz 1 GG ergeben. Art. 4 GG gebietet, „Raum für die aktive Betätigung der Glaubensüberzeugung und die Verwirklichung der autonomen Persönlichkeit auf weltanschaulich-religiösem Gebiet zu sichern."[277] Er umfaßt damit auch die religiöse Erziehung[278]. Gleichwohl läßt sich allein aus Art. 4 GG grundsätzlich kein Anspruch gegen den Staat darauf ableiten, daß Religionsunterricht an den öffentlichen Schulen als ordentliches Lehrfach angeboten wird[279]. Der Religionsunterricht ist jedoch in Art. 7 Abs. 3 Satz 1 GG bereits objektiv-rechtlich garantiert. Wenn man sich verdeutlicht, daß der Schutzbereich des Art. 4 GG die Verkündigung religiöser Lehren mit umfaßt, dies aber (zumindest auch) Aufgabe des in religiöser Positivität erteilten Religionsunterrichts ist, dann könnte Art. 7 Abs. 3 Satz 1 GG durch Art. 4 GG subjektivrechtlich angereichert worden sein[280]. Diese Überlegung fußt auf dem zutreffen-

---

[274] Vgl. *Pieroth/Schlink*, Grundrechte, Rn. 663.

[275] BVerfGE 53, 224, 245.

[276] So auch *de Wall*, NVwZ 1997, 465

[277] BVerfGE 41, 29, 49.

[278] Vgl. *Jarass*, in: Jarass/Pieroth, Grundgesetz, Art. 4 Rn. 10 und *Pieroth*, in: Jarass/Pieroth, Art. 7 Rn. 8.

[279] Vgl. *de Wall*, Das Grundrecht auf Religionsunterricht, NVwZ 1997, 465.

[280] Vgl. *Wimmer*, Verfassungsbeschwerde, in: Konrad-Adenauer-Stiftung, Religionsunterricht in den Schulen, S. 87, 92; *de Wall*, NVwZ 1997, 465; *Rees*, FS Listl (1999), S. 367, 380; *ders.*, Der Religionsunterricht und die katechetische Unterweisung in der kirchlichen und staatlichen Rechtsordnung, S. 228. *Heckel*, ZevKR 44 (1999), 147, 154: „Im freiheitlichen,

den Gedanken, daß die institutionellen Garantien keinem Selbstzweck, sondern, zumindest soweit sie im Grundrechtsteil zu finden sind, der Unterstützung und Verstärkung der Grundrechtsausübung dienen[281]. Führt man sich die im ersten Abschnitt enthaltenen Einrichtungsgarantien vor Augen (z.B. die Vereinsfreiheit, das Privatschulwesen, die freie Presse, die Freiheit der Wissenschaft), so zeigt sich tatsächlich, daß die in Bezug genommenen Sozialgefüge von erheblicher Grundrechtsrelevanz sind. Beim Religionsunterricht ist ein direkter Zusammenhang zu Art. 4 GG unabweisbar. Dieser ist etwa durch das Bundesverwaltungsgericht in seinem Urteil vom 17. Juni 1998 aufgezeigt worden, wenn es dort heißt: „Erst die Wahrnehmung der in Art. 7 II und III 1 GG gewährleisteten Freiheit führt hinsichtlich der Zahl von Unterrichtseinheiten im Verhältnis zu jenen Schülern, die an einem Religionsunterricht – aus welchen Gründen auch immer – nicht teilnehmen, zu einer Ungleichbehandlung. Die so entstehende Ungleichheit *nimmt die Verfassung selbst um der Freiheit der Religionsausübung willen hin, um ein anderes Ziel, nämlich die Ausübung der Religionsfreiheit ausnahmsweise auch innerhalb einer staatlichen Institution – hier der staatlichen Schule – zu ermöglichen.*“[282]

Dennoch ist die Eröffnung eines Freiraums zur religiösen Betätigung nicht gleichbedeutend damit, daß der institutionellen Garantie des Religionsunterrichts zwangsläufig ein subjektives Recht zugeordnet wäre. Der Religionsfreiheit trägt der Staat zunächst dadurch Rechnung, daß er die öffentliche Pflichtschule unter den Voraussetzungen des Art. 7 Abs. 3 Satz 1 und 2 GG für den Religionsunterricht öffnet[283]. Auf die Religionsfreiheit der Religionsgemeinschaften, Schüler und Eltern hat der Verfassunggeber überdies in Art. 7 Abs. 3 Satz 2 GG und Art. 7 Abs. 2 GG zureichend Rücksicht genommen[284]. Das Gleiche gilt für das in Art. 6 Abs. 2 GG verbürgte Erziehungsrecht der Eltern, das auch in Art. 7 Abs. 2 GG Ausdruck gefunden hat[285]. Art. 7 Abs. 3 Satz 1 GG ist

---

religiös neutralen Verfassungsstaat, der keine Staatsreligion und keine Staatsideologie besitzt, ist mithin die Religionsfreiheit der Bürger der Grund, das Ziel und der Maßstab des staatlichen Religionsunterrichts: Dieser ist als staatliche Hilfe zur Grundrechtsverwirklichung ihrer Religionsfreiheit geschaffen, weil sich der Staat daraus nicht nur die Bildung und Festigung ihrer individuellen Persönlichkeit, sondern auch die Förderung des Gemeinwohls verspricht.“

[281] Vgl. *Lecheler*, in: Sachs, Grundgesetz, 1. Auflage, München 1996, Art. 7 Rn. 44.

[282] BVerwG NVwZ 1999, 769, 771 f. (Hervorhebung nicht im Original).

[283] *Korioth*, NVwZ 1997, 1041, 1046.

[284] Vgl. *Maurer*, FS Zacher (1998), S. 577, 581; *Mehrle*, Trennung vom Staat – Mitarbeit in kirchlichen Institutionen, S. 233.

[285] Vgl. *Gröschner*, in: Dreier, Grundgesetz, Art. 7 Rn. 79; *Pieroth*, in: Jarass/Pieroth, Grundgesetz, Art. 7 Rn. 8; *Rees*, FS Listl (1999), S. 367, 385; *Link*, in: Basse/Fischer/Link, Religionsunterricht im Spannungsfeld Staat/Kirche, S. 5, 11.

deshalb unter Berücksichtigung der in Art. 4 GG geschützten Religionsfreiheit nicht als Grundrecht zu klassifizieren.

Wie wenig ein Rückgriff auf Art. 4 GG dazu geeignet ist, einer institutionellen Garantie die Bedeutung eines subjektiven Rechts beizulegen, haben die Ausführungen *de Walls* zum Recht der Kirchen auf den Sonntagsschutz gezeigt. Auch beim Sonn- und Feiertagsschutz sichert der Staat durch die Einrichtungsgarantie des Art. 140 GG i.V.m. Art. 139 WRV die Rahmenbedingungen für die durch Art. 4 GG geschützte Religionsfreiheit. Eigentlich müßte sich deshalb dasselbe Ergebnis wie bei Art. 7 Abs. 3 Satz 1 GG aufdrängen, Art. 139 WRV mithin ein subjektives Recht beinhalten. Daß dem nicht so ist, wurde von *de Wall* in bezug auf den Sonntagsschutz jedoch überzeugend begründet[286]: „Allerdings kann ein wie auch immer gearteter Bezug zu einem anderen subjektiven Recht [scil. Art. 4 GG] keine hinreichende Grundlage für eine Subjektivierung des Grundrechtsschutzes zu Gunsten der Kirchen sein. Vielmehr muß die fragliche Vorschrift dem Schutz der grundrechtlich geschützten Individualinteressen gerade dergestalt zu dienen bestimmt sein, daß der jeweilige Begünstigte die Einhaltung des Rechtssatzes verlangen können soll."[287] *de Walls* Ausführungen lassen sich unproblematisch auch auf Art. 7 Abs. 3 Satz 1 GG übertragen. Hier bleiben die Befürworter eines subjektiven Rechts nämlich ebenfalls den Nachweis dafür schuldig, daß bei Art. 7 Abs. 3 Satz 1 GG der Schutz des Individualinteresses gerade so weit gehen soll, dem Begünstigten ein auf dem Klageweg durchsetzbares Recht zu verschaffen. Diese Parallele läßt sich auch nicht durch eine Überbetonung der (sicher vorhandenen) Unterschiede zwischen Art. 7 Abs. 3 Satz 1 GG und Art. 140 GG i.V.m. Art. 139 WRV verschleiern. So soll gegen ein subjektives Recht auf Sonntagsschutz sprechen, „dass Art. 139 WRV einen über den üblichen Grundrechtsschutz [...] weit hinausgehenden Inhalt hat", weil er „nicht primär der Eingriffsabwehr [dient], sondern [...] von vornherein auf ein aktives staatliches Tätigwerden gerichtet [ist]"[288]. So wenig wie man die Stichhaltigkeit der Einwände *de Walls* bestreiten kann, läßt sich leugnen, daß seine Ausführungen in gleicher Weise für den in Art. 7 Abs. 3 Satz 1 GG garantierten Religionsunterricht gelten. Auf der Grundlage eines subjektiven Rechts auf Einrichtung von Religionsunterricht an staatlichen Schulen ließe sich nämlich vom Landesgesetzgeber der Erlaß entsprechender schulrechtlicher Vorschriften einklagen. Hier geht es also auch nicht um „den üblichen Grundrechtsschutz", sondern um

---

[286] Die Ablehnung eines subjektiven Gehalts des Art. 139 WRV entspricht im übrigen der ganz h.M., vgl. *Richardi/Annuß*, Sonn- und Feiertagsarbeit unter der Geltung des Arbeitzeitgesetzes, S. 22; *Ehlers*, in: Sachs, Grundgesetz, Art. 140/Art. 139 WRV Rn. 1; *Jarass*, in: Jarass/Pieroth, Grundgesetz, Art. 140/Art. 139 WRV Rn. 1; *Jeand'Heur/Korioth*, Grundzüge des Staatskirchenrechts, Rn. 155.

[287] *de Wall*, NVwZ 2000, 857, 860.

[288] *de Wall*, NVwZ 2000, 857,

ein positives Tun des Staates. Gleichwohl soll dieser Einwand, der im Hinblick auf Art. 139 WRV gegen die Einordnung als subjektives Recht angeführt wird, bei Art. 7 Abs. 3 Satz 1 GG ohne Belang sein.

IV. Im Zweifel Grundrechtsgewährleistung?

In einigen Stellungnahmen wird der Grundrechtscharakter pauschal mit der Begründung bejaht, daß Art. 7 Abs. 3 Satz 1 GG im ersten Abschnitt des Grundgesetzes zu finden sei. Da eine dort plazierte Norm im Zweifel ein Grundrecht sei, könne Art. 7 Abs. 3 Satz 1 GG ein subjektiver Gehalt nicht abgesprochen werden[289].

Auch wenn es richtig ist, daß die systematische Stellung des Art. 7 Abs. 3 Satz 1 GG die Einordnung der Vorschrift als Grundrecht zumindest nahelegt[290], kann dieser Argumentation nicht gefolgt werden. Eine Auslegungsregel, der zufolge im Grundrechtsteil enthaltene Vorschriften im Zweifel subjektive Rechte enthalten, gibt es nämlich nicht[291]. Sie erinnert ein wenig an das gleichfalls nicht näher substantiierte Interpretationsprinzip „in dubio pro libertate“[292], das Grundrechten generell einen extensiven Geltungsbereich beimißt. Für die Normen des Grundrechtsteils muß aber dasselbe gelten wie für alle anderen Vorschriften der Verfassung: Ihr materieller Gehalt ist ausschließlich mit Hilfe der anerkannten juristischen Auslegungsregeln zu ermitteln. Von dieser, im Hinblick auf Art. 7 Abs. 3 Satz 1 GG mit erheblichen Schwierigkeiten verbundenen Aufgabe wird der Rechtsanwender auch nicht durch einen nirgends eingehender begründeten „Zweifelssatz“ entbunden. Außerdem läßt sich auf eine „Vermutung“ zugunsten der Grundrechtsqualität erst dann zurückgreifen, wenn die Auswahl zwischen mehreren, gleichermaßen vertretbaren Auslegungsvarianten besteht. Sie macht also die Auslegung nach den herkömmlichen Kriterien nicht entbehrlich.

---

[289] Vgl. *Maunz*, in: Maunz/Dürig, Grundgesetz, Art. 7 Rn. 47; *Eiselt*, DÖV 1981, 205, 206; *Mückl*, AöR 122 (1997), 513, 521; krit. *Renck*, NJ 2000, 393, 396.

[290] Vgl. *Heckel*, Religionsunterricht in Brandenburg, S. 29.

[291] Darauf weist auch *Ehlers*, Entkonfessionalisierung des Religionsunterrichts, S. 36, hin: „Aus der Tatsache, daß das Grundgesetz Grundrechte auch außerhalb seines ersten Abschnitts statuiert, läßt sich umgekehrt schließen, daß Normen nicht schon deshalb Grundrechte zu sein brauchen, weil sie im Grundrechtsabschnitt stehen.“

[292] Kritisch hierzu *Müller*, Juristische Methodik, S. 223 f.

V. Art. 7 Abs. 3 Satz 1 GG als territorial begrenztes Grundrecht

Des weiteren wird ein aus Art. 7 Abs. 3 Satz 1 GG entwickeltes Grundrecht angezweifelt, weil es wegen Art. 141 GG innerhalb Deutschlands nur räumlich begrenzt gelten würde[293]. Die Anerkennung eines Grundrechts auf Religionsunterricht hätte demnach ein „Grundrechtsgefälle" zur Folge, das dem unitarischen Charakter der Grundrechte diametral entgegenliefe.

Hierauf ist im Schrifttum erwidert worden, daß das Grundgesetz durchaus unterschiedliche Grundrechtsstandards in Kauf nehme, wie die zum Teil erheblich voneinander abweichenden Landesgrundrechte belegten[294]. Unterricht und Schule gehörten zur Gesetzgebungszuständigkeit der Länder, weshalb es eine „gewisse Folgerichtigkeit" aufweise, ausnahmsweise eine Abweichung vom Grundrechtsstandard „nach unten" zuzulassen[295]. Der Hinweis auf die Landesgrundrechte vermag den Einwand *Rencks*, der ein territorial begrenztes Grundrecht nicht anerkennen will, jedoch nicht zu entkräften. Auch wenn es richtig ist, daß die Grundrechte in den einzelnen Landesverfassungen zum Teil gravierend voneinander abweichen, so gibt es territorial-begrenzte Grundrechtsgewährleistungen doch niemals innerhalb eines Landes. Insoweit drängt sich eine Parallele zu Art. 3 Abs. 1 GG auf: Werden die Bürger eines Landes durch ein Landesgesetz in einem bestimmten Sachbereich anders behandelt als die Bürger eines anderen Landes, greift der allgemeine Gleichheitssatz nicht ein, da die Ungleichbehandlung nicht durch dieselbe Rechtsetzungsgewalt erfolgt[296]. Wenn also darauf hingewiesen wird, daß in den einzelnen Bundesländern unterschiedliche Landesgrundrechte existieren, so stellt dies als Ausdruck der Bundesstaatlichkeit Deutschlands keine verfassungsrechtlich relevante Ungleichbehandlung dar. Davon verschieden ist das Zusammenspiel von Art. 7 Abs. 3 Satz 1 GG und Art. 141 GG. Denn hier würden durch dieselbe Rechtsetzungsgewalt – den Bund – unterschiedliche Grundrechtsstandards geschaffen. Diese Ungleichbehandlung läßt sich zwar, weil sie durch die Verfassung selbst angeordnet wird, nicht an Art. 3 Abs. 1 GG messen. Dennoch zeigt sie auf, daß der Hinweis auf das Vor-

---

[293] *Renck*, ZRP 2003, 137, 138; *ders.*, ThürVBl. 1993, 102, 104; *ders.*, DÖV 1994, 27, 31; *ders.*, JZ 2000, 561, 562; *ders.*, LKV 1997, 81, 83: „Ein territorial beschnittenes Grundrecht gibt es aber nicht, und so braucht dieser Meinung hier schon deshalb nicht nachgegangen werden."

[294] *de Wall*, ZevKR 42 (1997), 353, 364; ebenso *Hildebrandt*, Das Grundrecht auf Religionsunterricht, S. 126 f.

[295] *de Wall*, a.a.O.

[296] Vgl. *Pieroth/Schlink*, Grundrechte, Rn. 431.

handensein unterschiedlicher Grundrechtsgewährleistungen in den Bundesländern eine hiervon verschiedene Situation betrifft und deshalb fehlgeht.

Ebensowenig läßt sich aus dem Umstand, daß es Grundrechte gibt, die nicht allen Menschen, sondern nur Deutschen oder anderen Personengruppen zustehen, ein Argument gegen den rechtsvereinheitlichenden Charakter der Grundrechte ableiten. Es ist zwar richtig, daß einige Grundrechte bestimmten Grundrechtsträgern vorbehalten bleiben. Die Eingrenzung des persönlichen Schutzbereichs ist dann aber für das gesamte Bundesgebiet einheitlich vorgenommen. Dagegen würde ein Schüler allein dadurch, daß er aus seiner Religionsgemeinschaft austritt[297] oder mit seinen Eltern von Niedersachsen nach Bremen zieht, sein Grundrecht auf Religionsunterricht verlieren. Der Wegfall eines dem einzelnen bereits zustehenden Grundrechts ist aber nicht damit vergleichbar, daß bestimmte Personen von vornherein (bundeseinheitlich) nicht in den Kreis der Grundrechtsbegünstigten mit einbezogen werden.

Rencks Ausführungen ist jedoch aus einem anderen Grund zu widersprechen. Unbestreitbar ist, daß den Grundrechten des Grundgesetzes auch eine rechtsvereinheitlichende Funktion zukommt. Das folgt bereits aus Art. 142 GG, wonach Landesgrundrechte nur insoweit in Kraft bleiben, als sie in Übereinstimmung mit den Art. 1 bis 18 GG stehen. Allen Deutschen sollen grundsätzlich dieselben Freiräume eröffnet werden. Dieser rechtsvereinheitlichende Charakter der Grundrechte ist gegenüber deren freiheitssichernder Intention jedoch sekundär. Denn selbst ein territorial begrenztes Grundrecht führt – wenn auch nur für einen Teil der Bundesbürger – zu einer Erweiterung der Freiheit vom Staat. Wenn man sich diesen Umstand vergegenwärtigt, erscheint es wenig plausibel, den Freiraum, der zumindest einigen Bürgern gewährt wurde, mit der Begründung zunichte zu machen, daß nicht alle an ihm partizipieren können. Jedes Recht, das nicht bundesweit garantiert wäre, würde dann nämlich von vornherein als Grundrecht ausscheiden. Es könnte vom Rechtsinhaber nicht mit der Verfassungsbeschwerde durchgesetzt werden und bliebe deshalb in vielen Fällen ein „stumpfes Schwert“. Mit Blick auf die freiheitssichernde Funktion der Grundrechte vermag eine solche Einschränkung kaum zu überzeugen.

---

[297] *Hildebrandt*, Das Grundrecht auf Religionsunterricht, S. 220 f.: „Zuletzt soll noch auf eine – eigentlich selbstverständliche – tatbestandliche Beschränkung des verfassungsmäßigen Rechts auf Religionsunterricht hingewiesen werden: Sowohl für die Schüler als auch für die Erziehungsberechtigten gilt, daß als Grundrechtsträger nur derjenige in Betracht kommt, der auch tatsächlich einer Religionsgemeinschaft im Sinne des Art. 7 Abs. 3 GG [...] angehört.“

VI. Überforderung der staatlichen Leistungsfähigkeit

Einem Grundrecht auf Religionsunterricht könnte weiterhin entgegenstehen, daß seine Durchsetzung vom Staat „wegen der Vielfalt aller religiösen Bekenntnisse [...] einen nicht zu rechtfertigenden Aufwand erfordern" würde[298]. Aus diesem Grund wird nach Ansicht *Rencks* ein derartiges Recht im Schulalltag auch nicht anerkannt[299].

Von einer Überforderung der staatlichen Leistungsfähigkeit kann aber entgegen der Einschätzung *Rencks* keine Rede sein. Religionsgemeinschaften i.S.d. Art. 7 Abs. 3 Satz 2 GG sind zwar nicht nur solche Vereinigungen, denen die Rechte einer Körperschaft gemäß Art. 140 GG i.V.m. Art. 137 Abs. 5 WRV verliehen wurden[300], so daß eine Eingrenzung des Kreises der Grundrechtsberechtigten über dieses Kriterium ausscheidet. Der Gefahr einer Überforderung des Staates, die sich daraus ergeben könnte, daß nunmehr auch die Anhänger von Religionsgemeinschaften mit geringen Mitgliederzahlen ein Grundrecht auf Religionsunterricht für sich in Anspruch nehmen, läßt sich aber auf andere Weise entgegenwirken. Es entspricht allgemeiner Ansicht, daß die Einrichtung eines Kurses in Religion von einer bestimmten Mindestteilnehmerzahl abhängig gemacht werden darf[301]. Sollte es demnach an einer ausreichenden Anzahl von Schülern der gleichen Glaubensrichtung fehlen, bestünde für den jeweiligen Schulträger keine Verpflichtung zur Einrichtung von Religionsunterricht. Eine zweite Restriktion ergibt sich daraus, daß gemäß Art. 7 Abs. 3 Satz 2 GG der Religionsunterricht „in Übereinstimmung mit den Grundsätzen der Religionsgemeinschaften" erteilt wird. Aus diesem Passus wird das Erfordernis einer „gewissen institutionellen Verfestigung" der Religionsgemeinschaften abgeleitet[302]. Die Religionsgemeinschaft muß „mit den Worten von Art. 140 GG i.V.m.

---

[298] So *Renck*, DÖV 1994, 27, 31.

[299] *Renck*, a.a.O.

[300] Vgl. *Pieroth/Schlink*, Grundrechte, Rn. 671; *von Campenhausen*, Staatskirchenrecht, S. 245; *Robbers*, in: von Mangoldt/Klein/Starck, Das Bonner Grundgesetz, Art. 7 Rn. 151; *Heimann*, in: Haratsch/Janz/Rademacher u.a., Religion und Weltanschauung im säkularen Staat, S. 80, 85; a.A. *Korioth*, NVwZ 1997, 1041, 1047 f.; *Chr. Hillgruber*, DVBl. 1999, 1155, 1176.

[301] *Robbers*, in: von Mangoldt/Klein/Starck, Das Bonner Grundgesetz, Art. 7 Rn. 144; *Pieroth*, in: Jarass/Pieroth, Grundgesetz, Art. 7 Rn. 11; *Pieroth/Schlink*, Grundrechte, Rn. 672; *Pieroth*, ZevKR 38 (1993), 189, 192; *Friesenhahn*, in: Krautscheidt/Marré, Essener Gespräche zum Thema Staat und Kirche 5 (1971), S. 67, 75; *Eiselt*, DÖV 1981, 205, 206; *Ehlers*, Entkonfessionalisierung des Religionsunterrichts, S. 31; *von Campenhausen*, Staatskirchenrecht, S. 245; *Hildebrandt*, Das Grundrecht auf Religionsunterricht, S. 49; *Mückl*, AöR 122 (1997), 513, 525.

[302] Vgl. *Hildebrandt*, Das Grundrecht auf Religionsunterricht, S. 226.

Art. 137 GG WRV 'durch ihre Verfassung und die Zahl ihrer Mitglieder die Gewähr der Dauer bieten'"[303]. Darüber hinaus muß sie eine verbindlich über Glaubensfragen entscheidende Instanz aufweisen, damit der Staat einen Ansprechpartner besitzt, an den er sich bei der Festlegung der Unterrichtsinhalte wenden kann[304]. Anderenfalls kann nämlich nicht davon ausgegangen werden, daß die Religionsgemeinschaft zur Festlegung verbindlicher Grundsätze in der Lage ist, ohne die die Erteilung von Religionsunterricht durch den Staat zwangsläufig unterbleiben muß. Verdeutlicht man sich die Anforderungen, die sowohl im Hinblick auf die Schülerzahl als auch hinsichtlich der Organisationsform der Religionsgemeinschaften gelten, erscheint es nahezu ausgeschlossen, daß sich der Religionsunterricht durch die Auslegung des Art. 7 Abs. 3 Satz 1 GG als subjektives Recht zu einem Unterrichtsfach entwickeln könnte, dessen Angebot dem Staat einen unvertretbaren Aufwand abverlangen würde. Eine Überforderung der staatlichen Leistungsfähigkeit steht bei einem Grundrecht auf Religionsunterricht deshalb nicht zu befürchten.

VII. (Weitere) Argumente im Hinblick auf ein Grundrecht der Religionsgemeinschaften

1. Art. 7 Abs. 3 Satz 2 GG als Anhaltspunkt für ein Grundrecht auf Religionsunterricht

Durch einen Rückgriff auf Art. 7 Abs. 3 Satz 2 GG hat *Uta Hildebrandt* versucht, Art. 7 Abs. 3 Satz 1 GG einen subjektiv-rechtlichen Gehalt abzugewinnen. Ausgangspunkt ihrer Überlegung ist dabei, daß den Religionsgemeinschaften mit Art. 7 Abs. 3 Satz 2 GG „die Kompetenz zur Inhaltsbestimmung des Religionsunterrichts von Verfassungs wegen zugewiesen wurde."[305] Die Wahrnehmung dieser Aufgabe sei den Religionsgemeinschaften aber nur möglich, wenn der Staat (in Gestalt des jeweiligen Landesgesetzgebers) die institutionellen und legislatorischen Voraussetzungen dafür schaffe, daß Religionsunterricht an öffentlichen Schulen überhaupt erteilt werde. Wo es am Religionsunterricht fehle, greife das Recht zu seiner inhaltlichen Ausgestaltung ins Leere. *Hilde-*

[303] *von Campenhausen*, Staatskirchenrecht, S. 245.

[304] Vgl. *Jeand'Heur/Korioth*, Grundzüge des Staatskirchenrechts, Rn. 324; *von Campenhausen*, Staatskirchenrecht, S. 245 f.; *Robbers*, in: von Mangoldt/Klein/Starck, Das Bonner Grundgesetz, Art. 7 Rn. 151.

[305] *Hildebrandt*, Das Grundrecht auf Religionsunterricht, S. 198.

brandt stellt deshalb fest: „Weigert sich, wie zur Zeit in Brandenburg, der Landesgesetzgeber, die erforderlichen gesetzlichen Grundlagen für den Religionsunterricht zu schaffen und verwehrt er damit auch den nachgeordneten, gesetzesgebundenen Behörden ein Tätigwerden im Sinne der Verfassung, so haben die Religionsgemeinschaften keine Möglichkeit, vom Angebot der Verfassung Gebrauch zu machen und einen Religionsunterricht im Sinne des Art. 7 Abs. 3 Satz 1 GG in der Schule vorzuhalten."[306] Der Aushöhlung des den Religionsgemeinschaften in Art. 7 Abs. 3 Satz 2 GG zugestandenen Rechts müsse, so *Hildebrandt*, dadurch entgegengewirkt werden, daß Art. 7 Abs. 3 Satz 1 GG nicht nur als objektiv-rechtliche Verpflichtung des Staates, sondern auch als subjektives Recht der Religionsgemeinschaften verstanden werde. Im Gegensatz dazu sei es „sinnwidrig und formalistisch", einen Anspruch der Religionsgemeinschaften auf Einrichtung des Religionsunterrichts abzulehnen, ihnen aber gleichwohl eine „Berechtigung am 'eingerichteten und ausgeübten Religionsunterricht' zuzubilligen."[307]

Fraglich ist, ob die Argumentation *Hildebrandts* einer näheren Prüfung standhält. Art. 7 Abs. 3 Satz 2 GG könnte nämlich auch dann noch Sinn machen, wenn Art. 7 Abs. 3 Satz 1 GG nicht als ein Grundrecht der Religionsgemeinschaften, sondern ausschließlich als institutionelle Garantie verstanden wird. Art. 7 Abs. 3 Satz 2 GG legt dem Gesetzgeber die Verpflichtung auf, den staatlich veranstalteten Religionsunterricht in Übereinstimmung mit den Lehren der Religionsgemeinschaften abzuhalten, weil der Staat für sich in Anspruch nimmt, an seinen Schulen eine religiöse Unterweisung vorzunehmen. Das soll er nur unter Kontrolle und im Einvernehmen mit den Religionsgemeinschaften tun dürfen, weil er hierbei in deren ureigenstes Recht eingreift, für die Vermittlung ihrer Lehren an die Gläubigen Sorge zu tragen. Die Vorschrift soll daneben einer Verfälschung des Glaubensguts durch den Staat entgegenwirken. Obwohl der Religionsunterricht regelmäßig von staatlichem Lehrpersonal erteilt wird und die dabei anfallenden Kosten vom Staat getragen werden[308], stellt Art. 7 Abs. 3 Satz 2 GG sicher, daß das im Religionsunterricht vom Glauben zugrunde gelegte Bild mit den Grundsätzen der Religionsgemeinschaften wirklich übereinstimmt. Art. 7 Abs. 3 Satz 2 GG ist demnach als eine besondere Ausprägung der Religi-

---

306 Hildebrandt, a.a.O.

307 *Mückl*, AöR 122 (1997), 513, 521; ähnlich auch *Hildebrandt*, Das Grundrecht auf Religionsunterricht, S. 198 f.

308 Vgl. *von Campenhausen*, Staatskirchenrecht, S. 241; *Korioth*, NVwZ 1997, 1041, 1043; *Uhle*, DÖV 1997, 409, 413; *Rees*, Der Religionsunterricht und die katechetische Unterweisung in der kirchlichen und staatlichen Rechtsordnung, S. 255; *Pieroth*, ZevKR 38 (1993), 189, 192; *Hildebrandt*, Das Grundrecht auf Religionsunterricht, S. 50; *Jeand'Heur/Korioth*, Grundzüge des Staatskirchenrechts, Rn. 308; *Schäfer*, RdJB 1992, 324.

onsfreiheit aus Art. 4 GG zu verstehen[309]. Die Verpflichtung des Staates, die Kongruenz des Unterrichtsinhalts mit den Grundsätzen der Religionsgemeinschaften herbeizuführen, wird durch das Recht der Religionsgemeinschaften flankiert, Einsicht in den Ablauf des Unterrichts zu nehmen (visitatio[310]), um sich so von der in Art. 7 Abs. 3 Satz 2 GG geforderten Übereinstimmung überzeugen zu können[311]. Darüber hinaus üben die Religionsgemeinschaften bei der Auswahl des Lehrpersonals entscheidenden Einfluß aus, da nur solche Lehrer befugt sind, Religionsunterricht zu erteilen, die über eine von ihnen erteilte Vollmacht[312] verfügen[313]. Der Religionsunterricht untersteht damit zwar der staatlichen Aufsicht, diese wird aber durch die in der Neutralitätspflicht des Staates wurzelnde Bestimmungsbefugnis der Religionsgemeinschaften begrenzt[314]. Schließlich wird durch Art. 7 Abs. 3 Satz 2 GG ein vom Staat veranstalteter Religionsunterricht verfassungsrechtlich überhaupt erst in Übereinstimmung mit der Verpflichtung des Staates zur Neutralität in religiöser und weltanschaulicher Hinsicht gebracht. Dem Staat steht es nicht zu, in religiösen und weltanschaulichen Fragen Partei zu ergreifen oder sich mit einer bestimm-

---

[309] Vgl. *Pieroth*, in: Jarass/Pieroth, Grundgesetz, Art. 7 Rn. 8.

[310] Dieses Recht wird den Religionsgemeinschaften ausdrücklich etwa in Art. 14 Abs. 3 LVerf NRW gewährleistet: „Unbeschadet des staatlichen Aufsichtsrechtes haben die Kirchen oder die Religionsgemeinschaften das Recht, nach einem mit der Unterrichtsverwaltung vereinbarten Verfahren sich durch Einsichtnahme zu vergewissern, daß der Religionsunterricht in Übereinstimmung mit ihren Lehren und Anforderungen erteilt wird."

[311] Vgl. *Kremser*, JöR NF 40 (1991/1992), 501, 518; *Eiselt*, DÖV 1981, 205, 209; *Rees*, Der Religionsunterricht und die katechetische Unterweisung in der kirchlichen und staatlichen Rechtsordnung, S. 299 ff.; *ders.*, FS Listl (1999), S. 367, 383; *von Campenhausen*, Staatskirchenrecht, S. 245; *Pieroth/Schlink*, Grundrechte, Rn. 673; *Robbers*, in: von Mangoldt/Klein/Starck, Das Bonner Grundgesetz, Art. 7 Rn. 157; *Mückl*, AöR 122 (1997), 513, 530.

[312] Missio canonica seitens der katholischen bzw. vocatio der evangelischen Kirchen.

[313] Vgl. *Starck*, FS Link (2003), S. 484, 488; *Link*, FS Hollerbach (2001), S. 747, 759; *Rees*, Der Religionsunterricht und die katechetische Untweisung in der kirchlichen und staatlichen Rechtsordnung, S. 294 f.; *Robbers*, in: von Mangoldt/Klein/Starck, Das Bonner Grundgesetz, Art. 7 Rn. 156; *Pieroth*, in: Jarass/Pieroth, Grundgesetz, Art 7 Rn. 9; *Link*, in: Listl/Pirson, HdbStKR II, S. 439, 491 f.; *ders.*, Religionsunterricht im pluralistischen Staat, in: Basse/Fischer/Link, Religionsunterricht im Spannungsfeld Staat/Kirche, S. 5, 13; *Mückl*, AöR 122 (1997), 513, 529; *Friesenhahn*, in: Krautscheidt/Marré, Essener Gespräche zum Thema Staat und Kirche 5 (1971), S. 67, 81; *Oebbecke*, DVBl. 1996, 336, 338 f.; *Kremser*, JöR NF. 40 (1991/1992), 501, 518.

[314] Vgl. *Schmitt-Kammler*, in: Sachs, Grundgesetz, Art. 7 Rn. 58; *Pieroth/Schlink*, Grundrechte, Rn. 673; *Maunz*, in: Maunz/Dürig, Grundgesetz, Art. 7 Rn. 53b; *Robbers*, in: von Mangoldt/Klein/Starck, Grundgesetz, Das Bonner Grundgesetz, Art. 7 Rn. 146; *Link*, in: Basse/Fischer/Link, Religionsunterricht im Spannungsfeld Staat/Kirche, S. 5, 14.

ten Religionsgemeinschaft zu identifizieren[315]. Es ist ihm allerdings nicht verwehrt, an der Erteilung von Religionsunterricht in der Weise mitzuwirken, daß er diesen als ordentliches Lehrfach an seinen Schulen vorsieht[316]. Er verwirklicht damit geradezu den Neutralitätsgrundsatz. Denn eine Identifikation mit bestimmten religiösen Überzeugungen wird dadurch vermieden, daß das Grundgesetz den Staat nicht nur zur Erteilung von Religionsunterricht in Kooperation mit den christlichen Kirchen, sondern grundsätzlich mit allen Religionsgemeinschaften verpflichtet[317]. Hinzu kommt, daß die inhaltliche Ausgestaltung des Religionsunterrichts letztlich von den Religionsgemeinschaften durch die Festlegung ihrer Grundsätze vorgenommen wird, von denen abzuweichen dem Staat versagt ist. Hinsichtlich der Erteilung von Religionsunterricht ist der Staat sonach auf die Mitwirkung der Religionsgemeinschaften angewiesen, so daß deren „Grundsätze" i.S.d. Art. 7 Abs. 3 Satz 2 GG sich nicht nur darauf beziehen, welche religiösen Lehren als verbindlich dargestellt werden, sondern zugleich die Entscheidung über die Frage beinhalten, ob es Religionsunterricht an öffentlichen Schulen überhaupt geben soll[318]. Auf der anderen Seite bedürfen die Religionsgemeinschaften der Mitwirkung des Staates, um an staatlichen Schulen Glaubensinhalte vermitteln zu lassen. Hält man sich die gegenseitige Abhängigkeit von Staat und Religionsgemeinschaften bei der in Art. 7 Abs. 3 Satz 1 GG statuierten Zusammenarbeit vor Augen, könnte eine ausschließlich objektivrechtliche Selbstbindung die erforderliche staatliche Unabhängigkeit unterstreichen. Die Ablehnung eines subjektiven Rechts würde demgegenüber nicht bedeuten, daß der Staat den gesellschaftlichen Geltungsanspruch und die Bedeu-

---

[315] Vgl. *von Campenhausen*, Staatskirchenrecht, S. 421 f.; *ders.*, Der Religionsunterricht und die katechetische Unterweisung in der staatlichen und kirchlichen Rechtsordnung, S. 233: „Aus der Verpflichtung des Staates zu religiöser Neutralität folgt, daß er sich auf die *Ermöglichung des Religionsunterrichts* beschränken muß, ohne ihn *inhaltlich* zu beeinflussen."

[316] *Rees*, FS Listl (1999), S. 367, 387.

[317] Vgl. *Heckel*, Der Rechtsstatus des Religionsunterrichts im pluralistischen Verfassungssystem, S. 5; Der *Starck*, FS Link S. 483, 495; *Jeand'Heur/Korioth*, Grundzüge des Staatskirchenrechts, Rn. 324; *Heckel*, JZ 1999, 741; *Hollerbach*, in: Isensee/Kirchhof, HdbStR VI, § 140 Rn. 41; *Niehues*, Schul- und Prüfungsrecht, Band 1, Rn. 546; *von Campenhausen*, Staatskirchenrecht, S. 245; *ders.*, Offene Fragen im Verhältnis von Staat und Kirche am Ende des 20. Jahrhunderts, in: Marré/Schümmelfeder/Kämper, Essener Gespräche zum Thema Staat und Kirche 34, S. 105, 121; *Mückl*, AöR 122 (1997), 513, 550; *Oebbecke*, DVBl. 1996, 336, 339; *Robbers*, in: von Mangoldt/Klein/Starck, Das Bonner Grundgesetz, Art. 7 Rn. 153; *Scheilke*, RdJB 1996, 340, 342: „Religionsunterricht nach Art. 7 Abs. 3 GG stellt kein Privileg der beiden christlichen Großkirchen dar."

[318] Vgl. *Korioth*, NVwZ 1997, 1041, 1044; *Jeand'Heur/Korioth*, Grundzüge des Staatskirchenrechts, Rn. 311; *Oebbecke*, DVBl. 1996, 336, 339: „Der Staat darf einem Bekenntnis den Religionsunterricht nicht aufzwingen; ein gegen die Überzeugung der Religionsgemeinschaft erteilter Unterricht könnte auch nicht in Übereinstimmung mit deren Grundsätzen stehen."

tung der Religionsgemeinschaften im öffentlichen Leben ignorierte. Auf den ersten Blick ist es somit durchaus denkbar, daß sich aus der Teilhabe am „Wie" des Religionsunterrichts (Art. 7 Abs. 3 Satz 2 GG) kein Recht in bezug auf das „Ob" eines solchen Unterrichts gewinnen läßt. Daß der Staat seine Schulen für einen nach den Grundsätzen der Religionsgemeinschaften veranstalteten Religionsunterricht öffnet, hieße dementsprechend nicht ohne weiteres, daß er den Religionsgemeinschaften hierauf auch ein subjektives Recht zuerkennen will.

Trotz der durchweg nachvollziehbaren Bedenken, die gegen einen Rückschluß von Art. 7 Abs. 3 Satz 2 GG auf die Rechtsnatur des Art. 7 Abs. 3 Satz 1 GG bestehen, könnte das subjektive Recht aus Art. 7 Abs. 3 Satz 2 GG wegen seiner engen Verzahnung mit Art. 7 Abs. 3 Satz 1 GG in Richtung auf ein Grundrecht der Religionsgemeinschaften hindeuten. Das Ineinandergreifen der beiden Normen ist vom Bundesverwaltungsgericht unlängst in einer Entscheidung zum islamischen Religionsunterricht in Berlin besonders hervorgehoben worden[319]. In diesem Zusammenhang hatte das Bundesverwaltungsgericht ausgeführt, daß Art. 141 GG seinem Wortlaut nach zwar nur die Geltung des Art. 7 Abs. 3 Satz 1 GG aussetze, gleichwohl aber auch Art. 7 Abs. 3 Satz 2 GG in den Ländern, in denen die Bremer Klausel eingreife, nicht mehr anwendbar sei, weil Art. 7 Abs. 3 GG in seinen Sätzen 2 und 3 nur unselbständige Teilaussagen enthalte. Diese könnten aber Sinn nur für die Geltung des Art. 7 Abs. 3 Satz 1 GG entfalten, wonach der Religionsunterricht eine staatliche Veranstaltung sei[320].

Ungeachtet der vom Bundesverwaltungsgericht konstatierten inhaltlichen Nähe der in Art. 7 Abs. 3 GG getroffenen Regelungen kann jedoch anhand des Zusammenwirkens von Art. 7 Abs. 3 Satz 1 und 2 GG nicht der Nachweis geführt werden, daß es ein den Religionsgemeinschaften zustehendes Grundrecht auf Religionsunterricht gibt. Die Darlegungen des Bundesverwaltungsgerichts zeigen nur auf, daß das subjektive Recht aus Art. 7 Abs. 3 Satz 2 GG seinen Sinn verliert, wenn der Religionsunterricht nicht durch den Staat, sondern ausschließlich im Auftrag und unter der Aufsicht der Religionsgemeinschaften erteilt wird. In diesem Fall fehlt es an der für Art. 7 Abs. 3 Satz 2 GG spezifischen „Gefährdungslage", die sich aus der Vermittlung religiöser Lehren durch den Staat ergibt[321]. Dagegen kann nicht davon ausgegangen werden, daß beide Vor-

---

[319] Vgl. BVerwG DVBl. 2000, 1001 ff. Siehe auch die Besprechungen des vorinstanzlichen Urteils von *Muckel*, DVBl. 1999, 558 ff. und *Tillmanns*, RdJB 1999, 471 ff.

[320] BVerwG DVBl. 2000, 1001, 1004.

[321] BVerwG DVBl. 2000, 1001, 1004 f.: „In einem solchen Fall, in welchem die alleinige Verantwortung für den Religionsunterricht bei den Religionsgemeinschaften liegt, macht das Übereinstimmungsgebot keinen Sinn. Denn dieses setzt voraus, daß der Staat in bezug auf den Religionsunterricht Veranstalter ist (>> wird erteilt <<), der sich mit den Religionsgemeinschaften wegen der Lehrinhalte ins Benehmen zu setzen hat, weil er in ihren verfassungsrechtlich geschützten Freiheitsbereich hineinwirken will. Dieses in Art. 7 Abs. 3 Satz 2 GG gelöste Spannungsverhältnis entsteht nicht bereits dann, wenn der Staat – wie in Berlin –

schriften einheitlich als subjektives Recht verstanden werden müßten, nur weil ihre Normprogramme aufeinander bezogen sind.

Dennoch ist es gerechtfertigt, in Art. 7 Abs. 3 Satz 2 GG einen Anknüpfungspunkt für ein subjektives Recht aus Art. 7 Abs. 3 Satz 1 GG zu sehen. Art. 7 Abs. 3 Satz 2 GG legt fest, daß der Religionsunterricht unbeschadet des staatlichen Aufsichtsrechts in Übereinstimmung mit den Grundsätzen der Religionsgemeinschaften erteilt wird. Dabei wird der Regelung des Art. 7 Abs. 3 Satz 2 GG das subjektive Recht der Religionsgemeinschaften entnommen, den Inhalt des Religionsunterrichts durch Festlegung ihrer Grundsätze eigenverantwortlich zu bestimmen[322]. Es wäre bei Ablehnung des subjektiv-rechtlichen Charakters von Art. 7 Abs. 3 Satz 2 GG allerdings ebensogut denkbar gewesen, den Religionsgemeinschaften im Falle eines Verstoßes gegen Art. 7 Abs. 3 Satz 2 GG nur einen aus Art. 4 GG abgeleiteten Unterlassungsanspruch gegen die Erteilung des ihren Grundsätzen nicht entsprechenden Religionsunterrichts zuzubilligen. Zu Recht ist aber aus der verfassungsrechtlichen Ausgestaltung des Religionsunterrichts auch die Befugnis der Religionsgemeinschaften entwickelt worden, die tatsächliche Übereinstimmung des Unterrichts mit ihren Grundsätzen vor den Gerichten einfordern zu können. Denn die Religionsgemeinschaften sind durch Art. 7 Abs. 3 Satz 2 GG vom Parlamentarischen Rat zum Sachwalter des weltanschaulich gebundenen Unterrichts bestellt worden, für den der Staat keine Definitionskompetenz besitzt. Mit dieser den Religionsgemeinschaften vom Verfassunggeber zur Wahrnehmung angebotenen Funktion wäre es aber nur schwer zu vereinbaren, wenn aus Art. 7 Abs. 3 Satz 1 GG nicht das Recht der Religionsgemeinschaften folgen würde, der weltanschaulichen Schulerziehung gegebenenfalls gegen den Willen des Landesgesetzgebers gerichtlich zur Durchsetzung zu verhelfen.

Man könnte sich zwar auf den Standpunkt stellen, der subjektive Gehalt des Art. 7 Abs. 3 Satz 2 GG erkläre sich allein daraus, daß die Vorschrift eine Konkretisierung der negativen Religionsfreiheit aus Art. 4 GG darstellt und bei einem Verstoß gegen das Übereinstimmungsgebot wegen der Existenz des Art. 7 Abs. 3 Satz 1 GG der hieraus folgende Anspruch nicht auf Unterlassen jeglichen Religionsunterrichts, sondern auf Mitwirkung und Anpassung des Lehrinhalts gerichtet ist. Eine derartige Betrachtungsweise verkennt allerdings, daß sich Art. 7 Abs. 3 Satz 2 GG nicht in seiner Funktion als lex specialis des Abwehrrechts aus Art. 4 GG erschöpft, sondern den Staat zugleich weitgehend von seiner Verantwortung für die im Religionsunterricht vermittelten Inhalte entbindet. Hierdurch wird die Rolle der Religionsgemeinschaften im Rahmen der Schulerzie-

---

die Religionsgemeinschaften bei der Durchführung des Religionsunterrichts unterstützt, ohne jedoch selbst die Veranstaltereigenschaft zu übernehmen."

322 Vgl. *Stern*, Das Staatsrecht der Bundesrepublik Deutschland III/1, S. 579; *Gröschner*, in: Dreier, Grundgesetz, Art. 7 Rn. 83.

hung entsprechend aufgewertet. Das ist konsequent, weil die Verfassung die Religionsgemeinschaften in begrenztem Umfang an der Erziehung der Schüler teilhaben läßt, um den Bereich des Religiösen in der Schule nicht aussparen zu müssen.

Hildebrandt ist daher im Ergebnis zuzustimmen, wenn sie anhand des Art. 7 Abs. 3 Satz 2 GG den subjektiv-rechtlichen Gehalt des Art. 7 Abs. 3 Satz 1 GG begründet. Denn Art. 7 Abs. 3 Satz 2 GG verwirklicht nicht nur die Neutralitätspflicht des Staates, sondern stattet die Religionsgemeinschaften mit einem Beteiligungsrecht an der Schulerziehung aus. Insoweit läßt sich vom Religionsunterricht als einem „Privileg der Religionsgemeinschaften" sprechen. Dieses Privileg wurde den Religionsgemeinschaften jedoch nicht um ihrer selbst willen zugesprochen (etwa um ihnen die Möglichkeit zur „Missionierung" zu verschaffen), sondern mit Blick auf die in ihrer Hand liegende Werteerziehung, die der Parlamentarische Rat dem Staat angesichts der während der nationalsozialistischen Herrschaft geltend gemachten Totalitätsansprüche nicht (allein) überantworten, andererseits aber auch nicht aus dem Erziehungsauftrag ausklammern wollte. Der systematische Zusammenhang zu Art. 7 Abs. 3 Satz 2 GG legt Art. 7 Abs. 3 Satz 1 GG somit die Bedeutung eines Grundrechts auf Religionsunterricht bei.

2. Parallele zum Kommunalverfassungsstreit?

Als weiteres Argument für eine „Subjektivierung" des Art. 7 Abs. 3 Satz 1 GG zugunsten der Religionsgemeinschaften ist jüngst eine Parallele zu den „wehrfähigen Innenrechtspositionen" im Kommunalrecht gezogen worden[323]. Die verwaltungsgerichtliche Rechtsprechung habe – insbesondere dort, wo „Interessenkonflikte als akzeptierte Möglichkeiten" auftreten bzw. „die eingeräumte Kompetenz Einfluß auf die Willensbildung des Gesamtorganismus verleiht", anerkannt, daß dem Kompetenzinhaber zur Durchsetzung der ihm zur Wahrnehmung übertragenen Innenrechtsposition ein die Klagebefugnis gemäß § 42 Abs. 2 VwGO begründendes Recht zustehe[324]. Bei einer vorsichtigen Übertragung dieses Gedankens auf den „Gesamtkomplex" des staatlichen Religionsunterrichts komme man nicht umhin, auch den Religionsgemeinschaften eine einklagbare Rechtsposition, nämlich ein Grundrecht auf Religionsunterricht, einzuräumen[325].

Ein Rückgriff auf die dem Kommunalrecht entnommene Herleitung von subjektiven Rechten aus Innenrechtspositionen ist beim Religionsunterricht aber be-

---

[323] Vgl. *Hildebrandt*, Das Grundrecht auf Religionsunterricht, S. 199.

[324] Vgl. *Hildebrandt*, Das Grundrecht auf Religionsunterricht, S. 199.

[325] Vgl. *Hildebrandt*, a.a.O.

reits deshalb nicht angängig, weil dieser als klassische „res mixta“[326] nicht mit staatlichen Inter- bzw. Intraorganstreitigkeiten verglichen werden kann. Bei derartigen Binnenrechtsstreitigkeiten stehen sich nämlich Organe des Staates bzw. Organteile gegenüber, denen jeweils organschaftliche Rechte zugeteilt wurden. Die christlichen Großkirchen sind zwar Körperschaften des öffentlichen Rechts und damit öffentlich-rechtlich strukturiert. Trotzdem sind sie nicht in den Staat inkorporiert, also nicht der Sphäre des Staates zugehörig[327]. Die Überlegung, daß sich eine innerstaatliche Kompetenzzuweisung unter gewissen Voraussetzungen zu einem einklagbaren Recht fortentwickeln läßt, geht deshalb am Kern des Problems vorbei. Aber auch dann, wenn man von diesem Gesichtspunkt einmal absieht, bestehen zwischen dem in Art. 7 Abs. 3 Satz 1 und 2 GG vorausgesetzten Kondominium und den im Kommunalrecht auftretenden Organstreitigkeiten gravierende Unterschiede. Während bei Letzteren den betreffenden Organen bereits Kompetenzen übertragen wurden, aus denen unter gewissen Voraussetzungen „subjektive Rechte“ i.S.d. § 42 Abs. 2 VwGO folgen[328], ist den Religionsgemeinschaften allenfalls die Art. 7 Abs. 3 Satz 2 GG inhärente Befugnis zuzuordnen, auf die Übereinstimmung des Religionsunterrichts mit ihren Lehren zu achten. In bezug hierauf läßt sich in der Tat ein Vergleich zur Subjektivierung von Innenrechtskompetenzen anstellen. Was die Frage eines Grundrechts auf Einführung von Religionsunterricht anbelangt, weist das Grundgesetz den Religionsgemeinschaften dagegen ausdrücklich gerade keine „Kompetenzen“ zu. In Art. 7 Abs. 3 Satz 1 GG werden die Religionsgemeinschaften mit keinem Wort erwähnt. Während die von *Hildebrandt* gezogene Parallele – läßt man die Unterschiede zu Innenrechtsstreitigkeiten beiseite – in bezug auf Art. 7 Abs. 3 Satz 2 GG grundsätzlich durchgreift, weil sie zum Erstarken einer „Kompetenz“ zu einem subjektiven Recht führt, hätte sie bei Art. 7 Abs. 3 Satz 1 GG nicht die Subjektivierung, sondern die Begründung einer „Kompetenz“ zur Folge. Es müßte also zunächst aus dem Grundgesetz eine „Kompetenz“ der Religionsgemeinschaften bezüglich des „Ob“ eines Religionsunterrichts abgeleitet werden, bevor deren Einklagbarkeit begründet werden

---

[326] Vgl. *Hollerbach*, in: Isensee/Kirchhof, HdbStR VI, § 140 Rn. 32; *Mückl*, AöR 122 (1997), 513, 527; *Kremser*, JöR NF. 40 (1991/1992), 501, 518.

[327] Vgl. *Pieroth/Schlink*, Grundrechte, Rn. 521; *Jeand'Heur/Korioth*, Grundzüge des Staatskirchenrechts, Rn. 311; von *Campenhausen*, Staatskirchenrecht, S. 140: „Im technischen Sinne sind Körperschaften des öffentlichen Rechts heute mit Rechtsfähigkeit ausgestattete Personenverbände, die unter Staatsaufsicht staatliche Aufgaben wahrnehmen. Die Kirchen gehören nicht dazu. Ihr Wirkungskreis bildet kein Stück, sondern ein Gegenstück des staatlichen Wirkungskreises.“

[328] Notwendig ist dabei nach *Kisker*, Insichprozeß und Einheit der Verwaltung, S. 38, daß sich ein „Organ als Kontrast, als Gegenüber im politischen Kräftespiel, kurz als Kontrastorgan begreift.“

kann. Dieser Unstimmigkeit will *Hildebrandt* dadurch begegnen, daß sie aus dem (mittels ihres Vergleichs hergeleiteten) subjektiven Recht der Religionsgemeinschaften auf Übereinstimmung des Unterrichtsinhalts mit ihren Grundsätzen auch ein Recht auf Religionsunterricht konstruiert, weil „bestimmte 'Vorarbeiten' des Landesgesetzgebers erforderlich [seien]“[329], die von der „subjektiven Rechtsposition der Religionsgemeinschaften im Religionsunterricht mitumfaßt“ werden sollten. Auch wenn die Ableitung des subjektivrechtlichen Gehalts von Art. 7 Abs. 3 Satz 1 GG aus Art. 7 Abs. 3 Satz 2 GG letztlich zu überzeugen vermag, ist dies jedoch kein neues Argument. Die Parallele zum Kommunalverfassungsstreit führt nicht weiter, weil sie letzten Endes zur Begründung des Grundrechtscharakters von Art. 7 Abs. 3 Satz 1 GG wieder auf Art. 7 Abs. 3 Satz 2 GG zurückgreifen muß.

3. Art. 7 Abs. 4 GG als Hinweis auf ein subjektives Recht?

Zur Begründung eines grundrechtlichen Anspruchs der Bekenntnisgemeinschaften auf Einführung von Religionsunterricht ist weiterhin auf ein Urteil des Bundesverfassungsgerichts[330] zur Privatschulfinanzierung verwiesen worden[331]. In dieser Entscheidung hat das Bundesverfassungsgericht ausgeführt, Art. 7 Abs. 4 GG müsse grundsätzlich als subjektiv-rechtliche Verpflichtung des Gesetzgebers verstanden werden, die privaten Ersatzschulen zu schützen und zu fördern, weil anderenfalls die Gefahr bestehe, daß die Privatschulfreiheit „zu einem wertlosen Individualgrundrecht und einer nutzlosen institutionellen Garantie“ verkümmere[332]. Dieser Gedanke soll sich nach Auffassung *Hildebrandts* auch für den Religionsunterricht insoweit fruchtbar machen lassen, als aus dem Recht, die inhaltliche Übereinstimmung des Religionsunterrichts mit den eigenen Lehren verlangen zu können, für die Religionsgemeinschaften gleichsam ein Anspruch auf Religionsunterricht hervorgeht.

Gegenüber einer derartigen Argumentation sind jedoch Bedenken anzumelden. Denn wenn man davon ausginge, daß sich aus Art. 7 Abs. 3 Satz 2 GG die objektive Verpflichtung des Staates ergäbe, das in dieser Vorschrift statuierte Mitwirkungsrecht zu schützen (nämlich durch die Einrichtung von Religionsunter-

---

[329] *Hildebrandt*, Das Grundrecht auf Religionsunterricht, S. 199.

[330] BVerfGE 75, 40 ff.

[331] *Wimmer*, Verfassungsbeschwerde, in: Konrad-Adenauer-Stiftung, Religionsunterricht in den Schulen, S. 87, 92; *Hildebrandt*, Das Grundrecht auf Religionsunterricht, S. 199 f.

[332] Vgl. BVerfGE 75, 40, 65; *Pieroth*, in: Jarass/Pieroth, Grundgesetz, Art. 7 Rn. 28; *Blau*, Bedeutung und Probleme der Privatschulfreiheit, JA 1984, 463, 465.

richt), und die so entwickelte objektive Schutzpflicht durch einen subjektiven Schutzgewähranspruch ergänzt würde, wäre der gesamte Regelungsgehalt des Art. 7 Abs. 3 Satz 1 GG in Art. 7 Abs. 3 Satz 2 GG aufgegangen. Die in Art. 7 Abs. 3 Satz 1 GG enthaltene institutionelle Garantie des Religionsunterrichts wäre überflüssig, weil der Staat ohnehin wegen der aus Art. 7 Abs. 3 Satz 2 GG erwachsenden objektiven Schutzverpflichtung den Religionsunterricht als ordentliches Lehrfach anbieten müßte. Auch wenn man aus diesem Grund nicht auf Art. 7 Abs. 3 Satz 2 GG, sondern auf Art. 7 Abs. 3 Satz 1 GG abstellt, überzeugt der Vergleich mit der Privatschulfreiheit nicht. Es kann nämlich nicht über den Unterschied hinweggegangen werden, daß es sich bei Art. 7 Abs. 4 GG unzweifelhaft um ein Grundrecht handelt. Dieses Grundrecht soll sich nicht in seiner abwehrrechtlichen Dimension erschöpfen, sondern zugleich eine objektivrechtliche, durch einen entsprechenden Anspruch untermauerte Schutzpflicht beinhalten. Der Anspruchscharakter wird bei den Grundrechten aus deren Funktion als objektive Wertentscheidungen entwickelt, die auch Schutzpflichten mit umfaßt[333]. Der grundrechtliche Anspruch läßt sich daher als Kehrseite der staatlichen Schutzpflicht bezeichnen. Das Bundesverfassungsgericht hat dies im sogenannten Hochschul-Urteil vom 29. Mai 1973 im Hinblick auf die Wissenschaftsfreiheit wie folgt begründet: „Dem einzelnen Träger des Grundrechts aus Art. 5 Abs. 3 GG erwächst aus der Wertentscheidung ein Recht auf solche staatlichen Maßnahmen auch organisatorischer Art, die zum Schutz seines grundrechtlich gesicherten Freiheitsraums unerläßlich sind, weil sie ihm freie wissenschaftliche Betätigung überhaupt erst ermöglichen. Wäre dies nicht der Fall, so würde die wertentscheidende Grundsatznorm ihrer Schutzwirkung weitgehend beraubt. Diese Befugnis des einzelnen Grundrechtsträgers, gegenüber der öffentlichen Gewalt die Beachtung der wertentscheidenden Grundsatznorm durchsetzen zu können, gehört zum Inhalt des Individualgrundrechts, dessen Wirkungskraft dadurch verstärkt wird.“[334]

[333] Vgl. *Pieroth/Schlink*, Grundrechte, Rn. 81: „Im weiteren Verlauf seiner Rechtsprechung hat es [scil. das BVerfG] die Grundrechte objektiv-rechtlich nicht nur auf die Auslegung und Anwendung des einfachen Rechts, sondern auch auf dessen Gestaltung bezogen; der Gesetzgeber muss gerechte Teilhabe an staatlichen Einrichtungen, Leistungen und Verfahren ermöglichen und ist auch sonst bei der Schaffung einfachen Rechts auf den Schutz der Grundrechte verpflichtet. Stets wird, was objkektiv-rechtlich erst einmal etabliert ist, schließlich subjektiv-rechtlich gewendet.“

[334] BVerfGE 35, 79, 116. Ähnlich BVerfGE 90, 107, 114: „Es kann unerörtert bleiben, ob und welche Rechte sich aus der Garantie der Privatschule als Institution [...] für den einzelnen Träger des Grundrechts aus Art. 7 Abs. 4 Satz 1 GG ergeben. Jedenfalls muß der Staat dagegen Vorsorge treffen, daß das Grundrecht als subjektives Recht wegen der seinem Träger durch Art. 7 Abs. 4 Satz 3 und 4 GG auferlegten Bindungen praktisch kaum noch wahrgenommen werden kann. Insofern kann sich aus Art. 7 Abs. 4 GG über dessen Abwehrcharakter hinaus ein Anspruch auf staatliche Förderung ergeben“.

Ob auch mit institutionellen Garantien ein subjektiver Schutzgewähranspruch Hand in Hand geht, ist jedoch zweifelhaft. Denn diese sind ihrem Wesen nach gerade darauf angelegt, den Staat kraft objektiven Rechts zu verpflichten, ohne daß dabei dem einzelnen eine Rechtsposition vermittelt werden müßte[335]. Hiergegen ist vorgetragen worden, Einrichtungsgarantien seien „nur so viel Wert [...], wie sie im Bedrohungsfall verteidigt werden können."[336] Nimmt man diesen Einwand ernst, müßten allerdings alle Einrichtungsgarantien, sofern sie auch nur im entferntesten zu Individualbegünstigungen führten, zwangsläufig subjektiv-rechtlichen Charakter annehmen. Dies widerspräche aber dem Grundsatz, daß einer institutionellen Garantie nicht unbedingt ein subjektives Recht zur Seite gestellt ist. Zudem ist eine staatliche Selbstverpflichtung kraft objektiven Rechts nicht „wertlos"; es handelt sich bei ihr um geltendes Verfassungsrecht, das gerichtlich etwa mittels einer abstrakten Normenkontrolle durchgesetzt werden kann. Daß der Kreis der Antragsberechtigten gemäß Art. 93 Abs. 1 Nr. 2 GG auf Staatsorgane bzw. Organteile begrenzt wurde, ist dann nur Ausdruck des institutionellen Garantien zugrundeliegenden Gedankens der staatlichen Selbstverpflichtung.

4. Vergleichbarkeit mit Art. 7 Abs. 5 GG?

Auch der Hinweis darauf, daß die Verfassung in Art. 7 Abs. 5 GG die Möglichkeit zur Gründung privater Bekenntnis- und Weltanschauungsschulen vorsieht, rechtfertigt es nicht, den Religionsgemeinschaften ein subjektives Recht auf Religionsunterricht an öffentlichen Schulen zuzuerkennen[337]. Für ein solches Recht soll sprechen, daß vor allem die christlichen Großkirchen stets die Erziehung der Jugend, insbesondere auch die Schulerziehung als wichtigen Teil ihres Auftrags angesehen haben[338]. Der Religionsunterricht bedeute für die „Religionsgemeinschaften eine weitere Möglichkeit, im Schulbereich präsent zu bleiben und ihren Glauben an die junge Generation weiterzugeben", so daß sich Art. 7 Abs. 3 GG

[335] Vgl. *Korioth*, NVwZ 1997, 1041, 1045: „Gerade die drohende Beeinträchtigung oder das Leerlaufen eines Freiheitsrechts im Fall ausbleibender staatlicher Gewährungen aber ist der grundrechtsdogmatische Ansatzpunkt für mögliche Teilhaberechte; der Umschlag einer organisatorischen Norm ohne abwehrrechtlichen Gehalt wie Art. 7 III 1 u. 2 GG in ein Teilhaberecht ist dagegen nicht möglich."

[336] *Stern*, Das Staatsrecht der Bundesrepublik Deutschland III/1, S. 875; *Wimmer*, Verfassungsbeschwerde, in: Konrad-Adenauer-Stiftung, Religionsunterricht in den Schulen, S. 87, 91; *de Wall*, Der Staat 38 (1999), 377, 384 f.

[337] So aber *Hildebrandt*, Das Grundrecht auf Religionsunterricht, S. 200 f.

[338] *Hildebrandt*, Das Grundrecht auf Religionsunterricht, S. 200.

„in die Gesamtintention des Art. 7 GG [einfügt], der auf weltanschauliche Bedürfnisse Rücksicht nimmt“[339]. In der Tat hat das Bundesverfassungsgericht dem Selbstverständnis der Religionsgemeinschaften, etwa bei der Bestimmung des Schutzbereichs von Art. 4 GG, einen hohen Stellenwert beigemessen, wenn es ausführt, daß bei Würdigung dessen, „was im Einzelfall als Ausübung von Religion und Weltanschauung zu betrachten ist, [...] das Selbstverständnis der Religions- und Weltanschauungsgemeinschaften nicht außer Betracht bleiben“ dürfe[340]. Würde man allein auf das Selbstverständnis der Kirchen abstellen, bliebe aber unberücksichtigt, daß Art. 7 Abs. 3 GG nicht eine von den Religionsgemeinschaften durchgeführte religiöse Unterweisung zum Gegenstand hat, sondern Religionsunterricht *an staatlichen Schulen* anordnet. Trotz der Bedeutung des Religionsunterrichts für die Religionsgemeinschaften darf niemals außer acht gelassen werden, daß es sich hierbei primär um eine staatliche Angelegenheit handelt, der Religionsunterricht also selbst im Lichte der den Religionsgemeinschaften aus Art. 7 Abs. 3 Satz 2 GG zustehenden Rechte seinen Charakter als *staatliche Lehrveranstaltung* nicht verliert[341]. Gerade weil es den Religionsgemeinschaften möglich ist, von dem Recht aus Art. 7 Abs. 5 GG Gebrauch zu machen, könnte der Verfassunggeber darauf verzichtet haben, sie zusätzlich mit einem Anspruch auf Religionsunterricht an öffentlichen Schulen auszustatten. Außerdem nimmt der Staat auf weltanschauliche Belange auch dann Rücksicht, wenn Art. 7 Abs. 3 Satz 1 GG nur eine institutionelle Garantie enthalten sollte. Auf einem ganz anderen Blatt steht, wie weit diese Rücksichtnahme gehen, ob sie insbesondere auch die Zuerkennung subjektiver Rechte umfassen soll.

---

[339] *Hildebrandt*, Das Grundrecht auf Religionsunterricht, S. 200 f.

[340] Vgl. BVerfGE 24, 236, 247 f.

[341] BVerfGE 74, 244, 251: „Die Erklärung des Religionsunterrichts zum ordentlichen Lehrfach in Art. 7 Abs. 3 Satz 1 GG stellt klar, daß seine Erteilung staatliche Aufgabe und Angelegenheit ist.“ Vgl. auch *Link*, in: Basse/Fischer/Link, Religionsunterricht im Spannungsfeld Staat/Kirche, S. 5, 9; *Friesenhahn*, in: Krautscheidt/Marré, Essener Gespräche zum Thema Staat und Kirche 5 (1971), S. 67, 72 f.; *Pieroth*, ZevKR 38 (1993), 189, 191; *Link/Pahlke*, Religionsunterricht und Bekenntniszugehörigkeit, in: Listl, Der Religionsunterricht als bekenntnisgebundenes Lehrfach, S. 13, 15; *Hildebrandt*, Das Grundrecht auf Religionsunterricht, S. 47 f. Weil es sich beim Religionsunterricht um eine staatliche Veranstaltung handelt, haftet der Staat (und nicht die Religionsgemeinschaft) gemäß Art. 34 GG i.V.m. § 839 BGB für die durch eine Amtspflichtverletzung des Religionslehrers verursachten Schäden, vgl. BGH KirchE 5, 270 ff.

5. Gebot der größtmöglichen Wirkungskraft

Ein subjektives Recht der Religionsgemeinschaften auf Religionsunterricht ergibt sich auch nicht aus dem Gesichtspunkt, daß im Grundrechtsteil enthaltene Vorschriften so interpretiert werden müßten, daß sie ihre Wirkungskraft möglichst effektiv entfalten können[342]. Denn diese Interpretationsmaxime setzt voraus, daß der Religionsunterricht vor allem im Interesse der Religionsgemeinschaften geschaffen wurde, so daß es der wirkungsvollsten Auslegung des Art. 7 Abs. 3 Satz 1 GG entspräche, diesen hierauf auch einen Rechtsanspruch einzuräumen. Hiervon kann jedoch nicht ohne weiteres ausgegangen werden.

Der sogenannte Grundsatz der Grundrechtseffektivität vermag im Hinblick auf die Frage, ob Art. 7 Abs. 3 Satz 1 GG ein subjektives Recht enthält, aber auch deshalb keinen Beitrag zu leisten, weil er mißverständlich und losgelöst von seiner eigentlichen Bedeutung verwendet wird. Es handelt sich hierbei um eine von *Richard Thoma* entwickelte Auslegungsregel, die vor dem Hintergrund verständlich wird, daß die Grundrechte der Weimarer Reichsverfassung weithin als bloße Programmsätze verstanden wurden. Sah der Interpret sich mit dem Problem konfrontiert, daß die einschlägige Grundrechtsbestimmung weder eindeutig als Rechtsnorm noch als Programmsatz eingeordnet werden konnte, sollte nach Ansicht *Thomas* im Zweifel von ihrem Rechtscharakter auszugehen sein: „Nachdem einmal feststeht, daß einige Grundrechtsnormen unzweifelhaft aktuelle Rechtssätze enthalten, ist es einfach nicht möglich, einer rechtsuchenden Partei, die sich auf eine mit dem Wortlaut vereinbare mögliche Auslegung beruft, zu erwidern, in diesem Falle ziehe man die Auslegung vor, welche dem Satze keine Rechtswirkung beilegt. Das würde systemloser Willkür Tür und Tore öffnen. Entweder sind die grundrechtlichen Normen in der Regel und im Zweifel unverbindlich, oder sie sind in der Regel und im Zweifel verbindlich. Da das erstere sicher falsch ist, so ist das letztere nicht abzulehnen."[343] Mit dem Wort, dem Grundrecht sei diejenige Auslegung zu geben, „die die juristische Wirkungskraft der betreffenden Norm am stärksten entfaltet"[344], ging es *Thoma* somit allein um die Alternative „Programmsatz" oder „aktueller Rechtssatz"[345]. Bei Art. 7 Abs. 3 Satz 1 GG ist hingegen fraglich, ob es sich bei dieser Vor-

---

[342] Vgl. *de Wall*, NVwZ 1997, 465. So zuvor schon auf allgemeinerer Grundlage *ders.*, Der Staat 38 (1999), 377, 385. Vgl. auch *Hildebrandt*, Das Grundrecht auf Religionsunterricht, S. 214.

[343] *Thoma*, in: Nipperdey, Die Grundrechte und Grundpflichten der Reichsverfassung, Band 1, S. 1, 12.

[344] *Thoma*, a.a.O., S. 9.

[345] *Müller*, Juristische Methodik, S. 223 f.; *Ehmke*, VVDStRL 20 (1963), 53, 87.

schrift um eine ausschließlich objektive Verfassungsnorm oder daneben auch um ein subjektives Recht handelt. Als institutionelle Garantie wäre Art. 7 Abs. 3 Satz 1 GG aber nicht weniger denn als Grundrecht ein „aktueller Rechtssatz" und enthielte nicht nur „politisch-ethische Empfehlungen"[346]. Daß Verfassungsnormen im Sinne größtmöglicher Wirkungskraft auszulegen sind, bedeutet demzufolge nicht, daß Art. 7 Abs. 3 Satz 1 GG als ein subjektives Recht interpretiert werden müßte.

6. Historische Auslegung

Daß den Religionsgemeinschaften ein subjektives Recht auf Religionsunterricht zusteht, wird in der religionsrechtlichen Literatur ferner damit begründet, der Verfassunggeber des Grundgesetzes habe „in bewußter Abkehr von der Weimarer Verfassung" in den Grundrechtsteil „nur solche Normen aufnehmen wollen, die unmittelbar geltendes, einklagbares Recht enthalten."[347] Vor diesem Hintergrund sei ein subjektiv-rechtliches Verständnis des Art. 7 Abs. 3 Satz 1 GG „fast schon zwingend"[348]. Diese Ansicht stützt sich insbesondere auf eine Stellungnahme des Abg. *Schmid* in der 2. Plenumssitzung des Parlamentarischen Rates vom 8. September 1948, in der dieser erklärte: „Diese Grundrechte sollen nicht bloß Deklamationen, Deklarationen oder Direktiven sein, [...] sondern unmittelbar geltendes Bundesrecht, auf Grund dessen jeder Deutsche, jeder einzelne Bewohner unseres Landes vor den Gerichten soll Klage erheben können."[349]

Obwohl die Ausführungen *Schmids* auf den ersten Blick in Richtung eines einklagbaren Rechts auf Religionsunterricht deuten, sind sie angesichts der entstehungsgeschichtlichen Daten des Art. 7 Abs. 3 Satz 1 GG nicht geeignet, die These vom subjektiv-rechtlichen Charakter zu stützen. Der Herrenchiemseer Verfassungskonvent hatte in seinem Verfassungsentwurf eine Gewährleistung des Religionsunterrichts nicht vorgesehen. Aus diesem Grund wandten sich sowohl die katholische Kirche als auch die evangelischen Kirchen mit Eingaben an den Parlamentarischen Rat. *Josef Kardinal Frings*, der Vorsitzende der Fuldaer Bischofskonferenz, wies in seinem Schreiben vom 20. November 1948 auf die überragende Bedeutung des Religionsunterrichts noch einmal deutlich hin: „Zahlreiche Äußerungen, die mir aus allen Kreisen des kath. Volkes in den

---

[346] *Thoma*, a.a.O., S. 12.

[347] *Hildebrandt*, Das Grundrecht auf Religionsunterricht, S. 173.

[348] Hildebrandt, a.a.O.

[349] *Schmid* (SPD), 2. Sitzung des Plenums vom 8. September 1948, Stenographische Berichte, S. 14.

letzten Wochen zugegangen sind, bringen die große Sorge zum Ausdruck, daß unter den bisher vom Parlamentarischen Rat vorgesehenen Grundrechten eine ganze Reihe von Prinzipien fehlen, die vom christlichen Standpunkt aus für die Stellung des Menschen im Staat und für den Aufbau der menschlichen Gesellschaft von entscheidender Bedeutung sind. [...] Die katholischen Staatsbürger und insbesondere die katholische Elternschaft betrachten es ferner als ein unbedingtes Erfordernis, daß ihren Kindern ein ausreichender schulplanmäßiger Religionsunterricht grundsätzlich gesichert wird. Im Religionsunterricht sieht das katholische Volk einen der wesentlichsten positiven Beiträge zu einer echten und vertieften sittlichen Neuordnung des deutschen Volkes. [...] Ich bin mir darüber klar, daß die Kultushoheit prinzipiell bei den Ländern liegen soll. Bei den Grundrechten des Bundes handelt es sich aber um die Festlegung der Ansprüche gegenüber dem Staat, die allen Deutschen in allen Ländern des Bundes gleichmäßig gewährleistet werden müssen. Mit zahlreichen katholischen Männern und Frauen [...] bin ich überzeugt, daß die Grundrechte, die ich im Vorstehenden hervorgehoben habe, in der Bundesverfassung unverbrüchlich gesichert werden müssen. Das katholische Volk würde es nicht verstehen, wenn die Bundesverfassung sich nur auf negative Vorschriften über den Schutz gegenüber religiöser Beeinflussung und weltanschaulichem Zwang beschränken würde, dagegen den positiven Beitrag nicht würdigte, den die Kirche für die Volkserziehung und den Aufbau der Volksgemeinschaft leistet."[350]

In die gleiche Richtung ging eine Eingabe des Vorsitzenden der EKD *Theophil Wurm* vom 9. November 1948, worin dieser die Aufnahme einer Regelung zum Religionsunterricht anmahnte: „Es haben sich seit der Weimarer Verfassung nicht unerhebliche Wandlungen grundsätzlicher staatskirchenrechtlicher und kirchenrechtlicher Auffassungen im Zusammenhang mit dem Kirchenkampf ergeben. Es sollte deshalb davon abgesehen werden, ohne vorherige Fühlungnahme mit der Kirche grundlegende Bestimmungen über das Verhältnis von Staat und Kirche zu formulieren, die hernach unter Umständen Schwierigkeiten und Enttäuschungen hervorrufen, die vermieden werden könnten. Es müßte in dem von der Konferenz der Kirchen in der britischen Zone vorgeschlagenen Artikel VI, Absatz 3, heißen: 'Der Religionsunterricht ist ordentliches Lehrfach in allen Schulen. Er wird nach den Grundsätzen der Kirchen im Auftrag und unter ihrer Aufsicht erteilt.'"[351]

---

[350] *Josef Kardinal Frings*, Brief an den Parlamentarischen Rat vom 20. November 1948, PR-Drs. 319; auch abgedruckt bei *Schlink/Poscher*, Der Verfassungskompromiß zum Religionsunterricht, S. 23 f.

[351] Eingabe Nr. 311 vom Vorsitzenden des Rates der EKD, PR-Drs. Nr. 275; auch abgedruckt bei *Schlink/Poscher*, Der Verfassungskompromiß zum Religionsunterricht, S. 22 f.

Die von den Kirchen eingeforderte Garantie des Religionsunterrichts widersprach aber dem Verständnis der Grundrechte als einklagbare Normen und wurde im Parlamentarischen Rat deshalb als Argument gegen die kirchliche Initiative verwendet. Auf den abweichenden Rechtscharakter des Art. 7 Abs. 3 Satz 1 GG machte deshalb der Abg. *Hermann von Mangoldt* in seinem für das Plenum verfaßten schriftlichen Bericht zu den Grundrechten aufmerksam[352]. Die Grundrechte – so *von Mangoldt* – sollten geltendes und vom einzelnen gerichtlich durchsetzbares Recht sowohl auf Landes- als auch auf Bundesebene sein. Anders stelle sich dagegen die Rechtslage bei Art. 6 und 7 GG dar: „Aus dem damit gekennzeichneten allgemeinen Rahmen fallen teilweise heraus die beiden Artikel über Ehe und Familie und das Schulwesen und den Religionsunterricht. Sie enthalten neben Deklarationen ohne unmittelbare Rechtswirkung Programmsätze und Weisungen an den Gesetzgeber und sind teilweise ohne vorhergehende eingehende Regelung durch ein Gesetz nicht zu verwirklichen. Dieser Mangel in der Gestaltung des Grundrechtsteils ist nur aus seiner Entstehungsgeschichte zu erklären. Die fraglichen Artikel sind erst in den Beratungen des Hauptausschusses eingefügt worden, der die Grundsätze für den Aufbau des Grundrechtsteils nicht mehr so scharf vor Augen hatte“[353].

In Anbetracht dieser Einschätzung *von Mangoldts* wird die Feststellung *Schmids*, der Grundrechtsteil habe nur einklagbare Rechte beinhalten sollen, erheblich relativiert. Dieser Eindruck verstärkt sich, wenn man die Diskussion im Parlamentarischen Rat über die Frage Revue passieren läßt, an welcher Stelle die Vorschriften über den Religionsunterricht im Grundgesetz plaziert und aus Rücksichtnahme auf welchen Personenkreis sie geschaffen werden sollten. Ursprünglich war der Antrag eingebracht worden, den Religionsunterricht zusammen mit dem elterlichen Erziehungsrecht in einem Artikel zu regeln. Diesem Anliegen wurde aber vom Abg. *Heuss* entschieden widersprochen: „Der Religionsunterricht ist *keine Ausstrahlung des Elternrechts*, sondern *institutionell Recht der Konfessionen.* Es handelt sich hier nicht um Familien- und Elternrecht, sondern um traditionelles Recht der Kirchen, kirchliches Bildungsrecht, Religionsausübungsrecht. Ich muß meinen Widerspruch dagegen anmelden, diesen Satz hier aufzunehmen. Die Konsequenzen sind völlig unübersehbar.“[354] Ganz im Gegensatz hierzu stellte *Heuss* im Hauptausschuß fest, daß man *„das Recht der Eltern*[355] auf den religiösen Unterricht bzw. auf den Nichtunterricht in

[352] Vgl. *Hildebrandt*, Das Grundrecht auf Religionsunterricht, S. 175.

[353] Abg. *von Mangoldt* (CDU), PR Drs. Nr. 850, 854, S. 6; auch abgedruckt bei *Hildebrandt*, Das Grundrecht auf Religionsunterricht, S. 175 f.

[354] Abg. *Heuss* (FDP), in: Pikart/Werner, Der Parlamentarische Rat 1948-1949, Band 5/II, S. 646 (Hervorhebung nicht im Original).

[355] Hervorhebung nicht im Original.

religiösen Dingen [...] als ein Grundrecht ansehen [kann]"[356]. Die einzelnen Wortbeiträge in den Ausschüssen widersprechen sich somit teilweise erheblich. Unklar ist nach diesem Befund nicht nur, ob es sich bei Art. 7 Abs. 3 Satz 1 GG um ein subjektives Recht handeln, sondern auch, wem es zustehen sollte. Symptomatisch hierfür sind die Ausführungen des Abg. *Heuss*. Während er zunächst dezidiert die Auffassung vertrat, im Religionsunterricht manifestiere sich ausschließlich ein Recht der Religionsgemeinschaften und nicht etwa ein „Familien- und Elternrecht", sprach er im Hauptausschuß unbefangen von einem Grundrecht der Eltern.

Die historische Auslegung fördert deshalb ein deutliches Indiz für ein subjektiv-rechtliches Verständnis des Art. 7 Abs. 3 Satz 1 GG nicht zutage. Vielmehr verstärken die divergierenden Aussagen über die Rechtsnatur der ursprünglich nicht im Grundrechtsteil enthaltenen Normen zum Religionsunterricht den Eindruck, daß en détail keine Einmütigkeit darüber bestand, welche Konsequenzen sich aus der Einbeziehung des heutigen Art. 7 Abs. 3 GG in den Abschnitt über die Grundrechte ergeben sollten.

Dieses Ergebnis läßt sich auch nicht mit Hinweis auf die Wertschätzung entkräften, die den Kirchen vom Parlamentarischen Rat entgegengebracht wurde. So glaubt *Hildebrandt* festhalten zu können: „Die Kirchen wurden in der Nachkriegszeit nicht nur vom Parlamentarischen Rat, sondern auch von weiten Teilen der Bevölkerung als die einzig verbliebene moralische Instanz angesehen, als die einzige Institution, die erkennbar Widerstand gegen Hitler geleistet hatte."[357] Die Rolle der Kirchen im nationalsozialistischen Deutschland rechtfertigt eine solchermaßen positive Einschätzung allerdings nicht. Es läßt sich zwar nicht sagen, die Kirchen hätten sich mit den Machthabern des Dritten Reichs in allen Fragen arrangiert. Andererseits kann auch nicht behauptet werden, sie hätten eine Kooperation mit ihnen völlig abgelehnt, zumal sich das nationalsozialistische Regime aus taktischen Gründen anfangs äußerst kooperationsbereit zeigte[358]. Es kann daher nicht verwundern, daß die christlichen Kirchen insbesondere kurz nach der Machtergreifung *Adolf Hitlers* der neuen Regierung „keineswegs unfreundlich"[359] gegenüberstanden. Dies hängt sicher auch mit dem reservierten Verhältnis vieler kirchlicher Würdenträger zur Weimarer Republik und entsprechenden Vorbehalten gegenüber einem demokratischen Regierungssystem zusammen, wie sie deutlich beispielsweise in einem Wort *Michael Kardinal von*

---

356 Abg. *Heuss* (FDP), Parlamentarischer Rat, Verhandlungen des Hauptausschusses, 43. Sitzung vom 18. Januar 1949, S. 558.

357 *Hildebrandt*, Das Grundrecht auf Religionsunterricht, S. 208.

358 Vgl. *Jeand'Heur/Korioth*, Grundzüge des Staatskirchenrechts, Rn. 34 ff.; *Böckenförde*, in: ders., Schriften zu Staat-Gesellschaft-Kirche, Band 1, S. 39, 45 ff. passim.

359 *von Campenhausen*, Staatskirchenrecht, S. 44.

Faulhabers hervortreten, der im Jahre 1921 anläßlich der Überführung der sterblichen Überreste des bayerischen Königspaares in den Münchener Liebfrauendom erklärte: „Könige von Volkes Gnaden sind keine Gnade für das Volk. Wo das Volk sein eigener König ist, ist [...] es über kurz oder lang auch sein eigener Totengräber.“[360]

Die Bereitschaft der katholischen Kirche zur Zusammenarbeit mit den Nationalsozialisten kommt beispielsweise in einem Schreiben der Bischöfe Österreichs anläßlich der völkerrechtswidrigen Annexion ihres Landes durch das Deutsche Reich zum Ausdruck, in dem sie „freudig“ anerkannten, „daß die nationalsozialistische Bewegung auf dem Gebiet des völkischen und wirtschaftlichen Aufbaus sowie der Sozialpolitik für das Deutsche Reich und Volk und namentlich für die ärmsten Schichten des Volkes Hervorragendes geleistet hat und leistet. Wir sind auch der Überzeugung, daß durch das Wirken der nationalsozialistischen Bewegung die Gefahr des alles zerstörenden gottlosen Bolschewismus abgewehrt wurde. Die Bischöfe begleiten dieses Wirken für die Zukunft mit ihren besten Segenswünschen und werden auch die Gläubigen in diesem Sinn ermahnen.“[361]

Erst als sich immer offener herausstellte, daß *Hitler* nicht gewillt war, die im Reichskonkordat vom 20. Juli 1933 übernommenen Verpflichtungen zu erfüllen, und seitens der Nationalsozialisten der Versuch unternommen wurde, das Christentum aus dem öffentlichen Leben zu verdrängen und die Kirchen zu entpolitisieren, ging der Klerus zunehmend auf Distanz. Auch die Position der Kirchen zur Judenverfolgung läßt sich nur schwer auf einen Nenner bringen. Nicht zuletzt spiegelt sich das ambivalente Verhältnis der Kirchen zum Dritten Reich an dem unlängst eingestandenen Einsatz von Zwangsarbeitern auf Feldern der Klöster, in Weinbergen und Krankenhäusern wider[362].

Diese Umstände dürften den Delegierten des Parlamentarischen Rates zumindest in groben Zügen vertraut gewesen sein. Einen deutlichen Beleg hierfür liefert ein Brief *Konrad Adenauers* an den Bonner Pastor *Bernhard Custodis* vom 23. Februar 1946, in dem der spätere Präsident des Parlamentarischen Rates ausführte: „Nach meiner Meinung trägt das deutsche Volk und tragen auch die Bischöfe und der Klerus eine große Schuld an den Vorgängen in den Konzentrationslagern. [...] Das deutsche Volk, auch Bischöfe und Klerus zum großen Teil, sind auf die nationalsozialistische Agitation eingegangen. [...] Ich glaube, wenn die Bischöfe alle miteinander an einem bestimmten Tag öffentlich von den Kan-

---

360 *Volk*, Akten Kardinal Michael von Faulhaber 1917-1945, Band 1, LXII.

361 „Feierliche Erklärung“ der österreichischen Bischöfe vom 18. März 1938, zitiert nach *Denzler/Fabricius*, Die Kirchen im Dritten Reich, Band 2, S. 167.

362 Vgl. Rheinischer Merkur vom 01.09.2000, im Internet abrufbar unter http://www.merkur.de/archiv/neu/ rm_3500/po/leiter2.html.

zeln aus dagegen Stellung genommen hätten, sie vieles hätten verhüten können. Das ist nicht geschehen und dafür gibt es keine Entschuldigung. Wenn die Bischöfe dadurch ins Gefängnis und ins Konzentrationslager gekommen wären, so wäre das kein Schade, im Gegenteil. Alles das ist nicht geschehen und darum schweigt man am besten."[363]

Wenn *Hildebrandt* behauptet, die Kirchen hätten für ihren Widerstand gegen *Hitler* durch Zuerkennung eines Grundrechts auf Religionsunterricht gewissermaßen „prämiert" werden sollen, ignoriert diese Argumentation die auch dem Parlamentarischen Rat wenigstens im Ansatz bekannten historischen Gegebenheiten. Zusammenfassend kann daher gesagt werden, daß sich ein Grundrecht auf Religionsunterricht mit der historischen Auslegungsmethode nicht mit letzter Sicherheit begründen läßt.

7. Ergebnis

Angesichts des den Religionsgemeinschaften in Art. 7 Abs. 3 Satz 2 GG zustandenen Rechts spricht die systematische Auslegung für einen subjektiven Gehalt des Art. 7 Abs. 3 Satz 1 GG. Nur durch die Anerkennung des Grundrechtscharakters von Art. 7 Abs. 3 Satz 1 GG kann die den Religionsgemeinschaften zugewiesene Funktion als Sachwalter des weltanschaulich gebundenen Unterrichts hinreichend zum Ausdruck gelangen. Art. 7 Abs. 3 Satz 1 GG enthält damit ein Grundrecht der Religionsgemeinschaften.

VIII. (Weitere) Argumente mit Blick auf ein Grundrecht der Schüler und Eltern

1. Art. 7 Abs. 3 Satz 1 GG als „bedingtes Grundrecht"

Gegen die Möglichkeit, daß Art. 7 Abs. 3 Satz 1 GG den Schülern und ihren Eltern ein subjektives Recht zuspricht, hat *Renck* den prinzipiellen Einwand erhoben, daß ein Anspruch auf Einführung von Religionsunterricht schon deshalb ausscheiden müsse, weil er vom Staat allein gar nicht erfüllt werden könne. Da der weltanschaulich neutrale Staat ohne Mitwirkung der Religionsgemeinschaf-

---

363 *Konrad Adenauer* an Pastor *Bernhard Custodis*, zitiert nach *Denzler/Fabricius*, Die Kirchen im Dritten Reich, Band 2, S. 255.

ten nicht in der Lage sei, Religionsunterricht an seinen Schulen vorzusehen, sei ein aus Art. 7 Abs. 3 Satz 1 GG hergeleitetes Grundrecht der Schüler und Erziehungsberechtigten letztlich bedingt durch die Mitwirkungsbereitschaft der Religionsgemeinschaften. Von der Existenz eines derartig bedingten, vom Willen der jeweiligen Religionsgemeinschaft abhängigen Grundrechts könne aber, da es sich hierbei um ein rechtsdogmatisches Novum handeln würde, nicht ausgegangen werden[364].

Dieser Argumentation ist im Schrifttum zu Recht widersprochen worden[365]. Unbestreitbar ist zwar, daß der Staat auf die Bereitschaft der Religionsgemeinschaften zur Mitwirkung am Religionsunterricht angewiesen ist. Sollten sich diese, aus welchen Gründen auch immer, einer Zusammenarbeit verschließen, ließe sich eine Partizipation mangels eines hierauf gerichteten Anspruchs staatlicherseits nicht gerichtlich durchsetzen[366]. *Renck* irrt jedoch, wenn er behauptet, mit der Rechtsnatur der Grundrechte sei es nicht zu vereinbaren, daß ihre Schutzwirkung von der freiwilligen Handlung eines Dritten abhängt. So erklärt etwa Art. 8 Abs. 1 GG, daß alle Deutschen das Recht haben, sich friedlich und ohne Waffen zu versammeln. Eine Versammlung setzt aber voraus, daß mehrere Personen zum Zweck der allgemeinen Meinungsbildung und -äußerung an einem bestimmten Ort zusammenkommen[367], so daß der einzelne sich auf den Schutz des Art. 8 GG erst dann berufen kann, wenn er zu diesem Zweck mit anderen in Kontakt tritt. Er ist also auf ein entsprechendes Tätigwerden Dritter angewiesen, damit sein Verhalten in den Schutzbereich des Art. 8 GG fällt.

Gegen diesen Vergleich sind Bedenken erhoben worden, weil die Versammlungsfreiheit in erster Linie ein Abwehr- und kein Leistungsrecht ist, ein Grundrecht auf Religionsunterricht vom Staat aber notwendigerweise ein Tätigwerden verlangt[368]. Trotzdem ist daran festzuhalten, daß die Inanspruchnahme einer grundrechtlich verbürgten Freiheit das Zusammenwirken mehrerer Personen erfordern kann. Überzeugend hat *Hildebrandt* darauf hingewiesen, der grundrecht-

---

[364] *Renck*, NJ 2000, 393, 395; *ders.*, ThürVBl. 1993, 102, 104; *ders.*, JZ 2000, 561, 562; *ders.*, DÖV 1994, 27, 31 Fn. 46: „Ein Grundrecht, das von der unbeeinflußbaren Entscheidung eines Dritten abhängig ist, kann auch schlecht vorgestellt werden." Ähnlich auch *Schmitt-Kammler*, in: Sachs, Grundgesetz, Art. 7 Rn. 44; *Korioth*, NVwZ 1997, 1041, 1046: „Leistungsrechte aber, die unter der Bedingung eines bestimmten Verhaltens eines anderen Grundrechtsträgers stehen, sind nicht denkbar."

[365] Vgl. *Hildebrandt*, Das Grundrecht auf Religionsunterricht, S. 124 f.

[366] Vgl. *Robbers*, in *von Mangoldt/Klein/Starck*, Das Bonner Grundgesetz, Art. 7 Rn. 158; *Maurer*, FS Zacher (1998), S. 577, 580; *Renck*, ThürVBl. 1993, 102, 104; *Heimann*, in: Haratsch/Janz/Rademacher u.a., Religion und Weltanschauung im säkularen Staat, S. 80, 87.

[367] BVerwGE 56, 63, 69; *Gusy*, in: von Mangoldt/Klein/Starck, Das Bonner Grundgesetz, Art. 8 Rn. 15; *Höfling*, in: Sachs, Grundgesetz, Art. 8 Rn. 9 f.

[368] Vgl. *de Wall*, NVwZ 1997, 465, 466, der diesen Einwand aber im Ergebnis verwirft.

liche Anspruch des Schulträgers einer privaten Grundschule nach Art. 7 Abs. 5 Alt. 2 GG setze schließlich auch voraus, daß ein entsprechender Zulassungsantrag von den Erziehungsberechtigten gestellt worden sei[369]. Die Notwendigkeit einer Mitwirkung der Religionsgemeinschaften am Religionsunterricht spricht deshalb nicht dagegen, Art. 7 Abs. 3 Satz 1 GG als Grundrecht anzuerkennen[370]. Im übrigen geht *Renck* selbst von der Existenz eines „bedingten Grundrechts" aus, wenn er Art. 7 Abs. 3 Satz 1 GG als ein Grundrecht der Religionsgemeinschaften versteht[371]. Denn die Erteilung von Religionsunterricht an öffentlichen Schulen setzt voraus, daß ein gewisses Interesse an diesem Unterricht bei den Schülern vorhanden ist[372]. Sollte die gesetzlich oder durch die Schulverwaltung festgelegte Mindestteilnehmerzahl nicht erreicht werden, könnten die Religionsgemeinschaften von ihrem Grundrecht ebenfalls keinen Gebrauch machen. Es ist daher widersprüchlich, ein durch die Teilnahmebereitschaft der Schüler bedingtes Grundrecht der Religionsgemeinschaften anzuerkennen, gleichzeitig aber ein auf die Mitwirkung der Religionsgemeinschaften angewiesenes Grundrecht der Schüler in Abrede zu stellen.

2. Grundrecht auf eine Pflicht?

Ein weiterer Einwand, der gegen die Möglichkeit eines subjektiven Rechts der Schüler auf Religionsunterricht erhoben wird, gründet sich darauf, daß ein derartiges Grundrecht letztlich auf eine Verpflichtung des Grundrechtsträgers gerichtet ist[373]. Ein Grundrecht auf eine Pflicht sei aber „absurd"[374], ein Anspruch darauf, daß der Staat den Grundrechtsträger in die Pflicht nimmt, schlichtweg ein „Unding"[375].

---

369 Vgl. *Hildebrandt*, Das Grundrecht auf Religionsunterricht, S. 125.

370 *Hildebrandt*, Das Grundrecht auf Religionsunterricht, S. 125; *de Wall*, NVwZ 1997, 465, 466.

371 So spricht *Renck*, LKV 1993, 88, 89, davon, daß Art. 7 Abs. 3 Satz 1 GG „den Kirchen ein eigenes Recht auf die schulische Kindererziehung einräumt", das das Elternrecht der freien Erziehung aus Art. 6 Abs. 2 GG einschränke.

372 Auf diesen Gesichtspunkt weist *de Wall*, ZevKR 42 (1997), 353, 353, hin.

373 Vgl. *Renck*, ThürVBl. 1993, 102, 104; *ders.*, NJ 2000, 393, 395.

374 *Renck*, a.a.O.

375 *Renck*, a.a.O.

Zunächst ist hiergegen vorzubringen, daß der Religionsunterricht für denjenigen, der ihn verlangt, angesichts der Schulpflicht zwar eine Verpflichtung im Rechtssinne darstellen mag, vom Anspruchsteller aber wohl kaum als eine solche empfunden werden dürfte[376]. Diese Einschätzung teilt auch das Bundesverwaltungsgericht, wenn es feststellt, daß es „nicht nur als Nachteil, sondern [...] auch als Vorteil betrachtet werden kann, sich in einem freiwillig angenommenen Unterrichtsfach zu bewähren, das zugleich ordentliches Lehrfach ist. Die Schöpfer des Grundgesetzes betrachteten die für einen auf Neutralität verpflichteten Staat durchaus atypische Möglichkeit der religiösen Unterweisung im staatlichen Raum, nämlich in der Schule, als Privileg für die Schüler und die Religionsgemeinschaften, und nicht von vornherein etwa als Belastung. Das Grundgesetz überläßt es daher den Eltern oder religionsmündigen Schülern zu entscheiden, ob diese zusätzliche Belastung als Vorteil oder als Nachteil angesehen wird“[377].

Einer solchen Argumentation kann auch nicht entgegengehalten werden, daß es bei divergierenden Interessen von Eltern (die eine Teilnahme ihrer Kinder am Religionsunterricht wünschen) und Schülern (die dem Religionsunterricht fernbleiben wollen) für letztere zu einer unfreiwilligen Verpflichtung kommt. Es muß nämlich bedacht werden, daß die Schüler mit Eintritt ihrer Religionsmündigkeit zur Ausübung ihres Abmelderechts aus § 5 Gesetz über die religiöse Kindererziehung (RKEG) i.V.m. Art. 4 GG berechtigt sind. Bei religionsmündigen Schülern scheidet somit eine Interessenkollision von vornherein aus. Für die noch nicht religionsmündigen Schüler stellt sich die „unfreiwillige Belastung“ dagegen als folgerichtige Konsequenz der in Art. 7 Abs. 2 GG vorgesehenen Konkretisierung des elterlichen Erziehungsrechts aus Art. 6 Abs. 2 GG dar.

Außerdem wird auch durch ein „Grundrecht auf eine Pflicht“ die Freiheitssphäre des Bürgers zunächst einmal erweitert, da sich dem Grundrechtsträger die Wahlmöglichkeit eröffnet, von dem Anspruch auf Religionsunterricht Gebrauch zu machen (und die daraus hervorgehenden Verpflichtungen zu erfüllen) oder hiervon abzusehen. An dem Charakter als begünstigende Norm ändert sich bei einem Grundrecht auf Religionsunterricht nichts dadurch, daß die Ausübung des von Art. 7 Abs. 3 Satz 1 GG vermittelten Wahlrechts unter Um-

---

376 *Korioth*, NVwZ 1997, 1041, 1046 Fn. 55; *Hildebrandt*, Das Grundrecht auf Religionsunterricht, S. 127. Gerade mit einem Hinweis auf die allgemeine Schulpflicht ist die Argumentation *Rencks* von *Post*, ZRP 1999, 347, 348 bestritten worden: „Ist es nicht vielmehr so, daß die Pflicht zur Teilnahme an einem Unterricht, den der Staat (ob in Religion oder Mathematik) anbietet, nicht speziell aus dem Fach selbst resultiert, sondern vielmehr in der allgemeinen Schulpflicht überhaupt begründet ist. Die Pflicht zum Schulbesuch bezieht sich schließlich auf alle Fächer, darunter natürlich auch auf die Religion oder wegen der gebotenen Neutralität des Staates auf ein parallel geschaffenes Angebot, wie z.B. Ethik, was gerade durch das Urteil des BVerwG vom 17.6.1998 [...] bestätigt wurde.“

377 BVerwG NVwZ 1999, 769, 771.

ständen gewisse Belastungen mit sich bringt. Es ist auch nicht so ungewöhnlich, wie *Renck* glaubhaft machen will, daß die Geltendmachung eines Grundrechts auf seiten des Bürgers mit bestimmten Verpflichtungen einhergehen kann. So führt eine auf Art. 3 Abs. 1 GG gestützte Konkurrentenklage auf Zuteilung einer von Auflagen abhängig gemachten Subvention sowohl zu Vergünstigungen (Abschluß eines Darlehensvertrages, Darlehensvalutierung) als auch zu Belastungen (nämlich zu der Verpflichtung, die Darlehensvaluta zurückzuzahlen und die in der Auflage vorgesehenen Anordnungen zu erfüllen). Das Ineinandergreifen von grundrechtlicher Freiheit und hieraus resultierenden Pflichten läßt ein Grundrecht auf Religionsunterricht aus diesem Grund nicht prima facie als inneren Widerspruch erscheinen.

3. Religionsunterricht als Hilfe zur Persönlichkeitsentfaltung

Der Grundrechtscharakter des Art. 7 Abs. 3 Satz 1 GG ist – mit Blick auf die Schüler und ihre Erziehungsberechtigten – von *Hildebrandt* weiterhin damit begründet worden, daß die Schulerziehung dem Schüler eine Hilfe zur Persönlichkeitsentfaltung anbietet[378]. Aufgabe der Schule sei es, den einzelnen zu einem „selbstverantwortlichen Mitglied der Gesellschaft" heranzubilden[379]. Aus diesem Grund gehe es in der Schule um die Vermittlung von Kenntnissen und Fertigkeiten: Der Schüler soll sein privates, berufliches und gesellschaftliches Leben sinnvoll selbst gestalten können[380]. Die Schulerziehung weise daher einen „starken Bezug" zum Sozialstaatsprinzip (Art. 20 Abs. 1 GG) auf[381]. Bei der Entwicklung des Schülers zu einer charakterfesten Persönlichkeit komme dem Religionsunterricht eine „hervorragende Stellung"[382] zu. *Hildebrand* resümiert: „Er [scil. der Religionsunterricht] hat Anteil an diesem wichtigen Aspekt der staatlichen Schulerziehung [scil. der Persönlichkeitsentfaltung]; seine Entfernung aus der Schule hinterließe eine Lücke, die kein anderes Fach zu schließen in der Lage wäre. Versteht man den Religionsunterricht in der beschriebenen Weise, so hält man ein deutliches Indiz für den Begünstigungscharakter des Art. 7 Abs. 3 Satz 1 GG in der Hand."[383]

---

[378] Vgl. *Hildebrandt*, Das Grundrecht auf Religionsunterricht, S. 191 ff. passim.

[379] *Hildebrandt*, Das Grundrecht auf Religionsunterricht, S. 191.

[380] Vgl. *Hildebrandt*, Das Grundrecht auf Religionsunterricht, S. 191.

[381] Vgl. *Hildebrandt*, Das Grundrecht auf Religionsunterricht, S. 192.

[382] *Hildebrandt*, a.a.O.

[383] *Hildebrandt*, Das Grundrecht auf Religionsunterricht, S. 194.

Zugegebenermaßen soll die Schule ihren Schülern ein breites Basiswissen vermitteln, so daß diese von ihren demokratischen Rechten Gebrauch machen und den Erfordernissen des Berufslebens gerecht werden können. Gleichwohl kann auch die Inbezugnahme des Sozialstaatsatzes nicht dazu beitragen, Art. 7 Abs. 3 Satz 1 GG in einen Anspruch umzudeuten. Das Sozialstaatsprinzip des Art. 20 Abs. 1 GG ist zwar weder bloßer Programmsatz noch substanzloser Blankettbegriff, sondern ein für alle Staatsgewalten verbindliches Verfassungspostulat[384]. Allerdings handelt es sich bei dieser Norm um eine objektive Verfassungsvorschrift, so daß sich aus ihr grundsätzlich keine Ansprüche des Bürgers ableiten lassen[385]. Es ist allgemein anerkannt, daß das Sozialstaatsprinzip zu unbestimmt ist, um als dogmatische Grundlage einer leistungsrechtlichen Interpretation der Grundrechte herzuhalten[386]. Dann aber vermag es erst recht keine Hilfe bei der interpretatorischen Grundlegung eines aus der institutionellen Garantie des Art. 7 Abs. 3 Satz 1 GG abgeleiteten subjektiven Rechts auf Religionsunterricht zu sein. Der Sinn und Zweck der Schulerziehung sowie ein undifferenzierter Rekurs auf das Sozialstaatsprinzip sind daher nicht geeignet, die Auslegung des Art. 7 Abs. 3 Satz 1 GG als subjektives Recht zu untermauern.

4. Religionsunterricht ausschließlich im Interesse von Eltern und Schülern?

Möglicherweise spricht jedoch das Telos des Art. 7 Abs. 3 Satz 1 GG für die Zuerkennung eines Eltern- und Schülergrundrechts. So stellt sich der Religionsunterricht nach Auffassung *Hildebrandts* aus heutiger Sicht in erster Linie als Grundrechtsofferte dar[387]. Neben diesem Verständnis des Religionsunterrichts als einer institutionellen Hilfe, einem Angebot zur Grundrechtsverwirklichung in der Schule, bleibe „nicht mehr viel Raum“ für eine andere Zweckbestimmung[388].

---

384 *Gröschner*, in: Dreier, Grundgesetz, Art. 20 (Sozialstaat) Rn. 30; *Sommermann*, in: von Mangoldt/Klein/Starck, Das Bonner Grundgesetz, Art. 20 Rn. 112; *Schnapp*, in: von Münch/Kunig, Grundgesetz-Kommentar, Art. 20 Rn. 16; *Maurer*, Staatsrecht, § 8 Rn. 69.

385 Vgl. *Jarass*, in: Jarass/Pieroth, Grundgesetz, Art. 20 Rn. 102 f.; *Maurer*, Staatsrecht, § 8 Rn. 71; *Sommermann*, in: von Mangoldt/Klein/Starck, Das Bonner Grundgesetz, Art. 20 Rn. 97; *Sachs*, in: Sachs, Grundgesetz, Art. 20 Rn. 50; *Maunz/Zippelius*, Deutsches Staatsrecht, S. 103.

386 Vgl. *Badura*, DÖV 1989, 491, 495.

387 Vgl. *Hildebrandt*, Das Grundrecht auf Religionsunterricht, S. 195 f.

388 *Hildebrandt*, Das Grundrecht auf Religionsunterricht, S. 210.

An dieser Begründung zeigt sich deutlich das grundsätzliche Problem der teleologischen Interpretation. Um zu überzeugen, muß sie notwendigerweise vereinfachen und kanalisieren. Versucht sie, die ratio legis hinreichend differenziert zu ermitteln, wirkt sie zumeist ziemlich farblos und von nur geringer Aussagekraft. In der Tat erklärt Art. 7 Abs. 3 Satz 1 GG den Religionsunterricht zum ordentlichen Lehrfach – und schränkt insoweit die Kultushoheit der Länder ein –, weil der Staat das Bedürfnis des Menschen nach religiöser Sinnfindung anerkennt und sich dem gegenüber auch in der Schule nicht verschließen möchte. Insoweit läßt sich vom Religionsunterricht tatsächlich in gewisser Weise als einer „Grundrechtsofferte" sprechen. Dem namentlich von *Alexander Hollerbach* entwickelten Gedanken, der Staat „bediene" sich des Religionsunterrichts, um bestimmte sittliche Werte zu vermitteln, die er selbst wegen seiner weltanschaulichen Neutralität nicht für sich beanspruchen könne[389], ist von *Hildebrandt* allerdings zu Unrecht entgegengehalten worden, daß er in Anbetracht der „ungeheuren Vielfalt des religiösen Angebots"[390] zu kurz greife. *Hildebrandt* meint, es sei für die christlichen Religionen zwar „unbestreitbar richtig", daß sie den Schüler zu einem „sittlich und moralisch gefestigten Menschen"[391] erziehen wollten. Was andere Religionen anbelange, könne aber heutzutage nicht mehr ohne weiteres davon ausgegangen werden, daß sie ein Werte-, Glaubens- und Demokratieverständnis auf ihre Fahnen schrieben, das demjenigen des Grundgesetzes entspreche: „Häufig stehen statt dessen Selbstfindung und Selbstverwirklichung, auch auf Kosten anderer, auf dem Plan, von radikalen Anhängern eines Gottesstaates gleich welchen Bekenntnisses einmal ganz zu schweigen"[392].

Eine solche Argumentation verkennt jedoch, daß auch die Moraltheologie der christlichen Großkirchen nicht in allen Punkten mit dem Werteverständnis des Grundgesetzes korrespondiert – und dies, obwohl die christlich-abendländische Prägung der Verfassung nicht von der Hand zu weisen ist. Hieran ist nicht zuletzt für den Bereich der Schulerziehung und selbst angesichts der Tatsache fest-

---

[389] Vgl. *Hollerbach*, in: Isensee/Kirchhof, HdbStR VI, § 140 Rn. 43, *Böckenförde*, in: Recht, Staat, Freiheit, S. 92, 122; *Loschelder*, FS Listl (1999), S. 349, 364; *von Campenhausen*, in: Marré/Schümmelfeder/Kämper, Essener Gespräche zum Thema Staat und Kirche 34 (2000), S. 105, 122; *Mückl*, AöR 122 (1997), 513, 518; *Puza*, FS Listl (1999), S. 407, 410; *Niehues*, Schul- und Prüfungsrecht, Band 1, Rn. 542; *Muckel/Tillmanns*, RdJB 1996, 360, 367; *Thiel*, Der Erziehungsauftrag des Staates in der Schule, S. 109: „Mit der Zuweisung eines regulären Platzes für den Religionsunterricht in der öffentlichen Schule – und damit für die religiöse Dimension menschlicher Erziehung – dient der Verfassungsstaat nicht zuletzt sich und seiner Existenz. Er zehrt von den sittlichen Wirkungen, die von religiöser Unterweisung der einzelnen Schüler auf das Gemeinwesen ausstrahlen können."

[390] *Hildebrandt*, Das Grundrecht auf Religionsunterricht, S. 210.

[391] Vgl. *Hildebrandt*, Das Grundrecht auf Religionsunterricht, S. 210.

[392] So wörtlich *Hildebrandt*, Das Grundrecht auf Religionsunterricht, S. 211.

zuhalten, daß christlichen Grundanschauungen bei der Definition der staatlichen Erziehungsziele in der überwiegenden Zahl der Landesverfassungen und Schulgesetze eine zentrale Bedeutung beigemessen wird[393]. Die vom christlichen Glauben getragenen sittlichen Postulate, die im staatlichen Religionsunterricht vermittelt werden, und der parlamentarische Gestaltungsspielraum, innerhalb dessen der Gesetzgeber mit der Verfassung vereinbare Entscheidungen treffen kann, überschneiden sich nur zum Teil. Die Auseinandersetzung um die Regelung des Schwangerschaftsabbruchs in § 218a StGB bietet insoweit ein anschauliches Beispiel. Das Bundesverfassungsgericht hat es in seiner zweiten Entscheidung zum Schwangerschaftsabbruch ausdrücklich für mit der Verfassung vereinbar erklärt, zum „Schutz des ungeborenen Lebens zu einem Konzept überzugehen, das in der Frühphase der Schwangerschaft in Schwangerschaftskonflikten den Schwerpunkt auf die Beratung der schwangeren Frau legt, um sie für das Austragen des Kindes zu gewinnen, und dabei [...] auf eine indikationsbestimmte Strafdrohung [...] verzichtet."[394] Aus der Sicht der katholischen Kirche stellt der Schwangerschaftsabbruch – sieht man von wenigen Ausnahmefällen einmal ab – indessen eine moralisch verwerfliche Tötungshandlung dar, die die Tatstrafe der Exkommunikation nach sich zieht[395]. Die nach kanonischem Recht eindeutige Beurteilung des Schwangerschaftsabbruchs macht den Ausstieg der katholischen Kirche aus der Schwangerschaftskonfliktberatung plausibel. Zugleich macht sie deutlich, daß die Werte, die von der Verfassung hingenommen, und diejenigen, die von den christlichen Großkirchen für richtig erachtet werden, keinesfalls immer deckungsgleich sein müssen.

Aber auch der zweite Einwand, die Gefährdung des demokratischen Staates durch fundamentalistische Gruppierungen, die den Religionsunterricht als Plattform zur Verbreitung ihrer Lehren mißbrauchen, vermag das Interesse des Staates am Religionsunterricht nicht zu widerlegen. Selbstredend dürfen die im Religionsunterricht vermittelten Inhalte nicht der freiheitlich-demokratischen Grundordnung des Grundgesetzes zuwiderlaufen. Obwohl den Religionsgemeinschaften nach überwiegender Ansicht das Recht aus Art. 7 Abs. 3 Satz 2 GG unabhängig von ihrer Verfaßtheit als Körperschaften des öffentlichen Rechts zusteht[396], bietet sich zum Schutz der Schüler sowie der freiheitlich de-

---

[393] Beispiel für diese inhaltliche Ausrichtung der Schulerziehung ist Art. 7 Abs. 1 LVerf NRW: „Ehrfurcht vor Gott, Achtung vor der Würde des Menschen und Bereitschaft zum sozialen Handeln zu wecken, ist vornehmstes Ziel der Erziehung."

[394] BVerfGE 88, 203, 264.

[395] Can. 1398 CIC 1983.

[396] Vgl *von Campenhausen*, Staatskirchenrecht, S. 245; *Pieroth/Schlink*, Grundrechte, Rn. 671; *Heckel*, JZ 1999, 741, 752; a.A. *Korioth*, NVwZ 1997, 1041, 1048, der den Körperschaftsstatus zur Voraussetzung des Religionsunterrichts erklärt, um damit „Bedenken hinsichtlich der Verträglichkeit islamischer Lehren mit wichtigen Grundsätzen unseres verfas-

mokratischen Grundordnung – mutatis mutandis – eine Übertragung der Rechtsprechung zu Art. 140 GG i.V.m. Art. 137 Abs. 5 Satz 2 WRV auf Art. 7 Abs. 3 Satz 1 GG an, weil der Staat hier wie dort mit den Religionsgemeinschaften in ein Kooperationsverhältnis[397] eintritt[398]. Bei der Zuerkennung des Körperschaftsstatus gemäß Art. 140 GG i.V.m. Art. 137 Abs. 5 Satz 2 WRV hat es das Bundesverfassungsgericht nicht für ausreichend erachtet, daß es sich bei der betreffenden religiösen Vereinigung um eine Religionsgemeinschaft handelt, die durch ihre Verfassung und die Zahl ihrer Mitglieder die Gewähr der Dauer bietet. Die Verleihung der Korporationsrechte setze vielmehr über die in Art. 137 Abs. 5 WRV genannten Merkmale hinaus voraus, daß das künftige Verhalten der Religionsgemeinschaft „die in Art. 79 Abs. 3 GG umschriebenen fundamentalen Verfassungsprinzipien, die dem staatlichen Schutz anvertrauten Grundrechte Dritter sowie die Grundprinzipien des freiheitlichen Religions- und Staatskirchenrechts des Grundgesetzes nicht gefährdet."[399]

Zu beachten ist ferner, daß der Religionsunterricht gemäß Art. 7 Abs. 3 Satz 2 GG der – wenn auch modifizierten[400] – staatlichen Schulaufsicht unterliegt[401]. Der Religionsunterricht, auch ein islamischer Religionsunterricht, muß in deutscher Sprache abgehalten werden[402], so daß sich für die Aufsichtsbehörden hinreichende Möglichkeiten ergeben, einer etwaigen Radikalisierung oder Ideologisierung wirksam entgegenzutreten[403]. Trotz des Aufkommens neuartiger Religi-

---

sungsrechtlichen Systems" zu begegnen.

[397] Vgl. *Muckel*, Der Staat 1999, 569, 588 ff. Das Bundesverfassungsgericht geht indessen davon aus, daß es nicht „Ziel einer Verleihung des Körperschaftsstatus sein [könne], eine Religionsgemeinschaft zur Kooperation mit dem Staat anzuhalten", vgl. BVerfG 2 BvR 1500/97 vom 19.12.2000, Abs.-Nr. 95, http:\\bverfg.de.

[398] In diesem Sinne auch *Mückl*, AöR 122 (1997), 513, 552; *von Campenhausen*, in: Marré/Schümmelfeder/Kämper, Essener Gespräche zum Thema Staat und Kirche 34 (2000), S. 105, 122; *Niehues*, Schul- und Prüfungsrecht, Band 1, Rn. 548; *Muckel*, JZ 2001, 58, 62: „Art. 7 Abs. 3 GG setzt ein Verhältnis partnerschaftlicher Kooperation zwischen dem Staat und der jeweiligen Religionsgemeinschaft voraus." Kritisch gegenüber der Kooperationsbereitschaft als materielle Anforderung für die Mitwirkung am Religionsunterricht *Heimann*, in: Haratsch/Janz/Rademacher u.a., Religion und Weltanschauung im säkularen Staat, S. 80, 96 f.

[399] BVerfG 2 BvR 1500/97 vom 19.12.2000, Abs.-Nr. 83, http:\\bverfg.de.

[400] Vgl. *Eiselt*, DÖV 1981, 205, 209; *Robbers*, in: von Mangoldt/Klein/Starck, Das Bonner Grundgesetz, Art. 7 Rn. 146; *Niehues*, Schul- und Prüfungsrecht, Band 1, Rn. 543.

[401] Dies gilt freilich nicht in Berlin, wo der Religionsunterricht ausschließlich im Verantwortungsbereich der Religionsgemeinschaften liegt. Hier könnte einem Mißbrauch des Religionsunterrichts aber durch dessen Ausgestaltung zum ordentlichen Lehrfach entgegengewirkt werden, vgl. *Tillmanns*, RdJB 1999, 471, 480.

[402] *Eiselt*, DÖV 1981, 205, 207; *Muckel*, JZ 2001, 58, 60; *Mückl*, AöR (1997), 513, 550.

[403] Vgl. *Jeand'Heur/Korioth*, Grundzüge des Staatskirchenrechts, Rn. 325: „Es gibt keine

onsgemeinschaften und einer sicher nicht zu leugnenden Gefahr des Mißbrauchs religiösen Gedankenguts ist ein legitimes Interesse des Staates am Religionsunterricht daher weiterhin anzuerkennen.

Demgegenüber kann gegen die Annahme, der Religionsunterricht liege im staatlichen Interesse, auch nicht geltend gemacht werden, für eine den im Religionsunterricht vermittelten Inhalten vergleichbare Erziehung könne genausogut im Rahmen eines Werte- oder Ethikunterrichts gesorgt werden. Hierbei würde nämlich die besondere inhaltliche Ausprägung des Religionsunterrichts vernachlässigt. Im Religionsunterricht werden bestimmte Werte nicht nur ausdrücklich bejaht und argumentativ begründet, sondern „geglaubt", d.h. in einen transzendentalen Bezug gesetzt. Daß Vergleichbares ein Ethikunterricht niemals zu leisten imstande wäre[404], ist von der Deutschen Bischofskonferenz in der Auseinandersetzung um LER mit Nachdruck unterstrichen worden: „In der Zeit des Heranwachsens sind die Kinder und Jugendlichen auf eine klare Orientierung angewiesen. [...] Toleranz setzt einen Standort voraus. Darum reicht eine bloße Information über verschiedene Konfessionen und Weltanschauungen im Sinne einer Religionskunde nicht aus. Orientierung kann nur in einem Fach vermittelt werden, das sich auf ein religiöses Fundament bezieht und von einem Lehrer vertreten wird, der diese Überzeugung selbst teilt und glaubwürdig vertritt. Dies geschieht im schulischen Religionsunterricht, der einen eigenständigen und unverzichtbaren Beitrag zum Erziehungs- und Bildungsauftrag der Schule leistet."[405]

Das Interesse des Staates am Religionsunterricht ist auch bei der zur Zeit lebhaft diskutierten Möglichkeit eines islamischen Religionsunterrichts an öffentlichen Schulen deutlich zutage getreten. Auf diesen Gesichtspunkt wurde insbesondere von *Stefan Korioth* ausdrücklich hingewiesen: „*v. Campenhausen* for-

Pflicht des Staates, jede inhaltliche Gestaltung des Religionsunterrichts hinzunehmen. Die in den Landesverfassungen und Schulgesetzen normierten Erziehungsziele (z.B. Toleranz) stekken auch den Gestaltungsspielraum dieses Unterrichts ab."

[404] Vgl. *Scheilke*, RdJB 1996, 340, 343: „Gerade auch die Gottesfrage treibt, empirischen Untersuchungen in Westdeutschland zufolge, Kinder und Jugendliche um. Hier sind vernünftige Antworten zu finden, dazu bedarf es einer Aufklärung als wahrnehmender Vernunft und nicht kalter Rationalität." Den im Religionsunterricht verfolgten Sinngebungsansatz zeigt auch *Niehues*, Schul- und Prüfungsrecht, Band 1, Rn. 542, auf: „Die durch Art. 7 Abs. 3 GG getroffene Regelung erhält ihre sachliche Rechtfertigung erstens in dem eigenen Interesse des Staates daran, dass u.a. auch religiöse Werte gepflegt und jungen Menschen ein Weg aufgezeigt wird, der es ermöglicht, ihre persönliche Freiheit mit Lebenssinn zu erfüllen, und zweitens darin, dass auf diese Weise dem Schüler als Grundrechtsträger die Befähigung vermittelt wird, von seiner Glaubens- und Gewissensfreiheit (Art. 4 Abs. 1 und 2 GG) verantwortlich Gebrauch zu machen."

[405] Pressemitteilung der Deutschen Bischofskonferenz vom 28.03.1996, PRDT96-008, abgedruckt in: Konrad-Adenauer-Stiftung, Religionsunterricht in den Schulen, S. 179.

mulierte vor dreißig Jahren, der Religionsunterricht stehe 'im Dienste der von Staats wegen für unerläßlich gehaltenen sittlichen Erziehung der Schuljugend' und sah darin den legitimierenden Grund für die Hereinnahme der Religion in den Bereich der öffentlichen Schule. Genau dieser Gesichtspunkt ist es, der – wenn auch verhaltener vorgetragen – in den Überlegungen der nordrhein-westfälischen Kultusverwaltung zur Einführung eines islamischen Religionsunterrichts anklingt. Der Staat bekundet sein Interesse daran, daß islamische Glaubenslehre nicht in den seinem Einflußbereich entzogenen privaten Koranschulen stattfindet, die zum Teil in Verdacht stehen, radikalen politisch-religiösen Gruppen ein verborgenes Tätigkeitsfeld zu eröffnen. Der Islam soll im Rahmen und Raum der öffentlichen Schule seinen Platz finden."[406]

Daß staatlicherseits ein Interesse am Religionsunterricht besteht, hat *Hildebrandt* ferner mit dem Argument bestritten, der Staat würde hierdurch zum Ausdruck bringen, daß „dem Haben einer Religion gegenüber dem Nicht-Haben" ein Vorzug gebühre[407]. Eine derartige inhaltliche Bewertung von Glaubenswahrheiten sei dem Staat des Grundgesetzes wegen des staatskirchenrechtlichen Neutralitätsprinzips aber prinzipiell versagt, weshalb der Religionsunterricht ausschließlich im Interesse der Grundrechtsverwirklichung von Eltern und Schülern liegen müsse.

Dem kann nicht beigepflichtet werden. Auch wenn der Staat ein Interesse am Religionsunterricht hat, läßt sich nämlich nicht sagen, daß er das „Nicht-Haben einer Religion" im Vergleich zur Religiosität geringschätzen würde. Der Staat macht sich lediglich den Religionsunterricht zunutze, um „das Religiöse" als wichtige gesellschaftliche und kulturelle Determinante zu pflegen. Gerade weil der Religionsunterricht ein „umfassendes Gedankengebäude"[408] vorstellt und sich nicht auf die Vermittlung „sektoraler Kenntnisse"[409] beschränkt, ist er für die Persönlichkeitsentwicklung der Schüler und deshalb auch für den Staat von eminenter Bedeutung. Das wird nicht zuletzt anhand der Tatsache offenkundig, daß der Religionsunterricht als einziges schulisches Unterrichtsfach im Grundgesetz Erwähnung gefunden hat. Wenn der Staat die aufgezeigten Vorteile des Religionsunterrichts in die allgemeine schulische Erziehung einbindet, kann

---

406 *Korioth*, NVwZ 1997, 1041, 1043 f. *Schmitt-Kammler*, in: Sachs, Grundgesetz, Art. 7 Rn. 42: „Nach einer organisatorischen Verfestigung und nach notwendigen inhaltlichen Abklärungen wird ein islamischer Religionsunterricht an der staatlichen Schule aber kaum verwehrt werden können. Er liegt im übrigen durchaus im staatlichen (Integrations-)Interesse." Auf das Integrationspotential eines islamischen Religionsunterrichts wird ebenfalls von *Mückl*, AöR 122 (1997), 513, 548, hingewiesen.

407 Vgl. *Hildebrandt*, Das Grundrecht auf Religionsunterricht, S. 210; in diesem Sinne zuvor schon *Oebbecke*, DVBl. 1996, 336, 340.

408 *Hildebrandt*, Das Grundrecht auf Religionsunterricht, S. 192.

409 *Hildebrandt*, a.a.O. Vgl. auch *Scheilke*, RdJB 1996, 340, 343 f.

aber nicht darauf geschlossen werden, daß für ihn das „Nicht-Haben“ einer Religion weniger wünschenswert wäre als eine religiöse Verwurzelung seiner Bürger. Denn der Staat öffnet seine Schulen mit Art. 7 Abs. 3 Satz 1 GG nicht nur einem Religions-, sondern – trotz des auf den ersten Blick entgegenstehenden Wortlauts von Art. 7 Abs. 3 Satz 1 GG, der lediglich von „*Religions*unterricht“ spricht – auch einem Weltanschauungsunterricht. Dies läßt sich einerseits damit begründen, daß eine juristisch faßbare Unterscheidung zwischen Weltanschauung und Religion in Anbetracht der Vielfalt von Sinngebungsansätzen undurchführbar geworden ist[410]. Andererseits wird die Gleichsetzung von Religions- und Weltanschauungsunterricht durch einen Rückgriff auf Art. 140 GG i.V.m. Art. 137 Abs. 7 WRV bewerkstelligt[411]. Da das Leugnen einer transzendentalen Wahrheit zugleich eine Weltanschauung darstellt, deren Lehren der Staat an seinen Schulen grundsätzlich genauso vertreten wissen will wie den Religionsunterricht (weil, wie *Hildebrandt* selbst feststellt, die Ablehnung einer Religion gleichfalls zur Persönlichkeitsbildung beizutragen vermag[412]), kann nicht gesagt werden, daß das „Nicht-Haben“ einer Religion durch das Interesse des Staates am Religionsunterricht abgewertet würde.

5. Die Anerkennung eines Rechts auf Religionsunterricht durch den BGH

Seitens der Befürworter eines grundrechtlichen Anspruchs aus Art. 7 Abs. 3 Satz 1 GG ist teilweise ein Urteil des *BGH* vom 28. November 1960[413] aufgegriffen worden, in dem der 3. Zivilsenat mit Blick auf die im Grundgesetz sowie in der Bayerischen Verfassung enthaltenen Regelungen festgestellt hat[414]: „Gemäß Art. 7 Abs. 3 GG und Art. 136 Abs. 2 BV ist der Religionsunterricht (mit Ausnahme der bekenntnisfreien Schulen, was hier nicht in Betracht kommt)

---

410 Vgl. *Muckel*, in: Friauf/Höfling, Berliner Kommentar, Art. 4 Rn. 15; *Oebbecke*, DVBl. 1996, 336, 339.

411 *Rees*, Der Religionsunterricht und die katechetische Unterweisung in der kirchlichen und staatlichen Rechtsordung, S. 263; *ders.*, FS Listl (1999), S. 367, 382; *Hildebrandt*, Das Grundrecht auf Religionsunterricht, S. 224; *Robbers*, in: von Mangoldt/Klein/ Starck, Das Bonner Grundgesetz, Art. 7 Rn. 152.

412 *Hildebrandt*, Das Grundrecht auf Religionsunterricht, S. 193.

413 Vgl. BGH KirchE 5, 270 ff.

414 Vgl. *Wimmer*, Verfassungsbeschwerde, in: Konrad-Adenauer-Stiftung, Religionsunterricht in den Schulen, S. 87, 91; *Robbers*, in: von Mangoldt/Klein/Starck, Das Bonner Grundgesetz, Art. 7 Rn. 122: „Schon in einer frühen Entscheidung hat der Bundesgerichtshof wie selbstverständlich von einem Recht der Schüler auf Religionsunterricht gesprochen.“

´ordentliches Lehrfach´. Der Staat hat damit ein ursprünglich kirchliches Anliegen zu einem auch staatlichen erklärt, das er im Rahmen der staatlichen Unterrichtsorganisation wahrnehmen will. Es ist nicht richtig, wie die Revision meint, der Staat dulde insoweit lediglich einen Einbruch der Kirche in das staatliche Schulmonopol. *Vielmehr begründen die Verfassungen ein Recht der Eltern und Schüler darauf, daß Religionsunterricht in der Schule erteilt wird*[415], und die Sorge für die Erfüllung dieses Rechts obliegt dem Staat. So hat der Staat die erforderlichen Schulräume zur Verfügung zu stellen (Art. 137 Abs. 5 BV), den Religionsunterricht im Lehrplan zu berücksichtigen und die Kosten des Religionsunterrichts zu tragen"[416].

Auch wenn es richtig ist, daß der Staat den Religionsunterricht finanzieren und bei der Konzeption des Stundenplans in ausreichendem Maße berücksichtigen muß, dieser als ordentliches Lehrfach also anderen Fächern gegenüber nicht benachteiligt werden darf[417], vermögen die Ausführungen des *BGH* ein Grundrecht auf Religionsunterricht im Ergebnis nicht überzeugend zu begründen. Der *BGH* will dem Religionsunterricht wegen seiner Bedeutung im Fächerkanon und der Übernahme der Kosten durch den Staat offenbar eine gewisse Begünstigungstendenz beilegen, die er dann auf Art. 7 Abs. 3 Satz 1 GG übertragen zu können glaubt. Die Übernahme der Finanzierung des Religionsunterrichts weist aber keineswegs in Richtung eines Grundrechts der Schüler und Eltern. Hierdurch kommt lediglich zum Ausdruck, daß der Staat und nicht die jeweilige Religionsgemeinschaft der „Unternehmer"[418] bzw. der „Auftraggeber"[419] des Religionsunterrichts ist. Auch die Aufwertung des Religionsunterrichts zum ordentlichen

---

[415] Hervorhebung nicht im Original.

[416] BGH KirchE 5, 270, 272.

[417] Vgl. *Link*, in: Basse/Fischer/Link, Religionsunterricht im Spannungsfeld Staat/Kirche, S. 5, 9; *Maurer*, FS Zacher (1998), S. 577, 578; *Rees*, FS Listl (1999), S. 367, 382; *Uhle*, DÖV 1997, 409, 410; *Gröschner*, in: Dreier, Grundgesetz, Art. 7 Rn. 83; *Lecheler*, in: Sachs, Grundgesetz, 1. Auflage, München 1996, Art. 7 Rn. 46; *Robbers*, in: von Mangoldt/Klein/Starck, Das Bonner Grundgesetz, Art. 7 Rn. 131; *Hollerbach*, in: Isensee/Kirchhof, HdbStR VI, § 140 Rn. 36; *Rees*, KuR 730, 15, 20 (= 1996, 99, 104); *Pieroth*, ZevKR 38 (1993), 189, 192; *Niehues*, Schul- und Prüfungsrecht, Band 1, Rn. 543: „Der Staat muss daher dieses Fach ebenso wie andere behandeln".

[418] *Heckel*, Der Rechtsstatus des Religionsunterrichts im pluralistischen Verfassungssystem, S. 40; *Rees*, Der Religionsunterricht und die katechetische Unterweisung in der staatlichen und kirchlichen Rechtsordnung, S. 250; *Korioth*, NVwZ 1997, 1041, 1043; *Jeand'Heur/Korioth*, Grundzüge des Staatskirchenrechts, Rn. 308; *Link*, in: Basse/Fischer/Link, Religionsunterricht im Spannungsfeld Staat/Kirche, S. 5, 9; *Heimann*, in: Haratsch/Janz/Rademacher u.a., Religion und Weltanschauung im säkularen Staat, S. 80, 86.

[419] *Friesenhahn*, Religionsunterricht und Verfassung, in: Krautscheidt/Marré, Essener Gespräche zum Thema Staat und Kirche 5 (1971), S. 67, 78; *Link*, in: Listl/Pirson, HdbStKR II, S. 439, 460.

Lehrfach gibt für die Qualifikation des Art. 7 Abs. 3 Satz 1 GG als Grundrecht nichts her. Daß das Grundgesetz den Religionsunterricht anderen ordentlichen Unterrichtsfächern gleichstellt und der Gestaltungsfreiheit des Landesgesetzgebers insoweit Schranken setzt, steht nämlich in keinem Zusammenhang mit der Rechtsnatur des Art. 7 Abs. 3 Satz 1 GG. Aus diesem Grund gestattet die Entscheidung des *BGH* keinen Rückschluß auf den Grundrechtscharakter von Art. 7 Abs. 3 Satz 1 GG[420].

6. Religionsunterricht als Kompensation für die staatliche Schulpflicht

Im staatsrechtlichen Schrifttum ist der Versuch unternommen worden, aus den Besonderheiten des Schulverhältnisses ein Argument für ein subjektives Recht aus Art. 7 Abs. 3 Satz 1 GG abzuleiten[421]. Dabei wurde vorgetragen, daß der Staat in Sonderrechtsverhältnissen wie der Schule, also dort, wo er mit den Betroffenen in „besonders enge Beziehung" trete und über die „Ausfüllung ihrer Zeit" verfüge, dazu verpflichtet sei, zur Kompensation Freiräume religiöser Betätigung zu schaffen[422]. *Gerhard Robbers* führt diesbezüglich aus: „Hier ist er verpflichtet, religiöse Betätigung zu ermöglichen – wie in allen Sonderrechtsverhältnissen, etwa des Straf- und Untersuchungsgefangenen, in den Streitkräften, auch in den Krankenhäusern, so in der Schule. Die Glaubensfreiheit ist nicht lediglich ein Abwehrrecht, vielmehr enthält Art. 4 ein Entfaltungsrecht. Dieser Verpflichtung des Staates würde es widersprechen, wenn in Art. 7 Abs. 2 lediglich ein Recht gewährleistet wäre, im Sinne negativer Glaubensfreiheit nicht am Religionsunterricht teilzunehmen, im übrigen aber nur eine institutionelle Garantie des Religionsunterrichts durch Art. 7 Abs. 3 verbürgt wäre"[423].

Eine aus Art. 4 GG abgeleitete Verpflichtung des Staates, an der Schule religiöse Freiräume in Gestalt von Religionsunterricht vorzusehen, führt jedoch zu mit Art. 141 GG unvereinbaren Ergebnissen. Hiernach müßte nämlich auch in den Bundesländern Religionsunterricht als ordentliches Lehrfach eingeführt werden, in denen die Einrichtungsgarantie des Art. 7 Abs. 3 Satz 1 GG wegen

[420] Ähnlich *Mehrle*, Trennung vom Staat – Mitarbeit in staatlichen Institutionen, S. 228.

[421] Vgl. *Robbers*, in: von Mangoldt/Klein/Starck, Das Bonner Grundgesetz, Art. 7 Rn. 123; *Heimann*, in: Haratsch/Janz/Rademacher u.a., Religion und Weltanschauung im säkularen Staat, S. 80, 99.

[422] Ähnlich, allerdings nicht mit Blick auf den Grundrechtscharakter des Art. 7 Abs. 3 Satz 1 GG, argumentiert *Starck*, FS Link (2003), S. 483, 494.

[423] *Robbers*, in: von Mangoldt/Klein/Starck, Das Bonner Grundgesetz, Art. 7 Rn. 123.

Art. 141 GG nicht gilt. Dort verfügt der Staat ja nicht weniger über die Zeit seiner Schüler als im Geltungsbereich des Art. 7 Abs. 3 Satz 1 GG, so daß aus der positiven Glaubensfreiheit ein Anspruch auf Bereitstellung eines Raums zur religiösen Betätigung folgen müßte.

Aber auch aus einem anderen Grund läßt sich mit Hilfe des Art. 4 GG ein Grundrecht auf Religionsunterricht nicht nachweisen. Es darf zwar als gesicherte Erkenntnis gelten, daß einem Strafgefangenen aus Art. 4 GG ein Anspruch auf Kontakt mit seinem Seelsorger oder zur Gemeinschaft der Gläubigen erwächst[424]. Ein derartiger Rückgriff auf Art. 4 GG als „Entfaltungsrecht"[425] überzeugt jedoch im Bereich der Schule nicht. Es handelt sich hierbei zwar ebenso wie beim Soldaten- und Strafgefangenenverhältnis um ein sogenanntes besonderes Gewaltverhältnis bzw. Sonderstatusverhältnis. Die Freiheitsbeschränkung in der Schule läßt sich aber nicht mit den zahlreichen Einschränkungen der persönlichen Freiheit in einer Strafvollzugsanstalt vergleichen. Richtig ist, daß es den Schülern während des Unterrichts in der Regel nicht möglich sein wird, zu beten oder ihren religiösen Empfindungen anderweitig Ausdruck zu verleihen. Es bleibt ihnen aber unbenommen, sich außerhalb der Unterrichtszeit (etwa in den Pausen) religiös zu betätigen. Außerdem nimmt der Schulunterricht keinen derartig großen Teil des Schultags in Anspruch, daß es den Schülern neben dem Unterrichtsbesuch unzumutbar erschwert oder unmöglich gemacht würde, anderweitig (z.B. in den Nachmittags- oder Abendstunden) religiöse Unterweisung in Anspruch zu nehmen und den Kontakt zu anderen Gläubigen aufrechtzuerhalten[426]. Nur unter diesen besonderen Voraussetzungen wäre es aber gerechtfertigt, in Art. 4 GG nicht nur ein Abwehrrecht, sondern eine Anspruchsnorm zugunsten von Eltern und Schülern zu erblicken. Hieran vermag auch die Existenz des Art. 7 Abs. 3 Satz 1 GG nichts zu ändern. Sie führt insbesondere nicht dazu, daß sich Art. 4 GG leichter von einem Abwehr- in ein Leistungsrecht fortentwickeln ließe. Wenn schon die zur Begründung eines Anspruchs aus Art. 4 GG erforderlichen Voraussetzungen nicht vorliegen, erscheint es äußerst zweifelhaft, Art. 7 Abs. 3 Satz 1 GG (als objektiv-rechtliche Norm) im Lichte des Art. 4 GG (aus dem sich in concreto kein Anspruch auf Religionsunterricht ergibt) als subjektives Recht anzusehen. Die sich aus der Schulpflicht ergebende Einbuße an Freizeit, die von den Schülern zur religiösen Betätigung hätte genutzt werden können, ist daher auch mit Blick auf Art. 4 GG

---

[424] Vgl. *Eick-Wildgans*, Anstaltsseelsorge, S. 143; *Starck*, in: von Mangoldt/Klein/Starck, Das Bonner Grundgesetz, Art. 4 Rn. 18.

[425] *Robbers*, a.a.O.

[426] Vgl. *Oebbecke*, DVBl. 1996, 336, 340: „Auch die Überlegung, wenn der Staat Schulzwang verordne, dürfe er den Bereich Religion nicht ausklammern, kann unter den Bedingungen von Halbtagsschule und Fünf-Tage-Woche nicht so recht überzeugen." Ähnlich auch *Hildebrandt*, Das Grundrecht auf Religionsunterricht, S. 195.

nicht dazu geeignet, Art. 7 Abs. 3 Satz 1 GG in eine grundrechtliche Anspruchsnorm umzumünzen.

7. Zusammenfassung

Die in der Literatur vertretene Ansicht, daß Art. 7 Abs. 3 Satz 1 GG ein Grundrecht der Schüler und ihrer Erziehungsberechtigten enthält, vermag angesichts der oben aufgezeigten Einwände nicht zu überzeugen. Zwar steht dem Grundrechtscharakter weder entgegen, daß es sich bei Art. 7 Abs. 3 Satz 1 GG um ein „bedingtes" Grundrecht handeln würde, noch vermochte die sich aus der Grundrechtsausübung ergebende Verpflichtung zur Teilnahme am Religionsunterricht die Rechtsnatur des Art. 7 Abs. 3 Satz 1 GG als Grundrecht auszuschließen. Auf der anderen Seite ließ sich aus dem Gesichtspunkt, daß der Religionsunterricht die Schüler bei ihrer „Persönlichkeitsentfaltung" unterstützt, kein tragfähiges Argument zugunsten des Grundrechtscharakters von Art. 7 Abs. 3 Satz 1 GG gewinnen. Auch der Gedanke, der Religionsunterricht werde heutzutage ausschließlich im Interesse der Eltern und Schüler abgehalten, erwies sich als wenig überzeugend. Das Gleiche gilt für die Anerkennung eines Schüler- und Elterngrundrechts auf Religionsunterricht durch den *BGH*. Schließlich ließ sich der Grundrechtscharakter auch nicht aus einer staatlichen Kompensationsverpflichtung ermitteln. Art. 7 Abs. 3 Satz 1 GG enthält sonach kein Grundrecht der Eltern und Schüler auf Einführung von Religionsunterricht.

C. Ergebnis

Art. 7 Abs. 3 Satz 1 GG beinhaltet ein den Religionsgemeinschaften zustehendes Grundrecht auf Religionsunterricht. Auch wenn sich aus Art. 7 Abs. 3 Satz 1 GG nicht auch ein Grundrecht der Schüler und ihrer Erziehungsberechtigten ergibt, kommt ein Verfassungswandel, der zu einem Außerkrafttreten des Art. 7 Abs. 3 Satz 1 GG führen würde, folglich wegen des mit den Grundrechten bezweckten Minderheitenschutzes nicht in Betracht.

Vierter Teil
Der Verfassungswandel im historischen Rückblick

A. Fragestellung

Ein normgeltungsbeendigender Verfassungswandel könnte – unabhängig von der Rechtsnatur des Art. 7 Abs. 3 Satz 1 GG – auch deshalb ausgeschlossen sein, weil er mit der Verfassungsordnung des Grundgesetzes nicht zu vereinbaren ist. Im folgenden soll daher der Frage nachgegangen werden, ob eine Veränderung der tatsächlichen Normsituation prinzipiell dazu imstande sein kann, eine Verfassungsnorm ihrer Geltungskraft zu berauben. Dabei sollen zunächst die früher zum Verfassungswandel vertretenen Auffassungen näher in Augenschein genommen werden.

B. Labands Untersuchung des Verfassungswandels

I. Definition des Verfassungswandels: Auseinanderfallen von Verfassungsgesetz und Verfassungszustand

Soweit ersichtlich, fand die „Verfassungswandlung" erstmals im Jahre 1895 in einer rechtswissenschaftlichen Abhandlung Erwähnung, als der Straßburger Staatsrechtler *Paul Laband* sie in einem vor der Gehe-Stiftung zu Dresden gehaltenen Vortrag thematisierte[427]. 1907 widmete *Laband* dem von ihm so bezeichneten Phänomen einen vertiefenden Beitrag[428], ohne daß seine Beschäftigung mit dem Verfassungswandel in eine rechtsdogmatische Theorie einmündete, die Auskunft über dessen Grundlagen, Voraussetzungen und Grenzen erteilt hätte[429]. *Laband* beließ es vielmehr dabei, beispielhaft bedeutungsvolle Veränderungen des damaligen Verfassungslebens darzustellen, die sich unabhängig vom oder sogar gegen den Wortlaut der Verfassung durchgesetzt hat-

[427] *Laband*, Die Wandlungen der deutschen Reichsverfassung.

[428] *Ders.*, JöR 1 (1907), 1 ff.

[429] Kritisch daher *Hesse*, FS Scheuner (1973), S. 123, 136 f.

ten[430]. Hierzu zählte er etwa den Eintritt Elsaß-Lothringens in den Reichsverband[431], die Stellung des Reichskanzlers als Minister des Kaisers[432], die Regelungen zu Erwerb und Verlust der Reichsangehörigkeit[433] sowie gewisse Entwicklungen auf dem Gebiet des Reichsfinanzrechts[434], über die sich die Verfassungsurkunde trotz ihrer eminenten politischen, juristischen und ökonomischen Bedeutung weitgehend ausschwieg. Für *Laband* bedeutete Verfassungswandel das Fortschreiten der Divergenz zwischen dem Verfassungsgesetz und dem durch die Gesamtheit aller bestehenden Rechtsnormen und Einrichtungen bestimmten Verfassungszustand[435]. Dies veranschaulicht ein von ihm angeführter Vergleich besonders deutlich: „Sowie die Fundamente und die Fassade eines Gebäudes unverändert bleiben können, während im Innern die wesentlichsten Umbauten vorgenommen werden, so zeigt auch der Verfassungsbau des Reichs bei einer äußerlichen Betrachtung zwar dieselben architektonischen Formen und Linien wie zur Zeit seiner Errichtung; wer aber in das Innere eindringt, der sieht, daß es nicht mehr dasselbe ist wie zu Anfang, daß es anderen Bedürfnissen und Anschauungen entsprechend umgebaut und ausgebaut worden ist, und daß dabei manches entstanden ist, was zu dem ursprünglichen Plane nicht recht paßt und auch unter sich nicht völlig harmoniert."[436] *Labands* empirisch-deskriptiv angelegte Analysen führen eindrucksvoll die ungeheure Dynamik vor Augen, mit der sich innerhalb kürzester Zeit die von ihm beschriebenen Veränderungen vollzogen. Bereits 24 Jahre nach Gründung des Deutschen Reichs legte die erste seiner Arbeiten über den Verfassungswandel in vielen Bereichen ein Auseinanderfallen von Verfassungsgesetz und Verfassungszustand offen. Gleich zu Beginn seiner Ausführungen über die „Wandlungen der deutschen Reichsverfassung" stellt *Laband* deshalb fest, daß die Verfassung sich damit begnügen müsse, „ein sehr unvollkommenes Bild"[437] der Staatsorganisation zu vermitteln.

---

430 Vgl. die Aufzählung bei *Laband*, Die Wandlungen der deutschen Reichsverfassung, S. 3 f.

431 *Ders.*, JöR 1 (1907), 1, 9 ff.

432 *Ders.*, Die Wandlungen der deutschen Reichsverfassung, S. 13 ff

433 *Ders.*, JöR 1 (1907), 1, 11 ff.

434 *Ders.*, JöR 1 (1907), 1, 42 ff.

435 *Laband*, Die Wandlungen der deutschen Reichsverfassung, S. 3.

436 *Laband*, a.a.O.

437 *Laband*, Die Wandlungen der deutschen Reichsverfassung, S. 3.

II. Verwertbarkeit der Definition Labands für die vorliegende Abhandlung

Es stellt sich die Frage, ob der Begriff Verfassungswandel, wie *Laband* ihn geprägt hat, der von *Renck* vertretenen These[438] sinnvollerweise zugrunde gelegt werden kann. Ausgangspunkte der Überlegung müssen dabei typische Erscheinungsformen eines so definierten Verfassungswandels sein, um in Erfahrung zu bringen, ob aus verfassungsrechtlicher Perspektive vergleichbare Entwicklungen auch unter dem Grundgesetz denkbar sind. Zu diesem Zweck sollen nunmehr zwei der von *Laband* angeführten Beispiele für einen Verfassungswandel einer näheren Betrachtung unterzogen werden: Die nach dem deutsch-französischen-Krieg erzwungene Abtretung Elsaß-Lothringens an das Deutsche Reich sowie die sog. Franckensteinsche Klausel, eine in mehrere Gesetze aufgenommene Bestimmung, welche die mit einer extensiv betriebenen Schutzzollpolitik in greifbare Nähe gerückte Konsolidierung der Reichsfinanzen vereitelte[439]. Falls sich ergibt, daß die von *Laband* beschriebenen Veränderungen phänomenologisch für Typen des Verfassungswandels stehen, die zwar unter der Reichsverfassung von Relevanz waren, im Verfassungsgefüge des Grundgesetzes aber keine Rolle mehr spielen, so müßte die eingangs aufgeworfene Frage nach der Übertragbarkeit der Definition *Labands* verneint werden.

1. Die Annexion Elsaß-Lothringens

Im Versailler Präliminarfrieden vom 26. Februar 1871[440] sowie im daraufhin abgeschlossenen Frankfurter Friedensvertrag vom 10. Mai 1871[441] hatte sich Frankreich neben einer Reparationszahlung von 5 Milliarden Francs unter anderem zur Abtretung des Elsaß und Lothringens verpflichtet. Die Eingliederung Elsaß-Lothringens in das Deutsche Reich erfolgte aufgrund des Reichsgesetzes vom 9. Juni 1871[442], dessen § 1 vorsah, daß die „von Frankreich abgetretenen

---

[438] Vgl. *Renck*, ThürVBl. 1994, 182, 183 f.

[439] Vgl. *Huber*, Deutsche Verfassungsgeschichte, Band 3, S. 951 f.

[440] Abgedruckt bei *Huber*, Dokumente zur deutschen Verfassungsgeschichte, Band 2, Nr. 259, S. 380 f.

[441] Vgl. *Huber*, a.a.O. Nr. 260, S. 382 f.

[442] RGBl. 1871, S. 212 f.

Gebiete [...] mit dem Deutschen Reiche für immer vereinigt" werden. Trotzdem nannte der Katalog des Art. 1 RV, der die im Deutschen Reich zusammengeschlossenen Staaten aufzählte, Elsaß-Lothringen nicht[443]. Die Annexion des „Reichslandes"[444] stand somit in offenem Widerspruch zum Wortlaut der Verfassungsurkunde, wurde dessen ungeachtet aber als rechtswirksam angesehen. Zur Begründung wurde angeführt, daß mit dem Gesetz vom 9. Juni 1871 eine materielle Änderung der Reichsverfassung einhergegangen sei[445]. Zu dieser besonderen Form der Verfassungsänderung kam es durch ein den Anforderungen des Art. 78 RV genügendes Gesetz, das den Inhalt der Verfassung abänderte, ohne zugleich eine entsprechende Korrektur ihres Wortlauts vorzunehmen[446]. Sowohl im Kaiserreich als auch in der Weimarer Republik führte der unbesonnene Umgang mit derartigen „Verfassungsdurchbrechungen" letzten Endes zu einer Situation, in der sich das geltende Verfassungsrecht in wesentlichen Teilen nicht mehr aus der Lektüre der einzelnen Verfassungsartikel erschloß. Im Hinblick auf die materielle Verfassungsänderung kam *Georg Jellinek* deshalb zu dem ernüchternden Befund: „Es herrscht hier eine unglaubliche Systemlosigkeit bezüglich der Verfassungsänderung, die zur Folge hat, daß heute niemand aus dem Texte der Verfassung ein auch nur einigermaßen zutreffendes Bild von den Grundlagen des Reiches erhält."[447] Um sich einen zuverlässigen Eindruck vom Inhalt der Verfassung zu verschaffen, bedurfte es der zusätzlichen Einsicht einer Vielzahl materiell verfassungsändernder Gesetze. Dabei wurde der Rechtsuchende mit erheblichen Schwierigkeiten konfrontiert, die daraus resultierten, daß materielle Verfassungsänderungen nicht nur Reichsgesetzen vorbehalten blie-

---

[443] Vgl. *G. Jellinek*, Verfassungsänderung und Verfassungswandel, S. 6 (= S. 14*): „Mit keiner Silbe ist da des Reichslandes Elsaß-Lothringen erwähnt."

[444] Elsaß-Lothringen besaß gegenüber den anderen Ländern insoweit einen Sonderstatus, als der Deutsche Kaiser die Staatsgewalt ausübte, wobei alle staatlichen Akte „im Namen des Reiches" zu ergehen hatten, vgl. *Laband*, Das Staatsrecht des Deutschen Reiches, Band 2, S. 242 f.

[445] *Laband*, Das Staatsrecht des Deutschen Reiches, Band 2, S. 41; *Dambitsch*, Die Verfassung des Deutschen Reichs mit Erläuterungen, Art. 78 II, S. 681; Siehe zur generellen Zulässigkeit von materiellen Verfassungsänderungen etwa *Hsü Dau-Lin*, Die Verfassungswandlung, S. 67 ff., der hierin den häufigsten Fall der Verfassungswandlung erblickt, sowie grds. ablehnend *Bilfinger*, AöR NF. 11 (1926), 163, 173 ff., der die materielle Verfassungsänderung aber als einen Fall der Verfassungswandlung anerkennen will.

[446] Vgl. *Bilfinger*, AöR NF. 11 (1926), 163, 173; *Hsü Dau-Lin*, Die Verfassungswandlung, S. 68; *Laband*, Das Staatsrecht des Deutschen Reiches, Band 2, S. 38 ff.; *Anschütz*, Die Verfassung des Deutschen Reichs, Art. 76 Anm. 2, *Piloty*, DJZ 1923, Spalte 512, 513; *Meyer*, Lehrbuch des deutschen Staatsrechtes, S. 528; *Dambitsch*, Die Verfassung des Deutschen Reichs mit Erläuterungen, Art. 78 Anmerkung 2, S. 681.

[447] Vgl. *G. Jellinek*, Verfassungsänderung und Verfassungswandel, S. 6 (= S. 14*).

ben, die ausdrücklich[448] auf ihren verfassungsändernden Charakter hinwiesen. Nach überwiegender Auffassung des Schrifttums war der Verzicht auf die Kenntlichmachung einer Verfassungsdurchbrechung nicht zu beanstanden[449].

Auch *Laband* befürwortete die Zulässigkeit materieller Verfassungsänderungen. Zur Begründung trug er vor, es werde nirgends gesetzlich vorgeschrieben, „daß Änderungen der Verfassung nicht mittelbar erfolgen dürfen (d.h. durch Gesetze, welche ihren I n h a l t modifizieren), sondern nur unmittelbar durch Gesetze, welche ihren W o r t l a u t anders fassen“[450]. Wo aber ein derartiges erschwerendes Erfordernis für Verfassungsänderungen nicht angeordnet sei, da lasse „sich dasselbe aus der juristischen Natur der Verfassung und aus dem Verhältnis der Verfassungsurkunde zu einfachen Gesetzen auch nicht herleiten.“[451] Materielle Verfassungsänderungen konnten deswegen unmerklich die ursprünglich bestehende Kongruenz von Verfassungsurkunde und Verfassungszustand beseitigen und einen Verfassungswandel herbeiführen.

Das Beispiel des Reichsgesetzes vom 9. Juni 1871 verdeutlicht nicht nur das Ineinandergreifen von Verfassungsänderung und Verfassungswandel[452], sondern bringt gleichfalls zum Ausdruck, in welchem Grade *Labands* Stellungnahme hierzu auf Spezifika der Reichsverfassung zugeschnitten ist. Eine Übertragung seiner Definition auf die heutige Verfassungsrechtsordnung scheidet an diesem Punkt völlig aus, weil der angesprochenen Gesetzgebungspraxis Art. 79 Abs. 1 Satz 1 GG entgegensteht[453]. Die negativen Erfahrungen aus der Weimarer Republik vor Augen, in der es infolge von Verfassungsdurchbrechungen zu einer heillosen Zersplitterung des Verfassungsrechts gekommen war[454], statuiert diese Vorschrift die Urkundlichkeit und Einsichtbarkeit jeder Verfassungsänderung[455].

---

[448] Auf den verfassungsändernden Charakter wurde dabei in der Weimarer Zeit vielfach in einer in sog. Publikationsklausel aufmerksam gemacht. So lautete z.B. die Eingangsformel des Reichsbahngesetzes vom 30. August 1924 (RGBl. II 272): „Der Reichstag hat das folgende Gesetz beschlossen, das mit der Zustimmung des Reichsrats hiermit verkündet wird, nachdem festgestellt ist, daß die Erfordernisse verfassungsändernder Gesetzgebung erfüllt sind“.

[449] Vgl. *Jeselsohn*, Begriff, Arten und Grenzen der Verfassungsänderung nach Reichsrecht, S. 32; *Arndt*, Verfassung des Deutschen Reichs, Art. 78 Anm. 2).

[450] *Laband*, Das Staatsrecht des Deutschen Reiches, Band 2, S. 39 (Sperrdruck im Original).

[451] *Laband*, a.a.O.

[452] Diesen Punkt betont besonders *Fiedler*, Sozialer Wandel, Verfassungswandel, Rechtsprechung, S. 28.

[453] Vgl. *Schmidt-Bleibtreu/Klein*, Grundgesetz, Art. 79 Rn. 1; *Ipsen*, Staatsorganisationsrecht, Rn. 895; *Maurer*, Staatsrecht, § 22 Rn. 13.

[454] *Bilfinger*, Verfassungsumgehung, AöR NF. 11 (1926), 163, 175: „Das Aussehen der [scil. Verfassungs-]Urkunde trügt und es soll trügen, um den Anschein des endgültigen Charakters, auf welchen die Väter der Verfassung so großen Wert legten, aufrechtzuerhalten“.

[455] Vgl. BVerfGE 9, 334, 336; *Pieroth*, in: Jarass/Pieroth, Grundgesetz, Art. 79 Rn. 3.

Hierdurch gewährleistet sie in bezug auf den Verfassungstext ein hohes Maß an Authentizität. Erweist sich ein Bundesgesetz als inhaltlich unvereinbar mit dem Grundgesetz, so ist es von Anfang an nichtig, gleichgültig, mit welchen Mehrheiten es in den gesetzgebenden Körperschaften beschlossen wurde[456]. Da Art. 79 Abs. 1 Satz 1 GG dem Entstehen von „Nebenverfassungen"[457] als Folge von Verfassungsdurchbrechungen den Boden entzieht, entfällt ebenfalls die Möglichkeit eines Verfassungswandels in Gestalt materieller Verfassungsänderungen.

2. Die Franckensteinsche Klausel

Auch die von *Laband* als Beispiel für einen Verfassungswandel angeführte Franckensteinsche Klausel steht für eine Fortentwicklung des Verfassungszustands, wie sie heute nicht mehr stattfinden könnte. Hierbei handelte es sich um eine in mehrere Steuer- und Zollgesetze aufgenommene Regelung[458], die auf einen Antrag des Abg. *Georg Frh. von Franckenstein* zurückging[459] und den Bund dazu verpflichtete, ihm zufallende Erträge ab einer Obergrenze von 130 Millionen Mark an die Länder abzuführen. Dies widersprach Art. 38 RV[460], da die Erträge aus Zöllen und bestimmten anderen Abgaben, die nach dem Verfassungswortlaut „in die Reichskasse" fließen sollten, jetzt gewissermaßen nur noch „durch die Reichskasse" flossen[461]. Daneben verstieß die Klausel gegen Art. 70 Abs. 1 RV, wonach Zolleinnahmen dazu dienten, „gemeinschaftliche Ausgaben" zu bestreiten. Sie war ferner unvereinbar mit Art. 70 Abs. 2 RV, der Bei-

---

456 Vgl. BVerfGE 2, 147.

457 *Lücke*, in: Sachs, Grundgesetz, Art. 79 Rn. 1.

458 Die Franckensteinsche Klausel wurde z.B. in das Zolltarifgesetz vom 15.Juli 1879 (RGBl. S. 207 ff.) aufgenommen. Sie fand ebenfalls Eingang in das Gesetz betreffend die Erhebung von Reichsstempelabgaben vom 1. Juli 1881 (RGBl. S. 185 ff.) und in das Branntweinsteuergesetz vom 24. Juni 1887 (RGBl. S. 253 ff.).

459 Ausschußbericht *Windthorst*, 77. Sitzung des Reichstags vom 9. Juli 1879, Sten.Ber. S. 2177; *Hufeld*, Die Verfassungsdurchbrechung, S. 39.

460 Vgl. *Laband*, Die Wandlungen der deutschen Reichsverfassung, S. 30: „Es ist eine sophistische Täuschung, wenn man behauptet, daß der Artikel 38 der Reichsverfassung nicht verletzt sei, indem man den gesamten Ertrag der Zölle und Steuern als Reichseinnahmen und die Rückzahlung derselben als Reichsausgaben bezeichnet und als solche im Etat führt." Vgl. auch *Hufeld*, Die Verfassungsdurchbrechung, S. 39.

461 *Laband*, Die Wandlungen der deutschen Reichsverfassung, S. 30 f.; *ders.*, Die geschichtliche Entwicklung der Reichsverfassung seit der Reichsgründung, JöR (1907), 1, 44; *Hsü Dau-Lin*, Die Verfassungswandlung, S. 32.

träge der Bundesstaaten an das Reich (sog. Matrikularbeiträge) nur als subsidiäres Mittel hinter reichseigenen Einnahmen vorsah[462], weil der Bund zur Dekkung des Staatshaushalts wegen der Franckensteinschen Klausel dauerhaft von Zuwendungen der Länder abhängig blieb. So verhinderte die Franckensteinsche Klausel die budgetäre Unabhängigkeit des Reichs zugunsten eines finanzpolitischen Partikularismus, der den Bundesstaaten federführenden Einfluß auf die Finanzverfassung des Gesamtstaats garantierte. Die Matrikularbeiträge wurden entgegen der Intention der Reichsverfassung zu einer permanenten Einrichtung ausgestaltet[463]. *Laband* formuliert: „Die Franckensteinsche Klausel hat diesen Verfassungsgrundsatz [scil. des Art. 70 Abs. 2 RV] in sein Gegenteil verkehrt [...]. Die Franckensteinsche Klausel war sonach eine tief eingreifende Abänderung der Bundesverfassung, obgleich sie den Wortlaut derselben stehen ließ."[464]

Den Passus von der „Abänderung der Bundesverfassung" nahm *Konrad Hesse* zum Anlaß, *Laband* einen Widerspruch zur bisherigen Beschreibung des Verfassungswandels vorzuwerfen: „Die mit der Reichsverfassung unvereinbare Franckensteinsche Klausel wird sogar – abweichend von der anfänglichen Definition des Verfassungswandels – nicht nur als Veränderung des Verfassungszustands, sondern als tiefgreifende Abänderung der Reichsverfassung (offenbar also des Verfassungsgesetzes) bezeichnet. Aber auch hier wandelt sich nicht der Inhalt der einschlägigen Artikel 38 und 70 der Reichsverfassung, sondern die auf einem einfachen Reichsgesetz beruhende Praxis setzt sich über diese Bestimmungen hinweg."[465] Wenn *Hesse* Veränderungen des Verfassungszustandes als Gegensatz zur Verfassungsänderung begreift, unterläuft ihm jedoch eine Ungenauigkeit, die offen zutage tritt, wenn man sich das Gesetz vom 9. Juni 1871 in Erinnerung ruft. Bei diesem hatte sich gerade gezeigt, daß unter bestimmten Umständen ein Verfassungswandel mit einer Änderung der Verfassung einhergehen konnte. Zudem kommt der Bezeichnung als Verfassungsabänderung nicht der von *Hesse* behauptete Ausnahmecharakter zu. Denn nicht nur im Zusammenhang mit der Franckensteinschen Klausel, sondern bei vielen der von ihm eruierten Verfassungswandlungen sprach *Laband* davon, Bestimmungen der Verfassungsurkunde seien stillschweigend verändert, außer Kraft gesetzt oder durch Ausnahmen modifiziert worden[466]. Darüber hinaus setzt *Hesses* Kritik den

---

[462] Vgl. *Huber*, Deutsche Verfassungsgeschichte, Band 3, S. 952.

[463] Vgl. *G. Jellinek*, Allgemeine Staatslehre, S. 538; erst durch das verfassungsändernde Reichsgesetz vom 14.Mai 1904 (RGBl. S. 169) wurde die Franckensteinsche Klausel aufgehoben, vgl. hierzu *Huber*, Deutsche Verfassungsgeschichte, Band 3, S. 951.

[464] *Laband*, JöR 1 (1907), 1, 44.

[465] *Hesse*, FS Scheuner (1973), S. 123, 129.

[466] Vgl. *Laband*, JöR 1 (1907), 1, 3, wo in einem ausführlichen Katalog von Verfassungwandlungen auch die von der Franckensteinschen Klausel bewirkte Modifikation des Art. 38 RV genannt wird.

Charakter der Franckensteinschen Klausel als einfaches Reichsrecht ohne jede Begründung voraus. Die Problematik, ob diese eventuell zu einer materiellen Verfassungsänderung führte, wird von ihm mit keinem Wort angesprochen[467].

Folgt man der Prämisse *Labands*[468], daß die Franckensteinsche Klausel die Reichsverfassung durchbrach, so machen seine Darlegungen durchaus Sinn. Die Franckensteinsche Klausel hätte dann nämlich das Verfassungsrecht (also auch den Verfassungszustand) umgestaltet, ohne die Modifikation aus einer Anpassung des Textes der Verfassungsurkunde ersichtlich zu machen. Alle Voraussetzungen eines Verfassungswandels lägen damit vor. *Hesse* ist jedoch zu konzedieren, daß die Franckensteinsche Klausel in der Literatur wiederholt als Beispiel dafür herangezogen wurde, wie sich selbst einfaches Gesetzesrecht über die Verfassung hinwegzusetzen vermochte[469]. Überdies war sie in den Debatten des Reichstags weder von ihrem Befürworter[470] *Otto von Bismarck*[471] noch von dessen Gegenspielern *Eduard Lasker*[472] und *Albert Hänel*[473] als Verfassungsänderung bezeichnet worden. Dahinter stand die Befürchtung, die Franckensteinsche Klausel könne als Verfassungsrechtssatz nicht mehr gegen eine Sperrminorität von 14 Stimmen im Bundesrat[474] aufgehoben werden[475]. Die Vorschrift als

---

[467] Vgl. hierzu die eingehenden Ausführungen von *Hufeld*, Die Verfassungsdurchbrechung, S. 39 ff.

[468] Siehe *Laband*, Das Staatsrecht des Deutschen Reiches, Band 2, S. 40 f.: „In der Praxis der Reichsverfassung sind die hier entwickelten Sätze [scil. zur materiellen Verfassungsänderung] wiederholt zur Anwendung gebracht worden. [...] Ebenso wurde Art. 70 der Reichsverfassung durch das Gesetz vom 15. Juli 1879 § 8 [...] abgeändert".

[469] *Hsü Dau-Lin*, Die Verfassungswandlung, S. 31 f.; *G. Jellinek*, Allgemeine Staatslehre, S. 538.

[470] *Bismarck* lehnte die Franckensteinsche Klausel im Grunde ab, war aber hinsichtliche seiner Schutzzollpolitik auf die Unterstützung der Zentrumspartei angewiesen, die eine wirtschaftspolitische Loslösung des Reichs von den Ländern verhindern wollte, und mußte deshalb die Franckensteinsche Klausel verteidigen, vgl. *Huber*, Deutsche Verfassungsgeschichte, Band 3, S. 951.

[471] *Bismarck*, 77. Sitzung des Reichstages vom 9.7.1879, Sten.Ber. S. 2197.

[472] *Lasker*, 77. Sitzung des Reichstages vom 9.7.1879, Sten.Ber. S. 2202.

[473] *Hänel*, 78. Sitzung des Reichstages vom 10.7.1879, Sten.Ber. S. 2246 (abgedruckt auch bei *Hufeld*, Die Verfassungsdurchbrechung, S. 40): „ob dieses Amendement dem Geist und Sinn der Verfassung widerspricht, und da sage ich unbedingt: ja! [...] Ich bin allerdings nicht der Ansicht vom rein formalistischen Standpunkt aus, daß hier eine Verfassungsänderung vorliegt."

[474] Vgl. Art. 78 S. 2 RV.

[475] Die überwiegende Ansicht im staatsrechtlichen Schrifttum ging allerdings nicht davon aus, daß die Abänderung eines materiell verfassungsändernden Gesetzes ihrerseits unter den erschwerenden Bedingungen des Art. 78 RV erfolgen mußte. *Laband*, Das Staatsrecht des

Verfassungsänderung anzuerkennen, hätte für ihre Gegner bedeutet, sich für ungewisse Zeit einer Einflußnahme auf ihre Geltung zu begeben. Geht man davon aus, daß die Franckensteinsche Klausel keine Änderung der Reichsverfassung bewirkte[476], so hätte jene Vorschrift, wie von *Hesse* angenommen, die widersprechenden Verfassungsnormen in der Tat schlichtweg ignoriert.

Für die Beurteilung der im Hinblick auf die Normgeltung des Art. 7 Abs. 3 Satz 1 GG gestellten Frage, ob den von *Laband* als Verfassungswandel klassifizierten Erscheinungen des Verfassungslebens auch gegenwärtig noch Bedeutung zukommt, kann die rechtliche Qualifikation der Franckensteinschen Klausel indessen dahinstehen. Ein Verfassungswandel infolge materieller Verfassungsänderungen kommt in der Bundesrepublik bereits wegen Art. 79 Abs. 1 Satz 1 GG nicht mehr in Betracht; und selbst wenn die Franckensteinsche Klausel ihrer Rechtsnatur nach als einfaches Gesetzesrecht einzustufen wäre, müßte ein dergestalt sich vollziehender Verfassungswandel fast völlig ausgeschlossen werden. Eine vom Gesetzgeber durch den Erlaß verfassungswidriger Normen verursachte Nichtübereinstimmung des Verfassungszustands mit dem Verfassungsgesetz läßt sich nämlich nur vor dem Hintergrund erklären, daß die Reichsverfassung kein Verfassungsgericht und damit auch keine institutionalisierte abstrakte Normenkontrolle kannte[477]. Demgegenüber wird der in Art. 20 Abs. 3 GG verankerte Grundsatz vom Vorrang der Verfassung unter der Geltung des Grundgesetzes vom Bundesverfassungsgericht abgesichert.

Zahlreiche Vertreter des staatsrechtlichen Schrifttums stellten sich zwar auf den Standpunkt, jedem Gericht die Befugnis zur Prüfung der Verfassungsmäßigkeit von Gesetzen zuzusprechen. Das Reichsgericht hatte allerdings entschieden, es sei der Kontrolle durch den Richter entzogen, ob ein Reichsgesetz „ohne Abänderung der Verfassung und ohne Anwendung der dieserhalb vorgeschrie-

---

Deutschen Reiches, Band 2, S. 41: „Denn die erschwerende Bedingung des Art. 78 Abs. 1 [scil. RV] setzt Anordnungen voraus, welche formell Bestandteil der Verfassungsurkunde geworden oder an die Stelle einer solcher Bestandteile getreten sind. Nicht die materielle Wichtigkeit ist dafür entscheidend, ob die allgemeine Regel der Art. 5 und 7 oder die spezielle Regel des Art. 79 Abs. 1 Anwendung findet. Wenn demnach die Verfassung einmal durch ein Spezialgesetzu mittelbar abgeändert worden ist, so können die Bestimmungen dieses Spezialgesetzes fortan durch ein mit einfacher Majorität sanktioniertes Gesetz verändert werden, wenngleich dadurch noch weitergehende Modifikationen der ursprünglichen Verfassungssätze herbeigeführt werden."

476 Vgl. *Hsü Dau-Lin*, Die Verfassungswandlung, S. 31; *G. Jellinek*, Allgemeine Staatslehre, S. 538.

477 Vgl. *Hsü Dau-Lin*, Die Verfassungswandlung, S. 31; *G. Jellinek*, Allgemeine Staatslehre, S. 538; *Böckenförde*, FS Lerche (1993), S. 3, 4 f.: „Dem Verfassungsrecht fehlt hier die Zusammengehörigkeit von Recht und Richter, die für eine Rechtsordnung mit positiver, gesicherter Geltung wesentlich ist."

benen Formen hätte erlassen werden dürfen“[478]. *Laband* erschienen die Konsequenzen eines umfassenden richterlichen Prüfungsrechts ebenfalls untragbar: „Soll etwa der Richter also verpflichtet und berechtigt sein, zu untersuchen, ob der Reichstag, als er das Gesetz genehmigte, beschlußfähig war, und ob sich in Wahrheit die absolute Majorität für dasselbe erhoben hat; soll er etwa auf Grund von Zeugenaussagen feststellen, daß die verfassungsmäßig erforderliche Zustimmung nicht erteilt worden ist?“[479] Mangels eines verbindlich entscheidenden Verfassungsinterpreten bot sich den jeweils dominanten gesellschaftlichen Kräften unter der Reichsverfassung die Gelegenheit, ihre Politik selbst dann umzusetzen, wenn sie mit dem Verfassungswortlaut nicht mehr im Einklang stand[480].

Ein völlig anderes Bild zeigt demgegenüber die jetzige Verfassungsrechtsordnung, die mit dem Bundesverfassungsgericht als einem obersten Verfassungsorgan[481] über eine mit zahlreichen Kompetenzen ausgestattete Verfassungsgerichtsbarkeit verfügt[482]. Gemäß Art. 100 Abs. 1 GG unterliegen bei einer konkreten Normenkontrolle nachkonstitutionelle[483] Parlamentsgesetze der verfassungsgerichtlichen Prüfungs- und Verwerfungskompetenz, und auch in anderen Verfahrensarten kann die Vereinbarkeit einfachen Rechts mit der Verfassung entscheidungserheblich sein[484]. Als Verfassungshüter[485] ist es die Aufgabe des

---

478 RGZ 9, 233, 235 f.

479 *Laband*, Das Staatsrecht des Deutschen Reiches, Band 2, S. 47.

480 *G. Jellinek*, Allgemeine Staatslehre, S. 538: „Wo, wie in den meisten Staaten, ein richterliches Prüfungsrecht der Gesetze auf ihre materielle Übereinstimmung mit der Verfassung nicht existiert, da ist, was immer auch die juristische Theorie behaupten möge, keine Garantie gegeben dafür, daß einfache Gesetze nicht im Widerspruch mit dem Verfassungsrechte die Verfassung rechtsgültig abändern.“

481 *Berg*, Staatsrecht, Rn. 380; *Degenhart*, Staatsrecht I, Rn. 493; *Maunz/Zippelius*, Deutsches Staatsrecht, S. 309; *Maurer*, Staatsrecht, § 20 Rn. 7; *Ipsen*, Staatsorganisationsrecht, Rn. 840 ff.; vgl. auch die „Status-Denkschrift“ des Bundesverfassungsgerichts vom 27.06.1952, JöR 6 (1957), 109 ff.; vgl. zur Stellung als oberstes Verfassungsorgan im allgemeinen *Roellecke*, in: Isensee/Kirchhof, HdbStR II, § 53 Rn. 10 ff.; *Schlaich/Korioth*, Das Bundesverfassungsgericht, Rn. 26 ff.

482 Kritisch zu den weitreichenden Kompetenzen des Bundesverfassungsgerichts *Großfeld*, NJW 1995, 1719 ff.; dagegen *Benda*, NJW 1995, 2470 f.

483 Diese sich nicht unmittelbar aus dem Wortlaut ergebende Einschränkung folgt aus dem Zweck des Art. 100 GG, die Autorität der unter der Herrschaft des Grundgesetzes tätig gewordenen gesetzgebenden Gewalt zu wahren, vgl. BVerfGE 4, 331, 340; 68, 337, 344 f.; 86, 71, 77; *Maunz/Zippelius*, Deutsches Staatsrecht, S. 376.

484 Ein Parlamentsgesetz kann etwa Gegenstand einer abstrakten Normenkontrolle gemäß Art. 93 Abs. 1 Nr. 2 GG sein. Daneben kann gegen ein Gesetz als „Akt der öffentlichen Gewalt“ von „jedermann“ gemäß Art. 93 Abs. 1 Nr. 4a GG eine Verfassungsbeschwerde erhoben werden.

Bundesverfassungsgerichts, notfalls auch den Gesetzgeber in die Schranken der Verfassung zu verweisen[486], um dem Umsichgreifen einer verfassungswidrigen Wirklichkeit gegenzusteuern. Das Grundgesetz verfügt also über ein Organ, das dazu berufen ist, politischer Durchsetzungskraft die Verbindlichkeit des Verfassungsrechts entgegenzuhalten. Obwohl das Bundesverfassungsgericht selbst nur begrenzte Möglichkeiten hat, die Befolgung seiner Judikate durch die übrigen Verfassungsorgane sicherzustellen, ist seine Autorität, die zu weiten Teilen auf der Autorität des Grundgesetzes selbst basiert, im politischen Alltag der Bundesrepublik trotz gelegentlicher Anfeindungen unbestritten geblieben. Wenn die Verfassungswirklichkeit sich auch nicht vollständig mit dem im Grundgesetz aufgestellten Leitbild deckt, so fordert das Grundgesetz dennoch, das politische und soziale Leben auf dieses Leitbild hin auszurichten und zu entwickeln[487]. Das Realisierungsvermögen einer in Widerspruch zum Verfassungswortlaut geratenden Staatspraxis ist deshalb sehr gering[488].

Dem läßt sich auch nicht entgegenhalten, das Bundesverfassungsgericht werde bei der Ausübung seiner Hüterfunktion dadurch beeinträchtigt, daß die Einleitung eines verfassungsgerichtlichen Verfahrens vom Vorliegen bestimmter Voraussetzungen abhängt[489]. So ist es wegen der Gerichtsnatur des Bundesverfassungsgerichts z.B. unzulässig, von der vorherigen Antragstellung eines Initiativberechtigten abzusehen[490]. Können die Verfassungsrichter nicht von sich aus tätig werden, besteht zwar theoretisch die Gefahr, daß sie bisweilen daran gehindert sind, verfassungswidrige Zustände zu beseitigen. In der freiheitlichen Demokratie, in der eine Vielzahl von Anschauungen miteinander um die Lösung der anstehenden Sachfragen im Wettbewerb steht, ist es allerdings äußerst unwahrscheinlich, daß alle am politischen Entscheidungsprozeß Beteiligten sich

---

485 *Maunz/Zippelius*, Deutsches Staatsrecht, S. 366; *von Münch*, Staatsrecht I, Rn. 383; *von Mangoldt*, DtZ-Informationen 1991, 128; kritisch zu dieser Funktion des BVerfG *Großfeld*, NJW 1995, 1719, 1721.

486 *Gusy*, Parlamentarischer Gesetzgeber und Bundesverfassungsgericht, S. 138: „Die Tätigkeit des Gesetzgebers wird demnach durch das Verfassungsrecht primär negativ determiniert, nämlich begrenzt."

487 BVerfGE 5, 85, 197; *Maunz/Zippelius*, Deutsches Staatsrecht, S. 55.

488 Vgl. zur verfassungswidrigen Verfassungswirklichkeit *Maurer*, Staatsrecht, § 1 Rn. 75.

489 Bedenken gegen die Effektivität eines richterlichen Prüfungsrechts hatte dagegen *G. Jellinek*, Verfassungsänderung und Verfassungswandel, S. 16 f., erhoben, der in bezug auf die Einrichtung der Amerikaner, daß die Gerichte über die materielle Verfassungsmäßigkeit der Gesetze zu urteilen haben, ausführte, „daß der richterliche Schutz der Verfassung etwas Zufälliges an sich trägt. Der Richter entscheidet nur auf Klage der Partei; es hängt also ganz davon ab, ob und wann er gelegentlich eines Rechtsfalles in die Lage versetzt wird, die Verfassungsmäßigkeit eines Gesetzes zu prüfen."

490 *Maurer*, Staatsrecht, § 20 Rn. 6.

dazu bereit finden, auf ein Urteil des Bundesverfassungsgerichts zu verzichten[491]. Zumindest diejenigen, die in der politischen Kontroverse unterliegen, spekulieren häufig darauf, durch den Gang nach Karlsruhe das Blatt doch noch zu ihren Gunsten zu wenden[492]. Aber auch die Vertreter der im Meinungsstreit obsiegenden Ansicht haben unter Umständen ein Interesse daran, die Rechtslage in einem Urteil des Verfassungsgerichts verbindlich geklärt zu sehen. Sie könnten sich beispielsweise mit dem Gedanken tragen, die eigene Auffassung durch den autoritativen Nachweis ihrer Verfassungsmäßigkeit in besonderer Weise zu legitimieren[493].

Es verwundert daher nicht, daß das Bundesverfassungsgericht seit seiner Konstituierung im Jahre 1951 über nahezu alle relevanten politischen Streitigkeiten zu judizieren hatte. Seine Rechtsprechung hat die Entwicklung der Bundesrepublik sowohl in staatsrechtlich-politischer als auch in gesellschaftlich-sozialer Hinsicht nachhaltig beeinflußt und geprägt[494]. Als besonders signikante Beispiele hierfür seien jene Entscheidungen genannt, in denen es das Verbot der KPD[495], die Verfassungsmäßigkeit des strafrechtlichen Abtreibungsverbots[496], die Beteiligung von Bundeswehreinheiten an Militäreinsätzen der NATO[497] sowie die Einführung des Euro[498] beurteilen mußte. Ein Auseinanderdriften von

---

[491] *Maurer*, Staatsrecht, § 20 Rn. 10 nennt es „bemerkenswert", daß bei allen wichtigen politischen Auseinandersetzungen in der Geschichte der Bundesrepublik ein entsprechender Antrag vorgelegen hat.

[492] Ein aktuelles Beispiel hierfür bietet eine Stellungnahme des Bayerischen Ministerpräsidenten *Stoiber*, in der dieser in bezug auf den Gesetzesentwurf der rot-grünen Bundesregierung zur Gleichstellung von homosexuellen Lebensgemeinschaften erklärte (FAZ vom 13. Juli 2000, S. 6): „Wenn wir keine andere Möglichkeit hätten, diese gesellschaftspolitische Veränderung zu verhindern als durch das Verfassungsgericht, dann würden wir auch vor das Verfassungsgericht gehen."

[493] Einer aus solchen Erwägungen erhobenen Klage würde allerdings in der Regel das Rechtsschutzbedürfnis fehlen. Aufgabe des Bundesverfassungsgerichts ist es nämlich nicht, Gutachten in einem politischen Meinungsstreit anzufertigen, vgl. insoweit das Votum von *Bökkenförde* und *Kruis*, BVerfGE 90, 286, 390 ff., das sich auf den Beschluß der Bundesregierung bezieht, der UNO zur Durchführung einer Militäroperation in Somalia Einheiten der Bundeswehr bereitzustellen.

[494] *Maurer*, Staatsrecht, § 20 Rn. 11; *Ebsen*, Das Bundesverfassungsgericht als Element gesellschaftlicher Selbstregulierung, S. 11: „Das 'Schielen nach Karlsruhe' erzeugt als Vorwirkung der Möglichkeit, nahezu alle ernsthaften politischen Streitfragen auch vor das Bundesverfassungsgericht zu bringen, eine verfassungsjuristische Überlagerung des politischen Prozesses, die man wohl zur spezifischen 'politischen Kultur' der Bundesrepublik zählen kann."

[495] BVerfGE 5, 85 ff.

[496] Vgl. BVerfGE 39, 1 ff.; 88, 203 ff.; 98, 265 ff.

[497] Vgl. BVerfG NJW 1994, 2207 ff.

[498] BVerfG NJW 1998, 1934 ff.

Verfassungsgesetz und Verfassungszustand dürfte bei einer derartig intensiven Inanspruchnahme des Bundesverfassungsgerichts eine zu vernachlässigende Ausnahmeerscheinung bleiben. Folge hiervon ist, daß es nicht mehr genügt, die tatsächliche Normsituation einfach zu beschreiben, um der Problematik des Verfassungswandels gerecht zu werden. Hat sich das gesamte Staatsleben an den Vorgaben des Grundgesetzes messen zu lassen, drängt sich vielmehr die Frage in den Vordergrund, ob und bejahendenfalls unter welchen Voraussetzungen die Veränderungen der sozialen Wirklichkeit auf den Inhalt der Verfassung Einfluß gewinnen, so daß Verfassungsnormen eine andere als ihre bisherige Bedeutung zukommt. Nur falls dem Wortlaut der Verfassung zuwiderlaufende Lebenssachverhalte dazu in der Lage wären, Verfassungsbestimmungen inhaltlich zu modifizieren oder sogar außer Kraft zu setzen, bestünde für das Verfassungsgericht die Möglichkeit, von dem Verdikt der Verfassungswidrigkeit abzusehen. Der Gedanke, die Verfassungswirklichkeit für normrelevant zu erklären, mußte *Laband* allerdings systemwidrig anmuten: Er hätte die Preisgabe der strikten Trennung von Sein und Sollen als methodischer Grundvoraussetzung des Positivismus bedeutet[499]. Ebensowenig war für ihn die Annahme eines entsprechenden Gewohnheitsrechts angängig, weil er diesem keine derogatorische Wirkung zubilligte: „So lange der Staat seinen Befehl, daß ein gewisser Rechtssatz gelten soll, aufrecht erhält, können Untertanen und Behörden diesen Befehl nicht unbeachtet lassen und noch weniger ihn durch Nichtbefolgung aufheben."[500] Vielleicht erschöpft sich die Darstellung *Labands* deshalb zum größten Teil in der bloßen Veranschaulichung bestimmter Vorgänge und spart die Frage nach den Auswirkungen auf den Inhalt der Verfassung aus[501]. Von den methodischen Schwierigkeiten abgesehen, bestand für die damalige Staatsrechtslehre keine akute Veranlassung, besondere Aufmerksamkeit auf die hier angesprochene Wechselwirkung zwischen Faktizität und Verfassungsnorm zu richten. In einer Rechtsordnung ohne Verfassungsgerichtsbarkeit besitzt dieser Themenkomplex nur am Rande Bedeutung[502]. Damit gerät auch die Frage ins Hintertreffen, in

---

[499] *Hsü Dau-Lin*, Die Verfassungswandlung, S. 97, meint, der Verfassungswandel sei für *Laband* deshalb „vielleicht sogar unbequem" gewesen; vgl. auch *Hesse*, FS Scheuner (1973), S. 123, 130; *Fiedler*, Sozialer Wandel, Verfassungswandel, Rechtsprechung, S. 28.

[500] *Laband*, Das Staatsrecht des Deutschen Reiches, Band 2, S. 75.

[501] Vgl. dagegen *Bornhak*, AöR 26 (1910), 373, 374, der den Begriff Verfassungswandel in Zusammenhang mit derogierendem Verfassungsgewohnheitsrecht bringt: „Wie das Epheu die Mauer schlingt es sich um das Gesetzesrecht, gibt ihm teilweise ein anderes Aussehen, ja zersetzt es schließlich, so daß das lebendige geltende Recht aus dem toten Buchstaben der Paragraphen nicht wieder zu erkennen ist."

[502] Vgl. *Böckenförde*, FS Lerche (1993), S. 3, 4 f.: „In einer Verfassungsordnung ohne Verfassungsgerichtsbarkeit, wie sie im Deutschen Reich von 1871 und weithin auch noch unter der Weimarer Reichsverfassung bestand, hat der Begriff Verfassungswandel nur konstatierenden Charakter."

welchem Ausmaß die Verfassungswirklichkeit das Verfassungsrecht zu beeinflussen vermag: Ist eine Institution, die über die Einhaltung verfassungsdogmatisch gezogener Grenzen des Verfassungswandels wacht, nicht vorhanden, so wird die tatsächliche Durchsetzung zum maßgeblichen Beurteilungskriterium. Der Erfolg oder Mißerfolg einer Veränderung entscheidet dann zugleich über ihre Rechtmäßigkeit[503]. Daß die *Labandsche* Definition des Verfassungswandels mit der Verfassungsordnung der Bundesrepublik unvereinbar ist, bestätigt ein weiterer Gesichtspunkt. Es ist nämlich sprachlich zumindest unpräzise, Veränderungen des Verfassungszustands pauschal als Verfassungswandel zu bezeichnen. Hierbei unterliegen nämlich nur bei materiellen Verfassungsänderungen die Rechtssätze der Verfassung einem „Wandelungsprozeß“, während sich in den meisten Fällen allein die im Tatsächlichen begründeten Rahmenbedingungen verändern[504]. Nichtsdestotrotz ist es das Verdienst *Labands*, den Einfluß außerrechtlicher Faktoren auf die Verfassung überhaupt in das Bewußtsein der Staatsrechtslehre gerufen zu haben. Der hier in Rede stehende Geltungsverlust und Bedeutungswandel von Verfassungsbestimmungen fordert jedoch – unter Abkehr von der bloßen Gegenüberstellung von Norm und Faktum – die Rückwirkung gewandelter gesellschaftlicher Verhältnisse auf den Verfassungsinhalt genauer in Augenschein zu nehmen.

III. Ergebnis

Den von *Laband* aufgezeigten Entwicklungen kommt heute allenfalls eine geringe Bedeutung zu. Daher muß im weiteren Verlauf der Arbeit nach einer anderen Definition des Verfassungswandels gesucht werden, die den Maßgaben des Grundgesetzes Rechnung trägt.

---

503 So ausdrücklich *Hesse*, FS Scheuner (1973), S. 123, 128.

504 Vgl. *Hesse*, FS Scheuner (1973), S. 123, 127 f.: „Eine Verfassungswandlung 'im Gegensatz zwischen dem Verfassungszustand und dem Verfassungsgesetz' [...] zu erblicken, geht schon deshalb nicht an, weil hier auf verschiedenen Ebenen argumentiert wird.“

C. Verfassungswandel und normative Kraft des Faktischen

I. Der Einfluß des Faktums auf die Normentstehung

Die von *Jellinek* in seiner „Allgemeinen Staatslehre" entwickelte Theorie von der normativen Kraft des Faktischen[505] fand mehrfach in Erklärungsversuche zum Verfassungswandel Eingang. Auch in der gerichtlichen Praxis gilt sie als beliebtes Argument, wenn es darum geht, den Untergang einer Rechtsnorm wegen veränderter tatsächlicher Verhältnisse zu begründen[506].

Jellinek ging davon aus, daß die Überzeugung, ein gewisser Zustand oder eine bestimmte Verhaltensregel sei rechtens, Folge einer spezifischen, beim Menschen häufig anzutreffenden psychischen Disposition sei. Danach erkenne der Mensch das „ihn stets Umgebende, das von ihm fortwährend Wahrgenommene, das ununterbrochen von ihm Geübte" nicht nur als Tatsache an, sondern ziehe es auch als „Beurteilungsnorm"[507] heran. Diese Einsicht bewahrheite sich in den „tausendfältigen Normen, die das tägliche Leben bildet"[508], etwa der Mode, der gesellschaftlichen Sitte usf., lasse sich jedoch in „voller Reinheit"[509] anhand des Verhaltens von Kindern beobachten. Das Kind verlange danach, die „einmal vernommene Erzählung mit denselben Wendungen wieder zu hören"[510], und betrachte jede Abweichung als einen Fehler. Weil *Jellinek* von einem „Parallelismus von Ontogenese und Phylogenese"[511] ausging, erschien es ihm einleuchtend, „daß historisch die ersten Vorstellungen vom Normativen sich in ähnlicher Weise unmittelbar aus dem Faktischen entwickelt haben"[512]. Das Bekannte als normativ, d.h. als maßstabsetzend, verbindlich und präskriptiv anzusehen, folge aus der „weiter nicht ableitbaren Eigenschaft unserer Natur, kraft welcher das bereits Geübte physiologisch und psychologisch leichter reproduzierbar ist als das Neue."[513] Dieser Gedanke beinhalte auch den Schlüssel zur Lösung der Pro-

---

[505] Vgl. *G. Jellinek*, Allgemeine Staatslehre, S. 337 ff.

[506] Vgl. etwa BVerwGE 28, 179, 182 .

[507] *G. Jellinek*, Allgemeine Staatslehre, S. 337.

[508] *G. Jellinek*, Allgemeine Staatslehre, S. 337 f.

[509] *G. Jellinek*, Allgemeine Staatslehre, S. 338.

[510] *G. Jellinek*, a.a.O.

[511] *Ders.*, Allgemeine Staatslehre, S. 338.

[512] *Ders.*, a.a.O.

[513] *G. Jellinek*, Allgemeine Staatslehre, S. 338.

blematik des Gewohnheitsrechts: „Das Gewohnheitsrecht entspringt nicht dem Volksgeiste, der es sanktioniert, nicht der Gesamtüberzeugung, daß etwas kraft seiner inneren Notwendigkeit Recht sei, nicht einem stillschweigenden Willensakt des Volks, sondern es entsteht aus der allgemeinen psychischen Eigenschaft, welche das sich stets wiederholende Faktische als das Normative ansieht."[514]

II. Das Faktum als Rechtsquelle?

Die Lehre von der normativen Kraft des Faktischen wurde in der Literatur häufig im Sinne einer Theorie von der „Normqualität des Faktischen"[515] interpretiert und argumentativ dazu verwendet, vollendete Tatsachen im Nachhinein mit dem Prädikat des „Seinsollenden" zu versehen. „Das geflügelte Wort", so nahm *Walter Jellinek* posthum seinen Vater in Schutz, sei „dem Käfig der umgebenden Gedanken" entflohen, und daher „mißverstanden und unzulässiger Kritik unterzogen worden."[516] Für diese Fehldeutung, welche die Ausführungen *Jellineks* von ihrem eigentlichen Bezugspunkt löst und sich damit dem Vorwurf „unzutreffender Etikettenokkupation"[517] aussetzt, wird überwiegend *Gerhard Anschütz* verantwortlich gemacht, der im Rahmen von Anmerkungen zum revolutionären Ursprung der Weimarer Verfassung auf *Jellineks* „geistreichen Aphorismus"[518] einging[519]. Obwohl die im Zentrum von *Anschütz* Interesse stehende Novemberrevolution eine „gewaltsame Zerstörung alten Rechts"[520] und damit einen „Rechtsbruch"[521] zur Folge gehabt habe, sei sie mit ihrem erfolgreichen

514 *G. Jellinek*, Allgemeine Staatslehre, S. 339.

515 Auf diesen Fehlschluß weist *Müller*, Normstruktur und Normativität, S. 78, deutlich hin. Ebenso *Schmidt-Jortzig*, Rechtstheorie 12 (1981), 395, 400 f.; vgl. zur Verfassungswirklichkeit als Rechtsquelle *Grimmer*, Die Rechtsfiguren einer „Normativität des Faktischen", S. 17 f.; kritisch auch *Baumeister*, Das Rechtswidrigwerden von Normen, S. 311; *Zeiler*, BayVBl. 1978, 626.

516 *W. Jellinek*, JZ 1951, 347, 348. Vgl. zur Fehlinterpretation *G. Jellineks* auch *Langer*, FS Schütz (1971), S. 256, 269 ff.

517 *Schmidt-Jortzig*, Rechtstheorie (1981), 395, 401.

518 *Münch*, in: Kroker/Veiter, Rechtspositivismus, S. 38, 63.

519 *Langer*, FS Schütz (1971), S. 256, 269, meint, die Inbezugnahme durch *Anschütz* sei für die Lehre von der normativen Kraft des Faktischen „die größte Gelegenheit [gewesen], weit verbreitet und falsch verstanden zu werden." Auch *Albert*, Der Staat als 'Handlungssubjekt', S. 194, will die Deutung der normativen Kraft des Faktischen als Rechtsquellentheorie in erster Linie auf *Anschütz* zurückführen.

520 *Anschütz*, Die Verfassung des Deutschen Reichs, Einleitung, S. 3.

521 *Anschütz*, a.a.O.

Verlauf zur Basis einer neuen Verfassungsordnung geworden, im Rechtssinne sonach mit keinerlei „Makel“[522] behaftet. Zur Bekräftigung seiner Position beruft sich *Anschütz* auf ein Wort *Immanuel Kants*: Danach habe man den neuen Machthabern zu gehorchen, sobald eine Revolution gelungen sei[523]. *Anschütz* positioniert die von ihm vertretene Auffassung „negativ durch die unbedingte Ablehnung der Lehren, die man üblicherweise mit ′Legitimismus′ zusammenfaßt“ und glaubt, sie „positiv durch die Anerkennung der ′normativen Kraft des Faktischen′ [...] umschreiben zu können“[524]. Diese Lehre sei „in der deutschen Staatswissenschaft, der juristischen wie der politischen, so allgemein angenommen“ worden, „daß kaum jemand daran dachte, die Rechtswirksamkeit gelungener Revolutionen anzuzweifeln“[525].

Die Ausführungen von *Anschütz* stimmen mit denen *Jellineks* insoweit überein, als beide das bloße Faktum, ein sich durchsetzendes „Sein“ nicht genügen lassen, um eine Norm als „Seinsollendes“ zu erzeugen. Zu Beginn seiner Ausführung über die Revolution stellt *Anschütz* nämlich fest, daß diese als Quelle neuen Rechts nur in Betracht komme, wenn „sie es sein will und es ihr gelingt, diesen Willen durchzusetzen, ihn – was dasselbe sagt – im Kreise der Rechtsgenossen zur Anerkennung zu bringen.“[526] Sowohl die tatsächliche Durchsetzung als auch die Anerkennung der jeweiligen Herrschaftsstrukturen seitens der Rechtsunterworfenen seien somit notwendig, um neues Recht wirksam hervorzubringen. Bei so viel inhaltlicher Übereinstimmung mit den Ausführungen *Jellineks* übersieht *Anschütz* allerdings, daß jener revolutionsbedingt entstehendes Recht gar nicht mit der normativen Kraft des Faktischen erklären wollte. *Jellinek* ging zwar davon aus, daß das Entstehen von Rechtsnormen an mehrere Voraussetzungen gebunden sei, wobei die tatsächliche Befolgung allein nicht genügen sollte. Vielmehr hielt er es – ganz im Sinne von *Anschütz* – darüber hinaus für erforderlich, daß die Regelung von einer anerkannten äußeren Autorität ausgeht und letztlich von der Einsicht der sich ihr Unterordnenden getragen wird, es handele sich bei dem Ge- oder Verbot um eine Rechtsnorm, also nicht nur um ein sich gegenüber dem autonomen Willen durchsetzendes „Müssen“, sondern ein von diesem internalisiertes „Sollen“. Insbesondere der Anschauung von der Normativität kommt nach *Jellineks* Ausführungen eine Schlüsselstellung zu, weil „die Umwandlung der zunächst überall

---

[522] *Anschütz*, Die Verfassung des Deutschen Reichs, Einleitung, S. 4.

[523] Vgl. *Anschütz*, Die Verfassung des Deutschen Reichs., Einleitung, S. 6 Fn. 10; zur Theorie von der gelungenen Revolution als Rechtsquelle vgl. *Gusy*, JZ 1999, 758, 765.

[524] *Anschütz*, Die Verfassung des Deutschen Reichs, Einleitung, S. 6.

[525] *Anschütz*, a.a.O.

[526] *Anschütz*, Die Verfassung des Deutschen Reichs, Einleitung, S. 3 (Sperrdruck im Original).

rein faktischen Macht des Staates in rechtliche [...] durch die hinzutretende Vorstellung [erfolgt], daß dieses Faktische normativer Art sei, daß es so sein solle, wie es ist."[527] Die normative Kraft des Faktischen war ein Konstrukt um zu erklären, auf welche Weise sich diese Überzeugung von Normativität in den Köpfen der Menschen ausbildet. Da sie allein die Entwicklung der zur Rechtserzeugung erforderlichen Anerkennung betrifft, handelt es sich bei ihr ausschließlich um eine „psychologische Tendenz"[528]. Die Bedeutung dieser „psychologischen Gesetzmäßigkeit"[529] nicht nur für die Kreation des Rechts, sondern auch für dessen Bestand darf nach *Jellineks* Ansicht nicht unterschätzt werden: „Wo diese Überzeugung ausbleibt, da kann faktische Ordnung nur durch äußere Machtmittel aufrechterhalten werden, was auf die Dauer unmöglich ist; entweder tritt schließlich doch Gewöhnung an sie ein, oder die rein äußerliche Ordnung bricht in Stücke."[530]

Wenn *Anschütz* auf die normative Kraft des Faktischen Bezug nimmt, ist dies aber noch aus einem anderen Grunde irreführend. In *Jellineks* Ausführungen steht sie in Zusammenhang mit einem spezifischen Prozeß der Rechtwerdung, der bei Revolutionen insgesamt nur eine untergeordnete Rolle spielt. Die Fortentwicklung einer Anordnung zu einem allgemeinverbindlichen Rechtssatz fußt bei diesem Vorgang der Rechtsentwicklung auf dem Vorgegebenen, nimmt im Althergebrachten ihren Anfang. In einer Revolution treten aber in erster Linie hiervon verschiedene Kräfte auf den Plan, die das Faktische, d.h. das bereits Existierende, nicht unterstützen und erhalten wollen, sondern – ganz im Gegenteil – in Frage stellen, um hiervon abweichende Ideen zu realisieren. Dabei schrecken sie nicht einmal vor den Mitteln des Umsturzes zurück. Solche Neuerungen vermag die Genese von Recht, die sich auf Bestehendes stützt und in deren Kontext die normative Kraft des Faktischen Bedeutung erlangt, nicht oder nur in geringem Maße zu erklären. Das Konzept einer normativen Kraft des Faktischen wäre hierzu allenfalls dann in der Lage, wenn die durch Revolutionen herbeigeführten Veränderungen über längere Zeit Bestand hätten, so daß die neue Ordnung allgemeine Anerkennung fände. Dagegen bietet die normative Kraft des Faktischen keine Erklärung dafür, weshalb einer Revolution von Anfang an Rechtscharakter zukommen soll, wenn sie das alte Rechtssystem überwindet und ein davon abweichendes an dessen Stelle setzt.

---

[527] *G. Jellinek*, Allgemeine Staatslehre, S. 342.

[528] *G. Jellinek*, Allgemeine Staatslehre, S. 340. Zutreffend insoweit *Kempter*, Die Jellineks 1820-1950, S. 321: „Jellinek glaubte, damit eine Ursache für die Entstehung und die Fortexistenz der Rechtsordnung namhaft gemacht zu haben, seine Nachfolger und Kritiker aber interpretierten das Schlagwort von der „normativen Kraft des Faktischen" um in die Behauptung von der Recht erzeugenden Kraft vollendeter Tatsachen."

[529] *Grimmer*, Die Rechtsfiguren einer „Normativität des Faktischen", S. 26.

[530] *G. Jellinek*, Allgemeine Staatslehre, S. 342.

III. Exkurs: Die faktische Kraft des Normativen

Wenn *Anschütz* feststellt, der Rat der Volksbeauftragten habe „das alte Recht nicht sowohl brechen als es zerbrechen[531] [wollen], um es durch neues – echtes Recht – zu ersetzen“[532], so erinnert dies an einen anderen von *Jellinek* beschriebenen Mechanismus, der ebenfalls die Erzeugung von Recht zum Gegenstand hat und in gewisser Weise ein Pendant zur Entstehung von Normen aus dem Faktischen darstellt.

So wie das Faktische dazu neige, in dem Bewußtsein der Menschen zum Normativen erhoben zu werden, und sich infolge von Garantien durch äußere Autoritäten zum Rechtssatz aufschwingt, bestehe eine gegenläufige Strömung, die sich in den „Kritiken positiv-rechtlicher Verhältnisse anhand eines zu erstrebenden Zieles“[533] entfalte. Dieses zweite „Element der Bildung und Entwicklung des Rechtes“[534] wird in der Literatur als „faktische Kraft des Normativen“ bezeichnet[535]. Seine Existenz hielt *Jellinek* für unerläßlich, weil es ansonsten wegen der sich in einer Gesellschaft kontinuierlich vollziehenden Veränderungsprozesse zwangsläufig zum Zusammenbruch der bestehenden Rechts- und Staatsordnung kommen müsse: „Würde bloß das Tatsächliche als normativ anerkannt werden, so käme es in jeder geschichtlichen Epoche zu einem Punkte, wo vermöge der Umänderungen der gesellschaftlichen Verhältnisse der Rechtscharakter des Tatsächlichen entschwände, ohne daß etwas neues an die Stelle zu treten vermöchte. Lange Zeiträume wilder Anarchie wären die notwendige Folge einer derartigen einseitigen Begabung der menschlichen Natur.“[536]

Die Wendung von der faktischen Kraft des Normativen versinnbildlicht also den Umstand, daß sich infolge der Veränderung von bestehenden politischen, kulturellen und sozialen Verhältnissen mit der Zeit in einem Gemeinwesen der Wille zur Anpassung und Ergänzung des geltenden Rechts herauskristallisiert. In diesen Bestrebungen gelangt nach *Jellineks* Ansicht das Naturrecht zum Ausdruck, das „in seinem innersten Kern nichts anderes als die Gesamtheit der Forderungen“ sei, „die eine im Laufe der Zeiten veränderte Gesellschaft oder einzelne Gesellschaftsklassen an die rechtschöpfenden Mächte stellen.“[537] Als Bei-

---

531 Sperrdruck im Original.

532 *Anschütz*, Die Verfassung des Deutschen Reichs, Einleitung, S. 4.

533 *G. Jellinek*, Allgemeine Staatslehre, S. 344.

534 *G. Jellinek*, Allgemeine Staatslehre, S. 344.

535 *Albert*, Der Staat als 'Handlungssubjekt', S. 194.

536 *G. Jellinek*, Allgemeine Staatslehre, S. 353.

537 *G. Jellinek*, Allgemeine Staatslehre, S. 345.

spiel für derartige Reformbewegungen nennt *Jellinek* die Ideale des Sozialismus: Das Recht auf Existenz, das Recht auf Arbeit, das Recht auf den vollen Arbeitsertrag gehörten für ihn dem Inventar des sozialistischen Naturrechts an[538]. Die Transformation des Naturrechts in die geltende Rechtsordnung, seine „Positivierung", erfolge durch die „stillschweigende Anerkennung von seiten der herrschenden Mächte"[539]. Weigern sich diese, auf die eingeforderten Reformen einzugehen, komme es zu ihrer Durchsetzung „im Wege der Gewalt"[540], insbesondere „im Laufe von Revolutionen"[541]: „Die Vorstellungen eines natürlichen oder vernünftigen Rechtes wirken energisch mit, um selbst tiefgreifende, sich rasch vollziehende Änderungen im Staats- und Rechtszustand zu legalisieren. Sie allein vermögen, noch ehe gewohnheitsmäßige Überzeugungen Platz greifen können, im Falle des Bruches der gegebenen Staatsordnung der neuen [...] Ordnung sofort ganz oder doch in wesentlichen Teilen Rechtscharakter zu verleihen."[542] *Jellinek* verstand diesen Weg der Rechtsentstehung als dem zuvor skizzierten genau gegenläufig: Während dort das Recht aus dem Tatsächlichen hervorgeht, erzeugt hier die Vorstellung von einem „besseren" Recht das Faktum. In dieser Dichotomie stünden sich einerseits das „konservative", andererseits das „erzeugende, rationale, evolutionistische" Element der Rechtsschöpfung „schroff" gegenüber, ohne zu bemerken, daß sie „notwendigerweise" zusammengehörten[543].

Gegen die hiermit zusammenhängende Trennung der verharrenden von den vorwärtstreibenden Entstehungsursachen des Rechtsbewußtseins hat *Reinhard Holubek* den Einwand erhoben, es handele sich bei beiden Erscheinungen um die Entwicklung einer einheitlichen Überzeugung von Normativität, die von der Garantie durch staatliche Macht unabhängig sei[544]. Zur Begründung verweist *Holubek* auf die Ausführungen *Jellineks*, daß infolge der normativen Kraft des Faktischen „die Befehle priesterlicher und staatlicher Autoritäten" nur „zunächst" aus Furcht oder anderen auf Subordination gründenden Motiven (etwa Zwang) befolgt werden, sich daraus aber mit der Zeit die Vorstellung entwickele, der „Befehl selbst, losgelöst von seiner Quelle, kraft seiner inneren, verpflichtenden Kraft [sei] eine schlechthin zu befolgende, also sittliche Norm"[545].

---

[538] Vgl. *G. Jellinek*, a.a.O., S. 349.

[539] *G. Jellinek*, S. 345

[540] *G. Jellinek*, a.a.O.

[541] *G. Jellinek*, Allgemeine Staatslehre, S. 347.

[542] *G. Jellinek*, a.a.O., S. 353.

[543] *G. Jellinek*, Allgemeine Staatslehre, S. 354.

[544] Vgl. *Holubek*, Allgemeine Staatslehre als empirische Wissenschaft, S. 101 f.

[545] *G. Jellinek*, a.a.O., S. 339.

Im Zusammenhang mit dem Naturrecht hatte *Jellinek* in ähnlicher Weise vom „Schein eines Rechtes" gesprochen, „das vermöge seiner inneren Gerechtigkeit mit sittlicher Notwendigkeit verbindlich und darum geltend ist"[546]. Wenn aber die vom Menschen als unbedingt verpflichtend empfundene „sittliche Norm", die sich bei der Entstehung des Rechts aus vorgegebenen tatsächlichen Verhältnissen mit der Zeit einstellt, mit der sich in den progressiven Kräften des Naturrechts manifestierenden „sittlichen Notwendigkeit" identisch ist, so führt die normative Kraft des Faktischen genauso wie die faktische Kraft des Normativen letzten Endes zu einer Positivierung von Naturrecht[547]. Dann aber befolgen die Menschen die Normen nicht (mehr) aus dem Bewußtsein der Unterordnung heraus, sondern weil sie von deren Verbindlichkeit überzeugt sind, so daß es auf einen äußeren, motivierenden Druck in diesem Stadium überhaupt nicht mehr ankommt.

Auch wenn es richtig ist, daß *Jellinek* im Ergebnis sowohl bei der normativen Kraft des Faktischen als auch bei der faktischen Kraft des Normativen auf das Erfordernis eines Zwangs verzichtet, kommt diesem als Faktor in den beschriebenen Alternativen der Rechtsentstehung eine unterschiedliche Bedeutung zu. Es ist daher sinnvoll, an der von *Jellinek* vorgenommenen Differenzierung festzuhalten. Bei der Entwicklung von Normen aus dem Naturrecht spielt die Autorität des Staates ersichtlich keine Rolle. Denn dieses wird a priori aufgrund seiner sittlichen Kraft als verpflichtend betrachtet. Dagegen stellt sich bei der normativen Kraft des Faktischen, soweit die staatlichen Ge- und Verbote nicht freiwillig akzeptiert werden, die Rechtsüberzeugung nur deshalb ein, weil die Herrschenden die Befolgung ihrer Anordnungen solange zu erzwingen imstande sind, bis diese schließlich in der Anschauung der ihrem Befehl Unterworfenen Rechtscharakter erlangt haben. Erst dann bilden sie nach *Holubeks* Ansicht selbst Sätze des Naturrechts, so daß es zu ihrer Verwirklichung an sich keines Zwanges staatlicher Stellen mehr bedarf[548]. Die Entstehungsursachen für das Aufkommen von Naturrechtsvorstellungen sind bei der normativen Kraft des Faktischen und bei der faktischen Kraft des Normativen also gegensätzlich. Liegen sie einmal in der Negation des Bestehenden, in dem Bestreben, tatsächliche oder vermeintliche Unzulänglichkeiten der Staatsordnung zu beseitigen, so nehmen sie ein anderes Mal deren (anfangs nicht notwendigerweise freiwillige) Bejahung zum Ausgangspunkt. Die Rechtsüberzeugungen, die auf diesen beiden Wegen entstehen, mögen sich im Ergebnis gleichen, weil die Normunterworfenen die Gebote als sittliches Postulat empfinden – in ihrem Entstehungsvorgang weichen sie maßgeblich voneinander ab.

---

[546] *G. Jellinek*, a.a.O., S. 351.

[547] Vgl. *Holubek*, Allgemeine Staatslehre als empirische Wissenschaft, S. 102.

[548] Aber wohl doch, um sie gegenüber neu entstehenden Naturrechtsvorstellungen zu verteidigen.

IV. Jellinek als Apologet eines Machtstaates?

Wenn *Jellinek* die Bezeichnung Naturrecht verwendet, darf dies nicht darüber hinwegtäuschen, daß er hiervon nicht nur materiell besonders wohlausgewogene Rechtssätze erfaßt wissen wollte. Das Naturrecht stellt für ihn nämlich keine unabänderliche Größe dar, sondern ist selbst beeinflußt von der konkreten historischen Situation, in der es sich entfaltet. Genauso wie die Gesellschaft einem Veränderungsprozeß unterliegt, ist deshalb auch das Naturrecht in seinem Inhalt wandelbar: „Dieser Inhalt ist vielmehr, wie selbst eine flüchtige historische Untersuchung ergibt, zeitlich und örtlich wechselnd, und der Schluß von ihm auf ein objektiv Gerechtes ebenso metaphysischer Art wie jede dogmatische Behauptung einer objektiv ethischen Macht."[549] *Jellinek* verzichtet also sowohl bei der Entstehung der Rechtsüberzeugung aus dem Faktischen als auch bei der Positivierung des Naturrechts als Folge der Kritik an den bestehenden Zuständen auf ein ethisches Korrektiv. Diese Wertoffenheit hat ihm den Vorwurf eingetragen, einen wertblinden Machtstaat rechtstheoretisch unterfüttern zu wollen[550]. Denn selbst einer Willkürherrschaft kommt hiernach letztendlich Rechtscharakter zu, sofern es ihr nur gelingt, sich auf Dauer zu etablieren.

Tatsächlich läßt es sich nach dem zuvor Gesagten nicht ausschließen, daß eine Tyrannei durch die Lehre einer im Faktischen gründenden Rechtsentwicklung legalisiert wird. Aber die Ausführungen *Jellineks* auf diesen Ausschnitt zu verengen und ihn aus diesem Grund zum Verfechter einer Staatstheorie zu erklären, die Macht und Recht unbesehen in eins setzt, wird seinem psychologischen Deutungsversuch der Rechtsentstehung nicht gerecht[551]. So ist es zweifelhaft, von einer „besonderen Tragik" zu sprechen, daß „der Sohn eines Wiener Oberrabbiners [...] durch die weite Verbreitung seiner Staatslehre [...] beitrug, den Weg zu einer Machtübernahme des antisemitischen Rassenwahns zu ebnen."[552] Allein den durch *Jellineks* Staatslehre geprägten, gesetzesgläubigen „Formaljuristen"[553] dafür verantwortlich zu machen, daß der Nationalsozialismus von seiten der Rechtswissenschaft auf so wenig Widerstand stieß, würde vielfältige Ge-

549 *G. Jellinek*, Allgemeine Staatslehre, S. 351.

550 *Holubek*, Allgemeine Staatslehre als empirische Wissenschaft, S. 125.

551 Vgl. *W. Jellinek*, Über die normative Kraft des Faktischen, JZ 1951, 347, 348.

552 *Holubek*, Allgemeine Staatslehre als empirische Wissenschaft, S. 125; *Lenz*, Buchbesprechung zu *Holubek*, Allgemeine Staatslehre als empirische Wissenschaft, Der Staat 1 (1962), S. 235, 237, wirft dieser Art von Kritik „geringe intellektuelle Redlichkeit" vor.

553 *Holubek*, Allgemeine Staatslehre als empirische Wissenschaft , S. 55.

sichtspunkte ausblenden, die bei der Machtübernahme durch *Hitler* und der späteren Gleichschaltung der Justiz von weitaus größerem Belang waren[554].

Jellinek ging es bei der normativen Kraft des Faktischen allein darum, Bewußtsein und Mentalität der Menschen vor dem Hintergrund der „Geschichte der Unfreiheit" zu erklären, in der z.B. „die mannigfach abgestuften Abhängigkeitsverhältnisse des Mittelalters Jahrhunderte hindurch allseitig, also auch von den Unterworfenen selbst, nicht nur als faktisches Unterworfensein, sondern als rechtliche Institution anerkannt wurden."[555] Zwar mögen einige seiner Aussagen den Anschein einer „materialistischen Machttheorie"[556] vermitteln, wenn es etwa heißt, auch der altägyptische und altpersische Despotismus hätten für die von ihm Beherrschten „zweifellos" Rechtscharakter gehabt, und es offenbare nicht nur ein unhistorisches, sondern auch unjuristisches Denken, derartige Staatenbildungen mit dem Maßstabe späterer Rechtsauffassungen zu messen[557]. Es darf allerdings nicht vergessen werden, daß *Jellinek* für die Begründung von Recht nicht nur die Innehabung der tatsächlichen Macht zur Voraussetzung erklärt. Ein weiteres, wichtiges Kriterium ist das der Anerkennung durch die Befehlsadressaten, der sich die herrschenden Gruppen erst einmal vergewissern müssen[558]. Dabei behauptet *Jellinek* keinesfalls, daß „der menschlichen Psyche die Tendenz eigen wäre, Faktisches unreflektiert als Seinsollendes" zu begreifen[559]. Er setzt also nicht ohne weiteres Recht und Macht gleich[560]. Dies würde sich auch schwerlich mit anderen Äußerungen *Jellineks* in Einklang bringen lassen, denen zufolge es sich beim Recht um die Verkörperung eines „ethischen Minimums" handelt[561]. Als solches erlangt ein Gesetz nur dann Verbindlichkeit, wenn es sich sittlich rechtfertigen läßt[562]. So ist das Faktum kein Fatum[563]. *Jelli-*

---

[554] Vgl. *Lenz*, Der Staat 1 (1962), S. 235, 236 f.; kritisch auch *Kempter*, Die Jellineks 1820-1950, S. 321; vgl. zur Rolle der Justiz im Nationalsozialismus *von Brünnek*, KJ 1970, 21 ff., und *Reifner*, ZRP 1983, 13 ff. Zu der insbesondere von *Radbruch* vertretenen These, der Gesetzespositivismus habe die deutsche Justiz für den Totalitarismus besonders anfällig gemacht, vgl. *Walther*, KJ 1988, 263.

[555] *G. Jellinek*, Allgemeine Staatslehre, S. 342.

[556] Vgl. *Holubek*, Allgemeine Staatslehre als empirische Wissenschaft , S. 112 u. 131.

[557] Vgl. *G. Jellinek*, Allgemeine Staatslehre, S. 343.

[558] *Münch*, in: Kroker/Veiter, Rechtspositivismus, S. 38, 63: „Jellinek selbst hat großen Wert auf die rechtliche Sanktion durch Anerkennung gelegt, die dem Faktum nachfolgen muß."

[559] *Albert*, Der Staat als 'Handlungssubjekt', S. 195; *Wolff*, in: Paulson/Schulte, Georg Jellinek: Beiträge zu Leben und Werk, S. 133, 149 f.

[560] Vgl. *Wolff*, in: Paulson/Schulte, Georg Jellinek: Beiträge zu Leben und Werk, S. 133, 150.

[561] Darauf weist *W. Jellinek*, JZ 1951, 347, 348, hin.

[562] *W. Jellinek*, a.a.O.

[563] *Langer*, FS Schütz (1971), S. 256, 265.

nek hielt es durchaus für möglich, daß faktisch vorherrschenden Mächten die Anerkennung als normativ versagt bleibt. Entscheidend für die Frage, ob diesen in ihrem Bemühen um Anerkennung Erfolg beschieden ist, sind „Energie oder Trägheit des Volkscharakters, Stumpfheit oder kritische Schärfe des öffentlichen Geistes“[564] sowie die „Fähigkeit der Machthaber, sich die Massen zu assimilieren“[565]. Zwar konnte *Jellinek* nicht ausschließen, daß letzten Endes auch einem Unrechtssystem Rechtsqualität zugesprochen wird. Aber dies sollte entscheidend davon abhängen, ob es den Machthabern gelang, die ihrem Einfluß Unterworfenen von der Normativität ihrer Befehle zu überzeugen.

V. Die Fehlinterpretation Jellineks durch die Staatsrechtslehre: Von der normativen Kraft zur Normqualität des Faktischen

Jellinek beschäftigte sich mit dem Problem des Verfassungswandels in einer staatsrechtlich-politischen Abhandlung aus dem Jahre 1906[566]. Während er unter Verfassungsänderungen die durch „absichtliche Willensakte herbeigeführte Änderung der Verfassungstexte“ verstand, definierte er als Verfassungswandlung „diejenige Änderung, die diese Texte formell unverändert bestehen läßt und durch Tatsachen hervorgerufen wird, die nicht von der Absicht oder dem Bewußtsein einer solcher Änderung begleitet sein müssen.“[567] Auf die normative Kraft des Faktischen kam er in bezug auf die Verfassungswandlung mit keinem Wort zu sprechen.

Hieraus wurde in der staatstheoretischen Literatur nicht selten der Schluß gezogen, *Jellinek* habe die von ihm exemplifizierten Verfassungswandlungen in seiner Arbeit nicht mit dieser Rechtsfigur erklären wollen, sondern sich ausschließlich auf eine „empirische Beschreibung wichtiger Fälle und Typen“[568] beschränkt. Bereits die zeitgenössische Rezeption interpretierte *Jellineks* Theorie aber auch in einem anderen Sinne: *Carl Bilfinger* etwa meinte, *Jellinek* habe das Problem der Verfassungswandlung mit diesem Rechtsinstitut lösen wollen[569]. In seinen Ausführungen zum Verfassungswandel dächte *Jellinek* nicht

---

[564] *G. Jellinek*, Allgemeine Staatslehre, S. 344.

[565] a.a.O.

[566] *G. Jellinek*, Verfassungsänderung und Verfassungswandel.

[567] *G. Jellinek*, a.a.O., S. 3 (= S. 11*).

[568] *Hsü Dau-Lin*, Die Verfassungswandlung, S. 99.

[569] Vgl. aus jüngster Zeit *Wolff*, in: Paulson/Schulte, Georg Jellinek: Beiträge zu Leben und Werk, S. 133, 149.

etwa an Gewohnheitsrecht im üblichen Sinne, sondern an eine „rechtsschaffende Notwendigkeit“[570] als rein faktischen Vorgang, der „unter die hergebrachten Rechtsquellen nicht eingereiht werden kann und insofern sich nicht 'innerhalb der Sphäre des Rechts vollzieht'“[571]. Erst durch die Anerkennung der sich gegebenenfalls sogar contra constitutionem entwickelnden Verfassungswirklichkeit erlange der eingetretene Zustand schließlich verbindlichen Rechtsstatus.

Auf eine so verstandene normative Kraft des Faktischen nimmt *Bilfinger* dann Bezug, um die seinerzeit übliche Praxis der Verfassungsdurchbrechungen zu rechtfertigen. In Anlehnung an *Hugo Preuss*[572] hielt er diese zwar grundsätzlich für verfassungswidrig, da niemandem „zugemutet werden [könne], sämtliche Reichsgesetze – mit oder ohne Verkündungsvermerk [...] – durchzugehen, um sich über den Status des geschriebenen Verfassungsrechtes zu vergewissern.“[573] Gleichwohl gelangte er über die normative Kraft des Faktischen zu demselben Ergebnis wie die herrschende Meinung, welche die materielle Verfassungsänderung für zulässig erklärte. Auch wenn das die Verfassung durchbrechende Gesetz verfassungswidrig ist, tritt nach *Bilfingers* Ansicht mit Anerkennung der durch die verfassungswidrige Norm geschaffenen faktischen Lage eine Verfassungsumgestaltung ein. Insoweit glaubt *Bilfinger* sogar davon sprechen zu können, daß „der Gesetzgebungsweg des Art. 76 [scil. WRV] selbst durch Verfassungswandlung geändert“[574] worden sei. *Bilfinger* faßt den Verfassungswandel als eine sich vom Verfassungstext entfernende Verfassungswirklichkeit auf, die im Nachhinein dadurch Rechtscharakter erlangt, daß sie trotz ihrer Unvereinbarkeit mit dem Wortlaut der Verfassungskodifikation als rechtsverbindlich anerkannt wird[575]. Den Anforderungen *Jellineks* an den Rechtsbegriff – Durchsetzung und Anerkennung – war damit genüge getan. Was das Erfordernis der Anerkennung anbelangt, geht Bilfinger auf die seiner Ansicht nach „praktisch wichtigste Frage, wer denn eigentlich Träger der opinio juris et necessitatis bei der Verfassungswandlung sein muß“[576], nicht näher ein. Immerhin präzisiert er seine Überlegungen dahin, daß der Konsens zwischen Regierung und Parlament – gleichviel, wie er sich äußere – erfahrungsgemäß einen wesentlichen Anhaltspunkt für die Feststellung der Wandlung bilde[577].

---

[570] *Bilfinger*, AöR NF. 11 (1926), 163, 176.

[571] *Bilfinger*, a.a.O.

[572] Vgl. *Preuss*, DJZ 1924, 656 ff.

[573] *Bilfinger*, a.a.O., 163, 175.

[574] *Bilfinger*, a.a.O., 163, 177.

[575] *Bilfinger*, Der Reichssparkommissar, S. 18: „die Möglichkeit des Überganges tatsächlicher Verhältnisse in Recht auf dem Gebiete des Verfassungswesens.“

[576] *Bilfinger*, Der Reichssparkommissar, S. 18.

[577] *Bilfinger*, Der Reichssparkommissar, S. 18.

VI. Jellineks Ansatz unter der Geltung des Grundgesetzes

Ob eine solche (als Rechtsquellentheorie verstandene) „normative Kraft des Faktischen“ in der Verfassungsordnung des Grundgesetzes als Rechtfertigung für eine von der Verfassung abweichende Verfassungswirklichkeit dienen kann, wird unterschiedlich beurteilt. So ist *Hesse* der Ansicht, eine auf der normativen Kraft des Faktischen basierende Verfassungswandlung ermögliche keine inhaltliche Begrenzung der hierdurch verursachten Veränderungen und laufe deshalb der normativen Kraft des Grundgesetzes zuwider[578]. Außerdem bemängelt er, daß *Jellinek* von seinem positivistischen Standpunkt aus selbst keinerlei Begründung dafür liefere, wieso das Tatsächliche sich in staatliches Verfassungsrecht umzusetzen vermag[579]. In der kritischen Haltung *Hesses* kommt die Ablehnung der mit seinem Verfassungsverständnis unvereinbaren Einschätzung *Jellineks* zum Ausdruck, „daß Rechtssätze unvermögend sind, staatliche Machtverteilung tatsächlich zu beherrschen“, weil sich „die realen politischen Kräfte [...] nach ihren eigenen Gesetzen bewegen, die von allen juristischen Formen unabhängig wirken.“[580] Für *Hesse* stellen Verfassungswandlungen deshalb einen Angriff auf die Normativität der Verfassung dar, den es von seiten der Rechtswissenschaft abzuwehren gilt[581].

Dem hält *Walter Pauly* entgegen, daß die Vorstellung von der uneingeschränkten Regelungskraft der Verfassung zu einem Großteil auf Wunschdenken beruhe. Für den Verfassungsjuristen sei es auf längere Sicht unumgänglich, „das sichere Gehäuse der positiven Rechtsordnung“ zu verlassen, um „neuartige positiv-rechtliche Erscheinungen, die sich stetig und effektiv zur Geltung bringen, nicht in einem Dunkel von Verfassungswidrigkeit und Verfassungsbruch unterschiedslos und unerkannt verschwinden zu lassen.“[582] Seine Augen vor dieser Entwicklung zu verschließen, hieße, juristisch auf Dauer zu erblinden und die Chance ungenutzt verstreichen zu lassen, wenigstens begrenzt vorhandene

[578] *Hesse*, FS Scheuner (1973), S. 131; siehe auch *Jeand'Heur*, Verfassungsrechtliche Schutzgebote zum Wohl des Kindes und staatliche Interventionspflichten aus der Garantienorm des Art. 6 Abs. 2 Satz 2 GG, S. 71.

[579] *Hesse*, FS Scheuner (1973), S. 123 ,131.

[580] *G. Jellinek*, Verfassungsänderung und Verfassungswandel, S. 72 (= S. 80*).

[581] Dies erkannte auch *Bilfinger*, Der Reichssparkommissar, S. 18, der hieraus allerdings andere Konsequenzen zog: „daß damit eine bedenkliche Unsicherheit in die Verfassungsrechtsbildung hineingetragen und daß ferner damit auch die Schranke des Verfassungssystems in ihrer Bedeutung erheblich entwertet wird, muß man in Kauf nehmen.“

[582] *Pauly*, Verfassungswandel und normative Kraft des Faktischen, S. VII, X.

Steuerungsmöglichkeiten zu nutzen[583]. *Pauly* geht davon aus, daß sich die Verfassungswirklichkeit niemals völlig in den Rahmen des Verfassungsrechts wird einfügen lassen. Dies habe *Jellinek* erkannt, und seine Lehre von der normativen Kraft des Faktischen wolle die Staatsrechtswissenschaft vor dem Zerrbild bewahren, das er ihr in einer Karikatur mahnend gegeben hat[584]: „Die Jurisprudenz mag dann später nachhinken und mit Hilfe dialektischer Kunststückchen die vollendete Tatsache als rechtmäßig nachweisen, sie vollzieht damit doch nur den Versuch einer Rationalisierung von Fakten, ganz wie es das von ihr so heftig bekämpfte Naturrecht mit so großem Eifer betrieben hatte."[585] Um den Juristen die unwürdige Preisgabe ihrer Dogmatik zu ersparen, die notwendigerweise einer sich dieser entwindenden Verfassungswirklichkeit angepaßt werden müsse, plädiert *Pauly* dafür, grundsätzlich von dem Gedanken Abstand zu nehmen, eine Verfassung könne als feststehendes Normengefüge das Handeln der Verfassungsorgane fortwährend lenken und bestimmen. Rasch sei eine Verfassung nur noch das, für was die maßgeblichen Instanzen sie erachteten[586]. Gerade von einer Verfassungsgerichtsbarkeit, der an sich die Aufgabe zufiele, die Vorgaben der Verfassung in der Verfassungswirklichkeit zu garantieren, gingen häufig „kräftige, auch dem Verfassungswortlaut widerstreitende Wandlungsimpulse"[587] aus, denen sich andere Staatsorgane nur schwer entziehen könnten, ohne ihrerseits rechtswidrig zu handeln. Ein Anhaltspunkt hierfür sei das in der Bundesrepublik bereits mehrfach zu beobachten gewesene Vorgehen des Verfassungsgesetzgebers, eine strittige verfassungsgerichtliche Rechtsprechung später durch eine entsprechende Änderung der Verfassung dem Vorwurf der Verfassungsumgestaltung zu entziehen. *Pauly* bezweifelt, ob dies in allen Fällen wirklich nur zur „Konkretisierung bereits vorhandenener Normierungen" oder nicht vielmehr zu einer „Fixierung von bislang Extrakonstitutionellem" geschah[588]. Begünstigt werde diese Entwicklung durch eine die Rechtsprechung des Bundesverfassungsgerichts positivistisch verwertende Staatsrechtswissenschaft, die sich darauf beschränke, Judikate zu systematisieren und sie damit eher nach- als vorausdenke[589].

---

[583] Vgl. *Pauly*, a.a.O., S. VII, XIX.

[584] *Pauly*, Verfassungswandel und normative Kraft des Faktischen, S. VII, XI.

[585] *G. Jellinek*, Allgemeine Staatslehre, S. 359.

[586] Vgl. *Pauly*, Verfassungswandel und normative Kraft des Faktischen, S. VII, IX.

[587] *Pauly*, a.a.O.

[588] *Pauly*, Verfassungswandel und normative Kraft des Faktischen, S. VII, X.

[589] Vgl. *Pauly*, Verfassungswandel und normative Kraft des Faktischen, S. VII, IX, unter Bezugnahme auf *Schlink*, Der Staat 28 (1989), S. 161, 163.

Dieser Ansicht ist sicher ihr Bemühen um die Bewältigung des Umstandes anzurechnen, daß sich eine vollständige Übereinstimmung von Verfassungsgesetz und Verfassungswirklichkeit niemals wird erreichen lassen. Trotz der aufgezeigten Schwächen einer die Normativität der Verfassung in das Zentrum der Betrachtung rückenden Staatsrechtslehre vermag jedoch nur sie der Verfassungsaufgabe gerecht zu werden, auf die Verfassungswirklichkeit steuernd und gestaltend einzuwirken. Die normative Kraft des Faktischen zur Legitimation von Entwicklungen heranzuziehen, die von der Verfassung nicht vorhergesehen oder gewollt sind, desavouiert dagegen den Geltungsanspruch des Grundgesetzes und mißachtet, daß ein Rechtsstaat keinen Raum dafür belassen darf, einen Verfassungsverstoß durch allgemeine Anerkennung „abzusegnen“. Eine schlicht verfassungswidrige Staatspraxis führt gerade keinen Verfassungswandel herbei[590]. *Jellineks* Rechtsquellenlehre setzt zweierlei voraus, um neues Recht entstehen zu lassen, nämlich die tatsächliche Durchsetzung einer Anordnung sowie ihre spätere Anerkennung als Rechtssatz. In der Verfassungsordnung des Grundgesetzes muß einer Regelung jedoch die Rechtsverbindlichkeit begründende Anerkennung vorenthalten bleiben, wenn sie nicht in den von der Verfassung vorgesehenen Normsetzungsverfahren erlassen wurde. Dies gilt auch, wenn oberste Verfassungsorgane ein objektiv verfassungswidriges Staatshandeln für verfassungsgemäß erklären sollten; und es ergäbe sich selbst dann nichts anderes, wenn das Bundesverfassungsgericht eine Normauslegung vornehmen würde, welche die Vorgaben der Verfassung unberücksichtigt ließe. Daß die so „legitimierte“ verfassungswidrige Regelung mit Sicherheit befolgt wird, vermag eine derartige „Gesetzgebung“ nicht zu rechtfertigen. Die Hervorhebung der Tatsache, daß einer Umgestaltung von Normen im Wege prätorischer Rechtsschöpfung kein Riegel vorgeschoben werden könne, ohne daß widerstrebende Staatsorgane selbst Gefahr liefen, sich rechtswidrig zu verhalten, trägt gleichfalls nicht zur Legalisierung bei. Schließlich verfängt auch nicht die Warnung[591] vor der unbestreitbaren Bedrohung der Verfassung durch ein Verfassungsgericht, dessen Richter „an die Stelle des Verfassungsgesetzgebers“ treten[592]. Einer Entmachtung des Verfassungsgesetzgebers durch die dritte Gewalt läßt sich nur Einhalt gebieten, wenn den Verfassungsrichtern stets ihre Funktion als Verfassungsinterpreten bewußt ist, weil sie als solche bei der Entscheidungsfindung nicht nur an den grundsätzlich verbindlichen Verfassungs-

---

590 BVerfG 45, 1, 33: „Mit dieser verfassungsrechtlichen Lage steht die bisherige langjährige Praxis nur schwerlich in Einklang. [...] Ein solches Gebaren, wo immer seine Gründe im übrigen liegen mögen, kann nicht dazu führen, einen Verfassungswandel dahin anzunehmen, daß hierdurch die Kompetenz und Verantwortung des Gesetzgebers verkürzt und die Kompetenz des Bundesministers der Finanzen erweitert worden seien.“

591 *Pauly*, Verfassungswandel und normative Kraft des Faktischen, S. VII, IX.

592 *G. Jellinek*, Verfassungsänderung und Verfassungswandel, S. 19 (= S. 27*).

wortlaut, sondern auch an die canones der juristischen Auslegung gebunden sind. Natürlich setzt dies ein ordnungs-, d.h. verfassungsgemäßes Funktionieren der Verfassungsgerichtsbarkeit voraus. Unbestreitbar ist eine solche Sichtweise also an „Bestand und Funktion eines eingespielten und relativ stabilen institutionellen Systems“[593] gebunden. Aber diese Schwachstelle beinhaltet ein geringeres Risiko für die Unverbrüchlichkeit der Verfassung als ein Laissez-faire der politischen Kräfte, das Abweichungen von grundgesetzlichen Vorschriften nicht nur als unvermeidbar in Kauf nimmt, sondern bei entsprechendem Schulterschluß der maßgeblichen Verfassungsorgane sogar gutheißt. Ein solches Gewährenlassen kommt einer Kapitulation vor der Verfassungswirklichkeit gleich und ebnet einer Verfassungsdogmatik den Weg, die bei Vorliegen eines entsprechenden politischen Konsenses leichtfertig über entgegenstehende Normen der Verfassung hinwegsieht. Es hebelt die machtbegrenzende Funktion der Verfassung aus und führt damit zu einer gefährlichen Selbstentfesselung des Staates. Dem Begriff des Verfassungswandels, der in der normativen Kraft des Faktischen ein Hilfsmittel sieht, um einer im Tatsächlichen um sich greifenden Entwicklung Normativität zuzusprechen, muß daher unter der Geltung des Grundgesetzes die Gefolgschaft versagt bleiben.

VII. Ergebnis

Das auf *Jellineks* Lehre von der normativen Kraft des Faktischen basierende Begriffsverständnis vom Verfassungswandel läßt sich wegen der damit verbundenen Beeinträchtigung der Geltungskraft der Verfassung nicht zur Begründung des Außerkrafttretens von Art. 7 Abs. 3 Satz 1 GG heranziehen.

D. Die Analyse des Verfassungswandels durch Hsü Dau-Lin

I. Verfassungswandel als Inkongruenz von Verfassungsrecht und Verfassungswirklichkeit

Die wohl umfangreichste Monographie zum Verfassungswandel legte *Hsü Dau-Lin*, ein Schüler *Rudolph Smends*, im Jahre 1932 vor. *Hsü Dau-Lin*, der in seiner

[593] *Pauly*, Verfassungswandel und normative Kraft des Faktischen, S. VII, IX.

Studie den damaligen Stand der rechtswissenschaftlichen Forschung[594] umfassend aufbereitet, geht – obwohl die Beiträge *Labands* im staatsrechtlichen Diskurs wiederholt aufgegriffen wurden – davon aus, daß die eigentliche dogmatische Bewältigung des Verfassungswandels noch ausstehe. Er definiert Verfassungswandel als „Inkongruenz [...] zwischen den Verfassungsrechtsnormen einerseits und der Verfassungswirklichkeit andererseits"[595]. Dabei unterscheidet er vier verschiedene Arten des Verfassungswandels, die er im Verlauf seiner Abhandlung sowohl anhand von aktuellen als auch rechtshistorischen Beispielen aus dem kontinentaleuropäischen und anglo-amerikanischen Rechtskreis im einzelnen illustriert: 1. Verfassungswandel durch eine formal die Verfassung nicht verletzende Staatspraxis, 2. Verfassungswandel durch die Unmöglichkeit der Ausübung gewisser verfassungsgesetzlich statuierter Rechte, 3. Verfassungswandel durch eine der Verfassung widersprechende Staatspraxis und 4. Verfassungswandel durch Verfassungsinterpretation[596].

Die Notwendigkeit eines Verfassungswandels ergibt sich für *Hsü Dau-Lin* daraus, daß dem Bedürfnis nach Anpassung der Verfassung an die Erfordernisse der Verfassungswirklichkeit allein mit Verfassungsänderungen nicht hinreichend Rechnung getragen werden könne, weil der allgemeine technische Fortschritt und das Wechseln der Wert- und Kulturanschauungen (*Hsü Dau-Lin* nennt beispielhaft die Bereiche Religiosität, Staatsbegriff und Eigentumsrecht[597]) eine bislang nicht gekannte Beschleunigung erfahren hätten. Die besonderen verfahrensrechtlichen Voraussetzungen für Änderungen der Verfassung sowie die Neigung, Verfassungsrechtssätze als sakrosankt zu betrachten[598], ständen der erforderlichen Adaption gleichermaßen entgegen: „Gesetzgebungstechnische und menschlich-psychologische Gründe wirken zusammen dahin, daß die Verfassungsänderung nur in höchst seltenen Fällen vorgenommen wird." Finde die Verfassungswirklichkeit in der Verfassung nicht durch entsprechende Verfassungsänderungen Berücksichtigung, verhelfe sie sich auf anderem Wege zur Geltung: „Wo eine Verfassungsänderung nicht häufig vorkommt, da gibt es eben Verfassungswandlungen."[599]

---

[594] Vgl. *Hsü Dau-Lin*, Die Verfassungswandlung, S. 14, sprach von einer „bunten Kontroverse in der deutschen Literatur".

[595] *Ders.*, Die Verfassungswandlung, S. 17.

[596] *Ders.*, a.a.O., S. 19.

[597] *Ders.*, Die Verfassungswandlung, S. 159.

[598] Ganz in diesem Sinne formuliert *Laband*, Die Wandlungen der deutschen Reichsverfassung, S. 2: „Kein Wunder also, daß die deutsche Reichsverfassung als ein Heiligtum betrachtet wird und daß der Gedanke, daß jemand sie verletzen oder umstoßen könnte, geeignet ist, in der Volksseele einen heiligen Zorn und eine tiefe Erregung hervorzurufen."

[599] *Hsü Dau-Lin*, Die Verfassungswandlung, S. 160.

II. Formeller und materieller Verfassungswandel

Die „Doppelnatur der Verfassung“[600], die zum einen geschriebenes Gesetzeswerk, zum anderen die Daseinsweise des Staates umfassendes Sinnsystem sei, ist für *Hsü Dau-Lin* Anlaß zur Unterscheidung der Verfassungswandlung im formellen von der im materiellen Sinne. Der Verfassungswandel im formellen Sinne, von *Hsü Dau-Lin* auch als „Buchstabenwandlung“[601] bezeichnet, soll hierbei Veränderungen erfassen, bei der „die positiven Normen der geschriebenen Verfassung mit dem tatsächlichen Verfassungszustand nicht mehr in Kongruenz stehen, wenn eine Differenz zwischen dem geschriebenen und dem tatsächlich geltenden Verfassungsrecht eintritt“[602]. Als Beispiel für diesen Typ des Verfassungswandels zieht *Hsü Dau-Lin* die Eingliederung Elsaß-Lothringens in das Deutsche Reich heran[603]. Infolge der Ausweitung des Reichsterritoriums habe die Verfassung nur in dem von ihr skizzierten Rahmen eine Ergänzung und Erweiterung erfahren, ohne daß gegen eine den Verfassungsnormen zugrunde gelegte Intention verstoßen worden sei[604]. Beim materiellen Verfassungswandel entwickelten sich dagegen aus der staatlichen Lebensrealität Rechtsverhältnisse und Institute, „die zu dem in der Verfassung verkörperten – gleichviel ob normenmäßig fixierten oder nur sinngemäß involvierten – System in Widerspruch stehen.“[605] Die Verfassungswandlung im materiellen Sinne läuft somit auf einen System- oder Bedeutungswandel hinaus[606]. In diesem Kontext verweist *Hsü Dau-Lin* zur Verdeutlichung zum einen auf die den Rechtsstatus der Kirchen ausformenden Verfassungsbestimmungen[607], zum anderen auf Art. 54 WRV, dem durch die schwierige parlamentarische Situation in der Weimarer Republik eine andere Funktion zuteil geworden sei, als ihm die „Väter der Weimarer Verfassung“[608] eigentlich beigelegt hätten.

---

600 *Hsü Dau-Lin*, a.a.O., 167.

601 *Hsü Dau-Lin*, a.a.O., S. 167.

602 Vgl. *Hsü Dau-Lin*, a.a.O.

603 *Hsü Dau-Lin*, Die Verfassungswandlung, S. 169.

604 *Hsü Dau-Lin*: „Man wird z.B. doch niemals ernsthaft behaupten wollen, daß der Erwerb Elsaß-Lothringens und der Schutzgebiete durch das Deutsche Reich und der Eintritt der elsaßlothringischen Abgeordneten in den Reichstag, obwohl hier eine Buchstabenwandlung zweifellos vorliegt, eine materielle Wandlung des Bismarckschen Verfassungsrechts bedeuten“.

605 *Hsü Dau-Lin*, Die Verfassungswandlung, S. 167.

606 Vgl. *Hsü Dau-Lin*, Die Verfassungswandlung, S. 167.

607 Vgl. Art. 135-141, 149 WRV.

608 *Hsü Dau-Lin*, Die Verfassungswandlung, S. 170.

1. Die Wandlung des Art. 54 WRV

Gemäß Art. 54 Satz 1 WRV benötigten Reichskanzler und Reichsminister zu ihrer Amtsführung das Vertrauen des Reichstags, weshalb Satz 2 im Fall eines Vertrauensentzugs durch das Parlament den Rücktritt der Regierung obligatorisch vorsah. Die mit Art. 54 WRV in der Verfassung verankerte Abhängigkeit der Regierung vom Parlament legte den Grundstein für das parlamentarische Regierungssystem der Weimarer Republik[609] und sollte durch das Erfordernis einer politischen Übereinstimmung zwischen Reichsregierung und Reichstag stabile Regierungsverhältnisse herbeiführen. Sie trug dem Umstand Rechnung, daß der politische Gestaltungsspielraum einer Regierung ohne Mehrheit im Reichstag empfindlich eingeschränkt war.

Unter Bezugnahme auf *Carl Schmitt* hielt *Hsü Dau-Lin* den ursprünglichen Zweck des Art. 54 WRV indessen nicht länger für verwirklicht. Vielmehr sei es infolge der instabilen Parteienkonstellationen dazu gekommen, daß „nicht der erste Satz, nach welchem die Regierung des Vertrauens des Reichstags bedarf, maßgebend ist, sondern der zweite Satz, nach welchem sie erst dann zurücktritt, wenn sie ein ausdrückliches Mißtrauensvotum erhalten hat."[610] Die von *Hsü Dau-Lin* geschilderte Akzentverschiebung innerhalb des Art. 54 WRV läßt sich nur in Kenntnis der damaligen politischen Lage richtig einordnen. Wegen der äußerst brüchigen Fraktionsdisziplin und einer unüberschaubaren Vielzahl im Reichstag vertretener Parteien waren die politischen Verhältnisse in der Weimarer Republik durch Minderheitskabinette geprägt. Von den zwanzig Regierungen, die bis zur Machtergreifung *Hitlers* vom Reichspräsidenten ernannt wurden, stützten sich gerade einmal acht auf eine Mehrheit im Parlament[611]. Aus diesem Grund sah der Reichstag überwiegend von einer positiven Vertrauensfeststellung ab und begnügte sich mit einer sog. Tolerierungserklärung oder der Ablehnung eines gegen die jeweilige Regierung gerichteten Mißtrauensantrags[612]. *Hsü Dau-Lins* Monographie zur „Verfassungswandlung" erschien in der schon zu Beginn der dreißiger Jahre einsetzenden Phase des allmählichen Verfalls der Weimarer Republik. In dieser Zeit wurde die Regierung des am 28. März 1930 von *Paul von Hindenburg* zum Reichskanzler ernannten Zentrums-

---

609 Vgl. *Anschütz*, Die Verfassung des Deutschen Reichs, Art. 54 Anm. 1.

610 *Hsü Dau-Lin*, Die Verfassungswandlung, S. 170, unter Bezugnahme auf *Schmitt*, Verfassungslehre, S. 343.

611 *Huber*, Deutsche Verfassungsgeschichte, Band 6, S. 330.

612 *Huber*, a.a.O.

politikers *Heinrich Brüning* parlamentarisch von den Sozialdemokraten toleriert. Hierzu war es gekommen, nachdem *Brüning* mit seinem Programm zur Sanierung des Staatshaushalts im Juli 1930 vor dem Reichstag gescheitert war[613]. Diese Niederlage[614] hatte ihn dazu veranlaßt, noch im selben Monat den Reichspräsidenten um die Auflösung des Reichstags zu ersuchen[615]. Dies sollte sich als verhängnisvoller Fehlschritt erweisen. Denn in der sodann anberaumten Reichstagswahl vom 14. September 1930 gelang es der NSDAP, große Zugewinne für sich zu verbuchen[616]. Die Mobilisierung breiter Schichten der Bevölkerung hatte zu einer erheblichen Zunahme der Wahlbeteiligung geführt. Die hinzugewonnenen Wähler stimmten zum größten Teil nationalsozialistisch, weshalb *Brüning* im Parlament auch fortan über keine Mehrheit verfügte[617]. Die Mißtrauensanträge, die im Oktober 1931 von NSDAP, DNVP und KPD gestellt wurden, vermochte *Brüning* nur mit Hilfe der SPD abzuwenden, deren Abgeordnete sich aus Furcht vor einer Kabinettsbildung durch die politische Rechte zur Unterstützung der Regierung entschlossen[618]. *Brüning* war somit auf die Billigung seiner Regierung durch die Sozialdemokraten angewiesen. Zwischen seiner Minderheitsregierung und dem Reichstag bestand daher weniger ein Zustand des Vertrauens als vielmehr ein solcher ständigen „Nicht-Mißtrauens“[619], der lediglich ein Absehen vom förmlichen Vertrauensentzug nach Art. 54 Satz 2 WRV bedeutete.

2. Zweiteilung des Verfassungswandels ohne heuristischen Wert

Tatsächlich hatte sich die Bedeutung des Art. 54 WRV, bedingt durch die verfassungspolitischen Realitäten, anders entwickelt, als es zu Beginn der Weimarer Republik vorausgesehen werden konnte. Dennoch muß dem Dualismus von formellem und materiellem Verfassungswandel insgesamt eine klare Absage

---

[613] Vgl. *Bracher*, Die Auflösung der Weimarer Republik, S. 299 ff.

[614] In der Abstimmung vom 16. Juli unterlag die Regierung mit 193 zu 256 Stimmen, vgl. *Bracher*, Die Auflösung der Weimarer Republik, S. 302.

[615] *Dederke*, Reich und Republik, S. 227 ff.

[616] Die NSDAP vermochte die Zahl ihrer Mandate von 12 auf 107 zu steigern. Sie wurde damit zur zweitstärksten Fraktion des Reichstags, vgl. *Huber*, Deutsche Verfassungsgeschichte, Band 6, S. 298.

[617] *Bracher*, a.a.O., S. 327, nennt das Wahlergebnis einen „Triumph der Verantwortungslosen“.

[618] *Huber*, Deutsche Verfassungsgeschichte, Band 6, S. 332 Fn. 38.

[619] Vgl. *Hsü Dau-Lin*, Die Verfassungswandlung, S. 170.

erteilt werden. Es ist schon zweifelhaft, ob die Zweiteilung des Begriffs der Verfassungswandlung zur weiteren dogmatischen Durchdringung dieses Instituts führte. Denn an der Zuordnung zu einer der beiden Formen des Verfassungswandels hängen offenbar keine rechtlich relevanten Folgen. Die Differenzierung erinnert zwar unter Umständen daran, daß es einen Wandel der Verfassungswirklichkeit geben mag, der vom Wortlaut der Verfassung oder von einem in ihr enthaltenen System noch getragen wird[620]. Ein der Verfassung immanentes Sinnsystem als Richtschnur heranzuziehen, um Verfassungswandlungen in unterschiedliche Kategorien einzuteilen, stiftet jedoch letztlich mehr Verwirrung, als daß es einen Beitrag zur Lösung des dahinterstehenden verfassungsdogmatischen Problems zu leisten vermag. Zweifelhaft ist vor allem die mit der Einordnung unausgesprochen verbundene Annahme, die Verfassung würde in allen Bereichen ein bestimmbares Konzept zu erkennen geben, dem die Wandlung dann entweder entspricht oder zuwiderläuft. Die mit dem Bemühen um eine Systemfindung verbundenen Schwierigkeiten haben sich bei den durch Art. 140 GG in das Grundgesetz inkorporierten Weimarer Kirchenartikeln beispielhaft gezeigt. Während zum Teil behauptet wird, der rote Faden dieses Rechtsgebiets liege in Art. 140 GG i.V.m. Art. 137 Abs. 1 WRV als der verfassungsrechtlichen Verankerung einer strikten Trennung von Staat und Kirche[621], lehnt es die Gegenmeinung kategorisch ab, das Staatskirchenrecht auf einen derartigen Grundgedanken zurückzuführen[622]. Ähnliche Kontroversen sind aus dem Bereich der Grundrechtsdogmatik bekannt. Wo *Smend* im Grundrechtskatalog ein geschlossenes Wert-, Güter- und Kultursystem[623] erblicken wollte, läßt sich die Gegenansicht in den Worten *Ernst Forsthoffs* zusammenfassen: „Jedes dieser Grundrechte steht mit einer eigenen Logik für sich."[624] Schon weil die terminologische Trennung von formellem und materiellem Verfassungswandel in erster Linie illustrativen Charakter aufweist, erlaubt allein ihre Ablehnung es jedoch nicht, *Hsü*

---

[620] *Fiedler*, Sozialer Wandel, Verfassungswandel, Rechtsprechung, S. 42: „Die Unterscheidung zwischen Verfassungswandlung im formellen und materiellen Sinne macht bei allen Überschneidungen und Unklarheiten immerhin zwei Aspekte sichtbar, unter denen das Problem *auch* auftauchen *kann.*"

[621] So etwa *Renck*, BayVBl. 1988, 225, 227 f.; *Czermak*, Recht und Politik 1994, 31, 34 f.

[622] Vgl. *Muckel/Tillmanns*, RdJB 1996, 360, 365; *Maunz*, BayVBl. 1988, 231, 233; *Voll/Störle*, Handbuch des Bayerischen Staatskirchenrechts, S. 35 ff.; *Hollerbach*, VVDStRL 26 (1968), 57, 62: „Das Verbot der Staatskirche bringt die 'Scheidung' in der Wurzel zwischen säkularem Staat und Kirche zum Ausdruck [...]. Es verfügt aber nicht eine puristische Trennung, sondern läßt funktionelle Zusammenarbeit zu."; *ders.*, in: Isensee/Kirchoff, HdbStR VI, § 138 Rn. 112: „Keine puristische Trennung".

[623] *Smend*, Verfassung und Verfassungsrecht in: ders., Staatsrechtliche Abhandlungen, S. 119, 264.

[624] *Forsthoff*, FS Schmitt (1959), S. 35, 40

Dau-Lins Ansicht in ihrer Gesamtheit zu verwerfen. Die Bewertung der von ihm verfochtenen Theorie macht es vielmehr erforderlich, den Ursachen des Verfassungswandels genauer nachzugehen.

III. Ursachen des Verfassungswandels

Von *Hsü Dau-Lins* Standpunkt aus ist der Verfassungswandel eine Konsequenz der besonderen „Natur der Verfassung"[625]: Die Verfassungsnormen nähmen als rechtliche Regelungen der staatlichen Lebensverhältnisse eine Sonderstellung gegenüber den Bestimmungen anderer Rechtsgebiete ein[626]. Es stellt sich die Frage, ob dieser Ansatz, der vom „Eigenwert"[627] bzw. der „Werteinmaligkeit"[628] der Verfassung ausgeht, die Lösung der hier behandelten Problematik voranbringen kann. Voraussetzung hierfür wäre, daß sich die Verfassung auch heute noch durch die von *Hsü Dau-Lin* beschriebenen Besonderheiten gegenüber anderen Rechtsnormen auszeichnet. Darüber hinaus bedarf es einer eingehenden Erörterung, ob bei Bejahung der von *Hsü Dau-Lin* postulierten Verfassungsnatur den Schlußfolgerungen, die sich daraus für ihn ergeben, beizupflichten ist.

1. Die Unvollständigkeit der Verfassungsvorschriften

Als erstes Verfassungsspezifikum nennt *Hsü Dau-Lin* die „Unvollständigkeit der Verfassungsrechtssätze"[629]. Obwohl es sich bei der Verfassung um die Grundordnung des Staates handele, erfasse sie die Vielgestaltigkeit des Staatslebens schon wegen ihrer spärlichen Normierungen lediglich zu einem Bruchteil[630]. Die Beobachtung *Hsü Dau-Lins*, daß sich Verfassungen „nicht nur mit quantitativ Wenigem begnügen, sondern auch oft unklare, zweideutige, in ihrer

---

[625] *Hsü Dau-Lin*, Die Verfassungswandlung, S. 153.

[626] Vgl. *Hsü Dau-Lin*, a.a.O., S. 161.

[627] Vgl. *Hsü Dau-Lin*, a.a.O., S. 152.

[628] *Ders.*, a.a.O., S. 153.

[629] *Ders.*, a.a.O., S. 155

[630] *Hsü Dau-Lin*, Die Verfassungswandlung, S. 155: „Es ist eine natürliche Notwendigkeit und keineswegs Mangelhaftigkeit oder Aporie, wenn die schematischen Verfassungsnormen in der staatlichen Rechtswirklichkeit sich als unzureichend erweisen, die tausend Lebenserscheinungen der pulsierenden Staatsrealität erschöpfend und optimal rechtlich zu bewältigen."

Auslegung elastische Formulierungen in Kauf nehmen"[631], trifft sicher auch für das Grundgesetz zu und hängt vor allem mit dem in zeitlicher Hinsicht hervorgehobenen Geltungsanspruch verfassungsrechtlicher Bestimmungen zusammen. Während Vorschriften des einfachen Rechts dem Rechtsanwender häufig detaillierte Regelungen an die Hand geben, erschöpft sich die Verfassung an vielen Stellen in bloßen Andeutungen[632] und wird damit zum Entwurf und Rahmen „für eine nur in gewissen groben Umrissen festgelegte Entwicklung des politischen Lebens"[633]. Weil sich die Sprache des Verfassungsgesetzgebers auf elementare Kernaussagen beschränkt und dabei teilweise auf überkommene außerrechtliche Institute Bezug nimmt, bereitet die Auslegung der Verfassung oftmals nicht unerhebliche Schwierigkeiten. Dies wird etwa deutlich anhand des Art. 6 Abs. 1 GG, der keine Definition von Ehe und Familie enthält, sondern insoweit ein bestimmtes Begriffsverständnis voraussetzt. Andererseits gewährleistet gerade die Offenheit von Verfassungsvorschriften den erforderlichen Spielraum, um neue und unvorhergesehene Entwicklungen aufzufangen und in das Verfassungsgefüge zu integrieren. Hierdurch werden die Regelungen der Verfassung vor allzu zügig eintretender Unzeitgemäßheit bewahrt. Die sprachliche Unbestimmtheit vieler Verfassungsnormen läßt sich daneben auf den Umstand zurückführen, daß der Verfassungsgesetzgeber wegen der besonderen Voraussetzungen für Verfassungsänderungen in weitaus größerem Maße als der einfache Gesetzgeber Kompromißbereitschaft an den Tag legen muß. Um die für eine Änderung der Verfassung notwendigen qualifizierten Mehrheiten aufzubringen, werden die eigentlichen Streitpunkte oft geflissentlich übergangen oder durch inhaltsoffene Formulierungen entschärft[634]. Schließlich wirkt sich der Regelungsgegenstand der Verfassung auf ihre Sprache aus[635]. Die Verfassung betrifft den machtorientierten Bereich des Politischen und mahnt deshalb zu regulatorischer Zurückhaltung. In der Verfassungsgesetzgebung spiegelt sich eine besondere Spannungslage wider: Während eine zu weitreichende Änderung der Verfassung das Risiko in sich birgt, das austarierte Beziehungsgeflecht zwischen den einzelnen Staatsorganen in Unordnung zu bringen, beinhaltet eine zu große Zurückhaltung die Gefahr, einer die Legitimität des Staates beeinträchtigenden Zementierung des Verfassungsrechts Vorschub zu leisten.

---

[631] *Hsü Dau-Lin*, a.a.O.

[632] *Hsü Dau-Lin*, a.a.O.

[633] *Heun*, AöR 109 (1984), 13, 27; vgl. auch *Scheuner*, AöR 95 (1970), 353, 368.

[634] *Hsü Dau-Lin*, Die Verfassungswandlung, S. 155 f.

[635] *Maurer*, Staatsrecht, § 1 Rn. 48.

2. Selbstgarantie der Verfassung

Eine weitere Determinante für das Aufkommen von Verfassungswandlungen soll die „Selbstgarantie der Verfassung" sein. Hierunter versteht *Hsü Dau-Lin* den Umstand, daß kein Organ damit betraut sei, die Lebenstätigkeit des Staates auf ihre Übereinstimmung mit der Verfassung zu überwachen, weshalb Verfassungswandlungen weder verhindert noch – soweit sie eintreten – beseitigt werden könnten[636]. Diese Aussage mag mit Blick darauf, daß die Weimarer Verfassung im Gegensatz zur Reichsverfassung vom 16. April 1871 eine Verfassungsgerichtsbarkeit vorsah, zunächst überraschen[637]. Der Staatsgerichtshof ist jedoch schon wegen der Begrenzung seiner Zuständigkeit auf verfassungsrechtliche Organstreitigkeiten und föderative Streitigkeiten in seiner Bedeutung für das Weimarer Verfassungssystem nicht mit dem Bundesverfassungsgericht vergleichbar[638]. Wegen der Existenz des Bundesverfassungsgerichts könnte heutzutage allerdings an einer Selbstgarantie der Verfassung gezweifelt werden; dessen Aufgabe besteht nämlich vornehmlich darin, die Verfassung zu schützen und für ihre Durchsetzung Sorge zu tragen[639]. Auf der anderen Seite vermag das Bundesverfassungsgericht weder von sich aus gegen Verfassungsverstöße einzuschreiten noch seine Judikate in eigener Regie zu vollziehen. Seine „Macht" beruht vor allem auf der Autorität der Verfassung und der Überzeugungskraft der von ihm getroffenen Entscheidungen[640]. Aus § 31 BVerfGG folgt zwar die Bindung der Verfassungsorgane des Bundes und der Länder sowie aller Gerichte und Behörden an die Entscheidungen des Bundesverfassungsgerichts. Sähen andere Verfassungsorgane hierüber hinweg, läge ein „offener Verfassungsverstoß vor, der den Bestand der grundgesetzlichen Ordnung insgesamt in Frage stellt, ohne daß dem Bundesverfassungsgericht Machtmittel zu Gebote stünden, die über die Möglichkeit von Vollstreckungsanordnungen gem. § 35 BVerfGG hinaus dies real zu verhindern vermöchten."[641] Außerdem ist das Bundesverfassungsgericht als Bestandteil der Jurisdiktion selbst der Sphäre des Staates zugehörig. Schon weil das Bundesverfassungsgericht als *verfassungserzeugtes* Staatsorgan die Einhaltung des Grundgesetzes durch den Staat kontrolliert, ist

---

636 *Hsü Dau-Lin*, Die Verfassungswandlung, S. 163.

637 Art. 108 WRV.

638 *Böckenförde*, FS Lerche (1993), S. 3, 5, spricht daher zu Recht von einer „Verfassungsordnung ohne ausgebaute Verfassungsgerichtsbarkeit".

639 Zur Funktion des Bundesverfassungsgerichts als Hüter der Verfassung vgl. *Sturm*, in: Sachs, Grundgesetz, Art. 93 Rn. 4.

640 *Maurer*, Staatsrecht, § 20 Rn. 9.

641 *Sachs*, NVwZ 1982, 657, 661.

mit *Hsü Dau-Lin* von einer Selbstgarantie der Verfassung auszugehen. Die Verfassung kreiert zu ihrem Schutz Institutionen und gewährleistet hierdurch autonom, d.h. ohne Inbezugnahme außerhalb ihrer selbst liegender Sicherheiten, ihre Verbindlichkeit: So hat neben dem Bundesverfassungsgericht z.B. auch der Bundespräsident in eng begrenzten Fällen auf die Einhaltung der Verfassung durch andere Staatsorgane zu achten. Die Stellung des Bundespräsidenten als „Legalitätsreserve"[642] kommt z.B. zum Ausdruck in der strittigen Frage eines „materiellen Prüfungsrechts" bei der Ausfertigung von Gesetzen.

3. Staatserhaltung als verfassungsimmanenter Zweck

Eine letzte Besonderheit des Verfassungsrechts soll aus der „Sonderstellung des Staates gegenüber anderen Verbänden und Rechtsinstituten" folgen. Von dieser Sonderstellung geht nach *Hsü Dau-Lins* Auffassung ein starker Impuls für Verfassungswandlungen aus, der in der staatlichen „Selbstzweckmäßigkeit" begründet liegt[643]. Diese Selbstzweckmäßigkeit beeinflusse auch die Verfassung als Regelung der staatlichen Lebenswirklichkeit: „Ist es der Sinn der Verfassung, den Staat als Lebenstotalität zu erfassen, so ist damit auch ihr der Zweck immanent, der auf die Erhaltung des Staates und die Integrität seiner Wirkungskreise geht."[644] Ob im Zeitalter des „verschwindenden Staates", der sich angesichts wachsender Staatsverschuldung aus vielen von ihm früher wahrgenommenen Aufgabenbereichen zurückzieht, weiterhin von einer staatlichen Selbstzweckmäßigkeit gesprochen werden kann, erscheint dagegen auf den ersten Blick fraglich. Als Legitimationsgrundlage staatlichen Handelns könnte vor diesem Hintergrund möglicherweise nur noch die ordnungs- und friedensstiftende Funktion des Staates sowie die Etablierung einer gerechten Gemeinschaftsordnung in Betracht kommen. Eine solche Betrachtungsweise ließe jedoch außer acht, daß die Staatserhaltung gerade mit Blick auf die dem Staat zur Wahrnehmung übertragenen Aufgaben gesehen werden muß. Die vom Staat übernommene Ordnungsfunktion kann in der Regel wegen ihrer Komplexität sowie der hierzu notwendigen Ressourcen nur vom diesem bewältigt werden. Ist aber nur der Staat dazu in der Lage, den anstehenden gesellschaftlichen Aufgaben mit Erfolg beizukommen, so muß er an seiner weiteren Existenz ein ebenso großes Interesse haben wie an deren Verwirklichung: So „ist die Erkenntnis dieses Zwecks der Erhaltung und Stärkung, dieses Existenzwerts – der als dritter,

---

[642] So *Heun*, AöR 109 (1984), S. 13, 16 f.

[643] *Hsü Dau-Lin*, a.a.O. S. 156 f. u. S. 162 f.

[644] *Hsü Dau-Lin*, a.a.O., S. 156.

gleichgeordneter Wert neben den Rechts- und Wohlfahrtswerten des Staates anzuerkennen ist – [...] für das rechte Verständnis von der Verfassung unerläßlich."[645]

Die Besonderheiten, die nach *Hsü Dau-Lins* Ansicht eine Verfassung auszeichnen und Verfassungswandlungen bedingen, haben seither somit nicht an Aktualität eingebüßt.

4. Verfassungswandel als verfassungsrechtliches Problem

Problematisch sind jedoch die Folgerungen, die *Hsü Dau-Lin* aus der Werteinmaligkeit der Verfassung zieht. Im Zentrum seiner Betrachtungen stehen dabei weniger die Selbstgarantie sowie die Unvollständigkeit der Verfassungsrechtssätze; hauptsächlich begründet er die rechtliche Zulässigkeit des Verfassungswandels mit dem in die Form der Verfassung gegossenen Selbsterhaltungsgedanken: „wenn der Selbsterhaltungszweck dem Staat und seiner Verfassung kategorisch zur Realisierung aufgegeben ist, so kann etwas, was in Ansehung der Staatserhaltung geschieht, formal-juristisch zwar manchmal zu den positiven Verfassungsnormen in klarem Widerspruch stehen, verfassungsrechtstheoretisch aber keineswegs rechtswidrig, d.h. verfassungswidrig sein."[646]

Im Gegensatz zum bloß beschreibenden Ansatz *Labands* hat *Hsü Dau-Lin* damit ein spezifisch juristisches Erklärungsmodell für den Verfassungswandel entwickelt, das die Veränderungen der Wirklichkeit in die Verfassung einzubetten versucht[647]. Sie treten nicht mehr als Irregularität zur Verfassungsrechtsordnung auf, sondern verwirklichen ganz im Gegenteil deren eigentlichen Zweck, die staatliche Selbsterhaltung zu unterstützen. Erfordert die Lebenswirklichkeit des Staates ein dem Wortlaut der Verfassung widersprechendes Staatshandeln, so ist dieses gleichwohl verfassungsgemäß, soweit es dem staatlichen Selbstzweck besser zu dienen geeignet ist als die entgegenstehenden Verfassungsnormen. Dementsprechend wird der Verfassungswandel nicht mehr als ein Problem des Spannungsverhältnisses zwischen Recht und Wirklichkeit[648] verstanden, sondern als eine intraverfassungsrechtliche Kollisionsfrage. Dabei geraten Verfassungsvorschriften mit der zum verfassungsimmanenten Leitprinzip erhobenen staatlichen Selbsterhaltung in Widerstreit und müssen infolgedessen vor der

645 *Hsü Dau-Lin*, Die Verfassungswandlung, S. 157.

646 *Hsü Dau-Lin*, Die Verfassungswandlung, S. 157.

647 Hierauf weist insbesondere *Hesse*, FS Scheuner (1973), S. 123, 133, hin.

648 *Hsü Dau-Lin*, Die Verfassungswandlung, S. 154.

„Lebenswirklichkeit"[649] bzw. den ureigensten „Vitalitätsanforderungen"[650] des Staates weichen. Denn wo die Lebensnotwendigkeiten des Staates in Frage stünden, da seien Normierungen einer rechtlichen Regelung nur noch von sekundärem Wert[651]. Schließlich sei Sinn der Verfassung doch die Erfassung des Staates als Lebenstotalität und nicht die Fixierung einzelner, starre heteronome Geltung heischender Rechtssätze. Die Erfüllung der von der politischen Notwendigkeit diktierten Aufgaben entspreche deshalb, trotz einzelner Abweichungen von den geschriebenen Rechtsnormen, dem Sinn der Verfassung eher als ein paragraphengetreues, aber im Erfolge mangelhafteres Verfassungsleben[652].

Die Optimierung des Staatsdaseins besitzt hiernach selbst gegenüber dem Wortlaut der Verfassungsurkunde Vorrang und avanciert zum absoluten Maßstab für die Beurteilung jedweder Staatstätigkeit. Sind die Verfassungswandlungen dem Verfassungszweck näher als der in seiner Anpassungsfähigkeit begrenzte Wortlaut der Verfassungsurkunde, so führen sie nicht zum Verfassungsbruch, sondern sind selbst Recht: „Sie [scil. die Verfassungswandlung] ist Recht, obwohl sie mit dem Gesetzeswortlaut nicht in Übereinstimmung steht, sie ist Recht, obwohl sie mit den formal-juristischen Rechtsbegriffen und Konstruktionen nicht begriffen werden kann: Ihr Rechtsgrund liegt in dem sogenannten politisch Notwendigen, in den Vitalitätsanforderungen und -äußerungen des sich realisierenden, sich entwickelnden Staates."[653]

Anders als etwa bei der Entstehung von Gewohnheitsrecht manifestiert sich beim Verfassungswandel das Recht von Anfang an im fait accompli, so daß eine opinio iuris et necessitatis, die dem Faktum Rechtsqualität vermittelt, nicht erforderlich ist. Deshalb ist es verfehlt, wenn *Wilfried Fiedler* gegen das von *Hsü Dau-Lin* entwickelte Konzept vorbringt, die Unterscheidung zwischen dem im Tatsächlichen verbleibenden „Verfassungswandlungsvorgang" und der „Verfassungswandlung" als Anerkennung der faktischen Veränderung bringe keine wesentliche Rationalisierung mit sich[654]. Eine derartige Differenzierung wird von *Hsü Dau-Lin* nämlich gar nicht betrieben, sondern explizit als Fehlschluß verworfen[655]. Dabei wandte sich *Hsü Dau-Lin* vehement gegen die von *Bilfinger*[656]

---

[649] *Hsü Dau-Lin*, a.a.O., S. 158.

[650] *Hsü Dau-Lin*, Die Verfassungswandlung, S. 164.

[651] Vgl. *Hsü Dau-Lin*, S. 162 f.

[652] Vgl. *Hsü Dau-Lin*, a.a.O., S. 163.

[653] *Hsü Dau-Lin*, a.a.O., S. 164.

[654] *Fiedler*, Sozialer Wandel, Verfassungswandel, Rechtsprechung, S. 42.

[655] Vgl. *Hsü Dau-Lin*, a.a.O., S. 166.

[656] Vgl. *Bilfinger*, Der Reichssparkommissar, S. 18; *ders.*, AöR NF. 11 (1926), 163, 176.

vorgetragene Ansicht, es handele sich bei den als Verfassungswandel bezeichneten Veränderungen des Verfassungszustands nicht per se um Recht, sondern um bloße Tatsachen, die erst durch die spätere Anerkennung ihrer politischen Notwendigkeit zu Recht erstarkten: „Diese Theorie der Verfassungswandlung, nach der ein und dasselbe Faktum einmal Faktum bleibt und einmal zu Recht wird, bedeutet in Wirklichkeit etwa dasselbe wie wenn man sagt, der Mensch sei nicht in dem Augenblick tot, wo er gestorben ist, sondern erst dann, wenn er als leblos erkannt wird."[657]

Dennoch kann *Fiedler* in seiner Gesamteinschätzung zugestimmt werden, daß es *Hsü Dau-Lin* nicht gelingt, eine hinlänglich konturierte Grenze für die Elastizität der Verfassung zu entwerfen[658]. Hierin zeigt sich eine gravierende Schwäche jenes Erklärungsmodells. Diese steht einer behutsam aktualisierenden Lesart vor allem deshalb im Wege, weil der Stellenwert des geschriebenen Verfassungsrechts viel zu gering veranschlagt wird: Wenn *Hsü Dau-Lin* von der Prävalenz politischer Notwendigkeit ausgeht, opfert er die Verfassung letzten Endes der Staatsraison und macht ihre Normen zum Spielball politischer Opportunität[659]. Die Abwertung des positiven Verfassungsrechts ist um so bedenklicher, als es *Hsü Dau-Lin* nicht gelingt, bei der inhaltlichen Konkretisierung des sich selbst über Verfassungsbestimmungen hinwegsetzenden Verfassungszwecks über Schlagworte wie die „Vitalitätsanforderungen des Staates" oder das „politisch Notwendige" hinauszugelangen[660]. In Ermangelung hinreichend bestimmter und damit überprüfbarer Merkmale für das Bestehen einer entsprechenden politischen Notwendigkeit könnte ein Verfassungswandel möglicherweise nicht immer mit letzter Gewißheit festgestellt werden, was erhebliche Zweifel über Inhalt und Fortgeltung des Verfassungsrechts hervorriefe. Hinzu kommt, daß sich bei Bedenken gegen die Verfassungsgeltung die Verfassungsmäßigkeit einfachen Rechts nicht mehr eindeutig ermitteln ließe, so daß die Autorität der Verfassung und die Rechtssicherheit weiter in Mitleidenschaft gerieten.

---

[657] *Hsü Dau-Lin*, Die Verfassungswandlung, S. 166.

[658] *Fiedler*, Sozialer Wandel, Verfassungswandel, Rechtsprechung, S. 41: „Die Kritik an der 'zu elastischen' Lehre *Smends* hinsichtlich der Fälle einer materiellen Verfassungswandlung erscheint widersprüchlich und wenig überzeugend, da *Hsü Dau-Lin* zudem für die Grenze jener Elastizität selbst keine eindeutigen Hinweise liefert: Beide Arten der Verfassungswandlung 'gehen aber ihre eigenen Wege, sind Konstellationen der praktischen Politik und des realen Staatslebens; sie sind namentlich nicht davon abhängig, ob die Rechtsnormen oder -institute, die die Wandlung erfahren, als starre oder elastische, d.h. wandlungswiderstrebende oder wandlungsdisponierte gedacht sind."

[659] Insoweit ist verständlich, wenn *Hsü Dau-Lin*, a.a.O., S. 7, seine Sympathie für den „grundlegenden Lehrsatz der konfuzianischen Staats- und Rechtsphilosophie" bekundet, daß „es regierende Menschen, aber kein regierendes Recht (Gesetz) gebe".

[660] *Hesse*, FS Scheuner (1973), S. 123, 137: „ein derart allgemeines und undifferenziertes Verständnis."

Neben dieser Schwäche der „politischen Notwendigkeit" krankt *Hsü Dau Lins* These, die staatliche Lebensnotwendigkeit könne als „Rechtfertigungsgrund" für Verfassungswandlungen fungieren, daran, nicht im erforderlichen Maße zwischen dem von den Vitalitätsanforderungen diktierten Ziel und den zu seiner Verwirklichung eingesetzten Mitteln zu unterscheiden. Selbst wenn ein bestimmtes politisches Vorhaben eindeutig als Lebensnotwendigkeit des Staates anzuerkennen wäre, ist damit noch keine Entscheidung über die Art und Weise seiner Umsetzung getroffen. In den wenigsten Fällen dürfte es dabei nur eine einzige Möglichkeit der Verwirklichung geben. Die politische Notwendigkeit stellt indessen nur vage Anhaltspunkte dafür zur Verfügung, welchen der gangbaren Wege einzuschlagen die Verfassung letztlich gebietet.

Hiervon abgesehen, ist es ein Trugschluß, wenn *Hsü Dau-Lin* glaubt, der Staat existiere als einheitlicher Organismus, dem unzweifelhaft ein bestimmtes Interesse zugeschrieben werden könne[661]. Dieser Gesichtspunkt wird offenkundig, sobald man den Versuch unternimmt, anläßlich einer bestimmten gesellschaftlichen Problematik dem „politisch Notwendigen" fest umrissene Handlungsdirektiven zu entnehmen. Hierbei bleibt schon im Dunkeln, auf wessen Beurteilung der politischen Notwendigkeit abzustellen ist. Ein Rückgriff auf die Einschätzung eines beliebigen Verfassungsorgans, namentlich der Regierung oder des Parlaments, verbietet sich in einem gewaltenteiligen Staat, in dem die Staatsorgane durchaus auch konträre Interessen verfolgen und sich bei der Ausübung von Hoheitsgewalt gegenseitig kontrollieren und begrenzen sollen. Daß der Staat nicht mit einer Stimme spricht, sondern eine Vielzahl von Meinungen in sich vereint, wird besonders augenfällig, wenn seine Organe infolge der politischen Gegebenheiten unter dem Einfluß konkurrierender Parteien stehen. Eine Handlungsalternative, deren Verwirklichung z.B. von der Regierung für notwendig erachtet wird, muß – insbesondere in der skizzierten politischen Konstellation – nicht zwangsläufig auch von den übrigen Verfassungsorganen als Königsweg angesehen werden. Wollte man aus diesem Grund nicht die Willensbildung bestimmter Staatsorgane, sondern die Auffassung der sich effektiv behauptenden Mehrheit als verbindliche Kundmachung der politischen Notwendigkeit deuten, so würden die herrschenden Gruppen von der Verfassungsbindung aus Art. 20 Abs. 3 GG praktisch freigestellt. Indem diese bestimmen, was als politisch notwendig zu gelten hat und was nicht, gestalteten sie gleichsam die Verfassungsrechtsordnung um. Hierdurch würde die „rationalisierende, stabilisierende und machtbegrenzende Funktion der Verfassung als unbestreitbare Lebensnotwendigkeit des Verfassungsstaats zugunsten einer anderen, regelmäßig

661 *Hesse*, FS Scheuner (1973), S. 123, 133: „Wenn auf die Lebensnotwendigkeiten 'des Staates' zurückgegriffen wird, so wird nicht bedacht, daß es 'den Staat' als abstrakte Größe nicht gibt."

bestreitbaren, Lebensnotwendigkeit" preisgegeben[662]. Vor allem die sich für politische Minderheiten im Zuge eines entsprechenden Verfassungswandels ergebenden Rechtseinbußen sind nicht hinnehmbar. Dokumentiert die Auffassung der Mehrheit eine von Verfassungs wegen zur Realisierung aufgegebene Vitalitätsanforderung des Staates, wäre die abweichende Oppositionsmeinung nämlich nicht mit der Verfassung zu vereinbaren. Sie liefe nicht nur der Mehrheitsansicht als einer aus der Warte des Rechts grundsätzlich gleichwertigen politischen Option, sondern überdies dem Verfassungspostulat zuwider, zur Verwirklichung der darin zum Ausdruck kommenden politischen Notwendigkeit beizutragen.

Aufgabe der Verfassung ist es aber nicht nur, „eine Ordnung für die Ausübung der Macht durch diejenigen zu sein, die sie innehaben". Sie ist vielmehr „eine Ordnung auch [und gerade!] für diejenigen, die sich im Gegensatz zu den herrschenden Gruppen befinden"[663]. Schon aus diesem Grund ist das Recht zur „unverdeckten Opposition"[664] ein wesentliches Element des grundgesetzlichen Demokratieprinzips, ist das Funktionieren eines demokratischen Verfassungsstaats unlösbar an die Existenz einer echten und kritischen Alternative geknüpft[665]. Die „freie Auseinandersetzung zwischen den sich begegnenden sozialen Kräften"[666] soll sicherstellen, daß sich in den Entscheidungen der Verfassungsorgane die Vorstellungen und Einwände unterschiedlicher Interessengruppen widerspiegeln, damit das Staatshandeln in der Bevölkerung auf hohe Akzeptanz trifft[667]. Einer Entrechtung der Opposition, der im demokratischen Verfassungsstaat die Funktion eines „notwendigen Korrektivs" zukommt, könnte bei einem Verfassungswandel auch der die Verfassung vor selbstherrlicher Änderung abschirmende Art. 79 GG nicht entgegenwirken. Indem Art. 79 Abs. 2 GG der politischen Minderheit bereits dann ein „Veto" gegen Verfassungsänderungen zuspricht, wenn sie über ein Drittel der Sitze im Bundestag bzw. Bundesrat verfügt, soll eine einseitige Revision des in der Verfassung verbrieften Wertkonsenses[668] verhindert werden[669]. Dessen Absicherung wäre jedoch unzureichend,

---

[662] *Hesse*, FS Scheuner (1973), S. 123, 134.

[663] *Hesse*, FS Scheuner (1973), S. 123, 134.

[664] *Maunz/Zippelius*, Deutsches Staatsrecht, S. 68.

[665] *Maunz/Zippelius*, Deutsches Staatsrecht, S. 68; *Berg*, Staatsrecht, Rn. 121; *Pieroth*, in: Jarass/Pieroth, Grundgesetz, Art. 20 Rn. 15; *Badura*, in: Isensee/Kirchhof, HbStR I, § 23 Rn. 18.

[666] *Maunz/Zippelius*, Deutsches Staatsrecht, S. 68.

[667] Vgl. *Hesse*, Grundzüge des Verfassungsrechts der Bundesrepublik Deutschland, Rn. 153 ff.; *Maurer*, Staatsrecht, § 7 Rn. 55.

[668] Kritisch zur Funktion der Verfassung als „Wertordnung" *Böckenförde*, JA 1984, 325, 332.

[669] Vgl. *Schmidt-Bleibtreu/Klein*, Kommentar zum Grundgesetz, Art. 79 Rn. 6; *Ipsen*, Staatsorganisationsrecht, Rn. 886.

wenn eine einfache Mehrheit ohne förmliche Verfassungsänderung und somit außerhalb des Anwendungsbereichs von Art. 79 Abs. 2 GG über den Verfassungsinhalt freihändig disponieren könnte, sobald sie für sich in Anspruch nähme, den „Vitalitätsanforderungen des Staates" zu genügen. Weil *Hsü Dau-Lin* es versäumt, zum Schutz der Verfassung vor einer Umgestaltung durch die Verfassungswirklichkeit Schranken zu errichten, wäre das gesamte Verfassungsrecht in das Belieben der Majorität gestellt.

Obwohl *Hsü Dau-Lin* auf die Grenzen des Verfassungswandels in einem eigens dafür vorgesehenen Kapitel eingeht[670], fällt der Ertrag seiner Beschäftigung mit dieser Themenstellung äußerst spärlich aus. *Hsü Dau-Lin* stellt sich zunächst die Frage, ob eine Grenze des Verfassungswandels eventuell aus dem System der Verfassung folge. Dies verneint er mit Blick auf die materielle Verfassungswandlung, bei der die staatliche Lebensrealität einer in der Verfassung verkörperten Wertintention gerade nicht entspreche[671]. Ob der Verfassungswandel selbst die jeweilige Staatsform überwinden kann, wird von *Hsü Dau-Lin* untersucht, ohne daß er diesbezüglich zu einem eindeutigen Ergebnis gelangen würde. Schon weil sich nicht sagen lasse, was genau unter der Staatsform zu verstehen sei, könne diese nicht als taugliche Grenze des Verfassungswandels fungieren[672]. Andererseits gesteht *Hsü Dau-Lin* ein, daß es bei Negierung dieser Schranke möglicherweise begrifflich keine Revolution mehr gebe[673]. Wollte man in dem Übergang von einer Staatsform zur anderen eine Erscheinungsform des Verfassungswandels erblicken, bliebe für diese wohl kein Raum[674]. In dieser Schlußfolgerung *Hsü Dau-Lins* kommt bereits das grundsätzliche Problem seines Ansatzes deutlich zum Ausdruck, dem Faktum eine geradezu unbegrenzte Entfaltungsmöglichkeit gegenüber dem geschriebenen Verfassungsrecht einzuräumen. So wird von *Hsü Dau-Lin* nicht erwogen, aus der Lebensnotwendigkeit des Staates eine Grenzlinie abzuleiten, obwohl sich daraus wegen der Fundierung des Verfassungswandels in das Verfassungsrecht definitiv eine Schranke ergeben hätte[675]: Fehlt es an einer staatlichen Lebensnotwendigkeit, verursacht die tatsächliche Entwicklung keinen Verfassungswandel und ist daher verfassungswidrig.

---

[670] *Hsü Dau-Lin*, Die Verfassungswandlung, S. 175 ff.

[671] *Hsü Dau-Lin*, a.a.O., S. 176.

[672] *Hsü Dau-Lin*, a.a.O., S. 178.

[673] *Hsü Dau-Lin*, a.a.O., S. 178.

[674] *Hsü Dau-Lin*, a.a.O., S. 178.

[675] *Hesse*, FS Scheuner (1973), S. 123, 133.

Aber selbst wenn *Hsü Dau-Lin* sich darauf eingelassen hätte, den Verfassungswandel mittels dieses Kriteriums im Zaum zu halten, wäre hiermit den Anforderungen des Grundgesetzes im Hinblick auf Art. 79 Abs. 3 GG nicht Genüge getan. Nach *Hsü Dau-Lins* Verständnis vom Verfassungswandel kann nämlich auf elementare Grundwerte keine Rücksicht genommen werden. Sein Ansatz geht insoweit mit der in der Weimarer Republik ganz herrschenden Meinung[676] konform, daß auch Änderungen der Verfassung nicht einmal vor Staatsstrukturprinzipien Halt zu machen bräuchten. Das Grundgesetz hat hieraus entsprechende Lehren gezogen. Die in Art. 79 Abs. 3 GG genannten, einer Abänderung von vornherein unzugänglichen Fundamentalsätze wollte der Parlamentarische Rat nicht nur der Verfügbarkeit des in das kurzlebige politische Tagesgeschäft eingebundenen einfachen, sondern auch dem Zugriff des verfassungsändernden Gesetzgebers vorenthalten wissen. Eingedenk der „legalen Beseitigung“[677] der Weimarer Republik durch das Ermächtigungsgesetz vom 24. März 1933, das die Machtübernahme *Hitlers* vom Stigma des Verfassungsumsturzes bewahrte, sowie der Greueltaten, die unter der nationalsozialistischen Gewaltherrschaft verübt wurden, erkannte er die in Art. 79 Abs. 3 GG aufgeführten Prinzipien als notwendige Voraussetzung für eine stabile und gerechte Staatsordnung an und erklärte sie zum besonderen Verfassungsanliegen. Zu ihrer Bewahrung wurde sogar eine Beschränkung der ansonsten umfassenden Kompetenz des verfassungsändernden Gesetzgebers in Kauf genommen[678]. Da ein wirksamer Schutz nur gegen förmliche Verfassungsänderungen vorgesehen ist, besäßen die Menschenwürde und die in Art. 20 GG niedergelegten Grundsätze dem Verfassungswandel gegenüber eine „offene Flanke“. Es ließe sich dogmatisch zwar begründen, daß die Verfassungswandlung in gewissen überpositiven Rechtsprinzipien[679] eine letzte Grenze findet. Auch dies wird von *Hsü Dau-Lin* aber mit keinem Wort angedeutet.

Zusammenfassend läßt sich somit folgendes sagen: *Hsü Dau-Lins* Ansatz wirft insgesamt mehr Fragen auf, als er zu beantworten vermag[680]. Er weitet den Ausdruck Verfassungswandel zu einem Sammelbegriff aus, der sowohl Verfassungsänderungen, Verfassungsverstöße als auch eine sich wandelnde Verfas-

---

[676] Vgl. *Anschütz*, Die Verfassung des Deutschen Reichs, Art. 76 Anm. 1; *Huber*, Deutsche Verfassungsgeschichte, Band 6, S. 420.

[677] Vgl. *Maurer*, Staatsrecht, § 22 Rn. 20; *Ipsen*, Staatsorganisationsrecht, Rn. 894.

[678] *Pieroth*, in: Jarass/Pieroth, Grundgesetz, Art. 79 Rn. 6.

[679] Vgl. zum Verhältnis des positiven Verfassungsrechts zum überpositiven Recht *Radbruch*, in: *Rechtsphilosophie*, S. 347 ff.; *H. Dreier*, FS Walter (1991), S. 117 ff.

[680] Zu diesem Ergebnis gelangt auch *Fiedler*, Sozialer Wandel, Verfassungswandel, Rechtsprechung, S. 41.

sungsinterpretation umfaßt. Als terminus technicus zeigt sich der Verfassungswandel hierdurch sehr inhomogen. Dies hat zur Konsequenz, daß die von *Hsü Dau-Lin* beschriebenen Probleme – weil sie nur ansatzweise Gemeinsamkeiten aufweisen – nach selbständiger rechtlicher Würdigung streben[681].

Des weiteren gewichtet *Hsü Dau-Lin* die „Beharrungsfunktion"[682] von Verfassungsbestimmungen unzureichend. Die Gewährleistung einer stabilen Gesellschaftsordnung und einer ausgewogenen Verteilung der Staatsmacht darf nicht dadurch unterminiert werden, daß Bedürfnisse einzelner politischer Gruppierungen und vordergründige Systemzwänge unter dem Deckmantel „politischer Notwendigkeiten" Verfassungsvorschriften ihrer Wirkung berauben. Hierin zeigen sich die problematischen Konsequenzen von *Hsü Dau-Lins* Theorie, die Minderheitenrechte wenn nicht ganz, so doch in beträchtlichem Umfang aufhebt und damit einem Machtstaat das Wort redet, in dem die Politik der Herrschenden im Endeffekt zum Verfassungsrechtssatz erhoben wird. Schließlich bezieht *Hsü Dau-Lin* in seine Überlegungen nicht mit ein, daß die von einem unkontrollierten Verfassungswandel verursachten Veränderungen einem Staat nicht unbedingt nur zum Vorteil gereichen müssen: Eine funktionsfähige Gemeinschaftsordnung ist nämlich nicht zuletzt vom Vertrauen auf ihren identitätswahrenden Fortbestand abhängig.

Obwohl sein Erklärungsansatz unter der Herrschaft des Grundgesetzes, das als Gesetz „uneingeschränkte Geltung"[683] für sich in Anspruch nimmt, inadäquat ist, kann *Hsü Dau-Lin* in der Retrospektive nicht abgesprochen werden, eine entscheidende Weichenstellung in der Diskussion um den Verfassungswandel herbeigeführt zu haben[684]. Wurde der Verfassungswandel bislang als eine Einwirkung auf die Verfassung „von außen" begriffen, bei der die Faktizität nicht oder ganz unvermittelt in Recht umschlägt, so weist *Hsü Dau-Lin* den Weg, ihn in die Verfassungsnormativität einzubeziehen. Der damit eingeleitete Paradigmenwechsel wurde von späteren Ansätzen aufgegriffen, die den Verfassungswandel ebenfalls als genuines Rechtsproblem verstanden, aber ein größeres Augenmerk auf seine Begrenzung richteten.

---

681 *Fiedler*, Sozialer Wandel, Verfassungswandel, Rechtsprechung, S. 47.

682 *Heckmann*, Geltungskraft und Geltungsverlust von Rechtsnormen, S. 418.

683 *Korinek/Müller/Schlaich*, Die Verfassungsgerichtsbarkeit im Gefüge der Staatsfunktionen, S. 164.

684 Vgl. *Hesse*, FS Scheuner (1973), S. 123, 137.

5. Ergebnis

Hsü Dau-Lins Theorie vom Verfassungswandel findet im weiteren Gang der Untersuchung keine Berücksichtigung. Der Ansatz *Hsü Dau-Lins* erlaubt keine Begrenzung des Einflusses faktischer Veränderungen auf die Verfassung und läuft damit dem Geltungsanspruch des Grundgesetzes zuwider.

E. Zusammenfassung

Die früher im Schrifttum zum Verfassungswandel vertretenen Theorien lassen sich wegen ihrer spezifischen Ausrichtung auf die ihrer Entstehung jeweils zugrundeliegende verfassungsrechtliche Situation nicht auf die durch das Grundgesetz errichtete Verfassungsordnung übertragen. Aus diesem Grund soll im folgenden auf die gegenwärtige methodische Einbeziehung des Verfassungswandels in die Verfassungsdogmatik eingegangen werden. Möglicherweise deutet das moderne Verständnis nämlich auf eine Verwandtschaft des Verfassungswandels mit anderen Rechtsinstituten hin, mit deren Hilfe sich ein Außerkrafttreten des Art. 7 Abs. 3 Satz 1 GG dogmatisch begründen läßt.

Fünfter Teil
Das gegenwärtige Begriffsverständnis vom Verfassungswandel

A. Die Definition Hesses: Verfassungswandel als Folge von Veränderungen im Normbereich

Im Gegensatz zu den älteren Theorien zum Verfassungswandel stehen in der aktuellen staatsrechtlichen Diskussion überwiegend die von einer unkontrollierbaren Bedeutungsänderung von Normen ausgehenden Gefahren im Brennpunkt des Interesses. So weist *Hesse* in seinem Beitrag zu den „Grenzen der Verfassungswandlung" darauf hin, daß einer Umwälzung der Rechtsordnung bei sich ändernden gesellschaftlichen Verhältnissen nach herkömmlichem Verständnis weder Grenzen gesetzt sind noch gezogen werden können[685]. Der Schwerpunktsetzung *Hesses* ist schon deshalb beizupflichten, weil die Verfassung einem Verfassungswandel, der vom Verfassunggeber für essential erachtete Staatsstrukturprinzipien beseitigen könnte, nicht preisgegeben werden darf. Dem „Grundproblem aller Rechts- und Staatssoziologie"[686], der Bestimmung des Verhältnisses von Sein und Sollen, läßt sich nach Einschätzung *Hesses* nur durch die „Einbeziehung von 'Wirklichkeit in die Norm'" bewältigen. Das Verständnis von Normen als „in täglicher praktischer Anwendung und Befolgung" verwirklichte Sollenssätze gebe dann auch den Weg zur Bewältigung des Problems einer Grenzbestimmung für den Verfassungswandel vor. Dabei macht sich *Hesse* einen von *Friedrich Müller* entwickelten Entwurf der Struktur von Rechtsnormen zu eigen, durch den die Verflochtenheit des Rechts mit der sozialen Wirklichkeit veranschaulicht werden soll. Während der Rechtspositivismus auf der Vorstellung einer strengen Scheidung von „Sein" und „Sollen" beruhte, so daß Wandlungen im Bereich des Tatsächlichen allenfalls auf dem Weg des Gewohnheitsrechts die Fähigkeit zur Veränderung der Rechtslage beigemessen wurde, handelt es sich nach *Müllers* Verständnis bei Rechtsnormen um sachgeprägte Ordnungsmodelle[687], auf deren normativen Gehalt der zu regelnde Lebenssachverhalt unmittelbar einwirkt[688]. Eine juristische Methodik, die an der Trennung von „Sein" und „Sollen" festhalte und die zwischen diesen beiden

---

[685] *Hesse*, FS Scheuner (1973), S. 123, 136 f.

[686] *Hesse*, FS Scheuner (1973), S. 123, 136.

[687] *Müller*, ARSP 56 (1970), 493, 505.

[688] Vgl. *Müller*, ARSP 56 (1970), 493, 503; *ders.*, Strukturierende Rechtslehre, S. 31.

Polen nicht zu leugnende Interdependenz durch eine wie auch immer geartete Korrelation im Nachhinein zu bewältigen versuche, gehe am Kern des Problems vorbei, weil eine „Überwindung eindimensionalen Denkens nicht erst im weiteren Verlauf der Theoriebildung durch zuordnende Korrekturen einer im Ansatz übernommenen Dichotomie, sondern bereits beim Normverständnis ansetzen muß."[689] Zentraler Gesichtspunkt der Überlegungen *Müllers* ist dabei die Einsicht, daß die Verfassungsrechtsprechung wegen der Weite und Unbestimmtheit der Normen des Grundgesetzes bei der Entscheidungsfindung oftmals darauf angewiesen ist, ihre Interpretation „durch Rückgriff auf empirisch feststellbare Gegebenheiten der sozialen Welt abzustützen oder inhaltlich erst zu bestimmen."[690] Angesichts dieser Praxis der Rechtsanwendung sei es fehlsam, die äußere Wirklichkeit als „Sache" zu substantialisieren und sie sodann in Relation zu einer „substanzhaft oder logisch autonomen" und von der Wirklichkeit grundsätzlich losgelöst gedachten Norm zu setzen; das Tatsächliche müsse vielmehr „von vornherein als Konstituens rechtlicher Normativität" herausgearbeitet werden.

Jede Rechtsnorm bezieht sich auf einen bestimmten, von *Müller* als „Sachbereich" bezeichneten Ausschnitt der Lebenswirklichkeit. In diesem Sachbereich soll sie bestätigend wirken oder verändern, hier entfaltet sie die von ihr intendierten Rechtswirkungen. Das rechtliche Postulat der Norm, ihr aus dem Normtext und durch Auslegung gewonnenes „Normprogramm", greift aus den vorgefundenen tatsächlichen Gegebenheiten des Sachbereichs die für die Norm relevanten Bezugsobjekte heraus. Dieser normerhebliche, fallrelevante Wirklichkeitsausschnitt wird von *Müller* mit dem Terminus „Normbereich" belegt. Der Normbereich ist integrierender Bestandteil der Norm, es handelt sich bei ihm um einen „die Normativität mitbegründenden Faktor"[691]. Die Rechtsnorm ist deshalb nicht mit dem vom Gesetzgeber erlassenen Normtext identisch: „Der Gesetzgeber verkündet [...] keine Rechtsnormen, er verabschiedet lediglich Gesetzestexte, die der praktisch tätige Jurist, z.B. der Richter, aufgreift, indem er sie

---

[689] *Müller*, Normstruktur und Normativität, S. 168.

[690] *Müller*, ARSP 56 (1970), 493. Hierauf weist auch *Hesse*, JZ 1995, 265, 266, hin: „Ein zweites wesentliches Kennzeichen seiner [scil. der verfassungsgerichtlichen] Rechtsprechung besteht darin, daß diese [...] eine Isolierung von rechtlicher Norm und sozialer Wirklichkeit vermeidet; der von der Norm geordneten Wirklichkeit kommt wesentliche Bedeutung für die Auslegung der Norm zu. So spielen in der Rechtsprechung des Gerichts sorgfältige und tief eindringende Sachverhaltsanalysen eine entscheidende Rolle: politischen, wirtschaftlichen, technischen und sozialen Zusammenhängen wird erhebliches Gewicht beigemessen."

[691] Vgl. *Müller/Pieroth*, Religionsunterricht als ordentliches Lehrfach, S. 43. Damit ist auch einer argumentativ beliebigen „Normativität des Faktischen" eine klare Absage erteilt. Das Faktum kann nämlich nach dem Modell *Müllers* nur noch dann als normerheblich betrachtet werden, wenn es Bestandteil des Normbereichs ist.

zu einer Rechtsregel konkretisiert."[692] Anders gewendet: Die Rechtsnorm entsteht nicht schon mit dem Erlaß eines Gesetzes, sondern erst durch einen der Entscheidungsfindung des Richters immanenten Konkretisierungsprozeß, bei dem unter Zuhilfenahme insbesondere des Normtextes das Normprogramm sowie die entscheidungsrelevanten Segmente der Wirklichkeit (der Normbereich) ermittelt werden. Die so eruierte Rechtsnorm wird vom Rechtsanwender bei der Fallösung zu der den konkreten Einzelfall regelnden Entscheidungsnorm fortentwickelt[693]. Es handelt sich bei der Entscheidungsnorm um den „jeweils konkretisierten Aggregatzustand der Rechtsnorm", keineswegs um eine „selbständige Größe neben ihr"[694]. Durch die Ermittlung des Normbereichs erhält das Verhältnis von Verfassung und Verfassungswirklichkeit seine Handhabbarkeit: Ohne diese Eingrenzung würden nämlich „neben den Normbereichen auch normwidrige oder normindifferente Ausschnitte aus tatsächlichen Strukturen umfaßt werden", was nicht nur den Blick auf die allein normrelevanten Realdaten verdunkeln, sondern schlimmstenfalls sogar zu einer rechtsfehlerhaften Entscheidung führen könne[695].

Mit diesem dogmatischen Instrumentarium gewappnet, zeichnen sich für *Hesse* die ersten Konturen einer grundgesetztauglichen Lehre vom Verfassungswandel ab, die mit den Verfassungsfunktionen der Stabilisierung, Rationalisierung und Machtbegrenzung und dem hieraus hervorgehenden Erfordernis einer strikten Bindung an den Verfassungswortlaut im Einklang steht: „Wenn Veränderungen der sozialen Wirklichkeit nur insoweit als maßgeblich angesehen werden, als sie zum 'Normbereich' gehören, wenn hierfür wiederum das 'Normprogramm' maßgeblich ist und wenn für dieses der Text der Verfassungsnorm von konstituierender Bedeutung ist, dann kann der Inhalt der Verfassungsnorm sich nur innerhalb des durch den Text gezogenen Rahmens wandeln."[696] Der mögliche Bedeutungsgehalt wird hiernach also durch den Rahmen abgesteckt, der mit Hilfe der juristischen Auslegungsmethoden dem Wortlaut der Norm entnommen werden kann: „[...] wo die Möglichkeiten eines sinnvollen Verständnisses des Normtextes enden oder wo eine 'Verfassungswandlung' in

---

692 *Jeand'Heur*, Verfassungsrechtliche Schutzgebote zum Wohl des Kindes und staatliche Interventionspflichten aus der Garantienorm des Art. 6 Abs. 2 Satz 2 GG, S. 30 f.

693 Vgl. *Müller*, Juristische Methodik, S. 144.

694 *Müller*, ARSP 56 (1970), 493, 503.

695 Vgl. *Müller*, Normstruktur und Normativität, S. 168.

696 *Hesse*, FS Scheuner (1973), S. 123, 139. Kritisch gegenüber einem Rückgriff auf das Normprogramm *Ress*, FS Doehring (1985), S. 5, 21: „Wenn Grenzen für einen derartigen Wandel des Normsinns [...] im 'Normprogramm' gesehen werden, verschiebt sich das Problem nur auf die Frage nach dem Inhalt des Normprogramms und der Methode zu seiner Ermittlung."

eindeutigem Widerspruch zum Normtext treten würde, enden die Möglichkeiten einer Norminterpretation und mit ihnen auch die Möglichkeiten eines Verfassungswandels."[697] Weil ein Außerkrafttreten von Rechtsnormen infolge einer Modifikation des zugrundeliegenden Normbereichs nicht aus dem Normtext, der ja unverändert bliebe, hervorgehen würde, kommt für *Hesse* ein normgeltungsbeendigender Verfassungswandel nicht in Betracht. Hierdurch trägt er dem Umstand Rechnung, daß eine Verfassungswirklichkeit, welche die äußerste Grenze der Wortlautinterpretation überschreitet, die Autorität der Verfassung aushöhlt. Den Wortlaut einer Verfassungsvorschrift zur Grenze des Verfassungswandels zu machen, fügt sich daher nicht nur in das Verständnis des Verfassungswandels als Normbereichsveränderung ein. *Hesses* Ansatz überzeugt auch in seinen Konsequenzen. Er führt nämlich dadurch, daß er den Blick auf den Normbereich lenkt, nicht nur zu einer näheren Bestimmung derjenigen Tatsachen, die für eine Veränderung der Norminterpretation maßgeblich sind, sondern stärkt, indem er die Vereinbarkeit des Verfassungswandels mit dem Wortlaut des Grundgesetzes fordert, die Geltungskraft der Verfassung.

B. Verfassungswandel und Normobsoleszenz

Auch wenn ein Verfassungswandel nach heutigem Verständnis nicht den Geltungsverlust einer Rechtsnorm herbeizuführen vermag, stellt sich die Frage, ob nicht die Rechtsfigur der „Normobsoleszenz bei völliger Veränderung der Verhältnisse" in bezug auf das von *Renck* angesprochene Außerkrafttreten des Art. 7 Abs. 3 Satz 1 GG[698] zur Anwendung gebracht werden kann. Zunächst ist insoweit anzumerken, daß der Verfassungswandel und die als Geltungsbeendigungsgrund in Literatur und Rechtsprechung weitgehend anerkannte „völlige Veränderung der Verhältnisse" nicht unerhebliche Gemeinsamkeiten aufweisen. Dieser Betrachtungsweise wurde von *Edzard Schmidt-Jortzig* vorgehalten, der Bedeutungs- bzw. Verfassungswandel rufe andere Wirkungen als diese Rechtsfigur hervor: Während beim Verfassungswandel der Rechtssatz in Geltung bleibe, weil das Normprogramm durch einen Inhaltswandel sich an die veränderten Gegebenheiten anzupassen vermöge, verliere er bei einem Obsoletwerden seinen Gegenstand endgültig und werde damit ungültig[699]. Der Bedeutungswandel ist im Ergebnis deshalb normerhaltend, wohingegen die Nichtigkeit infolge Obsoletwerdens als dogmatische ultima ratio gerade die Konsequenzen daraus

[697] *Hesse*, FS Scheuner (1973), S. 123, 139; zustimmend *Walter*, AöR 125 (2000), 517, 540 f.

[698] Vgl. hierzu Erster Teil, A.

[699] Vgl. *Schmidt-Jortzig*, Rechtstheorie 12 (1981), 395, 404.

zieht, daß die Norm sich in bezug auf die veränderten tatsächlichen Bedingungen als von zu geringer Anpassungsfähigkeit, als zu „starr" erwiesen hat.

Schmidt-Jortzig hat die Unterschiede zwischen einem Verfassungswandel und einem Obsoletwerden von Normen zwar zutreffend beschrieben. Die von ihm praktizierte Unterscheidung dividiert jedoch Zusammengehöriges auseinander und verdeckt damit den Blick auf die strukturelle Ähnlichkeit beider Rechtsinstitute. Sowohl der als Normbereichsveränderung verstandene Verfassungswandel als auch das Außerkrafttreten von Gesetzen wegen völliger Veränderung der Verhältnisse haben ihren Ursprung in einer tatsächlichen Entwicklung, die den Normbereich der jeweiligen Vorschrift erfaßt. Diese von *Schmidt-Jortzig* zwar erkannte, aber nicht hinlänglich betonte Parallele macht es erklärlich, wieso *Renck* im Hinblick auf die Auswirkungen eines Verfassungswandels ohne jede terminologische Abstufung davon spricht, daß eine „nachhaltige Umschichtung des Regelungssachverhalts und/oder eine Umwertung seiner Beurteilung durch die Rechtsgemeinschaft einen Verfassungssatz *obsolet werden läßt oder zumindest seinen Inhalt modifiziert*"[700]. Der Verfassungswandel und das Außerkrafttreten von Gesetzen wegen völliger Veränderung der Verhältnisse bilden hiernach zwei Seiten derselben Medaille. Bei dieser Betrachtungsweise ist es dann auch plausibel, daß *Renck* bei seinen Ausführungen auf den Beitrag von *Hesse* Bezug nimmt, wenn er sich dafür ausspricht, daß die institutionelle Garantie des Religionsunterrichts in den neuen Bundesländern ihre Rechtsgeltung verloren habe: „Existiert der Regelungsgegenstand nicht mehr, so ist in der Rechtsquellenlehre anerkannt, daß die Regelung außer Kraft tritt. Für das Verfassungsrecht kann insoweit nichts Abweichendes gelten. Man wird daher konsequenterweise annehmen dürfen, daß mit dem Wegfall der volkskirchlichen Rechtfertigung die prinzipienwidrigen Verfassungsdurchbrechungen gegenstandslos und damit unwirksam werden, ohne daß es dazu eines besonderen konstitutionellen Formalaktes bedürfte."[701] *Rencks* Argumentation verknüpft sowohl Elemente des Normbereichswegfalls als auch eines „Zweckfortfalls", der infolge einer bei der Bevölkerung zu verzeichnenden Veränderung der weltanschaulichen Bewertungsgrundsätze eingetreten sei. Das Obsoletwerden der Verfassungsgarantie des Religionsunterrichts stellt sich vor diesem Hintergrund als das Ergebnis eines den Anwendungsbereich des Art. 7 Abs. 3 Satz 1 GG auf Null reduzierenden Bedeutungswandels dar.

---

[700] *Renck*, BayVBl. 1999, 70, 76 (Hervorhebung nicht im Original).

[701] *Renck*, ThürVBl. 1994, 182, 183.

Sechster Teil
Geltungsverlust wegen Obsoletwerdens?

Sowohl im staatsrechtlichen Schrifttum als auch in der verwaltungsgerichtlichen Rechtsprechung ist ein Außerkrafttreten von Normen wegen Zweckfortfalls bzw. völliger Veränderung der tatsächlichen Verhältnisse wiederholt angenommen worden. Im folgenden soll auf drei besonders prominente Beispiele eines Obsoletwerdens, nämlich den Wegfall gemeindlicher Kirchenbaulasten, die Funktionslosigkeit von Bebauungsplänen sowie das Außerkrafttreten des Wiedervereinigungsgebots, näher eingegangen werden. Hiergegen lassen sich möglicherweise Einwände anführen, die auch bei Art. 7 Abs. 3 Satz 1 GG von Relevanz sind.

A. Beispiele aus der Rechtsprechung

I. Wegfall einer Kirchenbaulast infolge völliger Veränderung der Verhältnisse?

1. Die Entscheidung des Bundesverwaltungsgerichts vom 3. November 1967

Vom Geltungsverlust einer gemeindlichen Kirchenbaulast wegen „völliger Veränderung der Verhältnisse“ ist das Bundesverwaltungsgericht in seinem Urteil vom 3. November 1967 ausgegangen[702]. Dem Urteil des 7. Senats lag dabei folgender Sachverhalt zugrunde:

Die klagende Kirchengemeinde war Eigentümerin einer Pfarrkirche, deren Kirchturm aus dem 12. Jahrhundert stammte. Sie hielt die politische Gemeinde u.a. aufgrund einer vom Kurfürsten *Johann Wilhelm* für das ehemalige Herzogtum Berg erlassenen Verordnung vom 10. September 1711 für verpflichtet, die bei der Unterhaltung des Turms anfallenden Kosten zu tragen. Die Klage hatte weder in der ersten Instanz vor dem Verwaltungsgericht Köln noch in der Berufungsinstanz vor dem Oberverwaltungsgericht Münster Erfolg. Das Berufungsgericht war dabei von einem Außerkrafttreten der einschlägigen Verordnung

[702] Vgl. BVerwGE 28, 179 ff.

„wegen endgültigen Wegfalls der Verhältnisse, für die sie gelten sollte und die sie regeln sollte“[703], ausgegangen. Auch die Revision zum Bundesverwaltungsgericht blieb ohne Erfolg.

Das Bundesverwaltungsgericht stellt zum hier in Rede stehenden Themenkomplex einleitend fest, daß der „Wegfall der Verhältnisse“ als Grund für ein Außerkrafttreten von Normen in Literatur und Rechtsprechung anerkannt sei[704]. Dieser außerordentliche Geltungsbeendigungsgrund müsse als ein „Fall der normativen Kraft des Faktischen“ verstanden werden. „Wenn es Rechtens ist, daß Rechtssätze nach einer gewonnenen Revolution oder einem verlorenen Krieg außer Kraft treten können“, sei es nicht zu beanstanden, „daß 250 Jahre alte Vorschriften wegen völliger Veränderung der Verhältnisse als außer Kraft getreten behandelt werden.“[705] Mit der normativen Kraft des Faktischen haben die sich dieser Feststellung anschließenden Ausführungen jedoch wenig zu tun, da *Jellinek* mit seiner Theorie nur eine psychologische Entwicklung beschreiben wollte[706]. Wenn das Bundesverwaltungsgericht darlegt, daß „der Kirchturm bei Erlaß der Verordnung von 1711 als Träger der für alle Bewohner wichtigen Uhr und der häufig bei außerkirchlichen Anlässen geläuteten Glocken“ von Nutzen gewesen sei, erinnern die vom Gericht für entscheidungserheblich befundenen Tatsachen an die sog. cessante-Regel des gemeinen Rechts. Diese Auslegungsregel besagt, daß ein Rechtssatz unwirksam wird, sobald der ihm zugrundeliegende Zweck entfällt: „cessante ratione cessat ipsa lex“. Der Kirchturm habe allen Gemeindebewohnern als „Wachturm und Zufluchtstätte im Verteidigungsfall“ gedient, so daß es gerechtfertigt gewesen sei, diese auch für seine Instandhaltung aufkommen zu lassen. Daß diese Zweckbestimmung inzwischen nicht mehr zum Tragen komme, müsse sich auf die Geltung der Verordnung zwangsläufig auswirken. Das Bundesverwaltungsgericht begründet das Außerkrafttreten der Verordnung also letztlich mit einer Nutzungsänderung des Kirchturms.

2. Die Stellungnahmen in der Literatur

Der Wegfall von Kirchenbaulasten infolge „völliger Veränderung der Verhältnisse“ ist im wissenschaftlichen Schrifttum mehrheitlich auf Ablehnung gestoßen, wobei sich die Begründungen allerdings zum Teil ganz erheblich voneinander unterscheiden. Während die einen die vom Bundesverwaltungsgericht

---

[703] BVerwGE 28, 179, 181.

[704] Vgl. BVerwGE 28, 179, 182.

[705] BVerwGE 28, 179, 182.

[706] Kritisch daher *Scheuner*, ZevKR 14 (1968/1969), 353, 357.

herangezogene Regel vom Außerkrafttreten von Normen aufgrund eines im Tatsächlichen gründenden Wandels anerkennen, aber das Vorliegen ihrer Voraussetzungen anzweifeln[707], wenden sich andere in jeder Hinsicht gegen einen solchen außerordentlichen Normgeltungsbeendigungsgrund[708].

So spricht sich etwa *Thomas Lindner* bei Kirchenbaulasten, die auf einer gesetzlichen Regelung basieren, sowohl gegen ein Außerkrafttreten aufgrund der normativen Kraft des Faktischen als auch gegen eine Anwendung der clausula rebus sic stantibus bzw. des Wegfalls der Geschäftsgrundlage aus[709]. *Lindner* hält es aber prinzipiell für möglich, daß ein Rechtssatz, dessen Anwendbarkeit keiner zeitlichen Befristung unterliegt und der weder förmlich durch einen Akt des Normgebers aufgehoben noch durch derogatives Gewohnheitsrecht außer Kraft gesetzt worden ist, bei Veränderung des in Bezug genommenen Lebenssachverhalts seine Gültigkeit verlieren kann. Dabei spielt es für ihn keine Rolle, ob die Rechtsnorm in einem förmlichen Rechtssetzungsverfahren erlassen wurde oder auf einem Akt gewohnheitsrechtlicher Rechtserzeugung beruht. Voraussetzung für ein Außerkrafttreten sei allerdings das Obsoletwerden des Rechtssatzes. Hiervon will *Lindner* ausgehen, wenn der einer Norm zugrundeliegende Lebenssachverhalt von vornherein nicht bestanden hat oder gegenwärtig und in Zukunft nicht mehr besteht[710]. Der Fortfall des mit der Schaffung einer Norm verfolgten Zwecks oder Motivs könne indessen an der Rechtsgeltung nichts ändern. Ein Obsoletwerden der vom Bundesverwaltungsgericht überprüften Baulast lehnt *Lindner* angesichts des Umstandes ab, daß deren Aufgabe, Zwecken der Gottesdienstausübung dienende Gebäude instandzuhalten, weiter fortbestehe, „sofern die den Gegenstand der Baulast bildenden kirchlichen Gebäude, der durch die Baulast Verpflichtete und der kirchliche Baubedarf noch existieren"[711]. Von einem Obsoletwerden der Baulast sei nur in eng begrenzten Ausnahmefällen auszugehen, so etwa bei Pfarrhausbaulasten, die sich auf die zum Anwesen gehörigen Stallungen und Scheunen erstreckten: „Da diese ihre ausschließliche Bestimmung, zum Lebensunterhalt des Geistlichen beizutragen, angesichts der Tatsache, daß Pfarrer einer beamtenähnlich ausgestalteten Besoldung unterliegen, in der Gegenwart verloren haben, wird man insoweit einen Wegfall nicht allein des mit der Baulast ursprünglich verbundenen Zwecks, sondern des ihr zugrundeliegenden Lebenssachverhalts anzunehmen haben."[712]

---

707 Vgl. *Lindner*, Baulasten an kirchlichen Gebäuden, S. 263 ff.

708 Vgl. *Baldus*, JR 1970, 52, 54.

709 Vgl. *Lindner*, Baulasten an kirchlichen Gebäuden, S. 263 ff.

710 Vgl. *Lindner*, Baulasten an kirchlichen Gebäuden, S. 265 f.

711 Vgl. *Lindner*, Baulasten an kirchlichen Gebäuden, S. 266.

712 Vgl. *Lindner*, Baulasten an kirchlichen Gebäuden, S. 266.

Die von *Lindner* vorgebrachten Bedenken werden von *Ulrich Scheuner* geteilt, wenn er im Hinblick auf die vom Bundesverwaltungsgericht in Bezug genommene Rechtsfigur konstatiert, daß es im Lichte der Entstehungsgeschichte der Lehre von der „völligen Veränderung der Verhältnisse" unzureichend und sogar fehlgehend sei, diese zur Begründung eines Außerkrafttretens von Normen infolge Zweckfortfalls heranzuziehen[713]. Eine Prüfung der pandektistischen Literatur führe zu dem Ergebnis, daß die völlige Veränderung der Verhältnisse das Erlöschen einer Rechtsnorm nur unter der Voraussetzung herbeizuführen in der Lage sei, daß entweder der Gegenstand, auf den sich ein Gesetz beziehe, endgültig wegfalle oder daß der Norm von vornherein nur transitorischer Charakter zukomme[714]. Die dogmatischen Zweifel an der Begründung des Bundesverwaltungsgerichts werden überdies durch die mißverständliche Inbezugnahme der „normativen Kraft des Faktischen" genährt, die in der Urteilsbegründung undifferenziert mit dem Wegfall von Normen infolge „völliger Veränderung der Verhältnisse" gleichgesetzt wird. *Scheuner* deckt diesen dogmatischen Fehlgriff auf, wenn er feststellt, daß die normative Kraft des Faktischen „nichts mit unserem Rechtsgedanken zu tun hat. Sie betrifft vielmehr das Verhältnis von Recht und Macht und lehrt [...] die historische Anpassung des Rechts an reale Machtfaktoren und soziale Zielsetzung."[715]

Doch selbst wenn man die Möglichkeit eines Außerkrafttretens von Normen wegen Zweckfortfalls grundsätzlich anzuerkennen bereit wäre, bestehen gegenüber dem vom Bundesverwaltungsgericht gefundenen Ergebnis erhebliche Bedenken. So hat *Manfred Baldus* zu Recht darauf hingewiesen, daß dem Kirchturm bereits im frühen 18. Jahrhundert die ihm vom Bundesverwaltungsgericht zuerkannte weltliche Bedeutung nicht mehr zukam. Kirchliche Gebäude seien in der Zeit des Barock längst nicht mehr als Wacht- und Zufluchtstätte verwendet worden: „Mit dem Aufblühen der städtischen Architektur im Spätmittelalter verloren auch die kirchlichen Uhr- und Glockentürme jedenfalls für das weltliche Gemeinwesen erheblich an Bedeutung. Selbst wenn man unterstellt, daß in ländlichen Gegenden die Verhältnisse damals noch anders waren, so darf doch nicht übersehen werden, daß auch auf dem Lande jener Zweckwandel des Kirchturms längst, und zwar spätestens mit Einführung industriell produzierter

---

713 Vgl. *Scheuner*, ZevKR 14 (1968/1969), 353, 357.

714 *Scheuner*, ZevKR 14 (1968/1969), 353, 357; *ders.*, FG Flatten (1973), S. 381, 392.

715 *Scheuner*, ZevKR 14 (1968/1969), 353, 357; ebenso *Lindner*, Baulasten an kirchlichen Gebäuden, S. 265.

Uhren in der zweiten Hälfte des 19. Jahrhunderts, eingetreten ist."[716] Weitere Zweifel an der Begründung des Bundesverwaltungsgerichts ergeben sich für *Baldus* daraus, daß die gerichtliche Nichtigerklärung von Normen angesichts einer veränderten gesellschaftlichen Situation mit Blick auf das Gesetzgebungsmonopol des Parlaments nicht unproblematisch erscheint: „Eine Beeinträchtigung der Rechtssicherheit und eine bedenkliche Relativierung des gesetzten Rechts nach häufig recht fragwürdigen soziologischen oder gar wirtschaftlichen Kriterien wäre nicht zu verkennen."[717] Hierin liegt ein zentraler Gesichtspunkt, der grundsätzlich gegen die Möglichkeit eines Außerkrafttretens von Normen infolge völliger Veränderung der Verhältnisse spricht: Die Aufhebung von Rechtsnormen, deren gesellschaftliche Akzeptanz wegen einer Veränderung der ihnen zugrundeliegenden Normsituation weggefallen ist, steht, soweit diese Normen nicht zu höherrangigen Rechtsnormen in Widerspruch geraten sind, allein dem Gesetzgeber zu. Er hat als Repräsentant des Staatsvolks darüber zu befinden, ob eine Norm, deren Entstehungsvoraussetzungen sich seit ihrem Erlaß maßgeblich verändert haben, Bestand haben soll. Etwas anderes gilt nur dann, wenn die Norm zwischenzeitlich rechtswidrig und damit nichtig geworden ist.

Auch von *Peter Baumeister* ist die vom Bundesverwaltungsgericht zur Begründung des Außerkrafttretens gesetzlicher Kirchenbaulasten herangezogene Rechtsfigur in Zweifel gezogen worden, weil die einschlägigen Verordnungen durch die Veränderung der tatsächlichen Situation nicht zu höherrangigen Rechtsnormen in Widerspruch geraten seien[718]. Allerdings sieht sich *Baumeister* wegen Art. 140 GG i.V.m. Art. 138 Abs. 1 WRV zu einer „außergewöhnlichen Lösung" gezwungen[719]. Art. 138 Abs. 1 Satz 1 WRV legt fest, daß die auf Gesetz, Vertrag oder besonderen Rechtstiteln beruhenden Staatsleistungen an die Religionsgemeinschaften durch die Landesgesetzgebung abgelöst, d.h. gegen angemessene Entschädigung aufgehoben werden[720]. Indem Art. 138 Abs. 1 Satz 2 WRV die Ablösung vom Vorliegen einer Grundsatzregelung durch den Bund abhängig macht, statuiert er gegenüber einer Enteignung gemäß Art. 14 Abs. 3 GG hinausgehende Anforderungen[721]. Zu den von Art. 138 Abs. 1 WRV erfaß-

---

[716] *Baldus*, JR 1970, 52, 54.

[717] *Baldus*, JR 1970, 52, 54.

[718] Vgl. *Baumeister*, Das Rechtswidrigwerden von Normen, S. 338.

[719] Vgl. *Baumeister*, a.a.O.

[720] Vgl. *Jarass*, in: Jarass/Pieroth, Grundgesetz, Art. 140/Art. 138 WRV Rn. 1; *Ehlers*, in: Sachs, Grundgesetz, Art. 140 GG/Art. 138 WRV Rn. 4; *von Campenhausen*, Staatskirchenrecht, S. 325.

[721] Zum Verhältnis des Art. 14 GG zu Art. 138 Abs. 1 WRV vgl. *Jeand'Heur/Korioth*, Grundzüge des Staatskirchenrechts, Rn. 355; *Lücke*, Die Weimarer Kirchengutsgarantie als Bestandteil des Grundgesetzes, JZ 1998, 534 f.; *von Campenhausen*, Staatskirchenrecht, S.

ten Staatsleistungen zählen auch kommunale Kirchenbaulasten. Das ist früher in Zweifel gezogen worden, weil Art. 138 Abs. 1 WRV ausdrücklich nur von *Staats*leistungen spricht, bei den Gemeinden aber wegen der besonderen verfassungsrechtlichen Gewährleistung ihrer Selbstverwaltung lange Zeit von einer gewissen Distanz zum Staat ausgegangen wurde[722]. Einer solchen Betrachtungsweise ist jedoch nicht zuletzt aufgrund eines gewandelten Verständnisses vom Verhältnis des Staates zu den Kommunen zu widersprechen[723]. Bei den Gemeinden handelt es sich trotz der subjektiven Rechtsstellungsgarantie des Art. 28 Abs. 2 GG um in den Staatsaufbau integrierte Gebietskörperschaften, die der mittelbaren Staatsverwaltung zuzurechnen sind. Die Kommunen treten dem Bürger in Ausübung von öffentlicher Gewalt gegenüber. Sie werden von der in Art. 1 Abs. 3 GG angeordneten Grundrechtsbindung erfaßt. All dies rechtfertigt es, auch die von ihnen erbrachten Leistungen unter Art. 138 Abs. 1 WRV zu subsumieren[724].

Ein Bundesgesetz, das die Grundsätze zur Ablösung von Staatsleistungen aufstellen würde, ist bislang nicht erlassen worden. Ungeachtet dessen wird durch Art. 138 Abs. 1 WRV eine einvernehmliche Ablösung ohne bundes- und landesrechtliche Regelung nicht ausgeschlossen[725]. Aus diesem Grund gelangt *Baumeister* zu der Einschätzung, daß auch auf „normativem Gebiet [scil. bei einer durch Gesetz begründeten Baulast], auf dem die öffentliche Gewalt regelmäßig einseitige Regelungskompetenz besitzt, [...] hier nur vertragliche Lösungen möglich“[726] sind. Folglich sei „auch bei Baulastverpflichtungen auf normativer (nicht vertraglicher) Grundlage“ von einer vertragsähnlichen Beziehung zwischen Staat und Kirche auszugehen[727]. Als Argument für die von *Baumeister*

---

316 f.; *ders.*, Eigentumsgarantie und Säkularisationsverbot im Grundgesetz, BayVBl. 1971, 336 ff.; *Kästner*, in: Listl/Pirson, HdbStKR I, S. 891, 898 ff.

722 Vgl. *Lindner*, Baulasten an kirchlichen Gebäuden, S. 199; *Scheuner*, FG Flatten (1973), S. 381, 387: „Art. 138 Abs. 1 WRV garantiert nur Leistungen, die vom Bunde oder den Ländern ausgehen; er betrifft nicht Gewährungen, die Gemeinden obliegen.“

723 Vgl. *von Campenhausen*, in: von Mangoldt/Klein/von Campenhausen, Das Bonner Grundgesetz, Art. 140/Art. 138 Abs. 1 WRV Rn. 5; *Jeand'Heur/Korioth*, Grundzüge des Staatskirchenrechts, Rn. 348.

724 Vgl. *Isensee*, in: Listl/Pirson, HdbStKR I, S. 1009, 1031 f.; *von Campenhausen*, in: von Mangoldt/Klein/von Campenhausen, Das Bonner Grundgesetz, Art. 140/Art. 138 Abs. 1 WRV Rn. 5; *ders.*, Staatskirchenrecht, S. 328; *Hollerbach*, FS Plöchl (1977), S. 511, 528; *Maunz*, in: Maunz/Dürig, Grundgesetz, Art. 140/Art. 138 WRV Rn. 4; *Sperling/Weidemann*, DÖV 1973, 269, 271.

725 *Jarras/Pieroth*, Grundgesetz, Art. 140/Art. 138 WRV, Rn. 1.

726 *Baumeister*, Das Rechtswidrigwerden von Normen, S. 340.

727 *Baumeister*, a.a.O.

konstatierte vertragsähnliche Rechtsbeziehung kann ebenfalls auf Art. 21 LVerf NRW verwiesen werden. Diese Vorschrift sieht nämlich ausdrücklich vor, daß Leistungen des Landes an die Kirchen unabhängig davon, ob sie auf Gesetz, Vertrag oder anderen Rechtstiteln beruhen, nur durch Vereinbarung abgelöst werden können. Die Landesverfassung Nordrhein-Westfalens schließt einen einseitigen Rechtsentzug durch den Landesgesetzgeber also ausdrücklich aus. Vor dem Hintergrund einer vertragsähnlichen Beziehung hält *Baumeister* die Anwendung der Grundsätze vom Wegfall der Geschäftsgrundlage für geboten. Die Kirchenbaulast verliere bei Anwendung der Grundsätze vom Wegfall der Geschäftsgrundlage zwar nicht ipso iure ihre Geltung. Der bürgerlichen Gemeinde stehe aber ein Anspruch darauf zu, daß die Baulast an die veränderte tatsächliche Situation angepaßt werde.

Zur Unterstützung der von *Baumeister* vertretenen Position läßt sich anführen, daß seine Lösung die oftmals schwierige Feststellung entbehrlich macht, ob eine Baulast – die unter Umständen bis in das Mittelalter zurückreicht – auf Vertrag, Gesetz oder Gewohnheitsrecht basiert. Die Lehre vom Wegfall der Geschäftsgrundlage wäre nämlich nicht nur auf vertraglich, sondern auch auf gesetzlich oder gewohnheitsrechtlich begründete Baulasten anwendbar, so daß sich über dieses Rechtsinstitut in allen Fällen eine Anpassung der kommunalen Verpflichtungen an die veränderte Situation herbeiführen ließe.

Die von *Baumeister* vorgeschlagene Anwendung der Grundsätze vom Wegfall der Geschäftsgrundlage und die damit verbundene Annahme einer vertragsähnlichen Beziehung vermag jedoch bei genauerem Hinsehen nicht zu überzeugen[728]. Wenn *Baumeister* glaubt, bei durch den Gesetzgeber begründeten Kirchenbaulasten auf die clausula zurückgreifen zu können, verkennt er nämlich, daß die Anwendung dieses auf „koordinative, willensautonome Verhältnisse des Vertragsrechts" zugeschnittenen Rechtsinstituts trotz der durch Art. 140 GG

---

728 Mit seiner „außergewöhnlichen Lösung" wird *Baumeister* seinen eigenen Prämissen allerdings nicht schon deshalb untreu, weil er selbst die Lehre vom Wegfall der Geschäftsgrundlage bzw. die clausula rebus sic stantibus als Begründungsversuch für ein Außerkrafttreten von Normen zuvor verworfen hatte. Obwohl ein Geltungsschwund von Gesetzen in der Literatur teilweise mit diesen Rechtsinstituten begründet wird und das Bundesverfassungsgericht die clausula rebus sic stantibus ausdrücklich zum ungeschriebenen Bestandteil des Bundesverfassungsrechts erklärt hat, spricht sich *Baumeister* gegen die Anwendung der aus dem Zivilrecht stammenden Rechtsfigur aus, weil sie die Norm nicht selbst beseitige, sondern nach ihrem regelmäßigen Verständnis allenfalls dazu führen kann, daß eine Pflicht zur Aufhebung oder Änderung für den Normgeber entsteht. Indem *Baumeister* die Lehre vom Wegfall der Geschäftsgrundlage auch auf gesetzlich bzw. gewohnheitsrechtlich begründete Kirchenbaulasten zur Anwendung bringt, redet er damit also keiner Nichtigkeit ipso iure das Wort. Im Ergebnis macht es aber keinen Unterschied, ob die Kirchenbaulast unmittelbar infolge von tatsächlichen Veränderungen wegfällt oder auf eine entsprechende Klage hin vom Normgeber sukzessive an die veränderten Verhältnisse angepaßt oder aufgehoben wird.

i.V.m. Art. 138 Abs. 1 WRV herbeigeführten Bindung der öffentlichen Gewalt an den durch „einseitige autoritative Anordung geprägten Strukturfundamenten von Rechtsnormen“ scheitert[729]. Der Grundgedanke *Baumeisters*, die besondere verfassungsrechtliche Situation führe für die öffentliche Gewalt im Hinblick auf Kirchenbaulasten zu einem Ausschluß jeden Zugriffsrechts[730], greift zu kurz, weil der Staat zur einseitigen Aufhebung der Kirchenbaulasten durchaus noch in der Lage ist – auch wenn dies den vorherigen Erlaß eines entsprechenden Bundesgesetzes voraussetzt. Außerdem muß, selbst wenn eine Ablösung der Staatsleistungen wegen des Fehlens einer bundesgesetzlichen Grundsatzregelung derzeit einer Vereinbarung bedarf, Berücksichtigung finden, daß zumindest die Begründung von gesetzlichen Kirchenbaulasten auf einseitigem Hoheitsakt beruht. Von daher erscheint es zweifelhaft, von einem „vertragsähnlichen Verhältnis“ zu sprechen, das zudem unter dem Vorbehalt der Nichtexistenz von Grundsätzen für die Ablösung stünde. Da – auch wenn man eine Geltungsbeendigung bei Normobsoleszenz zu befürworten bereit ist – das Ausbleiben eines die Grundsätze festlegenden Bundesgesetzes Art. 138 Abs. 1 WRV nicht hat außer Kraft treten lassen[731], wäre die öffentliche Gewalt bei entsprechendem politischen Willen ohne weiteres in der Lage, dem Verfassungsauftrag zur Ablösung von Staatsleistungen Folge zu leisten. Hiergegen läßt sich auch nicht einwenden, daß gemäß Art. 18 Reichskonkordat[732] vor dem Erlaß der für die Ablösung aufzustellenden Grundsätze rechtzeitig ein freundschaftliches Einvernehmen zwischen dem Hl. Stuhl und dem Bund herbeizuführen ist[733]. Denn das Transformationsgesetz zum Reichskonkordat gilt in der (gesamten[734]) Bundesrepublik innerstaatlich im Rang einfachen Gesetzesrechts und steht damit zur Disposition

---

[729] Vgl. insoweit die Begründung der Nichtanwendbarkeit der clausula auf Rechtsnormen bei *Schmidt-Jortzig*, Rechtstheorie 12 (1981), 395, 399.

[730] Vgl. *Baumeister*, Das Rechtswidrigwerden von Normen, S. 340.

[731] Vgl. *von Campenhausen*, Staatskirchenrecht, S. 330.

[732] RGBl. II, S. 679 ff. Abgedruckt in *Listl*, Die Konkordate und Kirchenverträge in der Bundesrepublik Deutschland, Band I, S. 34 ff.

[733] Davon geht aber *Baumeister*, Das Rechtswidrigwerden von Normen, S. 339, aus: „Soweit es um Leistungen an die katholische Kirche geht, bedarf es zudem aufgrund Art. 18 Reichskonkordat vor einer solchen bundesgesetzlichen Regelung eines ´freundschaftlichen Einvernehmens´ zwischen dem Heiligen Stuhl und dem Reich. Infolge des Paritätsgrundsatzes dürfte dasselbe auch für die evangelische Kirche gelten.“

[734] Unabhängig von der Frage, ob das Reichskonkordat, dessen Anwendung auf dem Gebiet der früheren DDR ausgesetzt wurde, zwischenzeitlich außer Kraft getreten ist, wurde seine Geltung in Art. 11 EV für das Gebiet der neuen Bundesländer ausdrücklich angeordnet, vgl. *Depenbrock*, NVwZ 1992, 736, 737. Vgl. dazu auch *Rüfner*, in: Marré/Stüting, Essener Gespräche zum Thema Staat und Kirche 26 (1992), S. 60, 62 f.

des Gesetzgebers[735]. Sollte der Bund ohne vorheriges Einvernehmen mit dem Hl. Stuhl die für die Ablösung erforderlichen Grundsätze erlassen, läge darin zwar aus völkerrechtlicher Sicht ein Vertragsbruch. Sieht man einmal davon ab, daß es trotz der sicherlich damit verbundenen Schwierigkeiten nicht angängig ist, das Zustandekommen des erforderlichen Einvernehmens als nicht realisierbar völlig außer Betracht zu lassen, vermag die Bezugnahme auf das Reichskonkorat aber bereits wegen des Dualismus von Völkerrecht und nationalem Recht weder eine einseitige hoheitliche Regelung auszuschließen noch ein vertragsähnliches Verhältnis nahezulegen. Nach innerstaatlichem Recht wäre der Bund nämlich ohne weiteres in der Lage, das Zustimmungsgesetz zum Reichskonkordat aufzuheben, auch wenn er hiermit gegen völkervertragsrechtliche Pflichten verstoßen würde.

Von der Kompetenz des Gesetzgebers zur innerstaatlichen Neuregelung einer kirchenvertraglich festgelegten Sachmaterie ist dabei unabhängig von der Frage auszugehen, ob die Bindungswirkung von Kirchenverträgen bei einer Veränderung der parlamentarischen Mehrheiten über die clausula rebus sic stantibus ihrerseits hinfällig wird bzw. es zur Entstehung eines außerordentlichen Kündigungsgrundes kommt[736]. Denn selbst diejenigen, die wie *von Campenhausen* die „subordinationsrechtliche Vertragstheorie" wegen ihres Widerspruchs zur verfassungsrechtlichen „Anerkennung echter Vertragsbindungen in Art. 123 GG" ablehnen[737], gehen von der Geltung vertragswidrig zustandegekommener Rechtsnormen aus.

von Campenhausen differenziert mit Blick auf den Gesetzgeber insoweit zwischen dem rechtlichen Können und dem rechtlichen Dürfen: „Selbstverständlich begibt sich der staatliche Gesetzgeber mit dem Vertragsschluß nicht der Entscheidungsfreiheit und der Gesetzgebungskompetenz für die betreffende Materie. Daß er dem Vertrag widersprechende Gesetze zu erlassen vermag, ist eine

[735] Je nachdem, ob die betroffene Regelungsmaterie in die Gesetzgebungszuständigkeit des Bundes oder der Länder fällt, gilt das Reichskonkordat dabei als Bundes- bzw. Landesrecht weiter, BVerfG KirchE 4, 46, 74 f.

[736] Für ein derartiges einseitigen Kündigungsrecht (das freilich finanzielle Ausgleichsansprüche auslösen kann) spricht sich *Obermayer*, in: Dolzer, Das Bonner Grundgesetz, Art. 140 Rn. 97, aus; *Quaritsch*, Kirchenvertrag und Staatsgesetz, FS Schack (1966), S. 125, 139: „Wie im Kollisionsfalle der verwaltungsrechtliche Vertrag dem Gesetz weichen muß und der vertragliche Erfüllungsanspruch, sofern ihm Vermögenswert zukommt, sich in einen Entschädigungsanspruch wandelt, weil nicht die Exekutive, sondern die Legislative unterhalb der Verfassungsebene auf die Frage, was im demokratischen Staate rechtens sein soll, die entscheidende Antwort gibt, so ist der Kirchenvertrag, wenn und soweit ihm eine lex posterior die Grundlage entzogen hat, mit einer neuen und anderen Entscheidung des demos konfrontiert und ist deshalb, soweit diese demokratische Entscheidung gegenständlich reicht, unwirksam."

[737] So *von Campenhausen*, Staatskirchenrecht, S. 160.

Folge seiner Hoheit. Solche Gesetze sind auch rechtsgültig, aber das vertragswidrige Gesetz hat nicht die Kraft, den Vertrag selbst aufzuheben, dieser bleibt gültig, wenn auch verletzt. Es gilt m.a.W. auch im Vertragskirchenrecht der Grundsatz, daß neueres Gesetz das ältere aufhebt (lex posterior derogat legi priori), aber der Gesetzgeber macht sich des Vertragsbruchs schuldig, wenn das Gesetz mit dem Vertrag nicht übereinstimmt."[738]

Der Hinweis auf Art. 18 Reichskonkordat vermag den definitiven Ausschluß einer einseitigen hoheitlichen Regelung auch deshalb nicht zu begründen, weil hierbei „wiederum die (völker-)vertragsrechtlichen Voraussetzungen für die Lockerung dieser Bindung, zum Beispiel des ´Wegfalls der Geschäftsgrundlage´, vorgeschaltet" sind[739]. Das Reichskonkordat, das bei einem Wegfall der ihm zugrundeliegenden Geschäftsgrundlage seinerseits aufgehoben oder zumindest an die veränderte Situation angepaßt werden müßte, kann daher im innerstaatlichen Rechtsraum nicht als Argument für eine in bezug auf Kirchenbaulasten bestehende vertragsähnliche Beziehung dienen.

Zu berücksichtigen ist weiterhin, daß die Anwendung der clausula den besonderen Schutz, den Art. 138 Abs. 1 WRV gewährleisten will, im Endeffekt in sein Gegenteil verkehren würde[740]. Denn unter Zugrundelegung der Theorie *Baumeister*s würde die „rechtliche Eigenart" des durch Art. 138 Abs. 1 WRV abgesicherten Anspruchs eine Veränderung erfahren: „Die Kirchengutsgarantie erzeugt ebensowenig wie die Garantie der Staatsleistungen und des Eigentums Berechtigungen, sondern setzt sie nach Inhalt, Umfang und Bestandsfestigkeit voraus. Die einer Verpflichtung innewohnende Bestandsfestigkeit wird deshalb durch die verfassungsrechtliche Garantie weder vermindert noch erhöht, sondern im bestehenden Umfang geschützt."[741] Erklärt man mit Blick auf Art. 138 Abs. 1 WRV die Lehre vom Wegfall der Geschäftsgrundlage für anwendbar, würden die gesetzlich begründeten Ansprüche der Kirchen jedoch vom Vorliegen einer bestimmten tatsächlichen Situation abhängig gemacht und damit inhaltlich modifiziert. Der verfassungsrechtlichen Verbürgung von Staatsleistungen käme dann keine konservierende, sondern eine abschwächende, unter Umständen sogar normzersetzende Wirkung zu. Die Lehre vom Wegfall der Geschäftsgrundlage ist daher auf das Vertragsrecht zu beschränken. Sie findet auf Rechtsnormen keine Anwendung.

---

[738] *von Campenhausen*, Staatskirchenrecht, S. 161.

[739] *Germann*, BayVBl. 1998, 422, 427 Fn. 42.

[740] Vgl. *Frisch*, ZevKR 44 (1999), 244, 255.

[741] *Frisch*, ZevKR 44 (1999), 244, 255.

3. Ergebnis

Wie sich aus den obigen Ausführungen ergibt, sprechen die besseren Argumente dafür, den vom Bundesverwaltungsgericht in bezug auf Kirchenbaulasten herangezogenen Geltungsbeendigungsgrund einer „völligen Veränderung der Verhältnisse“ die Anerkennung zu versagen. Auch ein Rückgriff auf die Lehre vom Wegfall der Geschäftsgrundlage scheidet bei Kirchenbaulasten, die auf einer gesetzlichen Regelung basieren, aus. Ein Außerkrafttreten des die Baulast begründenden Rechtssatzes kommt mithin nur in Betracht, wenn dieser infolge tatsächlicher Veränderungen höherrangigen Normen widersprechen sollten[742].

II. Außerkrafttreten von Bebauungsplänen bei Funktionslosigkeit

1. Die Grundsatzentscheidung des BVerwG vom 29. April 1977

In seinem Urteil vom 29. April 1977 ist das Bundesverwaltungsgericht davon ausgegangen, daß in einem Bebauungsplan enthaltene Festsetzungen wegen Funktionslosigkeit außer Kraft treten können, wenn und soweit die Verhältnisse, auf die sie sich beziehen, in der tatsächlichen Situation einen Zustand erreicht haben, der ihre Verwirklichung auf unabsehbare Zeit ausschließt, und die Erkennbarkeit dieser Tatsache einen Grad erreicht hat, der einem etwa dennoch in die Fortgeltung der Festsetzungen gesetzten Vertrauen die Schutzwürdigkeit nimmt[743].

Ein Jahrzehnt zuvor hatte sich der vierte Senat noch auf den Standpunkt ge-

---

[742] In diesem Zusammenhang ist insbesondere an einen Verstoß von Kirchenbaulasten gegen die kommunale Selbstverwaltungsgarantie gemäß Art. 28 Abs. 2 Satz 1 GG zu denken. Dabei stellt sich, wie von *Rüfner*, DÖV 1983, 30, zu Recht festgestellt wurde, die Frage, „ob es nicht grundsätzlich verfehlt ist, Zahlungspflichten der Gemeinde gegenüber Dritten an der Selbstverwaltungsgarantie zu messen.“ Art. 28 Abs. 2 GG richtet sich als Rechtssubjektsgarantie gegen den Staat und nicht etwa gegen die Kirchen. Die Norm ist daher kein tauglicher Prüfungsmaßstab für die durch eine Kirchenbaulast begründete Rechtsbeziehung zwischen politischer und kirchlicher Gemeinde.

[743] Vgl. BVerwG NJW 1977, 2325.

stellt, ein Bebauungsplan könne seine Geltung wegen einer abweichenden tatsächlichen Entwicklung lediglich unter der Voraussetzung einbüßen, daß es hierdurch zur Entstehung derogierenden Gewohnheitsrechts gekommen sei[744]. Die Auffassung des Berufungsgerichts, allein die den bauplanerischen Festsetzungen widersprechende Bebauung sei dazu geeignet, ein Außerkrafttreten des Bebauungsplans herbeizuführen, hatte das Bundesverwaltungsgericht damals mit der Begründung verworfen, sie könne mit der im Rechtsstaatsprinzip wurzelnden Gesetzesbindung nicht vereinbart werden. Angesichts der strikten Bindung an Gesetz und Recht dürfe der Exekutive nicht die Möglichkeit eröffnet werden, einen sie bindenden Rechtssatz dadurch außer Kraft zu setzen, daß sie sich über längere Zeit nicht an diesen halte und dadurch einen mit ihm nicht übereinstimmenden tatsächlichen Zustand schaffe[745]. Überdies sei ein Außerkrafttreten infolge rein faktischer Veränderungen ein Widerspruch zum „Wesen des Rechts“ und führe zu einer Umgehung der „Formalien des Rechtssetzungsverfahrens“[746].

Ganz anders lesen sich die Ausführungen des Bundesverwaltungsgerichts im Urteil vom 29. April 1977. Gewohnheitsrecht, so heißt es hier, sei nicht der einzige Fall einer rechtsbildenden Wirkung von Tatsachen; vielmehr könne es unter bestimmten Umständen zur Beseitigung eines entgegenstehenden Rechtssatzes auch dann kommen, wenn es an der für die Entstehung von Gewohnheitsrecht konstitutiven lang andauernden Übung fehle[747]. Maßgeblicher Gesichtspunkt für die Frage des Geltungsverlusts ist nach Ansicht des Bundesverwaltungsgerichts die Aufgabe des Rechts als „Ordnungsfaktor des gesellschaftlichen Raums“[748]: „Das Recht ist um seiner Ordnungsfunktion willen außerstande, etwas zu bestimmen, das etwa überhaupt keinen sinnvollen Gegenstand oder keinen denkbaren Adressaten hat oder eine schlechthin unmögliche Regelung trifft. Recht mit derartig funktionslosem Inhalt kann nicht in Kraft treten, und es tritt außer Kraft, wenn sich der Mangel der Funktionslosigkeit nachträglich einstellt. Über diesen Ansatz kann ernstlich kein Streit bestehen.“[749] Die Verknüpfung des Rechts mit den Gegebenheiten der gesellschaftlichen Wirklichkeit stellt sich für das Bundesverwaltungsgericht beim Bebauungsplan in besonderer Weise, weil Pläne „in einem ungleich stärkeren Maße“ wirklichkeitsbezogen seien, als „dies für den abstrakt-allgemeinen Rechtssatz im herkömmlichen Sinne“[750] zutreffe.

[744] Vgl. BVerwGE 26, 282, 284.

[745] Vgl. BVerwGE 26, 282, 284.

[746] BVerwG a.a.O.

[747] BVerwG NJW 1977, 2325.

[748] BVerwG NJW 1977, 2325.

[749] BVerwG NJW 1977, 2325.

[750] BVerwG NJW 1977, 2325, 2326.

2. Die Reaktion im Schrifttum

Die Entscheidung des Bundesverwaltungsgerichts ist in der Literatur weitgehend auf Zustimmung gestoßen[751]. Vereinzelt wurde der vom Bundesverwaltungsgericht eingeschlagene Lösungsweg jedoch auch in Frage gestellt. So verzichtet *Baumeister* im Gegensatz zum Bundesverwaltungsgericht auf eine Geltungsbeendigung des Plans wegen „Funktionslosigkeit": „Ebenso wie Recht mit funktionslosem Inhalt nicht in Kraft treten kann, weil es rechtswidrig ist", tritt nach seiner Ansicht „′funktionslos′ gewordenes Recht außer Kraft, weil es rechtswidrig geworden ist."[752] Der Anerkennung eines eigenständigen Geltungsbeendigungsgrundes „Funktionslosigkeit" stellt *Baumeister* damit die prinzipielle Erwägung gegenüber, daß „der übliche juristische Weg zur Lösung neuartiger oder neu erkannter Probleme" zunächst darin liegen müsse, „auf das bekannte dogmatische Instrumentarium zurückzugreifen und anhand dessen nach einer Lösung zu suchen."[753] Nur wenn dieses Vorgehen keinen Erfolg verspreche, sei es erforderlich und gerechtfertigt, zur Lösung von Einzelfällen dogmatisch neuartige Begründungen zu entwickeln[754]. *Baumeisters* Lösungsweg rückt den Rechtscharakter des Bebauungsplans als Inhalts- und Schrankenbestimmung i.S. von Art. 14 Abs. 1 Satz 2 GG in den Mittelpunkt[755]. Bebauungspläne gestalten das Eigentumsrecht der Grundstückseigentümer aus und müssen daher sowohl den Grundsatz der Verhältnismäßigkeit beachten[756] als auch mit höherrangigem Recht vereinbar sein. Ein Bebauungsplan, der von der tatsächlichen Entwicklung überholte Festsetzungen beinhaltet, wird in der Regel gegen das Übermaßverbot verstoßen, da er – von einer falschen Grundlage ausgehend – die öffentlichen und privaten Interessen nicht mehr zu einem sachgerechten Ausgleich bringen kann[757]. Als Inhalts- und Schrankenbestimmung muß der Bebauungsplan aber nicht nur im Zeitpunkt seines Erlasses, sondern während seines ge-

---

[751] Vgl. anstelle vieler *Steiner*, FS Schlichter (1995), S. 313 ff.

[752] *Baumeister*, GewArch 1996, 318, 319.

[753] *Baumeister*, GewArch 1996, 318, 320.

[754] Vgl. *Baumeister*, a.a.O.

[755] Vgl. *Baumeister*, GewArch, 1996, 318, 321.

[756] Vgl. BVerfGE 75, 78, 97 f.; 92, 262, 273; *Jarass*, in: Jarass/Pieroth, Art. 14 Rn. 38; *Bryde*, in: von Münch/Kunig, Grundgesetz-Kommentar, Art. 14 Rn. 62; *Baumeister*, GewArch 1996, 318, 321; *ders.*, Das Rechtswidrigwerden von Normen, S. 359 f.

[757] Vgl. *Baumeister*, GewArch 1996, 318, 321 f.

samten Geltungszeitraums die sich aus dem Übermaßverbot ergebenden Schranken beachten: „Das Übermaßverbot enthält nicht nur eine – regelmäßig bekannte – statische, auf den Zeitpunkt der Vornahme des Eingriffsakts bezogene Komponente, sondern auch eine dynamische, die die Anforderungen an einen fortdauernden Eingriff in subjektive Rechte in zeitlicher Hinsicht erweitert."[758] Die aus der Unverhältnismäßigkeit folgende Aufhebungs- oder Änderungspflicht ist für *Baumeister* der Anknüpfungspunkt für das Rechtswidrigwerden des Bebauungsplans: „Besteht infolge der abweichenden Entwicklung eine Aufhebungs- oder Änderungspflicht, so heißt das aber nichts anderes, als daß die Aufrechterhaltung der betroffenen bauplanerischen Festsetzung rechtswidrig geworden ist."[759] Die nach Erlaß des Plans eintretende Rechtswidrigkeit stellt sich somit als ein Fall nachträglicher, von der Frage der Rechtmäßigkeit des Plans im Zeitpunkt seines Erlasses strikt zu trennender Unausgewogenheit dar. Von einem Verstoß gegen das Verhältnismäßigkeitsprinzip ist dabei auszugehen, wenn der Bebauungsplan im Zeitpunkt der Kontrolle nach dem materiellen Recht so nicht nochmals begründbar erlassen werden könnte und eine entsprechende Änderung oder Aufhebung des Plans durch den Satzungsgeber zulässig wäre[760].

Überzeugend setzt sich *Baumeister* mit dem prinzipiellen Einwand auseinander, ein Rechtswidrigwerden sei bei einem Bebauungsplan wegen dessen besonderen Rechtscharakters von vornherein ausgeschlossen. Die Vertreter dieser Auffassung berufen sich vor allem auf § 2 Abs. 3 und 4 BauGB, weil mit dem Rechtswidrigwerden ein durch diese Vorschriften gerade ausgeschlossener Anspruch auf Änderung oder (Teil-)Aufhebung des Plans einhergehen würde[761]. Schon weil Vorschriften des einfachen Rechts außerstande sind, grundrechtliche Ansprüche zu beseitigen, läßt sich mit Hilfe von § 2 Abs. 3 und Abs. 4 BauGB ein Rechtswidrigwerden von mit Art. 14 GG unvereinbaren Festsetzungen jedoch nicht ausschließen[762]. Das Gleiche muß für § 215 Abs. 1 Nr. 2 BauGB gelten. Denn die strikte Anwendung der Sieben-Jahres-Frist auf nachträgliche Veränderungen hätte vielfach eine unzumutbare faktische Verkürzung der Rügemöglichkeit zur Folge. Bei Mängeln, die erst nach Fristablauf auftreten, würde sogar vom Ausschluß des Beseitigunsanspruchs auszugehen sein[763]. Diese

---

[758] *Baumeister*, GewArch 1996, 318, 321.

[759] *Baumeister*, GewArch 1996, 318, 322.

[760] Vgl. *Baumeister*, GewArch 1996, 318, 324.

[761] Vgl. die umfassenden Nachweise bei *Baumeister*, Das Rechtswidrigwerden von Normen, S. 362.

[762] Zu Recht weist *Baumeister*, Das Rechtswidrigwerden von Normen, S. 363 Fn. 302, darauf hin, daß Beseitigungsansprüche auch bei nichtigen Normen schon aus Gründen der Rechtssicherheit zugelassen werden müssen.

[763] Vgl. *Baumeister*, a.a.O., S. 366 f.

Bestandsaufnahme veranlaßt *Baumeister* dazu, § 215 Abs. 1 Nr. 2 BauGB auf nachträgliche Veränderungen nicht anzuwenden, worin er sich durch die Rechtsprechung zur Funktionslosigkeit, bei der die Einschlägigkeit der Präklusionsfrist ebenfalls verneint wird, bestätigt sieht[764].

Ausführlich wendet sich *Baumeister* der Frage zu, ob seine Annahme, daß ein Bebauungsplan im Nachhinein rechtswidrig werden könne, im Lichte des § 214 Abs. 3 BauGB zu überzeugen vermag. Vor dem Hintergrund, daß Bebauungspläne das Eigentumsrecht der Grundstückseigentümer nur in dem von der Verfassung gezogenen Rahmen ausgestalten können, spricht sich *Baumeister* für eine verfassungskonforme Auslegung des § 214 Abs. 3 BauGB aus: „Die mit dem Bebauungsplan verbundene Bestimmung von Inhalt und Schranken des Eigentumsrechts der durch den Plan betroffenen Adressaten muß über den gesamten Zeitraum ihrer Geltung die verfassungsrechtlichen Grenzen einer Inhalts- und Schrankenbestimmung beachten. Wie das *Bundesverfassungsgericht* in seiner [...] grundlegenden Entscheidung zum KleingartenpachtG[765] überzeugend dargelegt hat, sind bei der verfassungsrechtlichen Beurteilung von Regelungen im Sinne des Art. 14 Abs. 1 S. 2 GG sämtliche Änderungen der Verhältnisse nach dem Erlaß der Norm zu berücksichtigen. Für die Frage der Beurteilung von Eingriffsnormen kann es niemals allein auf die Frage des rechtmäßigen Erlasses ankommen."[766]

Die Kritik *Baumeisters* an der Rechtsprechung des Bundesverwaltungsgerichts zum Außerkrafttreten von Bebauungsplänen hat deutlich gemacht, daß der Geltungsverlust von Bebauungsplänen aufgrund entgegenstehender tatsächlicher Entwicklungen einen dogmatisch zwar gangbaren, aber in Anbetracht der durch die faktischen Veränderungen eintretenden Rechtswidrigkeit des Plans entbehrlichen Lösungsansatz darstellt. *Baumeisters* Argumentation überzeugt vor allem mit Blick auf ihren verallgemeinerungsfähigen Ansatz: Die Beziehung des Rechts zum Faktum wird hier in nachvollziehbare Bahnen gelenkt, weil sie in der Prüfung der Verhältnismäßigkeit einer Inhalts- und Schrankenbestimmung aufgeht. Der Verzicht auf eine eigenständige Rechtsfigur, um den Geltungsverlust des Bebauungsplans zu begründen, ruft darüber hinaus in Erinnerung, daß eine Rechtsnorm mit ihrem rechtmäßigen Erlaß nicht von der Rechtswirklichkeit losgelöst fortexistiert, sondern auch vor dem Hintergrund einer sich wandelnden Normsituation jederzeit mit höherrangigem Recht im Einklang stehen muß. Durch die Berücksichtigung der tatsächlichen Entwicklung bei der Prüfung der Verhältnismäßigkeit des Bebauungsplans trägt *Baumeister* zudem der mit den Grundrechten bezweckten Mäßigung der Staatsgewalt Rechnung. Die Verfas-

---

764 Vgl. *Baumeister*, a.a.O., S. 367.

765 BVerfGE 52, 1 ff.

766 *Baumeister*, Das Rechtswidrigwerden von Normen, S. 365.

sungsmäßigkeit eines Eingriffs in Freiheitsrechte des Bürgers erfordert nicht nur, daß die belastende Maßnahme unter anderen tatsächlichen Bedingungen zur Erreichung eines legitimen Zwecks einmal geeignet, erforderlich und angemessen war, sondern daß sie auch im Lichte zwischenzeitlich eingetretener Veränderungen nicht zu unzumutbaren Belastungen führt. Hierdurch entsteht für den Normgeber eine fortwährende Verpflichtung, diejenigen Rechtsnormen, die sich nachteilig auf Rechtspositionen des Bürgers auswirken, auf ihre Belastungsintensität zu überprüfen und ggf. an tatsächliche Veränderungen anzupassen. Das Erfordernis einer ständigen Vereinbarkeit mit den Grundrechten lenkt bei der Prüfung des Übermaßverbotes den Blick nicht nur auf den Normgeber und die mit dem Normerlaß verfolgten Zwecke, sondern auch auf den Normbetroffenen und die gegenwärtig durch die Norm bei diesem verursachten Belastungen.

3. Ergebnis

Ein Außerkrafttreten von Bebauungsplänen wegen Funktionslosigkeit ist abzulehnen. In diesen Fällen kommt es vielmehr zur nachträglichen Rechtswidrigkeit und Nichtigkeit des durch die tatsächliche Entwicklung überholten Plans.

B. Das Außerkrafttreten des Wiedervereinigungsgebots

I. Die These Rottmanns

Daß auch Verfassungsnormen aufgrund einer Veränderung der tatsächlichen Gegebenheiten ihre Geltung einbüßen können, ist kein bei Art. 7 Abs. 3 Satz 1 GG erstmalig diskutierter Gedanke. Bereits 1987 hat *Joachim Rottmann* in einem Beitrag „Über das Obsolet-Werden von Verfassungsnormen" den Nachweis zu erbringen versucht, daß das verfassungsrechtliche „Wiedervereinigungsgebot" wegen ständiger Nichtbeachtung durch die Staatsorgane der Bundesrepublik außer Kraft getreten sei[767]. Das Wiedervereinigungsgebot als rechtsverbindliche[768] Anordnung, auf die Einheit Deutschlands hinzuwirken, fand zu-

[767] Vgl. *Rottmann*, FS Zeidler (1987), Band 2, S. 1097, 1100 ff.

[768] Vgl. BVerfGE 5, 85, 127.: „Die Präambel schließt mit dem Satz: 'Das gesamte Deutsche Volk bleibt aufgefordert, in freier Selbstbestimmung die Einheit und Freiheit Deutschlands zu

nächst in der Präambel des Grundgesetzes Erwähnung, deren letzter Satz lautete: „Das gesamte Deutsche Volk bleibt aufgefordert, in freier Selbstbestimmung die Einheit und Freiheit Deutschlands zu vollenden." Mittelbar ergab sich die Verpflichtung zur Herbeiführung der Wiedervereinigung neben Art. 23 Satz 2 GG, der den Beitritt anderer Teile Deutschlands zur Bundesrepublik vorsah, auch aus Art. 146 GG a.F., wonach eine Verfassung für das gesamte Deutsche Volk noch ausstand: „Dieses Grundgesetz verliert seine Gültigkeit an dem Tage, an dem eine Verfassung in Kraft tritt, die von dem Deutschen Volke in freier Entscheidung beschlossen worden ist." Art. 146 GG a.F. sprach zwar nicht vom „gesamten Deutschen Volke", so daß sich zumindest auf den ersten Blick die Frage stellt, wer genau mit dem „Deutschen Volke" gemeint war. Bezieht man bei der Auslegung der Vorschrift aber den provisorischen Charakter des Grundgesetzes mit ein und ruft sich den auf die Einheit Deutschlands bezogenen Passus der Präambel in Erinnerung, so wird deutlich, daß Art. 146 GG a.F. sich an das gesamte deutsche Volk richtete[769].

Die Möglichkeit eines Obsoletwerdens von Verfassungsnormen sieht *Rottmann* darin begründet, daß die Verfassung als „höchste Norm" im Gefüge der Rechtssätze und kontinuierlich fortbestehender, faktischer Zustand darauf angewiesen sei, durch „Praktizierung" erhalten zu bleiben[770]. Die „geltungserhaltende Praktizierung" wird von ihm dabei in fünf Teilaspekte aufgefächert, anhand derer sich ermitteln lasse, ob eine Verfassungsvorschrift noch in hinreichendem Maße befolgt werde. So erklärt *Rottmann* die Verbindlichkeit der Verfassung für bedingt durch

---

vollenden.' Art. 146 beschränkt die Geltung des Grundgesetzes auf die Zeit bis zum Inkrafttreten einer Verfassung, 'die von dem deutschen Volke in freier Entscheidung beschlossen worden ist', bringt also klar zum Ausdruck, daß erst diese Verfassung als die endgültige Entscheidung des deutschen Volkes über seine staatliche Zukunft angesehen wird. Dem Vorspruch des Grundgesetzes kommt naturgemäß vor allem politische Bedeutung zu. Er geht von der Vorstellung des fortbestehenden gesamtdeutschen Staates aus und betrachtet die von ihm aufgerichtete Staatsordnung als eine Ausübung gesamtsdeutscher Staatsgewalt auf einem räumlich zunächst beschränkten Gebiet. Er ist daher politisches Bekenntnis, feierlicher Aufruf des Volkes zu einem Programm der Gesamtpolitik, das als wesentlichsten Punkt die Vollendung der deutschen Einheit in freier Selbstbestimmung enthält. Darüber hinaus hat aber der Vorspruch auch rechtlichen Gehalt. Er beschränkt sich nicht auf gewisse rechtlich erhebliche Feststellungen und Rechtsverwahrungen, die bei der Auslegung des Grundgesetzes beachtet werden müssen. Vielmehr ist aus dem Vorspruch für alle politischen Staatsorgane der Bundesrepublik Deutschland die Rechtspflicht abzuleiten, die Einheit Deutschlands mit allen Kräften anzustreben, ihre Maßnahmen auf dieses Ziel auszurichten und die Tauglichkeit für dieses Ziel jeweils als Maßstab ihrer politischen Handlungen gelten zu lassen."

769 Vgl. *Stückrath*, Art. 146 GG: Verfassungsablösung zwischen Legalität und Legitimität, S. 87.

770 *Rottmann*, FS Zeidler (1987), Band 2, S. 1097, 1099.

a) eine permanente Anwendung der Verfassungsnormen durch die Verfassungsorgane;
b) die permanente Normsetzung des Bundesgesetzgebers und der Landesgesetzgeber im Rahmen der Regeln der Verfassung;
c) eine permanent verfassungsgemäß handelnde Verwaltung;
d) eine Justiz, die Recht spricht mit dem Ziel der Verwirklichung, Konkretisierung der in der Verfassung enthaltenen oder nur angedeuteten oder sogar nur vorausgesetzten Werte;
e) eine anhaltende, fortbestehende Volksüberzeugung, daß die gesellschaftliche Gestaltung durch die Staatsorgane sich tatsächlich im Rahmen und gemäß den Werten der Verfassung über die Zeitläufte hinweg vollziehe[771].

Wo es an der erforderlichen Praktizierung fehle, verliere die betreffende Verfassungsnorm ihre Verbindlichkeit: „Damit wird diese Verfassungsvorschrift obsolet, also veraltet, ungebräuchlich, unanwendbar, letztlich ein Relikt, das zwar noch Bestandteil der geschriebenen Verfassung ist, aber nicht mehr beachtet wird, letztlich damit nicht mehr gilt.“[772] Als Beleg für die andauernde Mißachtung des Wiedervereinigungsgebots verweist *Rottmann* auf die Integration der Bundesrepublik in das westliche Bündnissystem und stellt dieser Entwicklung die Einbeziehung der DDR in den Ostblock gegenüber[773]. Später habe die Ostpolitik *Willy Brandts*, aber auch die Politik *Helmut Kohls* zu einer stetigen Annäherung der beiden deutschen Staaten, damit aber zugleich zu einer faktischen Anerkennung und Zementierung der Teilung Deutschlands geführt[774].

---

771 *Rottmann*, FS Zeidler (1987), Band 2, S. 1097, 1099.

772 *Rottmann*, FS Zeidler (1987), Band 2, S. 1097, 1099.

773 *Rottmann*, a.a.O., S. 1097, 1105 f.

774 *Rottmann*, a.a.O., S. 1097, 1105. Wie unterschiedlich die Wahrnehmung der Politik gegenüber der DDR sein kann, zeigen jüngste, an die Sozialdemokraten gerichtete Vorwürfe *Kohls*, FAZ vom 2. Oktober 2000, S. 1: „Kohl warf der SPD auf der CDU-Veranstaltung am Sonntag vor, in der zentralen Schicksalsfrage der deutschen Nation, der Wiedererlangung ihrer Einheit, versagt zu haben. Dagegen sei die CDU die Partei gewesen, die gegen den Zeitgeist das Bewußtsein von der Einheit wachgehalten habe. 'Leider ist aber auch wahr, daß die große Mehrheit der SPD-Führung in dieser Frage versagt und die Grundsätze großer Persönlichkeiten, wie Kurt Schumacher und Ernst Reuter, preisgegeben hat. Sie war drauf und dran, unsere Landsleute in der DDR kläglich im Stich zu lassen.' Von dieser Kritik nahm Kohl einzelne Sozialdemokraten aus. Er äußerte großen Respekt für Brandt, dessen Ostpolitik die CDU nach Zögern und langen Kämpfen fortgesetzt habe. In seinen Dank schloß er Helmut Schmidt ein, unter anderem weil der den Nato-Doppelbeschluß herbeigeführt und damit die Voraussetzung für eine friedliche Entwicklung in Europa geschaffen habe. Ungeachtet dessen wiederholte er seine bereits in der vergangenen Woche geäußerte Kritik an der deutschlandpolitischen Haltung des größeren Teils der SPD-Führung. So wies er auf das Grundsatzpapier vom August 1987 hin, mit dem das Wiedervereinigungsgebot praktisch aufgegeben worden sei. Dies sei zur gleichen Zeit geschehen, in der er Honecker bei seinem Besuch in Bonn vor laufenden Fernsehkameras auf das Wiedervereinigungsgebot des Grundgesetzes und den

Obwohl es zumindest wahrscheinlich sei, daß die Bevölkerung der Bundesrepublik und das Volk der DDR weiterhin eine Wiedervereinigung Deutschlands wünschten, könne seitens der Politik nicht über die unumstößliche Tatsache hinweggegangen werden, daß „jede Hegemonialmacht die Einheit Deutschlands nur akzeptiert, wenn der dann entstehende gesamtdeutsche Staat zu ihrem Hegemonialbereich gehört, was in beiden denkbaren Lösungsfällen die jeweils andere Hegemonialmacht als ein das internationale Gleichgewicht und damit den Weltfrieden gefährdendes Ereignis ansehen würde“[775]. Daß es sich bei der Bundesrepublik keineswegs mehr um ein Provisorium oder einen Übergangsstaat handele, sei dem Deutschen Volk während des kalten Krieges schließlich bewußt geworden; die Undurchführbarkeit der Wiedervereinigung habe es mittlerweile zu akzeptieren gelernt.

II. Die Replik Kleins

Der Einschätzung *Rottmanns* wurde von *Hans H. Klein* entschieden widersprochen[776]. Für *Klein* war „*Rottmanns* überraschende These“[777], das Deutsche Volk habe den Gedanken an die Wiedervereinigung als nicht realisierbar aufgegeben, bloße „Spekulation“[778]. Auch eine ausdrückliche oder stillschweigende Übereinkunft der Siegermächte dahingehend, daß es zur Wiedervereinigung Deutschlands aus Rücksichtnahme auf eine zwischen den Supermächten USA und UdSSR erfolgte Abgrenzung von Einflußsphären nicht kommen dürfe, wurde von *Klein* in Zweifel gezogen: „gäbe es ihn [scil. einen derartigen Konsens] tatsächlich, so stünde er in eindeutigem Widerspruch zu jedenfalls von den Westmächten gegenüber der Bundesrepublik eingegangenen vertraglichen Verpflichtungen.“[779] Hiervon abgesehen, überzeugt die Begründung *Rottmanns* auch deshalb nicht, weil sie den Willen der Siegermächte zur Wiedervereinigung Deutschlands als faktische Wirksamkeitsvoraussetzung des Wiederverei-

---

Willen der Deutschen, sie zu vollziehen, hingewiesen habe. Dagegen habe Schröder noch am 12. Juli 1989 dazu aufgefordert, die junge Generation nicht über die Chancen der Wiedervereinigung 'zu belügen'. Schröder und Linke hätten auf dem Weg zur Einheit kläglich versagt, sagte er. Für die Union bleibe die Wiedergewinnung der Einheit in Freiheit einer der glücklichsten Augenblicke ihrer Geschichte.“

[775] *Rottmann*, Über das Obsolet-Werden von Verfassungsnormen, a.a.O., S. 1097, 1106.

[776] *Klein*, FS Geiger (1989), S. 132, 134 ff.

[777] *Klein*, FS Geiger (1989), S. 132, 139.

[778] *Klein*, a.a.O., S. 136.

[779] *Klein*, a.a.O., S. 136 f.

nigungsgebots dogmatisch nicht in die Normstruktur einbettet. So bleibt zum Beispiel unklar, ob *Rottmann* das Wiederaufleben des Wiedervereinigungsgebots befürwortet hätte, wenn die von ihm beschriebene Übereinkunft hinfällig geworden wäre.

Obwohl es *Klein* prinzipiell für möglich hielt, daß Verfassungsnormen angesichts einer „völligen oder grundsätzlichen Veränderung der Verhältnisse ihren Geltungsanspruch verlieren können"[780], glaubte er nicht nur aus einer von Grund auf anderen Beurteilung der tatsächlichen Situation, sondern auch aus rechtsdogmatischen Erwägungen heraus die These *Rottmanns* für unhaltbar erklären zu können. Eine Normerosion sei nämlich auf seltene Ausnahmefälle beschränkt, in denen es nicht nur zu „sonstigen Veränderungen im Normbereich", sondern zu dessen gänzlichem Wegfall gekommen sei[781]. Ein normsituationsbedingter Geltungsschwund von Verfassungsvorschriften setze demnach voraus, daß „jener Abschnitt der sozialen Wirklichkeit", auf den sich die in Rede stehenden Normen bezögen, nicht mehr existiere. Nicht ausreichend sei dagegen, daß der Regelungsgegenstand eines Rechtssatzes „zeitweise aus dem Blick" gerate, sich niemand auf die Norm berufe oder sie anwende oder das Bedürfnis für eine Regelung entfallen sei[782]. Die Bedenken *Kleins* erscheinen gerade in der Retrospektive als besonders gewichtig. Nur kurze Zeit nachdem der Geltungsverlust des Wiedervereinigungsgebots postuliert wurde, kam es entgegen den meisten politischen Prognosen doch noch zur Wiedervereinigung Deutschlands. Die zeitliche Nähe der Ausführungen *Rottmanns* zur friedlichen Revolution in der DDR ruft daher deutlich ins Bewußtsein, welche Schwierigkeiten die Feststellung bereitet, ob eine Verfassungsnorm bereits unanwendbar geworden ist oder nicht. Wenig überzeugend ist dagegen *Kleins* Stellungnahme zum vollständigen Normbereichsverlust. Gerade das Zustandekommen der Deutschen Einheit belegt, daß es oftmals nicht möglich sein wird, den endgültigen Wegfall des Normbereichs eindeutig nachzuweisen. Die damit verbundene Unsicherheit läßt erhebliche Zweifel an einem Geltungsverlust obsoleten Rechts aufkommen.

III. Ergebnis

Die Diskussion um das Wiedervereinigungsgebot hat gezeigt, daß sich unter Umständen nicht mit Sicherheit feststellen läßt, ob eine Rechtsnorm auf Dauer

---

[780] *Klein*, a.a.O., S. 138.

[781] Vgl. *Klein*, a.a.O., S. 138.

[782] Vgl. *Klein*, a.a.O., S. 138.

unanwendbar geworden ist. Dieser Gesichtspunkt deutet darauf hin, daß von einem Geltungsverlust obsoleten Rechts nicht ausgegangen werden darf.

C. Obsoletwerden als normative Frage

Die vorgenannten Beispiele aus der Rechtsprechung zur Normobsoleszenz haben gezeigt, daß der Rückgriff auf eine eigenständige dogmatische Figur zur Begründung des Außerkrafttretens von Normen nicht erforderlich gewesen wäre. Insbesondere die Ausführungen *Baumeisters* zur Funktionslosigkeit von Bebauungsplänen belegen, daß die Fortgeltung einer Rechtsnorm nicht anhand der ihr zugrundeliegenden Lebenswirklichkeit überprüft, sondern ausschließlich an höherrangigem Recht gemessen werden muß, mit dem Normen aufgrund einer Veränderung des von ihnen vorausgesetzten tatsächlichen Zustandes in Konflikt geraten können. Im folgenden bedarf es jedoch einer näheren Erörterung, ob auf ein normvernichtendes Obsoletwerden generell – also auch auf dem Gebiet des Verfassungsrechts – verzichtet werden kann. Hiergegen könnte zunächst sprechen, daß sich unter Zugrundelegung der Normtheorie *Müllers* das Außerkrafttreten einer Rechtsnorm als notwendige Konsequenz und Ausdruck ihrer spezifischen Sachgeprägtheit darstellt. So hat vor dem Hintergrund der Ausführungen *Müllers* der Wegfall des Normbereichs für *Schmidt-Jortzig* nicht nur die Unwirksamkeit einer Rechtsnorm, sondern den „Verlust ihrer Normativität, d.h. die Zerstörung ihrer Normqualität“[783] zur Folge. Gleichwohl muß die von *Müller* entwickelte „Strukturierende Rechtslehre“ nicht notwendigerweise zum Geltungsverlust von Normen bei Normbereichsveränderungen führen. Wenn *Müller* vom Außerkrafttreten einer Rechtsnorm aufgrund Normbereichswegfalls spricht, hat er dabei nämlich nur einen „rechtstheoretischen Typus“[784] im Sinn. Außerdem weist *Müller* selbst darauf hin, daß die Konzeption der Norm, wie sie von ihm entwickelt wird, „kein belegbares Faktum, keine verdinglichte Gegebenheit, sondern eine mögliche, allerdings hermeneutisch geforderte Sichtweise [ist].“[785] Was die mit dem Wegfall des Normbereichs verbundenen Folgen betrifft, hat *Robbers* diese Sichtweise mit Hinweis darauf in Abrede gestellt, daß das Verfassungsrecht politisches Recht und die Frage nach seinem Obsoletwerden daher eine „zuvörderst normative Frage“ sei[786]. Vor diesem Hintergrund stellt sich die Problematik des Außerkrafttretens von Verfassungsnormen in einem anderen Lichte dar: „Nicht, ob es obsoletes Verfassungsrecht geben kann –

[783] *Schmidt-Jortzig*, Rechtstheorie 12 (1981), 395, 414.

[784] *Pieroth*, DVBl. 1997, 860, 861.

[785] *Müller*, Normstruktur und Normativität, S. 172.

[786] *Robbers*, FS Benda (1995), S. 209, 216.

was normtheoretisch denkbar ist –, sondern, ob es obsoletes Verfassungsrecht geben darf, ist entscheidend."[787] *Robbers* hat mit der Frage, ob es ein geltungsbeendigendes Obsoletwerden überhaupt geben dürfe, einen Gedanken zum Ausdruck gebracht, dem bei der Diskussion über das Problem eines normsituationsbedingten Geltungsverlusts zentrale Bedeutung zukommt. Die Verfechter eines geltungsbeendigenden Obsoletwerdens könnten sich nämlich auf den Standpunkt stellen, die Frage der Zulässigkeit eines sich aus der tatsächlichen Normsituation ergebenden Normschwundes sei einer kritischen Erörterung von vornherein unzugänglich, weil Rechtsnormen ihrer Struktur nach auf Wirklichkeitsbezug angelegt seien. Aus diesem Grund könnte man versucht sein, dem Einwand, verfassungsrechtliche Grundentscheidungen wie das Demokratie- und Rechtsstaatsgebot sowie der Grundsatz der Gewaltenteilung sprächen gegen ein Obsoletwerden, den Boden mit dem Argument zu entziehen, daß diese Staatsstrukturprinzipien selbst in Rechtsnormen eingefaßt und daher unter den Vorbehalt des Fortbestandes der ihnen zugrundeliegenden Verhältnisse zu stellen sind. Rechtsnormen, die ihrerseits untrennbar mit der Verfassungswirklichkeit verzahnt sind und bei denen aus diesem Grund gegebenenfalls selbst nach einem Außerkrafttreten wegen völliger Veränderung der Verhältnisse gefragt werden könnte, vermögen die Zulässigkeit eines situationsbedingten Geltungsverlusts somit möglicherweise nicht zu widerlegen. Eine derartige Betrachtungsweise trägt allerdings der besonderen „Rechtsnatur" von Verfassungsnormen nicht zureichend Rechnung, die an dieser Stelle mit dem Stichwort des „politischen Rechts" nur noch kurz angedeutet werden soll. Hiervon abgesehen, handelt es sich bei den Modellen, die die Verquickung von Normativität und Faktum zu erklären versuchen, lediglich um Arbeitshypothesen. Läuft ein Obsoletwerden von Normen fundamentalen Strukturprinzipien der Verfassung zuwider, ist es unumgänglich, diese Arbeitshypothesen entsprechend zu modifizieren. Daß die Verfassungsprinzipien selbst in Rechtsnormen eingefaßt sind, macht sie deshalb als Prüfungsmaßstab für die Lehre einer geltungsbeendigenden Obsoleszenz von Normen nicht untauglich.

Bei der Prüfung der Vereinbarkeit des normgeltungsbeendigenden Obsoletwerdens mit dem Demokratie-, Rechtsstaats- und Gewaltenteilungsprinzip sind zwei übergeordnete Gesichtspunkte vorweg anzusprechen. Einerseits darf nicht aus dem Blick geraten, daß das Verfassungsrecht im innerstaatlichen Normengebäude die ranghöchsten Rechtssätze enthält, so daß ein Verstoß von Verfassungsnormen gegen höherrangiges Recht und ein hierdurch herbeigeführter Geltungsverlust infolge einer gewandelten Normsituation grundsätzlich ausscheiden. Als Korrektiv käme allenfalls die Nichtigkeit von Verfassungsartikeln infolge eines Widerspruchs zu metapositivem Naturrecht, also der Verfassung übergeordneten grundlegenden Gerechtigkeitspostulaten in Betracht. Anderer-

[787] *Robbers*, FS Benda (1995), S. 209, 216.

seits muß in die Überlegung mit einbezogen werden, daß eine Verfassung mehr noch als andere Vorschriften auf Kontinuität und Rechtsbeständigkeit angelegt ist. Die Bedeutung der Verfassung als juristisches Fundament des Staatswesens bedingt, daß sie dem Rechtsanwender nur selten rein technische Regelungen zur Verfügung stellt, unter die problemlos subsumiert und das für die jeweilige Fallgestaltung adäquate Ergebnis erzielt werden könnte. Die Verfassung ist auch und nicht zuletzt Politikum. Ihre Bedeutung, Wirkkraft und Verbindlichkeit hängt deshalb ganz entscheidend von der Beständigkeit und Akzeptanz ihrer Normen ab. Eine Verfassung, deren Normen vor der Verfassungswirklichkeit weichen, vermag à la longue keinen verbindlichen rechtlichen Rahmen mehr vorzugeben, der die politischen Prozesse in geordnete Bahnen lenkt. Der Wegfall von Normen wegen „völliger Veränderung der Verhältnisse", eine mißverstandene normative Kraft des Faktischen und der cessante-Satz verfolgen zwar den legitimen Zweck, die Rechtsordnung von überaltertem und sinnlosem Recht zu befreien. Eine solche Rechtsbereinigung gerät aber zwangsläufig in ein kaum zu überschätzendes Spannungsverhältnis zur normativen Kraft der Verfassung. Darüber kann auch nicht hinwegtäuschen, daß die praktische Geltung der von einer „völligen Veränderung der Verhältnisse" in Mitleidenschaft gezogenen Normen in der Regel auf ein Minimum reduziert sein wird[788]. Die Frage, ob eine Norm noch zur Anwendung kommt, ist nämlich strikt davon zu trennen, ob die Rechtsordnung ihre Anwendung weiterhin gebietet.

Gemeinsam ist den hier angesprochenen Gründen für eine Geltungsbeendigung von Rechtsnormen, daß sie auf eine Veränderung im Bereich des Tatsächlichen reagieren, indem sie einen sinnlos, zweckwidrig oder mangels Bezugsgegenstands unanwendbar gewordenen Rechtssatz außer Kraft setzen. Diese Gemeinsamkeit legt es nahe, die verschiedenen Ansätze einer außerordentlichen Geltungsbeendigung von Rechtsnormen einer einheitlichen Betrachtung zu unterziehen. Den normativen Ansatz von *Robbers* zugrundelegend, soll dabei der Möglichkeit einer geltungsbeendigenden Obsoleszenz vor dem Hintergrund des Demokratie- und Rechtsstaatsprinzips sowie der Gewaltenteilung nachgegangen werden.

---

[788] Daß es bei einem Bundesgesetz wegen dessen räumlichen, sachlichen und persönlichen Anwendungsbereichs nur selten zu einer Geltungserosion kommen wird, hat *Heckmann*, JZ 1999, 1143, 1146, mit Recht hervorgehoben.

I. Die normbeseitigende Obsoleszenz im Lichte des Demokratie-, Rechtsstaats- und Gewaltenteilungsprinzips

1. Vereinbarkeit mit dem Demokratiegebot

a) Umgehung des Art. 79 GG

Das Außerkrafttreten von Normen infolge einer Veränderung der tatsächlichen Normsituation könnte zunächst zu dem in Art. 20 Abs. 1 GG niedergelegten Demokratieprinzip in Widerspruch stehen. Als „Strukturentscheidung"[789] geht das Demokratiegebot von der „freien Selbstbestimmung aller"[790] aus und bestimmt das Volk zum Träger der Staatsgewalt. Art. 20 Abs. 2 Satz 1 GG bringt dies mit den Worten „Alle Staatsgewalt geht vom Volke aus" unmißverständlich zum Ausdruck. Der Parlamentarische Rat, der grundsätzlich eine Entscheidung zugunsten der repräsentativen Demokratie gefällt hat[791], übertrug in Art. 20 Abs. 2 Satz 2 GG die Ausübung der Staatsgewalt den Organen der Gesetzgebung, Exekutive und Rechtsprechung. Auch wenn unmittelbar besondere Staatsorgane tätig werden, liegt die Staatsgewalt dennoch beim Volk, weil sich die Kompetenz jeder staatlichen Stelle auf das Volk als Souverän zurückführen lassen, also eine ununterbrochene Legitimationskette vom Volk über die von diesem gewählte Vertretung zu den mit staatlichen Aufgaben betrauten Organen und Amtswaltern bestehen muß[792]. Durch das Erfordernis demokratischer Legitimation wird zwischen dem Volk und den Staatsorganen eine Verbindung hergestellt, die die Ausübung der Hoheitsgewalt durch letztere rechtfertigt.

---

[789] *Pieroth*, in: Jarass/Pieroth, Grundgesetz, Art. 20 Rn. 1.

[790] BVerfGE 44, 125, 142; *Sommermann*, in: von Mangoldt/Klein/Starck, Das Bonner Grundgesetz, Art. 20 Rn. 80.

[791] Vgl. *Thieme*, DÖV 1998, 751, 752.

[792] Vgl. BVerfGE 83, 60, 71 ff.; vgl. *Sachs*, in: Sachs, Grundgesetz, Art. 20 Rn. 35; *Maunz/Zippelius*, Deutsches Staatsrecht, S. 67; *Pieroth*, in: Jarass/Pieroth, Grundgesetz, Art. 20 Rn. 9 ff.; *Sommermann*, in: von Mangoldt/Klein/Starck, Das Bonner Grundgesetz, Art. 20 Rn. 80; *Böckenförde*, in: Isensee/Kirchhof, HdbStR I, § 22 Rn. 11; *Stern*, Das Staatsrecht der Bundesrepublik Deutschland I, S. 604; kritisch gegenüber dem „Dogma der ununterbrochenen Legitimationskette" *Dederer*, NVwZ 2000, 403, 404; *Rinken*, KritV 79 (1996), 282, 292 ff.; *Bryde*, StWStPr 5 (1994), 305, 315.

Auch das Parlament leitet seine Legitimation vom Volk ab, wobei ihm im Verfassungsgefüge, da es zum Erlaß allgemeinverbindlicher Rechtsnormen berufen ist, eine „dominierende Stellung“[793] zukommt. Dies gilt auch für den verfassungsändernden Gesetzgeber, zumal es sich bei Verfassungsänderungen nach Art. 79 GG um eine besondere Form der Gesetzgebung handelt, die eine selbständige Kategorie neben der Verfassunggebung und der (einfachen Gesetzgebung) bildet[794]. Die Änderung der Verfassung wird wegen ihrer besonderen Bedeutung von einer erhöhten demokratischen Legitimation abhängig gemacht, die sich in den hierzu erforderlichen qualifizierten Mehrheiten im Bundestag und Bundesrat widerspiegelt. Da das Grundgesetz – sieht man von Art. 146 GG einmal ab – neben dem in Art. 79 GG geregelten Verfahren keinen anderen Weg für Verfassungsänderungen vorsieht, geht es diesbezüglich offenbar von der ausschließlichen Zuständigkeit der Legislativorgane aus. Das in Art. 79 Abs. 2 GG statuierte Erfordernis eines breiten politischen Konsenses würde jedoch umgangen und die Rückbindung von Verfassungsänderungen an das Staatsvolk unterbrochen, wenn man ein Obsoletwerden von Verfassungsnormen anerkennen wollte[795]. Nicht der Wille des Staatsvolks bzw. seiner Repräsentanten würde dann Verfassungsänderungen legitimieren, sondern das Faktum als Gegenstand rechtlicher Regelung selbst zur Rechtsquelle erkoren. Von einer ipso-iure-Nichtigkeit obsoleten Verfassungsrechts kann somit wegen Art. 79 GG nicht ausgegangen werden.

b) Erosion der parlamentarischen Verantwortlichkeit

Zu bedenken ist ferner, daß nur bei einer Normbeendigung durch den Gesetzgeber eindeutig zum Ausdruck gebracht wird, wer für die Aufhebung einer obsoleten Rechtsnorm verantwortlich ist. Dies ist im demokratischen Staat von essentieller Bedeutung, weil dem Staatsvolk nur so die Möglichkeit eröffnet wird, bei Bundes-, Landtags- oder Kommunalwahlen aus dem Verhalten der politi-

---

[793] *Maurer*, Staatsrecht, § 13 Rn. 119.

[794] Vgl. *Maurer*, Staatsrecht, § 22 Rn. 5.

[795] Vgl. *Kirchhof*, in: Isensee/Kirchhof, HdbStR I, § 19 Rn. 46: „Art. 79 Abs. 1 S. 1 GG setzt der Einwirkung außerverfassungsrechtlicher Entwicklungen auf den Inhalt des Verfassungsgesetzes deutliche Grenzen, weil allein der in der Verfassungsurkunde veröffentlichte Normtext maßgebend bleiben muß. Verfassungswandlungen im Widerspruch zum Verfassungstext sind deshalb nicht zulässig.“ Dieser Gedanke deutet sich ebenfalls an bei *Muckel/Tillmanns*, RdJB 1996, 360, 366.

schen Entscheidungsträger entsprechende Konsequenzen zu ziehen. Ein die Geltungsbeendigung von Normen herbeiführender Automatismus würde dem Gesetzgeber die Gelegenheit bieten, sich seiner Verantwortung unter dem Vorwand zu entziehen, daß nicht er als Repräsentant des Staatsvolks, sondern eine nicht oder nur wenig beeinflußbare Veränderung der gesellschaftlichen Anschauungen oder Verhältnisse das Erlöschen der Norm herbeigeführt habe. Besonders deutlich tritt diese Gefahr bei Gesetzen zutage, über deren Sinn in der Gesellschaft gestritten, deren Bedeutung also uneinheitlich beurteilt wird. Wie weit das Meinungsspektrum über die Zweckmäßigkeit einer Rechtsnorm dabei reichen kann, läßt sich anhand des Art. 7 Abs. 3 Satz 1 GG geradezu exemplarisch verdeutlichen: Während der Religionsunterricht für die einen ausschließlich „Privileg der Kirchen“[796], „systemwidriger Fremdkörper“[797] oder „Fossil alter Zeiten der Nähe von Staat und Kirche“[798] ist, sehen andere in ihm eine „Rechtswohltat“[799] oder ein „echtes 'Grundlagenfach' im besten Sinne des Wortes“[800], dessen Abschaffung einem „Schlag gegen die christliche Kultur“[801] gleichkomme. Schon weil hier einen mehrheitsfähigen Konsens herbeizuführen allein die Volksvertretung in der Lage ist, muß eine obsolete Verfassungsnorm solange weitergelten und Beachtung finden, bis der verfassungsändernde Gesetzgeber sie in dem von der Verfassung hierzu vorgesehenen Verfahren aufhebt. Nichts anderes gilt mit Blick auf Normen des einfachen Rechts.
Schließlich ist darauf hinzuweisen, daß nur bei einer Aufhebung obsoleter Rechtsnormen durch den Gesetzgeber die Öffentlichkeit einbeziehende Entscheidungsmechanismen Platz greifen. Der demokratische Diskurs zwingt zur Argumentation und legt seinen Akteuren eine Begründungsobliegenheit auf, die eine Kontrolle der Beschlußfassung durch das Volk ermöglicht und zur Einflußnahme und Beteiligung an der öffentlichen Diskussion einlädt. Das Parlament ist daher funktional das zur Entscheidung über die weitere „Zweckmäßigkeit“ einer mit der Rechtsordnung im Einklang stehenden Norm am besten geeignete Staatsorgan. Auch mit dem Argument, das Außerkrafttreten einer Norm ohne Bezugsgegenstand sei eigentlich eine Selbstverständlichkeit und müsse deshalb nicht unbedingt von der Legislative geregelt werden, läßt sich das mit dieser Entscheidung verbundene Erfordernis demokratischer Legitimation nicht besei-

---

796 *Renck*, NVwZ 1992, 1171, 1172.

797 Vgl. *Fischer*, KJ 1989, 295, 300.

798 *Mahrenholz*, Die Kirche in der Gesellschaft der Bundesrepublik, S. 132, zitiert nach *Fischer*, Volkskirche ade!, S. 24.

799 *Kremser*, JöR 40 (1991/1992), 501, 521.

800 *Hildebrandt*, Das Grundrecht auf Religionsunterricht, S. 192 f.

801 Pressemitteilung der CDU Bundesgeschäftsstelle vom 28. März 1996, abgedruckt in: Konrad-Adenauer-Stiftung, Religionsunterricht in den Schulen, S. 181.

tigen. Denn selbst wenn man die Plausibilität dieser Erwägung bejaht, wird hierdurch das Problem lediglich auf die Frage verlagert, ob die von der Norm erfaßten Sachbereiche tatsächlich endgültig oder aber nur vorübergehend weggefallen sind[802]. Dies hat das Bundesverwaltungsgericht auf den Punkt gebracht, wenn es feststellt, daß sich „Schwierigkeiten [...] im Grunde erst dann [ergeben], wenn hinreichend präzis angegeben werden soll, wann eine Vorschrift [...] funktionslos wird, wann also – bezogen auf das nachträgliche Außerkrafttreten – angenommen werden darf, es sei ein Fall ′völliger Veränderung der Verhältnisse′ gegeben, die Verhältnisse, auf die sich der Rechtssatz ′bezieht oder unter denen er allein eine sinnvolle Regelung darstellt′, seien ′für immer weggefallen′ [...] usw."[803] Das Plenum des Parlaments bietet allen politisch relevanten Parteien ein Forum, ihre Vorstellungen von der Notwendigkeit einer bestimmten gesetzlichen Regelung der Öffentlichkeit gegenüber zu erläutern. Von den Abgeordneten sollte auch darüber befunden werden, ob angesichts bestimmter gesellschaftlicher Entwicklungen noch von der potentiellen Anwendbarkeit einer Norm auszugehen ist. Das gilt um so mehr, als vom Festhalten an einer Regelung, die von vielen als undurchführbar eingeschätzt wird, nicht selten ein wichtiges politisches Signal ausgehen wird. Eindringliches Beispiel hierfür ist das verfassungsrechtliche Wiedervereinigungsgebot. Es wäre der schließlich unverhofft eingetretenen Wiedervereinigung Deutschlands sicher abträglich gewesen, wenn das Bundesverfassungsgericht z.B. im Urteil zum Grundlagenvertrag[804] das Außerkrafttreten des Wiedervereinigungsgebots festgestellt hätte. Die Position derjenigen, die trotz der schwierigen geopolitischen Lage Deutschlands während des kalten Krieges vom Bekenntnis zur deutschen Einheit nicht abließen, wäre in Anbetracht eines derartigen verfassungsgerichtlichen Diktums empfindlich geschwächt worden. Das wiederum hätte zu einer Situation beige-

---

[802] In diese Richtung geht auch die Argumentation *Maurers*, Die verfassungsrechtliche Grundlage des Religionsunterrichts, FS Zacher (1998), S. 577, 590: „Schon grundsätzlich ist einzuwenden, daß ein Verfassungswandel zwar möglich ist, aber dort seine Grenze findet, wo es um den Bestand der Norm geht. Im parlamentarisch-demokratischen Rechtsstaat ist es Aufgabe des (verfassungsändernden) Gesetzgebers, darüber zu entscheiden, ob sich die Verhältnisse wesentlich geändert haben und ob diese Änderung Anlaß zur Korrektur gibt. Anders liegt es nur dann, wenn der Gegenstand einer Norm eindeutig weggefallen und daher die Norm selbst obsolet geworden ist. Das wäre im Hinblick auf den Religionsunterricht dann anzunehmen, wenn niemand oder so gut wie niemand mehr hinginge, was aber offensichtlich (noch) nicht der Fall ist." Ein Beispiel für die mit der Beurteilung eines Obsoletwerdens verbundenen Schwierigkeiten bietet die Einschätzung *Rottmanns*, FS Zeidler (1987), Band 2, S. 1097, 1106, die Wiedervereinigung sei „in Zeiträumen, die für die lebende Generation erheblich sind", undurchführbar. Bereits 1989 kam es zu der in die Wiedervereinigung einmündenden friedlichen Revolution in der DDR.

[803] BVerwG NJW 1977, 2325 f.

[804] BVerfGE 36, 1 ff.

tragen, in welcher der Gedanke an die Wiedervereinigung wegen mangelnden Rückhalts in der politischen Klasse der Bundesrepublik letzten Endes tatsächlich illusorisch geworden wäre.

Wegen der mit ihr verbundenen Aushöhlung der parlamentarischen Verantwortlichkeit ist im Ergebnis somit nicht von einer ipso-iure-Nichtigkeit obsoleten Rechts auszugehen.

2. Das Außerkrafttreten von Gesetzen im Lichte des Rechtsstaatsprinzips

a) Die rechtsstaatliche Publikationspflicht

Das Gebot der Rechtsstaatlichkeit läßt sich als eines der „elementaren Prinzipien des Grundgesetzes“[805] nicht auf eine bestimmte Aussage verkürzen, sondern umfaßt eine Vielzahl unterschiedlicher Grundsätze, die in zahlreichen Bestimmungen der Verfassung (z.B. Art. 1 ff., 20, 19 Abs. 4 GG) ihren Ausdruck gefunden haben[806]. So verlangt das Rechtsstaatsgebot beispielsweise, daß Rechtsnormen der Öffentlichkeit in einer Weise förmlich zugänglich gemacht werden, die es den Betroffenen ermöglicht, sich verläßlich Kenntnis von ihrem Inhalt zu verschaffen[807]. Für die „nach den Vorschriften dieses Grundgesetzes zustande gekommenen Gesetze“ sieht Art. 82 Abs. 1 Satz 1 GG deshalb vor, daß sie „vom Bundespräsidenten nach der Gegenzeichnung ausgefertigt und im Bundesgesetzblatt verkündet“ werden. Bei Verfassungsänderungen werden die Anforderungen durch das Inkorporationsgebot des Art. 79 Abs. 1 Satz 1 GG erhöht, dem zufolge die Verfassung nur durch ein Gesetz geändert werden kann, das den Wortlaut des Grundgesetzes ausdrücklich ändert oder ergänzt. Erkennt man einen Geltungsverlust von Rechtsnormen infolge Zweck- oder Normbereichswegfalls an, wäre – da es an einer förmlichen Aufhebung der Norm durch den Gesetzgeber fehlt – der Bürger aber nicht mehr in der Lage, durch Einsichtnahme in die dafür vorgesehenen Publikationsorgane Kenntnis vom gegenwärtigen

---

805 BVerfGE 20, 323, 331; *Jarass*, in: Jarass/Pieroth, Grundgesetz, Art. 20 Rn. 28.

806 Vgl. hierzu im einzelnen *Maunz/Zippelius*, Deutsches Staatsrecht, S. 90 ff.; *Jarass*, in: Jarass/Pieroth, Grundgesetz, Art. 20 Rn. 28; *Sommermann*, in: von Mangoldt/Klein/Starck, Das Bonner Grundgesetz, Art. 20 Rn. 277 ff.; *Schmidt-Aßmann*, in: Isensee/Kirchhof, HdbStR I, § 24 Rn. 69 ff.

807 Vgl. *Jarass*, in: Jarass/Pieroth, Grundgesetz, Art. 20 Rn. 66; *Model/Müller*, Grundgesetz, Art. 82 Rn. 1.

Rechtsbestand zu erlangen. Auf Dauer stünde vielmehr eine fortschreitende Divergenz zwischen dem geschriebenen und dem tatsächlich geltenden Recht zu befürchten[808].

Gegen diese Bedenken könnte sprechen, daß der Bürger auch bei einer gerichtlichen Normenkontrollentscheidung möglicherweise nichts von der Nichtigkeitsfeststellung erfährt, so daß er durch die alleinige Lektüre des Gesetzestextes ein falsches Bild von der Rechtslage vermittelt bekommt. Eine derartige Argumentation läßt jedoch außer acht, daß besonders wichtige Judikate der Obergerichte in amtlichen Entscheidungssammlungen publiziert werden. Für das Bundesverfassungsgericht sieht § 31 Abs. 2 Satz 3 und 4 BVerfGG die Veröffentlichung der Entscheidungsformel im Bundesgesetzblatt vor, soweit ein Gesetz als mit dem Grundgesetz oder sonstigem Bundesrecht vereinbar oder unvereinbar oder für nichtig erklärt wird. Auch bei Meinungsverschiedenheiten über die Fortgeltung von Recht als Bundesrecht oder bei Zweifeln darüber, ob eine Regelung des Völkerrechts Bestandteil des Bundesrechts geworden ist und ob sie unmittelbare Rechte und Pflichten für den einzelnen erzeugt, hat gemäß § 31 Abs. 2 Satz 2 BVerfGG das Bundesministerium der Justiz für die Veröffentlichung der Entscheidungsformel im Bundesgesetzblatt Sorge zu tragen. Sonstige Gerichtsentscheidungen sind dem Bürger auf dessen Antrag hin in anonymisierter Form zur Verfügung zu stellen. Das Bundesverwaltungsgericht hat mit Urteil vom 26. Februar 1997 einen verfassungsunmittelbaren Anspruch auf Veröffentlichung von Gerichtsentscheidungen anerkannt[809]. Dieser folge aus dem Rechtsstaatsprinzip einschließlich der Justizgewährungspflicht, dem Demokratiegebot und auch aus dem Grundsatz der Gewaltenteilung. Die Veröffentlichung von Gerichtsentscheidungen ermögliche dem Bürger oftmals überhaupt erst ein umfassendes Verständnis der Norm, weil gerichtliche Erkenntnisse die Normbefehle der Gesetze sowohl konkretisierten als auch fortbildeten. Schon deshalb komme der Veröffentlichung von Gerichtsentscheidungen vergleichbare Bedeutung wie der von Rechtsnormen zu[810].

Dem rechtsstaatlichen Gebot der Publizität der Rechtsordnung wäre Genüge getan, wenn verfassungsgemäßes, mit übergeordneten Normen vereinbares Recht durch den Gesetzgeber aufgehoben, die im Zuge der Rechtswidrigkeit eintretende Nichtigkeit von Rechtssätzen dagegen durch die Gerichte festgestellt würde. In beiden Fällen wäre der Normadressat in der Lage, sich über das gel-

[808] *Roßnagel*, Der Staat 22 (1983), 551, 553: „Die faktische Durchsetzung veränderter Rechtsauffassungen oder die Berufung auf politische Notwendigkeiten allein können aber nach dem unter dem Grundgesetz herrschenden Verfassungsverständnis in Anbetracht des Art. 79 GG nicht verfassungstextlich fixierte Normen verdrängen oder geändertes Verfassungsrecht schaffen."

[809] Vgl. BVerwG NJW 1997, 2694 ff.

[810] Vgl. BVerwG NJW 1997, 2694, 2695.

tende Recht hinreichend zu informieren.

Auch die Tatsache, daß eine Norm, die gegen höherrangiges Recht verstößt, nichtig und deshalb unbeachtlich ist, obwohl ihre Unwirksamkeit bis zu einer (deklaratorischen) Aufhebung durch das Parlament oder einer entsprechenden Feststellung durch das Normenkontrollgericht weder dem Gesetzblatt noch einschlägigen Entscheidungssammlungen entnommen werden kann, vermag den hier geäußerten Einwand gegen ein normgeltungsbeendigendes Obsoletwerden nicht zu entkräften[811]. Es ist zwar im Schrifttum überwiegend anerkannt und entspricht der Judikatur des Bundesverfassungsgerichts, daß die Nichtigkeit rechtswidriger Normen nicht erst mit einer feststellenden gerichtlichen Entscheidung, sondern ipso iure eintritt[812]. Dies aber ist Konsequenz des Umstandes, daß hierbei das rechtsstaatliche Erfordernis der Normbeständigkeit mit dem der Widerspruchsfreiheit der Rechtsordnung in Konflikt gerät[813]. Dabei hat der Verfassunggeber der Widerspruchsfreiheit der Rechtsordnung gegenüber dem Grundsatz der Normbeständigkeit den Vorrang eingeräumt. Der überragende Stellenwert, welcher der Widerspruchsfreiheit der Rechtsordnung zukommt, ergibt sich zwar nicht schon aus der Rangordnung von Rechtsquellen, folgt aber aus der in Art. 100 GG zum Ausdruck kommenden Konzeption des richterlichen Prüfungsrechts[814] und ist sachgerecht, weil die Rechtsordnung insgesamt durch gegenteilige rechtliche Anordnungen in Frage gestellt würde. Von einer derartigen Konfliktsituation kann bei einem Außerkrafttreten von Normen infolge Zweckfortfalls oder völliger Veränderung der Verhältnisse indessen nicht ausgegangen werden. Hier verändert sich allein die den Erlaß des Gesetzes motivierende Sachlage bzw. wird die Norm wegen Wegfalls ihres Bezugsobjekts auf Dauer unanwendbar. Die Rechtsordnung bliebe von dieser Entwicklung unberührt, soweit die Wandlungen im Bereich des Tatsächlichen nicht zugleich einen Verstoß der betroffenen Rechtsnorm gegen höherrangige Rechtssätze (etwa das verfassungsrechtliche Willkürverbot) zur Folge haben. Solange es an der Unvereinbarkeit mit ranghöherem Recht fehlt, würde die Beständigkeit der von der Veränderung erfaßten Norm und damit die Rechtssicherheit grundlos durch die Anerkennung eines Geltungsverlusts wegen Obsoletwerdens beeinträchtigt. Als Fazit bleibt somit festzuhalten, daß sich auch dem sogenannten Nichtigkeitsdogma bei Unvereinbarkeit einer Vorschrift mit höherrangigem Recht kein Ar-

---

[811] In diese Richtung argumentiert aber *Speidel*, BaWüVBl. 1964, 177, 178: „Denn es gibt zahllose Fälle (z.B. bei Verfassungswidrigkeit, mangelnder Ermächtigung), in denen eine Verordnung ungültig ist, ohne daß diese Ungültigkeit dem Bürger formell durch eine Aufhebung der Verordnung erst bestätigt werden müßte, um existent zu sein.

[812] Vgl. BVerfGE 1, 14, 36 f.; 68, 384, 390.

[813] Vgl. *Maurer*, Allgemeines Verwaltungsrecht, § 4 Rn. 37.

[814] Vgl. *Ipsen*, Rechtsfolgen der Verfassungswidrigkeit von Norm und Einzelakt, S. 164 ff.; *Maurer*, Staatsrecht, § 20 Rn. 84.

gument abgewinnen läßt, das die sich aus dem Rechtsstaatsprinzip ergebenden Zweifel an einem Normgeltungsschwund infolge Zweck- oder Normbereichsverlusts ausräumen könnte.

b) Die Gefahr unzulänglichen Vertrauensschutzes

Schließlich ist gegen das Obsoletwerden von Rechtsnormen der rechstaatliche Grundsatz des Vertrauensschutzes[815] anzuführen. Der Adressat einer gesetzlichen Anordnung muß sich darauf verlassen können, daß diese nicht ohne weiteres durch eine Veränderung der tatsächlichen Umstände außer Kraft tritt. Aus Gründen der Rechtssicherheit bedarf es vielmehr der „Dauerhaftigkeit des Rechts“[816]; staatliche Regelungen, an denen der Bürger seine Erwartungen und Dispositionen ausrichtet, müssen Bestand haben[817]. Mit einem Geltungsverlust kraft Obsoleszenz wäre das Gebot der Rechtssicherheit nur schwer zu vereinbaren. Der Normadressat, der sich auf eine bestimmte Rechtslage eingestellt hat, würde, soweit dies verfassungsrechtlich geboten wäre, bei einer Gesetzesänderung durch das Parlament aus Gründen des Vertrauensschutzes durch Übergangsfristen geschützt. Sieht der Gesetzgeber von Übergangsfristen oder vergleichbaren Regelungen (z.B. Ausnahmetatbeständen, Entschädigungsansprüchen) ab, riskiert er die Verfassungswidrigkeit des Änderungsgesetzes. Derartige Schutzmechanismen lassen sich bei einem Obsoletwerden von Gesetzen dagegen nicht vorsehen, weil hier ohne Rücksicht auf ein rechtlich schutzwürdiges Vertrauen des Bürgers die Norm von selbst erlöschen würde.

Ein anderes Ergebnis könnte allenfalls durch eine Übertragung der Rechtsprechung des Bundesverfassungsgerichts erzielt werden, bei der von der Feststellung der Nichtigkeit eines Gesetzes trotz festgestellter Verfassungswidrigkeit für eine gewisse Übergangszeit abgesehen wird[818]. Ob diese Rechtsprechung auch bei obsoleten Normen herangezogen werden kann, ist aber zumindest zweifelhaft, da ihr i.d.R. Fallgestaltungen zugrunde liegen, in denen Rechtsnormen, die

---

[815] Zu dessen dogmatischer Grundlegung umfassend *Blanke*, Vertrauensschutz im deutschen und europäischen Verwaltungsrecht, S. 12 ff.; *Muckel*, Kriterien des verfassungsrechtlichen Vertrauensschutzes bei Gesetzesänderungen, S. 29 ff.

[816] *Maurer*, Staatsrecht, § 8 Rn. 49.

[817] Vgl. *Sachs*, in : *Sachs*, Grundgesetz, Art. 20 Rn. 131; *Schulze-Fielitz*, in: Dreier, Grundgesetz, Art. 20 Rn. 134; *Jarass*, in: Jarass/Pieroth, Grundgesetz, Art. 20 Rn. 67; *Sommermann*, in: von Mangoldt/Klein/Starck, Das Bonner Grundgesetz, Art. 20 Rn. 282; *Schmidt-Aßmann*, in: Isensee/Kirchhof, HdbStR I, § 24 Rn. 81.

[818] BVerfGE 33, 303, 305; 72, 330, 333; 83, 130.

dem rechtsstaatlichen Gesetzesvorbehalt nicht genügen, für eine gewisse Übergangszeit fortgelten sollen, um eine anderenfalls eintretende Funktionsunfähigkeit von staatlichen Einrichtungen zu verhindern[819]. Hierdurch soll einem Zustand entgegengewirkt werden, der gegenüber dem bisherigen der verfassungsmäßigen Ordnung noch ferner stünde[820]. Während die vom Bundesverfassungsgericht festgesetzte Übergangszeit bei Rechtsnormen, die dem Gesetzesvorbehalt nicht genügen, zugunsten der Exekutive (weil deren Handlungsfähigkeit sichergestellt wird) bzw. des Gesetzgebers wirkt (weil diesem damit ein angemessener Zeitraum zur Neuregelung zur Verfügung steht), würde sie bei obsoletem Recht letztlich auf eine Geltungsbeendigung rechtmäßiger Normen hinauslaufen. Der Gesetzgeber, der, um ein Rechtsvakuum zu vermeiden, einen vom Bundesverfassungsgericht als zweckwidrig angesehenen und aus Gründen des Vertrauensschutzes nur noch für eine Übergangszeit für anwendbar erklärten Rechtssatz durch eine andere Norm ersetzen muß, wäre gezwungen, sich innerhalb einer gerichtlich vorgegebenen Frist auf eine Alternativregelung zu einigen. Die Bedeutung der Übergangsfrist, die dem Parlament die Gelegenheit zu einer *rechtsstaatlichen Anforderungen* genügenden Neuregelungen verschaffen will, würde somit in ihr Gegenteil verkehrt, wenn man sie auf *ohnehin rechtmäßige Normen* zur Anwendung bringen wollte.

Gegen die Erweiterung der Unvereinbarerklärung von Gesetzen auf obsolete Normen spricht weiter, daß sie dem dieser Rechtsprechung eigentlich zugrundeliegenden Leitgedanken nicht entspräche: Die Entscheidungsvariante der Unvereinbarerklärung wurde vom Bundesverfassungsgericht ursprünglich entwickelt, um der besonderen rechtlichen Situation bei Verstößen gegen den Gleichheitssatz gerecht zu werden. Bei einem Verstoß gegen Art. 3 GG kann nämlich von einem Zusammenhang zwischen der Verfassungswidrigkeit einer Norm und ihrer Nichtigkeit wegen der Relativität des Gleichheitssatzes nicht ausgegangen werden. Eine Regelung, die eine bestimmte Personengruppe begünstigt, verstößt für sich gesehen nicht gegen den Gleichheitssatz. Erst die hiermit in Beziehung

---

[819] *Schlaich*, Das Bundesverfassungsgericht, Rn. 371: „Es geht um die Fälle, in denen das Bundesverfassungsgericht feststellt, für bestimmte Maßnahmen – wie z.B. Grundrechtseinschränkungen im Strafvollzug oder für die Nichtversetzung eines Schülers in der Schule oder die Auflösung einer Schule oder auch für die Regelung von Berufs- und Standespflichten – seien gesetzliche Grundlagen erforderlich, während nach der bisherigen Auffassung und Praxis untergesetzliche Regelungen als ausreichend angesehen wurden. Im Zeitpunkt einer solchen Feststellung des BVerfG sind diie nun erforderlichen Gesetze natürlich noch nicht vorhanden, es darf aber der Verwaltung auch nicht zeitweilig das Handeln mangels gesetzlicher Grundlage unmöglich gemacht werden; weder der Strafvollzug noch die Schulverwaltung können auch nur vorübergehend unterbleiben. So gewährt das Bundesverfassungsgericht der Verwaltung eine Übergangsfrist, in der das alte, an sich verfassungswidrige Recht angewendet werden kann [...].“

[820] *Maunz/Zippelius*, Deutsches Staatsrecht, S. 379.

stehende Nichtbegünstigung einer anderen Personengruppe kann zur Unvereinbarkeit mit Art. 3 GG führen. Im Schrifttum ist dieses Verhältnis der Regelungen zueinander als „verfassungswidrige Normenrelation“ bezeichnet worden[821]. Das Bundesverfassungsgericht muß in einem derartigen Fall von der Nichtigerklärung einer der beiden Regelungen schon deshalb absehen, weil es dem Gesetzgeber freisteht, die bislang benachteiligte Gruppe in den Kreis der Privilegierten mit aufzunehmen, der bislang begünstigten den Vorteil wieder zu entziehen oder eine völlig neuartige Regelung zu treffen[822]. Der Verzicht auf die Nichtigerklärung ist somit Ausdruck der Gestaltungsfreiheit des Gesetzgebers[823]. Bereits die Ausweitung der Unvereinbarerklärung auf Fälle, in denen untergesetzliche Rechtsnormen zur Regelung eines bestimmten, die Grundrechtsausübung wesentlich beeinflussenden Sachverhalts nicht für ausreichend erachtet wurden, hat sich von dieser Grundidee gelöst, traf in der Literatur aber noch auf Zustimmung[824]. Bezeichnend sind insoweit die Ausführungen von *Klaus Schlaich*: „Ich entscheide mich hier für die geringfügige Erweiterung der Entscheidungsvariante der Unvereinbarerklärung, wobei man klar zugestehen muß, daß es sich dabei um eine an sich unzulässige Erweiterung von der gewünschten Rechtsfolge her, ohne daß der Tatbestand der Gleichheitswidrigkeit vorläge, handelt.“[825] Wollte man diese Rechtsprechung auf die Fälle obsoleten Rechts erstrecken, würde die an sich „unzulässige Erweiterung“ nochmals ausgedehnt und die damit verbundene Systemwidrigkeit vertieft.

Als Ergebnis der obigen Ausführungen kann festgestellt werden, daß nicht feststeht, ob im Einzelfall durch die Gewährung von Übergangsfristen durch das Bundesverfassungsgericht das Vertrauen des Bürgers auf den Fortbestand obsoleter Normen Berücksichtigung finden kann. Aus diesem Grund muß vom Fortbestand von Normen auch bei Zweckwidrigkeit oder völliger Veränderung der Normsituation ausgegangen werden.

---

821 Vgl. *Ipsen*, Rechtsfolgen der Verfassungswidrigkeit von Norm und Einzelakt, S. 109; *Maurer*, FS Weber (1974), S. 345, 354.

822 Zu den Folgen eines Gleichheitsverstoßes vgl. *Pieroth/Schlink*, Grundrechte, Rn. 479 ff.

823 *Schlaich/Korioth*, Das Bundesverfassungsgericht, Rn. 401.

824 Kritisch gegenüber den sich aus einer gerichtlichen „Fristsetzung“ ergebenden Gesetzgebungsaufträgen *Sachs*, NVwZ 1982, 657, 661 f.

825 *Schlaich*, Das Bundesverfassungsgericht, Rn. 372.

c) Fortgeltung einer Rechtsverordnung bei Wegfall ihrer Ermächtigungsgrundlage

Die Weitergeltung obsoleter Normen ist vereinzelt anhand einer Parallele zum Fortbestand von Rechtsverordnungen bei Geltungswegfall des zu ihrem Erlaß ermächtigenden Gesetzes begründet worden[826]. In der Tat gehen die herrschende Meinung in der Literatur[827] sowie das Bundesverfassungsgericht[828] vom weiteren Bestand einer Rechtsverordnung bei Fortfall ihrer Ermächtigungsgrundlage aus, soweit die Verordnung auch ohne das zu ihrem Erlaß ermächtigende Gesetz einer sinnvollen Regelung nicht entbehrt. Das „rechtliche Schicksal" einer rechtmäßig zustande gekommenen Verordnung muß also isoliert von der ihrem Erlaß zugrundeliegenden Ermächtigungsnorm beurteilt werden. Wenn aber eine wirksam erlassene Rechtsnorm von der Geltung ihrer Ermächtigungsgrundlage unabhängig ist, könnte dies um so mehr für ihren Gesetzeszweck oder die von ihr vorausgesetzten Verhältnisse gelten.

Diesem Gedanken ist von *Reiner Speidel* zu Recht mit der Begründung widersprochen worden, daß zwischen dem Wegfall des die Verordnung tragenden Gesetzes und dem Verlust des zu regelnden Sachverhalts wesentliche Unterschiede bestehen[829]. Während eine Verordnung auf die Existenz ihrer Ermächtigungsgrundlage grundsätzlich allein im Zeitpunkt ihres Erlasses angewiesen ist, setzt ihre Anwendbarkeit über ihren gesamten Geltungszeitraum die Existenz eines Regelungsbereichs voraus, auf den sie einwirken kann. Stellt sich die Verbindung von Ermächtigungsgrundlage und Rechtsverordnung deshalb aus zeitlicher Sicht nur punktuell dar, muß die Verknüpfung der Norm mit ihrem Normbereich als fortwährend angesehen werden. Folgerichtig gelangt *Speidel* deshalb zu dem Ergebnis, daß eine „Rechtsverordnung [...] im Verhältnis zu dem von ihr zu re-

---

[826] Vgl. VG Sigmaringen BaWüVBl. 1964, 13.

[827] Vgl. *Pieroth*, in: Jarass/Pieroth, Grundgesetz, Art. 80 Rn. 15; *Wilke*, AöR 98 (1973), 196, 235; *Heckmann*, Geltungskraft und Geltungsverlust von Rechtsnormen, S. 368; *Baumeister*, Das Rechtswidrigwerden von Normen, S. 296; *Mußgnug*, BaWüVBl. 1965, 86 f.; *Studenroth*, DÖV 1995, 525, 535; *Lücke*, in: Sachs, Grundgesetz, Art. 80 Rn. 7 Fn. 18: „Entscheidet der Gesetzgeber hierbei [scil. bei der Kassation des die Verwaltung zum Erlaß der Rechtsverordnung ermächtigenden Gesetzes] nicht gleichzeitig über das Schicksal der auf dieser Ermächtigung fußenden VO, so tritt diese nur dann nicht außer Kraft, wenn sie auch ohne den bisherigen Fortbestand des ermächtigenden Gesetzes ein selbständig anwendbares, in sich geschlossenes Regelungsganzes bildet".

[828] Vgl. BVerfGE 12, 341, 347; 14, 245, 249; 44, 216, 226; 78, 179, 198; Kritisch zu dieser Rechtsprechung *Kotulla*, NVwZ 2000, 1263, 1264 f.

[829] Vgl. *Speidel*, BaWüVBl. 1964, 177, 178.

gelnden Sachverhalt gar nicht in dem gleichen Maße selbständig zu sein [vermag] wie im Verhältnis zu ihrer gesetzlichen Grundlage."[830] Der Vergleich des Normbereichsverlusts mit dem Wegfall der Ermächtigungsgrundlage einer Rechtsverordnung vermag den Fortbestand obsoleten Rechts daher nicht zu begründen.

3. Das Obsoletwerden von Normen unter dem Blickwinkel der Gewaltenteilung

a) Funktionsgrenzen der Rechtsprechung

Die Lehre vom Obsoletwerden von Rechtsnormen muß zuletzt im Hinblick auf das Gewaltenteilungsprinzip einer Nachprüfung unterzogen werden. Der Grundsatz der Gewaltenteilung beinhaltet zwei unterschiedliche Aspekte: Einerseits soll die Verteilung staatlicher Macht zur Kontrolle und gegenseitigen Mäßigung und Begrenzung der Staatsorgane beitragen[831]. Andererseits wird durch die Zuweisung von Aufgaben an unterschiedliche Verfassungsorgane gewährleistet, daß das jeweils mit einem bestimmten Wirkungskreis betraute Organ zur Erfüllung der ihm durch die Verfassung zugewiesenen Staatsfunktionen angemessen ausgestattet ist (sogenannte „organadäquate Funktionenteilung")[832]. Erlaß und Änderung von Gesetzen sind grundsätzlich Aufgabe des Parlaments. Diese Funktionszuteilung könnte darauf hindeuten, daß auch das Außerkraftsetzen von Normen bei einem Obsoletwerden dem Gesetzgeber vorbehalten ist.

---

[830] *Speidel*, BaWüVBl. 1964, 177, 178.

[831] Vgl. BVerfGE 9, 268, 279 f.; BVerwGE 93, 287, 288 f.; *Maurer*, Staatsrecht, § 8 Rn. 12; *Maunz/Zippelius*, Deutsches Staatsrecht, S. 92 f.; *Schnapp*, in: von Münch/Kunig, Grundgesetz-Kommentar, Art. 20 Rn. 32; *Jarass*, in: Jarass/Pieroth, Grundgesetz, Art. 20 Rn. 23; *Degenhart*, Staatsrecht I, Rn. 218; *Hesse*, Grundzüge des Verfassungsrechts der Bundesrepublik Deutschland, Rn. 475; *Schmidt-Aßmann*, in: Isensee/Kirchhof, HdbStR I, § 24 Rn. 49; *Stern*, Das Staatsrecht der Bundesrepublik Deutschland I, S. 792.

[832] Vgl. BVerfGE 68, 1, 86; *Jarass*, in: Jarass/Pieroth, Grundgesetz, Art. 20 Rn. 23; *Hesse*, Grundzüge des Verfassungsrechts der Bundesrepublik Deutschland, S. 187; *Maunz/Zippelius*, Deutsches Staatsrecht, S. 93; *Sommermann*, in: von Mangoldt/Klein/Starck, Das Bonner Grundgesetz, Art. 20 Rn. 197: „Im Hinblick auf dieses Ziel [scil. den Schutz der Menschenwürde] ist die Gewaltenteilung als ein Kernelement formeller Rechtsstaatlichkeit nicht nur unverzichtbare Voraussetzung für die Verhinderung von Machtkonzentration, sondern zugleich Mittel zur Rationalisierung, Verantwortungszurechnung und Kontrollierbarkeit staatlichen Handelns."

Auf der anderen Seite ließe sich gegen die ausschließliche Kompetenz des Gesetzgebers zur Aufhebung von Normen bei „völliger Veränderung der Verhältnisse“ oder „Zweckfortfall“ vorbringen, daß Rechtsnormen infolge einer gewandelten Normsituation auch zu höherrangigem Recht in Widerspruch geraten und deshalb ihre Geltung verlieren können. In diesen Fällen ist es aber grundsätzlich nicht Sache des Parlaments, sondern der Gerichte, die Nichtigkeit der rechtswidrig gewordenen Normen festzustellen.

Dieser Einwand verfängt jedoch nicht. Der Zweckfortfall einer belastenden Rechtsnorm führt zwar ohne weiteres zu deren Nichtigkeit, weil sich ein Eingriff in die Freiheitssphäre des Bürgers am Übermaßverbot messen zu lassen hat, dem zufolge jede staatliche Maßnahme einem rechtlich legitimen Zweck dienen muß. Hinzu kommt, daß es aufgrund von Veränderungen im Tatsächlichen z.B. zur Unvereinbarkeit einer Norm mit dem allgemeinen Gleichheitssatz kommen kann. Hiervon grundsätzlich verschieden ist aber die Situation, daß ein verfassungsgemäß erlassenes Gesetz trotz Wegfalls seines Normbereichs oder seines Regelungszwecks mit den Maßgaben der Verfassung vereinbar bleibt. Ein Beispiel für eine derartige Vorschrift ist der durch das EheschlRG vom 4. Mai 1998[833] aufgehobene § 1300 BGB[834]. Der *BGH*[835] verkannte die insoweit veränderten gesellschaftlichen Anschauungen nicht: Die der Vorschrift zugrundeliegende Vorstellung, daß sich die Braut dem drängenden Verlobten hingegeben habe („die Beiwohnung gestattet“) und nach grundloser Aufhebung des Verlöbnisses in hohem Maße schutzbedürftig sei, wurde von ihm durchweg als lebensfremd empfunden[836]. Dennoch hatte der *BGH* einen Verstoß des vom Bundesverfassungsgericht als vorkonstitutionelles Recht qualifizierten[837] „Kranzgeldparagraphen“ gegen Art. 3 Abs. 2 GG verneint. Die Berücksichtigung der „besonderen seelischen und biologischen Eigenart der Frau“ für die Benachteiligung des Mannes, dem ein derartiger Anspruch nicht zustehe, lasse die Differenzierung nach dem Geschlecht zu. Diese Argumentation des *BGH* steht im Einklang mit der Rechtsprechung des Bundesverfassungsgerichts, die von der Zulässigkeit einer geschlechtsbezogenen Differenzierung ausgeht, wenn biologische oder funktionale Unterschiede den Lebenssachverhalt so entscheidend prägen, daß etwa vergleichbare Elemente daneben völlig zurücktreten[838].

---

833 BGBl. I, S. 833 ff.

834 Vgl. *Löwer*, Cessante ratione legis cessat ipsa lex, S. 30 f.

835 Vgl. BGHZ 20, 195 ff.; 62, 282 ff.

836 BGHZ 65, 282 f.

837 Vgl. BVerfG NJW 1972, 571 f.

838 BVerfGE 52, 369, 374; 68, 384, 390; *Jarass*, in: Jarass/Pieroth, Grundgesetz, Art. 3 Rn. 78; *Heun*, in: *Dreier*, Grundgesetz, Art. 3 Rn. 99.

Geht man davon aus, daß § 1300 BGB im Zeitpunkt seines Erlasses eine Verschlechterung der Heiratsaussichten der Frau und damit die Einbuße der mit der Ehe verbundenen materiellen Versorgung kompensieren wollte, konnte in Anbetracht der gesellschaftlichen Akzeptanz nichtehelicher Lebensgemeinschaften bereits im Zeitpunkt der Entscheidung des *BGH* von einem Wegfall des ursprünglich mit der Norm verfolgten Zwecks ausgegangen werden[839]. Ist die Norm aber mit den Maßgaben der Verfassung weiterhin vereinbar, ließe sich bei einem Außerkrafttreten eo ipso nicht berücksichtigen, ob der unmittelbar demokratisch legitimierte Gesetzgeber trotz einer Veränderung der Verhältnisse ein Interesse an ihrer Weitergeltung hat. Möglicherweise kann der Vorschrift nämlich auch vor dem Hintergrund einer gewandelten gesellschaftlichen Situation ein (anderer) sinnvoller Zweck beigemessen werden. Wollte man die Entscheidung über diese Frage den Gerichten überlassen, würden die Richter letztlich über den „Sinn" und die „Vernünftigkeit" von recht- bzw. verfassungsmäßigen Normen judizieren. Es ist schon umstritten, ob das Bundesverfassungsgericht bei der Prüfung der Verhältnismäßigkeit einer grundrechtseinschränkenden Norm einen Normzweck zugrunde legen darf, der von der Zweckbestimmung des Gesetzgebers abweicht[840]. Die 2. Kammer des ersten Senats hat sich für eine solche Erweiterung des Prüfungsgegenstandes ausgesprochen, weil das Bundesverfassungsgericht zur umfassenden Prüfung des angegriffenen Rechtssatzes verpflichtet sei: „Denn das BVerfG prüft, ob eine gesetzliche Regelung verfassungsgemäß ist, unter Berücksichtigung aller Gesichtspunkte, auch wenn sie in der Gesetzesbegründung keinen Niederschlag gefunden haben."[841] Diese Argumentation greift aber bei einem Obsoletwerden verfassungsmäßiger Normen zu kurz. Hier wird die Legitimität des mit der Norm verfolgten Zwecks gerade nicht überprüft, um die Vereinbarkeit des Rechtssatzes mit dem Übermaßverbot festzustellen. Es geht allein darum, ob die Richter eine mit der Verfassung vereinbare Norm noch für sinnvoll halten, ohne daß dies für die Rechtmäßigkeit der Vorschrift von Belang wäre. Vor diesem Hintergrund läßt sich die vorsichtige Zurückhaltung des *BGH* erklären, wenn er ausführt, daß der „Wandel der gesellschaftlichen Auffassung über die Stellung der Frau in der Gesellschaft und über die Wertung des Geschlechtsverkehrs unter Verlobten [...] allein noch kein Grund [sei], um der Vorschrift des § 1300 BGB die Anerkennung zu versagen." Die gegen die Fortgeltung der Norm erhobenen Bedenken zeigten vielmehr,

---

[839] So auch *Löwer*, Cessante ratione legis cessat ipsa lex, S. 31.

[840] Vgl. zu dieser Fragestellung *Wernsmann*, NVwZ 2000, 1360, 1361 ff. m.w.Nachw.

[841] BVerfG (Kammer), NJW 1998, 1776, 1777.

„daß es *eine rechtspolitische und daher vom Gesetzgeber zu entscheidende Frage* ist, ob der Entschädigungsanspruch des § 1300 BGB bestehenbleiben soll“[842] oder nicht.

Insbesondere die Urteilspassage über die sich dem Gesetzgeber eröffnenden Möglichkeiten, die Vorschrift außer Kraft zu setzen oder sie den sich innerhalb der Gesellschaft vollziehenden Wandlungsprozessen anzupassen, zeigt die Funktionsgrenzen der Rechtsprechung deutlich auf. So hielt es der *BGH* aus „rechtspolitischer Sicht“ für eine „offene Frage, ob die Vorschrift ersatzlos zu streichen wäre oder ob sie durch eine Regelung ersetzt werden soll, die etwa jedem Verlobten ohne Beschränkung auf den Fall der Beiwohnung bei grob rücksichtslosem Verlöbnisbruch des Partners einen Anspruch auf eine billige Entschädigung auch für den Nichtvermögensschaden zugesteht.“[843]

Wenn die Richter in einem derartigen Fall für sich in Anspruch nähmen darüber zu befinden, was angesichts gesellschaftlicher Veränderungen als „vernünftig“ und „sinnvoll“ zu gelten hat, würden sie in einem vor dem Hintergrund der Gewaltenteilung bedenklichen Maße rechtsgestalterisch tätig werden[844]. Eine derartig weitreichende Befugnis weist die Verfassung, die in Art. 20 Abs. 3 GG die Bindung des Richters an Gesetz und Recht anordnet, der dritten Gewalt nicht zu. Das zeigt sich auch anhand der gerichtlichen Prüfungsdichte bei Verstößen des Gesetzgebers gegen grundrechtliche Schutzpflichten. Das Bundesverfassungsgericht hat wiederholt festgestellt, daß dem Gesetzgeber bei der Erfüllung von Schutzpflichten eine weiter Einschätzungs-, Wertungs- und Gestaltungsspielraum zusteht, der auch Raum läßt, etwa konkurrierende öffentliche oder private Interessen zu berücksichtigen[845]. Der sich aus einer staatlichen Schutzpflicht ergebende grundrechtliche Anspruch ist vor dem Hintergrund dieser Gestaltungsfreiheit regelmäßig nur darauf gerichtet, daß die öffentliche Gewalt mögliche Vorkehrungen zum Schutz der betroffenen Grundrechte trifft, die nicht gänzlich ungeeignet oder völlig unzulänglich sind. Nur unter ganz besonderen Umständen kann sich die gesetzgeberische Einschätzungsprärogative bei wesentlichen Eingriffen in Grundrechtsgüter in der Weise verdichten, daß allein durch bestimmte Maßnahmen der Schutzpflicht Genüge getan wird. Ebenso wie das Bundesverfassungsgericht einen gesetzgeberischen Einschätzungsspielraum bei der Erfüllung staatlicher Schutzpflichten zu respektieren hat, muß es der Le-

---

842 BGHZ 65, 282, 285 (Hervorhebung nicht im Original).

843 BGHZ a.a.O.

844 Zu Recht kritisch daher *Baldus*, JR 1970, 52, 54: „Es würde indessen eine bedenkliche Ausweitung der richterlichen Prüfungskompetenz bedeuten, wenn die materielle Verbindlichkeit von Gesetzesrecht – etwa unter Anwendung der in der Vertragstheorie entwickelten Lehre von der clausula rebus sic stantibus – am Wandel der ′Verhältnisse′ gemessen werden dürfte.“

845 BVerfG NJW 1998, 2961, 2962; NJW 1995, 2343.

gislative bei einer veränderten Normsituation die Beurteilung der Zweckmäßigkeit eines Rechtssatzes überlassen. Innerhalb des teilweise weit abgesteckten Rahmens verfassungsrechtlicher Legalität sind Erwägungen des Verfassungsgerichts über die politische Zweckmäßigkeit einer Norm deshalb nicht statthaft. Mit anderen Worten: Das Normenkontrollgericht hat sich einem gewissen „judicial self-restraint" verpflichtet zu fühlen, um den Aufgabenbereich der Legislativorgane ausreichend zu wahren. Es darf sich insbesondere nicht zum „Ersatz-Gesetzgeber" aufspielen. Daß damit keine unzulässige Beschränkung seiner Kompetenzen verbunden ist, hat das Bundesverfassungsgericht selbst klargestellt: „Der Grundsatz des judicial self-restraint, den sich das Bundesverfassungsgericht auferlegt, bedeutet nicht eine Verkürzung oder Abschwächung seiner Kompetenz, sondern den Verzicht 'Politik zu treiben', d.h. in den von der Verfassung geschaffenen und begrenzten Raum freier politischer Gestaltung einzugreifen. Er zielt also darauf ab, den von der Verfassung für die anderen Verfassungsorgane garantierten Raum freier politischer Gestaltung offenzuhalten."[846] Die mit der Gewaltenteilung verbundene Aufgabenzuweisung zwischen Gesetzgebung und Rechtsprechung fordert auch bei obsoleten Normen Beachtung. Die Entscheidung darüber, ob eine obsolete Norm Bestand haben soll, steht deshalb nicht dem Richter, sondern allein dem Gesetzgeber zu. Auch bei „Evidenz" des Obsoletwerdens kann nicht von einem Geltungsverlust ausgegangen werden. Während der parlamentarische Einschätzungsspielraum bei der Nichtbeachtung einer staatlichen Schutzpflicht mit Blick auf eine durch das gesetzgeberische Unterlassen möglicherweise eintretende Grundrechtsverletzung über dieses Kriterium eingeengt werden muß, um gewisse grundrechtlich gebotene Mindestanforderungen einer gerichtlichen Überprüfung zugänglich zu machen, besteht bei obsoleten Normen hierzu keine Veranlassung. Die Fortgeltung rechtmäßiger Normen ist eine ausschließlich politische Entscheidung, die nicht deshalb den Gerichten anheimgestellt werden sollte, weil der Wegfall des Regelungsobjekts oder des ursprünglich mit der Norm verfolgten Zwecks mittlerweile für jedermann offenkundig ist oder zumindest zu sein scheint. Ein so vages und unbestimmtes Merkmal wie die „Evidenz" des Zweck- bzw. Normbereichsverlusts ist überdies kaum dazu geeignet, die mit einem normgeltungsbeendigenden Obsoletwerden verbundene Einbuße an Rechtssicherheit abzumildern.

---

[846] BVerfGE 36, 1, 14 f.

b) *Obsoletes Recht als Normreserve*

Geht man von der Weitergeltung obsoleter Normen aus, so kommt diesen nach Ansicht *Baumeisters* auch bei Fehlen des in Bezug genommenen Wirklichkeitsausschnitts bei der Auslegung anderer Verfassungsvorschriften Bedeutung zu[847]. Bei dieser Argumentation muß jedoch ergänzend darauf hingewiesen werden, daß auch erloschene Rechtsnormen bei der Auslegung des geltenden Rechts als Interpretationshilfe im Rahmen der historischen Auslegung herangezogen werden können[848]. Der historischen Interpretation wird überwiegend allerdings ein geringeres Gewicht als der systematischen Auslegung beigemessen[849]. Dementsprechend müßte die mit einem obsoleten, aber nicht nichtigen Rechtssatz verbundene gesetzgeberische Wertentscheidung von den Gerichten bei der Auslegung anderer Vorschriften in größerem Maße berücksichtigt werden, als es bei Zugrundelegung einer Geltungsbeendigung der Norm möglich wäre. Im Rahmen der systematischen Auslegung käme obsoleten Normen, obwohl die von ihnen geregelten Sachverhalte möglicherweise seit geraumer Zeit nicht mehr aufgetreten sind, somit eine größere Bedeutung zu.

II. Ergebnis

Ein Außerkrafttreten von Normen infolge eines Wandels der tatsächlichen Verhältnisse widerspricht dem Demokratieprinzip, dem Gewaltenteilungsgrundsatz sowie dem Rechtsstaatsprinzip.

D. Kein Obsoletwerden des Art. 7 Abs. 3 Satz 1 GG

Die obigen Ausführungen haben belegt, daß der von *Renck* skizzierte partielle Geltungsverlust von Normen auch bei Verfassungsartikeln wie Art. 7 Abs. 3

---

[847] *Baumeister*, Das Rechtswidrigwerden von Normen, S. 307.

[848] Vgl. *Müller*, Juristische Methodik, S. 205.

[849] Vgl. BVerfGE 1, 299, 312; *Kästner*, in: Marré/Schümmelfeder/Kämper, Essener Gespräche zum Thema Staat und Kirche 32 (1998), S. 61, 77; *von Münch*, JuS 2000, 1, 5; *Ehlers*, Entkonfessionalisierung des Religionsunterrichts, S. 11; *Jeand'Heur/Korioth*, Grundzüge des Staatskirchenrechts, Rn. 163.

Satz 1 GG abzulehnen ist. Als entscheidende Gesichtspunkte wurden dabei mit Blick auf das Demokratieprinzip die Gefahr einer Umgehung der für die Verfassungsgesetzgebung in Art. 79 GG festgelegten Anforderungen sowie eine Erosion der parlamentarischen Verantwortlichkeit für die Aufhebung von Rechtsnormen ermittelt. In bezug auf das Rechtsstaatsprinzip erwiesen sich die mit einem normgeltungsbeendigenden Verfassungswandel verbundene Beeinträchtigung der Publizität der Rechtsordnung und die mangelnde Möglichkeit, auf ein schutzwürdiges Vertrauen des Bürgers Rücksicht zu nehmen, als nicht hinnehmbar. Schließlich konnten die Funktionsgrenzen der Rechtsprechung als Argument gegen einen Verfassungswandel ausgemacht werden, der Normen zu beseitigen imstande ist. Dieser Gedanke klang auch bei der Erwägung an, daß selbst obsoleten Rechtsnormen noch eine wichtige Funktion zukommt, weil sie als „Normreserven" im Rahmen der systematischen Auslegung bei der Ermittlung der Bedeutung von anderen Rechtssätzen als Hilfsmittel herangezogen werden können. Einem Verfassungswandel, der zum teilweisen Erlöschen des Art. 7 Abs. 3 Satz 1 GG geführt haben soll, ist damit der verfassungsrechtliche Boden entzogen. Wenn *Renck* behauptet, ein auf bestimmten Tatsachen beruhendes Recht könne nicht ohne Rücksicht auf den Bestand seiner faktischen Grundlage unverändert weiterbestehen, verkennt er das Spannungverhältnis zwischen einer derartigen außerordentlichen Rechtsgeltungsbeendigung und zentralen Staatsstrukturprinzipien des Grundgesetzes. Hinzu kommt, daß der von *Renck* konstatierte Wegfall der „Geschäftsgrundlage des grundgesetzlichen Bekenntniskompromisses"[850] auch dann keine Nichtgeltung des Art. 7 Abs. 3 Satz 1 GG in den neuen Bundesländern forderte, wenn man grundsätzlich dazu bereit wäre, das Erlöschen von Normen aufgrund einer gewandelten Normsituation anzuerkennen. Wie von *Kostorz* richtig herausgestellt wurde, hat die ursprüngliche Zwecksetzung des Religionsunterrichts nämlich keineswegs an Bedeutung verloren: Der Religionsunterricht liegt weiterhin im Interesse des Staates an einer bekenntnisgebundenen Erziehung der Schüler. Daneben besteht seine Aufgabe darin, „bekennenden Schülerinnen und Schülern diejenigen Kenntnisse zu vermitteln, die für eine sinnvolle Wahrnehmung der Grundrechte aus Art. 4 vonnöten sind."[851] In bezug auf die Situation in Brandenburg haben *Peter Badura* und *Christian Starck* daher zu Recht festgestellt: „Es gibt weiter Kirchenangehörige und Kinder, die Religionsunterricht erhalten sollen, wie die dem Bundesverfassungsgericht vorliegenden Verfassungsbeschwerden von Eltern gegen die Vorschriften des Brandenburgischen Schulgesetzes über Religionsunterricht zeigen. Auch wollen die Kirchen Religionsunterricht als ordentliches Lehrfach veranstalten, wie deren Verfassungsbeschwerden zum Ausdruck bringen. [...] Im

---

850 *Renck*, BayVBl. 1999, 70, 76.

851 Vgl. *Kostorz*, „Lebensgestaltung-Ethik-Religionskunde" statt Religionsunterricht in Brandenburg, S. 9.

vorliegenden Fall ist schlecht vorstellbar, daß eine Norm, die noch anwendbar ist, ja, um deren Anwendung vor dem Verfassungsgericht gekämpft wird, nicht mehr gelten soll, weil deren Geltung davon abhängig sein soll, wie hoch der Prozentsatz derjenigen ist, die die durch die Verfassungsnorm geschützte Institution in Anspruch nehmen wollen.“[852]

Von *Stefan Mückl* ist der Theorie vom situationsbedingten Geltungsschwund ferner entgegengehalten worden, es handele sich bei der Tatsache, daß die Bevölkerung in den neuen Bundesländern mehrheitlich religionslos ist, schon begrifflich nicht um einen Verfassungs*wandel*, also einen gesellschaftliche Gegebenheiten erfassenden Veränderungs*prozeß*[853]. Die im Osten Deutschlands zu verzeichnende Areligiosität basiere nämlich in erster Linie auf dem „vom gesamtdeutschen Souverän vorgefundenen Ergebnis einer jahrzehntelangen a- und antireligiösen Politik eines totalitären Regimes.“[854] Diese sehr begriffliche Argumentation vermag die Schlüssigkeit der Theorie *Rencks* indes nicht zu erschüttern. Es läßt sich nicht abstreiten, daß sich die deutsche Bekenntnislandschaft durch das Hinzukommen der weithin religionslosen Länder der DDR völlig anders darstellt. Die tatsächliche Veränderung, auf die im Rahmen einer Normbeseitigung durch Verfassungswandel abzustellen wäre, liegt daher nicht im auch durch die Propaganda des SED-Regimes geförderten Rückgang der Religiosität in der DDR (schon deshalb, weil zu diesem Zeitpunkt Art. 7 Abs. 3 Satz 1 GG nicht auf dem Gebiet der DDR galt), sondern in der durch die Wiedervereinigung herbeigeführten veränderten religionssoziologischen Zusammensetzung der Gesamtbevölkerung der Bundesrepublik (sofern man diese überhaupt für normbereichserheblich erachtet), vor deren Hintergrund der fortbestehende Art. 7 Abs. 3 Satz 1 GG den Religionsunterricht als ordentliches Lehrfach vorsieht. Aus diesem Grund kann auch die Argumentation von *Markus Thiel* nicht überzeugen, ein Außerkrafttreten des Art. 7 Abs. 3 Satz 1 GG infolge eines Verfassungswandels bedeute letzten Endes die nachträgliche Billigung der kirchenfeindlichen Religionspolitik der DDR und komme aus diesem Grund nicht in Betracht[855]. Erkennt man ein Obsoletwerden von Normen infolge einer Veränderung der Lebenssachverhalte an, bleibt kein politisches oder ethisches Korrektiv, das es in das Belieben des Interpreten stellen würde, bestimmte (normbereichsrelevante) Fakten für erheblich, andere wiederum für unerheblich zu erklären. Es kommt für einen Geltungsverlust von Normen infolge tatsächlicher Ver-

---

852 *Badura/Starck*, Verfassungsbeschwerde, in: Konrad-Adenauer-Stiftung, Religionsunterricht in den Schulen, S. 71, 85; *Starck*, FS Listl (1999), S. 391, 405.

853 Vgl. *Mückl*, AöR 122 (1997), 513, 545.

854 *Mückl*, AöR 122 (1997), 513, 545 f.

855 *Thiel*, Der Erziehungsauftrag des Staates in der Schule, S. 110; ähnlich *Link*, FS Hollerbach (2001), S. 747, 769.

änderungen nicht darauf an, warum sich die tatsächliche Situation in einer bestimmten Weise darstellt. Was zählt ist allein, daß sie sich in eine bestimmte Richtung entwickelt hat. Das Faktum ist wertindifferent. Der von ihm herbeigeführten Umgestaltung der Rechtsordnung kann daher nicht im Nachhinein mit der verfassungspolitischen Erwägung entgegengetreten werden, die tatsächliche Veränderung sei unter Zwang bzw. sonstwie unrechtmäßig herbeigeführt worden.

Die These *Rencks* vom normvernichtenden Verfassungswandel ist aber aus einem anderen Grund nicht haltbar. *Renck* hatte sich dafür ausgesprochen, die Geltung des Art. 7 Abs. 3 Satz 1 GG nicht anhand einer bundesweiten Analyse der Bekenntniszugehörigkeit, sondern jeweils in bezug auf die Situation in den einzelnen Bundesländern zu beurteilen. Eine bundeseinheitliche Betrachtungsweise sei schon deshalb nicht zwingend, weil das Schulrecht traditionell in die Kultushoheit der Länder falle[856]. Angesichts der Diaspora-Situation der christlichen Kirchen in Ostdeutschland werde daher die Frage aufgeworfen, „ob und wieweit in den Bundesländern mit unterschiedlicher Bekenntnissituation ein einheitliches Bekenntnisverfassungsrecht des Bundes gelten kann und muß."[857]

Der von *Renck* gewählte Bezugspunkt überzeugt jedoch nicht. Im Gegensatz zur Auffassung *Rencks* weisen die Ausführungen *Mückls* in die richtige Richtung, wenn er darauf hinweist, daß „für die Frage, ob sich die tatsächlichen Verhältnisse grundlegend geändert haben, [...] nicht auf die östlichen Bundesländer allein, sondern auf das *gesamte* Bundesgebiet abzustellen [ist]."[858] Die Betrachtung nicht auf ein einzelnes Bundesland zu verengen, folgt für *Mückl* daraus, daß es sich bei Art. 7 Abs. 3 Satz 1 GG um ein Grundrecht handelt. Dem liegt jedoch eine Ungenauigkeit zugrunde. Trotz des Grundrechtscharakters von Art. 7 Abs. 3 Satz 1 GG darf eine Untersuchung der Religionszugehörigkeit der Bevölkerung sich nicht auf das gesamte Bundesgebiet erstrecken, weil bei einem Wandel der Normsituation nur der Normbereich einer Vorschrift – in gegenständlicher und räumlicher Hinsicht – mit in die Beurteilung einbezogen werden darf. Sollte tatsächlich davon ausgegangen werden können, daß eine „volkskirchliche Situation" Bestandteil des Normbereichs von Art. 7 Abs. 3 Satz 1 GG ist, wäre für die Fortgeltung dieser Norm ausschließlich der Bedeutungsverlust der Kirchen in den Bundesländern zu berücksichtigen, in denen Art. 7 Abs. 3 Satz 1 GG gilt (und nicht, wie *Mückl* meint, im gesamten Bundesgebiet, weil die Vorschrift in Bremen und Berlin wegen Art. 141 GG keine Anwendung findet). Führt man sich die Religionszugehörigkeit in den hier maßgeblichen Gebieten vor Augen, so kann die Abnahme religiöser Neigungen in der Bevölkerung kei-

---

856 *Renck*, BayVBl. 1999, 70, 76.

857 *Renck*, a.a.O.

858 *Mückl*, AöR 122 (1997), 513, 545. Vgl. auch *Göbel*, FS Hollerbach (2001), S. 771, 788.

neswegs als derart gravierend bezeichnet werden, daß es gerechtfertigt wäre, ihrethalben Art. 7 Abs. 3 Satz 1 GG für obsolet zu erklären[859]. Aber auch wenn man nicht nur auf die von Art. 141 GG nicht erfaßten Länder, sondern (wie *Mückl*) auf die gesamtdeutsche Situation abstellen will, ändert sich an dem hier gefundenen Ergebnis nichts: 67,5% der Bevölkerung gehören einer der beiden christlichen Großkirchen an; daneben leben in Deutschland ca. 3,04 Mio. Muslime und 47000 Juden[860]. Der Religionsunterricht wird in der Bevölkerung auch nicht als „sinnlos" oder „überholt" angesehen. In einer vom Allensbacher Institut durchgeführten Befragung zur Bedeutung des Religionsunterrichts stellte sich vielmehr heraus, daß 52% der Bevölkerung den Religionsunterricht in der Schule für „wichtig" (37%) oder sogar sehr wichtig (15%) halten[861]. Angesichts dieser Daten ist es nicht haltbar, die Zahl der religiös gebundenen Menschen als Quantité négligeable einzustufen und dem Religionsunterricht mangels Bedarfs seine Existenzberechtigung abzusprechen. Art. 7 Abs. 3 Satz 1 GG ist in den Bundesländern, für die Art. 141 GG nicht gilt, weiterhin unmittelbar geltendes Verfassungsrecht. Die verfassungsrechtliche Garantie des Religionsunterrichts ist nicht infolge eines Verfassungswandels außer Kraft getreten.

---

[859] Zu dem gleichen Ergebnis gelangt *Maurer*, FS Zacher (1998), S. 577, 590; s. auch *Jeand'Heur/Korioth*, Grundzüge des Staatskirchenrechts, Rn. 319: „Das Normprogramm des Art. 7 Abs. 3 GG beansprucht auch in einer 'Diaspora Situation' Geltung; es kann nicht einfach in Folge von Veränderungen im Normbereich (Normbereichswandel) für obsolet erklärt werden, selbst wenn die Veränderungen tiefgreifend sind."

[860] Der Fischer Weltalmanach 2001, Frankfurt/Main 2000, Spalte 179.

[861] Allensbacher Archiv, IfD-Umfragen 4092/I, Juni 1987 (unveröffentlicht, über das Allensbacher Institut für Sozialforschung zu beziehen); 6050, Oktober 1997; die den Befragten gestellte Frage lautete: „Eine Frage zum Religionsunterricht: Für wie wichtig halten Sie es, daß Kinder und Jugendliche in der Schule Religionsunterricht erhalten? Würden Sie sagen..."

Siebter Teil
Entkonfessionalisierung des Religionsunterrichts als Konsequenz der Anwendbarkeit des Art. 7 Abs. 3 Satz 1 GG in den neuen Bundesländern ?

A. Abkehr vom traditionellen Verständnis des Religionsunterrichts

Da auch in Ostdeutschland der Religionsunterricht als ordentliches Lehrfach eingeführt werden muß, stellt sich die Frage, ob durch dessen inhaltliche Umgestaltung auf die dortige religionssoziologische Situation Rücksicht genommen werden kann. So ließe sich unter Umständen dem stetigen Anwachsen der Zahl an Schülern, die von ihrem Abmelderecht aus § 5 RKEG, Art. 4 GG[862] Gebrauch machen, dadurch entgegenwirken, daß der Religionsunterricht seine Bekenntnisbindung aufgibt und sich ausschließlich darauf beschränkt, religiöse Lehren darzustellen, ohne dabei zugleich den Anspruch auf ihre Verbindlichkeit und Richtigkeit zu erheben. Die Geltung des Art. 7 Abs. 3 Satz 1 GG in den neuen Bundesländern hat die in der Rechtswissenschaft und Religionspädagogik schon seit geraumer Zeit geführte Diskussion über die Notwendigkeit einer Entkonfessionalisierung des Religionsunterrichts weiter zugespitzt. Tatsächlich läßt sich der Gedanke, daß eine religionskundliche Unterweisung in einer z.T. areligiösen Gesellschaft ein angemessenes Mittel sein könnte, Schüler an Fragen der Religiosität heranzuführen und sie mit religiösen Inhalten vertraut zu machen, nicht von der Hand weisen. In diese Richtung scheint auch das inhaltliche Profil zu gehen, das sich die Bevölkerung von einem Religionsunterricht wünscht. So ergab eine Umfrage[863] des Allensbacher Instituts, daß lediglich 15%[864] der Deutschen in der Einübung der Glaubenspraxis eine zentrale Aufgabe des Religionsunterrichts erblicken[865]. Dessen wichtigste Funktion sahen die Befragten in der Schulung sozialen Denkens (64%). Von großer Bedeutung waren daneben das Üben von Toleranz (54%), die Vermittlung von Wissen über die eigenen Glaubensinhalte (52%) sowie die Information über andere Religionen und Glaubensrichtungen (50%).

---

862 Vgl. *Pieroth*, in: Jarass/Pieroth, Grundgesetz, Art. 7 Rn. 10; *Schmitt-Kammler*, in: Sachs, Grundgesetz, Art. 7 Rn. 52.

863 Die gestellte Frage lautete: „Was sind für Sie die wichtigsten Aufgaben des Religionsunterrichts, was sollte den Schülern vor allem dort vermittelt werden?"

864 In Westdeutschland waren es 16%, in Ostdeutschland dagegen nur 7%.

865 Vgl. Allensbacher Archiv, IfD-Umfrage 6050, Oktober 1997 (unveröff.).

Der Mainzer Religionspädagoge *Gert Otto* sieht in Anbetracht der größtenteils fehlenden religiösen Bindung der Schüler weder in den alten noch in den neuen Bundesländern eine echte Zukunftsperspektive für den herkömmlichen Religionsunterricht, dessen grundgesetzliche Gewährleistung einer völlig anderen bildungspolitischen Situation entspringe[866]. Einer angemessenen Fortentwicklung des Religionsunterrichts hin zu einer nicht durch die Kirchen normierten, sondern aus der Bildungsaufgabe der Schule heraus begründbaren Religionskunde steht nach Ansicht *Ottos* jedoch unüberwindbar das juristische Begriffsverständnis des Art. 7 Abs. 3 Satz 1 GG entgegen: „In der Auslegungsgeschichte von Art. 7 läßt sich auf juristischer Seite überwiegend eine Tendenz beobachten, die 'Übereinstimmung mit den Grundsätzen der Religionsgemeinschaften' im Sinne strenger lehrmäßiger konfessionell-kirchlicher Formulierung des schulischen Religionsunterrichts zu interpretieren, mehr oder weniger ohne Beachtung der didaktischen Reflexion, die Grundlage und Ansatz eines jeden Schulfaches zu sein hat. Die Theologie der Juristen hat offenbar ihr eigenes Gefälle."[867]

Ungeachtet der Streitfrage, ob der bekenntnisgebundene Religionsunterricht in der heutigen Schulausbildung tatsächlich einen „Anachronismus" darstellt, soll im folgenden der Problematik nachgegangen werden, ob die Verfassung einer Neudefinition des Religionsunterrichts i.S.v. Art. 7 Abs. 3 Satz 1 GG in Richtung einer bloßen Bekenntniskunde wirklich entgegensteht oder aber eine Öffnung für neue Unterrichtsinhalte erlaubt.

---

[866] *Otto*, EvKomm 1992, 31, 32: „Die Formulierung in Art. 7 ist fast wörtlich aus der Weimarer Reichsverfassung (Art. 149) übernommen. Das bedeutet, daß wir es mit einem Text zu tun haben, der über siebzig Jahre alt ist – mit einem Text also, der den Denk- und Urteilshorizont der frühen zwanziger Jahre dieses Jahrhunderts repräsentiert. Teil dieses Denkhorizontes ist damals noch immer die unausgesprochene Voraussetzung, daß tendenziell alle Schüler und ihre Eltern Christen sind, also einer der beiden Großkirchen angehören, und daß sich daher als organisierendes Prinzip das Nebeneinander von evangelischem und katholischem Religionsunterricht nahelegt."

[867] *Otto*, EvKomm 1992, 31, 32.

B. Konfessionsgebundenheit als verfassungsrechtliche Maßgabe?

I. Der verfassungsrechtliche Rahmenbegriff „Religionsunterricht“

Daß eine Entkonfessionalisierung des Religionsunterrichts möglich ist, könnte zunächst mit dem Argument bestritten werden, daß es sich bei dem Begriff „Religionsunterricht“ in Art. 7 Abs. 3 Satz 1 GG um einen Verfassungsterminus handelt, dessen Ausgestaltung und Definition nicht ausschließlich den Religionsgemeinschaften überantwortet ist[868]. Das Wort „Religionsunterricht“ in Art. 7 Abs. 3 Satz 1 GG hat *Karl Hermann Kästner* zutreffend als „Rahmenbegriff“ umschrieben: „Es finden sich im religionsbezogenen staatlichen Recht im weiten Umfang Rahmenbegriffe, welche inhaltlich auf das Selbstverständnis der jeweils betroffenen Kirche oder Religionsgemeinschaft Bezug nehmen. Doch müssen selbstverständlich auch Rahmenbegriffe in ihren äußeren Konturen umgrenzt sein, da Blankettnormen, welche tatbestandlich vollständig offen wären, keine adäquate Regelungsfunktion entfalten könnten. Im Falle einer Überschreitung ihres durch den Tatbestand definierten Normbereichs ist auch im Religionsrecht eine Vorschrift nicht mehr einschlägig. Wo diese Grenze verläuft, ist nicht nach den Vorstellungen der Interessenten zu ermitteln, sondern durch Auslegung der jeweiligen Norm nach den allgemeinen im staatlichen Rechtskreis lege artis anwendbaren Methoden. Wäre es anders, stünden also religionsbezogene Normen staatlichen Rechts unbegrenzt der Beliebigkeit der Begünstigten offen, so könnte in diesem Bereich von einer adäquaten Wahrnehmung der rechtsstaatlichen Ordnungsaufgabe nicht mehr die Rede sein.“[869]

Die Ausführungen *Kästners* machen deutlich, wie wenig sich allein mit dem Hinweis darauf, daß den Religionsgemeinschaften die Kompetenz zur vollständigen Revision des Begriffs Religionsunterricht aus rechtsstaatlichen Gründen nicht zukommen könne, die Zulässigkeit einer Entkonfessionalisierung widerlegen läßt. Denn trotz des von *Kästner* zutreffend beschriebenen unabänderlichen Begriffskerns hat der Verfassunggeber den Religionsgemeinschaften dadurch, daß er in Art. 7 Abs. 3 Satz 2 GG die inhaltliche Ausgestaltung des Religionsunterrichts unmittelbar an ihre Grundsätze gebunden hat, eine weitreichende Be-

---

[868] In diese Richtung argumentiert *Link*, in: Basse/Fischer/Link, Religionsunterricht im Spannungsfeld Staat/Kirche, S. 5, 13.

[869] *Kästner*, in: Marré/Schümmelfeder/Kämper, Essener Gespräche zum Thema Staat und Kirche 32 (1998), S. 61, 76 f.

fugnis zur Festlegung des Unterrichtsinhalts zuerkannt. Die Frage muß deshalb lauten, an welchem Punkt der den Religionsgemeinschaften vom Staat eröffnete Rahmen überschritten wird, der Unterricht also sein Gepräge als „Religionsunterricht" im verfassungsrechtlichen Sinne verlieren würde. *Kästner* ist beizupflichten, wenn er feststellt, daß die inhaltlichen Anforderungen an den Religionsunterricht nicht nach den Vorstellungen der Interessenten, also dem Selbstverständnis der Religionsgemeinschaften zu ermitteln seien, sondern durch Auslegung der jeweiligen Norm nach den allgemein im staatlichen Rechtskreis anwendbaren Methoden[870].

II. Zur Auslegung des Art. 7 Abs. 3 Satz 1 GG

1. Grammatikalische Auslegung

Ausgangspunkt einer Untersuchung der inhaltlichen Ausrichtung des Religionsunterrichts muß der Wortlaut des Art. 7 Abs. 3 Satz 1 GG sein, der den „Religionsunterricht" zum ordentlichen Lehrfach erklärt. Indem die Verfassung die Unterweisung in religiösen Dingen als „Unterricht" bezeichnet, bringt sie zum Ausdruck, daß es sich hierbei schwerpunktmäßig um ein die Vermittlung von Wissen bezweckendes Lehrfach handelt. Ein „Religionsunterricht", der sich auf das gemeinsame Gebet von Lehrern und Schülern bzw. auf die Pflege religiösen Liedguts beschränkt, wird daher den Anforderungen des Art. 7 Abs. 3 Satz 1 GG nicht mehr gerecht[871]. *Hartmut Maurer* konstatiert zu Recht: „Das Ziel des Reli-

---

[870] *Kästner*, a.a.O.

[871] In diesem Sinne auch *Mückl*, AöR 122 (1997), 513, 550; *Niehues*, Schul- und Prüfungsrecht, Band 1, Rn. 544; *Maurer*, FS Zacher (1998), S. 577, 579; *Schmitt-Kammler*, in: Sachs, Grundgesetz, Art. 7 Rn. 39; *Oebbecke*, DVBl. 1996, 336, 342: „Auf eine andere, bisher nicht praktisch gewordene und wohl deshalb wenig beachtete Bindung bei der Festlegung der Grundsätze für den Religionsunterricht hat das Bundesverwaltungsgericht schon 1973 in einer Nebenbemerkung hingewiesen. In der [...] Entscheidung über die Versetzungserheblichkeit der Note für den Religionsunterricht hat das Gericht gemeint, daß es mit der Zielsetzung des Art. 7 Abs. 3 Satz 1 GG, wonach Religionsunterricht integrierender Bestandteil der öffentlichen Schule sei, >> kaum vereinbar sein dürfte <<, diesen ausschließlich als >> Kirche in der Schule << zu verstehen. Dem ist zuzustimmen: Religionsunterricht muß eben Unterricht sein. Sicher ist damit keine enge Festlegung vollzogen; vor allem kommt eine Pflicht der Religionsgemeinschaften zum Nachvollzug aktueller pädagogischer Trends oder bestimmter pädagogischer Lehrmeinungen nicht in Betracht. Eine Religionsgemeinschaft dürfte den Religionsunterricht aber nicht ausschließlich auf gemeinsames Gebet oder Meditation beschränken, so legitim diese als Bestandteil des Religionsunterrichts auch sind." Ähnlich auch *Hilde-*

gionsunterrichts wird verfehlt, wenn er zur volksmissionarischen Erbauungsstunde oder zur unverbindlichen Plauderstunde über Gott und die Welt wird."[872] Das Wort „Religionsunterricht" veranschaulicht überdies, daß Unterrichtsgegenstand die jeweilige Religion zu sein hat. Der Religionsunterricht vermittelt den Schülern somit den Bekenntnisinhalt einer Religionsgemeinschaft. Aus dem Wort „Religionsunterricht" läßt sich allerdings eine spezifisch dogmatische Ausrichtung nicht ableiten. Der Begriff „Unterricht" impliziert lediglich eine „inhaltliche Unterweisung" bzw. „Anleitung". Ihm kann nicht entnommen werden, daß die Glaubenslehren der betreffenden Religionsgemeinschaft unter allen Umständen als apodiktische Glaubenswahrheiten dargestellt werden müßten.

Anderer Auffassung ist jedoch offenbar das Bundesverfassungsgericht, wenn es feststellt, daß die Grenze der sich für die Religionsgemeinschaften aus dem Übereinstimmungsgebot des Art. 7 Abs. 3 Satz 2 GG ergebenden Befugnis zur Inhaltsbestimmung durch den Verfassungsbegriff „Religionsunterricht" gezogen werde: „Auch wenn dieser Begriff nicht in jeder Hinsicht festgelegt ist, sondern wie der übrige Inhalt der Verfassung 'in die Zeit hinein offen' bleiben muß, um die Lösung von zeitbezogenen und damit wandelbaren Problemen zu gewährleisten, verbietet sich eine Veränderung des Fachs in seiner besonderen Prägung, also in seinem verfassungsrechtlich bestimmten Kern. *Deshalb wäre eine Gestaltung des Unterrichts als allgemeine Konfessionskunde vom Begriff des Religionsunterrichts nicht mehr gedeckt* und fiele daher auch nicht mehr unter die institutionelle Garantie des Art. 7 Abs. 3 Satz 1 GG. Andererseits kann das Verlangen, der Unterricht müsse ein 'dogmatischer' sein, zumindest heute nicht mehr so verstanden werden, daß er ausschließlich der Verkündigung und Glaubensunterweisung diene. Er wird vielmehr auch als ein auf Wissensvermittlung gerichtetes, an den höheren Schulen sogar wissenschaftliches Fach angesehen, das in die Lehre eines Bekenntnisses einführt, vergleichenden Hinweisen offenbleibt und zugleich Gelegenheit bietet, mit den Schülern grundsätzliche Lebensfragen zu erörtern. Seine Ausrichtung an den Glaubenssätzen der jeweiligen Konfession ist der unveräußerliche Rahmen, den die Verfassung vorgibt."[873]

Die grammatikalische Auslegung vermag die Schlußfolgerungen des Bundesverfassungsgerichts allerdings nicht zu tragen. Denn auch ein Unterricht, in dem religiöse Lehren nicht als verpflichtend dargestellt, sondern lediglich referiert werden, ließe sich sprachlich zwanglos unter den Terminus Religionsunterricht

---

brandt, Das Grundrecht auf Religionsunterricht, S. 194 f.: „Im Religionsunterricht haben auch Gebet, Meditation und religiöser Gesang als Formen traditioneller gemeinsamer Glaubensausübung ihren Platz, wenn sie auch gegenüber der Wissensvermittlung nicht überhand nehmen dürfen, wie im Wortteil 'Unterricht' deutlich zum Ausdruck kommt."

[872] *Maurer*, FS Zacher (1998), S. 577, 579.

[873] BVerfGE 74, 244, 252 f. (Hervorhebung nicht im Original).

subsumieren. Aus diesem Grund ist *Kästner* zuzustimmen, wenn er im Verlauf seines auf den 32. Essener Gesprächen gehaltenen Vortrags über „Religiöse Bildung und Erziehung in der öffentlichen Schule" zu dem Ergebnis gelangt, daß der Begriff des Religionsunterrichts isoliert gesehen durchaus mehrdeutig sei[874]. Der Wortlaut des Art. 7 Abs. 3 Satz 1 GG steht einer Entkonfessionalisierung des Religionsunterrichts somit nicht entgegen.

2. *Systematische und historische Interpretation*

a) Art. 7 Abs. 3 Satz 2 als „sedes materiae" der Bekenntnisgebundenheit

Zum Teil wird der dogmatische Charakter des Religionsunterrichts mit Hinweis darauf begründet, daß Art. 7 Abs. 3 Satz 2 GG die inhaltliche Übereinstimmung des Unterrichts mit den Grundsätzen der Religionsgemeinschaften verbindlich vorschreibt. Eine vergleichbare Vorschrift enthielt bereits Art. 149 WRV, dessen erster Absatz lautete: „Der Religionsunterricht ist ordentliches Lehrfach der Schulen mit Ausnahme der bekenntnisfreien (weltlichen) Schulen. Seine Erteilung wird im Rahmen der Schulgesetzgebung geregelt. Der Religionsunterricht wird in Übereinstimmung mit den Grundsätzen der betreffenden Religionsgesellschaft unbeschadet des Aufsichtsrechts des Staates erteilt."

Daß der Religionsunterricht „in Übereinstimmung mit den Grundsätzen der betreffenden Religionsgesellschaft" erteilt werden mußte, war für *Anschütz* ein Beleg für das Erfordernis „konfessioneller Positivität und Gebundenheit"[875]. Eine ähnliche Argumentationslinie verfolgt *Hildebrandt*, wenn sie die Bekenntnisgebundenheit des Religionsunterrichts aus Art. 7 Abs. 3 Satz 2 GG ableitet, weil durch diese Vorschrift die Bedeutungsvielfalt des Wortes „Religionsunterricht" in eine bestimmte Richtung (nämlich im Sinne von *Anschütz*) präzisiert werde[876]. Der Herleitung einer dogmatischen Prägung des Religionsunterrichts aus Art. 7 Abs. 3 Satz 2 GG ist jedoch zu widersprechen. Art. 7 Abs. 3 Satz 2 GG ordnet lediglich an, daß der Religionsunterricht in Übereinstimmung mit den Grundsätzen der Religionsgemeinschaften zu erteilen ist. Daraus folgt, daß

---

[874] Vgl. *Kästner*, in: Marré/Schümmelfeder/Kämper, Essener Gespräche zum Thema Staat und Kirche 32 (1998), S. 61, 78. Im Ergebnis ebenso *Hildebrandt*, Das Grundrecht auf Religionsunterricht, S. 60.

[875] *Anschütz*, Die Verfassung des Deutschen Reichs, Art. 149 Anm. 4.

[876] *Hildebrandt*, Das Grundrecht auf Religionsunterricht, S. 61.

grundsätzlich die Vorstellungen der Kirchen über Inhalt und Ziel der Lehrveranstaltung maßgeblich sind[877]. Sollten die Religionsgemeinschaften selbst eine Entkonfessionalisierung ihres Religionsunterrichts wünschen, stünde Art. 7 Abs. 3 Satz 2 GG einer solchen Neuorientierung bereits deshalb nicht entgegen, weil der religionskundlich angelegte Unterricht dann ja gerade den „neuen Grundsätzen" der betreffenden Religionsgemeinschaft entspräche. Aus dem in Art. 7 Abs. 3 Satz 2 GG statuierten Mitgestaltungs- bzw. Inhaltsbestimmungsrecht läßt sich daher kein Argument gegen eine Umgestaltung des Religionsunterrichts in Richtung einer den im Unterricht behandelten Bekenntnisinhalten eher distanziert gegenüberstehenden Konfessionskunde entnehmen. Dieser Gedanke findet sich darin bestätigt, daß Art. 7 Abs. 3 Satz 2 GG auch bei einem zur Konfessionskunde umgestalteten „Religionsunterricht" seinen Sinn nicht verlöre. Denn die Vorschrift weist den Religionsgemeinschaften bei der Auswahl der Religionslehrer wichtige Mitwirkungsbefugnisse zu. Diese Mitbestimmungsbefugnisse würden den Religionsgemeinschaften bei einem ausschließlich in staatlicher Verantwortung stehenden Religionskundeunterricht nicht zukommen, wenn man darin keinen Religionsunterricht in Art. 7 Abs. 3 Satz 1 GG erblicken wollte. Das Recht zur Auswahl des Lehrpersonals ist für die Religionsgemeinschaften bei einem auf bloße Wissensvermittlung reduzierten Religionsunterricht aber nicht weniger von Bedeutung als bei einem dogmatischen Unterricht, da hiervon unter Umständen die Authentizität der dargestellten Glaubensgrundsätze abhängen kann. Daneben behält das Mitbestimmungsrecht seine Bedeutung, weil von der Person des Lehrers die „Unparteilichkeit" der Konfessionskunde abhängen kann (einen distanziert-darstellenden „Religionsunterricht" zu erteilen, dürfte sich in der Praxis nämlich als sehr schwierig erweisen). Auch das in Art. 7 Abs. 3 Satz 3 GG verbürgte Recht der Lehrer, gegen ihren Willen nicht zur Erteilung von Religionsunterricht herangezogen zu werden, würde bei einer religionskundlichen Ausrichtung des Religionsunterrichts nicht seinen Sinn verlieren[878]. Die Teilnahme an einem Religionskundeunterricht, in dem Glaubenssätze nur kritisch distanziert und als allgemeines Bildungsgut referiert werden, kann von Lehrern und Schülern zwar nicht bereits wegen Art. 4 GG abgelehnt werden, da sich aus der Glaubensfreiheit kein Recht ergibt, im Rahmen der Schule von der darstellenden Vermittlung oder bloßen Kenntnisnahme der Lehren von Religionsgemeinschaften verschont zu bleiben[879]. Daß eine Befreiungsmöglichkeit von einem derartigen Unterricht gleichwohl nichts außergewöhnliches ist, zeigt ein Blick auf Art. 149 WRV. Nach Art. 149 Abs. 2 WRV blieb die Erteilung

---

[877] BVerfGE 74, 244, 252.

[878] Anders etwa *Kästner*, FS Link (2003), S. 301, 314.

[879] *Niehues*, Schul- und Prüfungsrecht, Band 1, Rn. 558, stellt daher zu Recht fest, daß „Art. 4 Abs. 1 und 2 [...] nur einen glaubens- und bekenntnisneutralen Ethikunterricht" gestatte.

„religiösen Unterrichts“ der Willenserklärung der Lehrer überlassen. Im Gegensatz zu Art. 149 Abs. 1 WRV und Art. 7 Abs. 3 Satz 3 GG fällt sofort die abweichende Begriffswahl auf: Nicht von „Religionsunterricht“, sondern vom „religiösen Unterricht“ ist hier die Rede. Daß es sich hierbei nicht um das Gleiche handeln sollte, wurde von *Landé* in seiner Monographie über „Die Schule in der Reichsverfassung“ ausdrücklich festgestellt: „Diese beiden Ausdrücke sollen offenbar grundsätzlich Verschiedenes besagen. Denn wenn derart in dem gleichen Artikel der Verfassung nach langen Verhandlungen um jede Einzelheit seiner Formulierungen an entscheidender Stelle zwei verschiedene Ausdrücke erscheinen, wird man Gleichheit des Begriffs nur annehmen dürfen, wenn die Absichtlichkeit verschiedener Formulierungen nicht nachweisbar ist.“[880] Von einer einheitlichen Bedeutung könne aber, so führt *Landé* aus, im Fall des „religiösen Unterrichts“ gemäß Art. 149 WRV nicht ausgegangen werden. Vielmehr lasse der „ungewöhnliche Ausdruck“[881] mit Blick auf die Entstehungsgeschichte nur den Schluß zu, daß im zweiten Absatz des Art. 149 WRV „in voller Absicht“[882] nicht vom Religionsunterricht, sondern vom religiösen Unterricht gesprochen werde. Dabei könne als Differenzierungskriterium nicht die Bezeichnung des Unterrichts ausschlaggebend sein, sondern allein dessen materieller Gehalt, der sich über den Grundgedanken des Art. 149 Abs. 2 WRV erschließe: „Die Idee der Bestimmung, wie die anderer Verfassungsbestimmungen [...], ist die, in religiösen Dingen jeden Zwang dem einzelnen gegenüber zu vermeiden – hier in der besonderen Anwendung, daß schon die staatlich statuierte Verpflichtung zur Erteilung oder zum Besuche des betreffenden Unterrichts einen solchen unzulässigen Zwang darstellen würde. Von diesem offenkundigen Grundgedanken der ganzen Verfassung wie des Art. 149 [scil. WRV] aus *wird man unter 'religiösen Unterricht' im Sinne der Befreiungsvorschrift des Abs. 2 alle die Unterrichtsgegenstände subsumieren müssen, die dem Inhalt nach sich mit Religion beschäftigen, oder die der Form nach 'dogmatischer Unterricht' in dem oben besprochenen Sinne sind.*“[883] Die Ausführungen *Landés* bringen deutlich zum Ausdruck, wie wenig der pauschale Hinweis, eine Abmeldungsmöglichkeit von einem religionskundlichen Unterricht sei „sinnlos“, zu überzeugen vermag. Ein Befreiungsrecht von jeglicher Form religiösen Unterrichts ist vielmehr verfassungsrechtlich durchaus denkbar – ob es verfassungspolitisch wünschenswert ist, darf an dieser Stelle nicht interessieren. Art. 7 Abs. 3 Satz 3 GG würde daher ebensowenig wie Art. 7 Abs. 3 Satz 2 GG seinen Sinn verlieren, wollte man Art. 7 Abs. 3 Satz 2 GG die Befugnis der Religionsgemeinschaften entnehmen, den

[880] *Landé*, Die Schule in der Reichsverfassung, S. 199.

[881] *Landé*, Die Schule in der Reichsverfassung, S. 199.

[882] *Landé*, a.a.O.

[883] *Landé*, Die Schule in der Reichsverfassung, S. 202 f. (Hervorhebung nicht im Original).

Religionsunterricht i.S.d. Art. 7 Abs. 3 Satz 1 GG in eine Religionskunde umzugestalten.

b) Art. 141 GG als Anhaltspunkt für die Bekenntnisgebundenheit des Religionsunterrichts

Von *Hildebrandt* ist das Erfordernis eines konfessionellen Elements im Religionsunterricht ferner mit Art. 141 GG begründet worden. Der Parlamentarische Rat habe mit Blick auf den „bekenntnismäßig nicht gebundene Unterricht in Biblischer Geschichte auf allgemein christlicher Grundlage" durch Art. 141 GG ausnahmsweise ein Abgehen von der Bekenntnisbindung zulassen wollen, um auf die besondere Bremer Tradition Rücksicht zu nehmen. *Hildebrandt* zieht daher den Schluß: „Daß eine solche Vorschrift für erforderlich gehalten wurde, erklärt sich nur daraus, daß bei den Beratungen des Parlamentarischen Rates allgemein davon ausgegangen wurde, daß der Religionsunterricht nach Art. 7 GG ein bekenntnisgeprägter sei, während Bremen an einem überkonfessionellen bzw. neutralen Unterricht in Biblischer Geschichte anstelle eines bekenntnisgebundenen Unterrichts festhalten wollte."[884]

Den Ausführungen *Hildebrandts* ist zuzustimmen. Gegen sie läßt sich auch nicht vorbringen, daß Art. 141 GG nicht nur auf die besondere Rechtslage in Bremen, sondern auch auf die von Art. 7 Abs. 3 Satz 1 GG abweichende Regelung in Berlin zur Anwendung gelangen sollte[885]. In Berlin wird der Religionsunterricht zwar im Auftrag und unter der Aufsicht der Kirchen erteilt, so daß Art. 141 GG dort zu einem Dispens von Art. 7 Abs. 3 Satz 1 GG führt, obwohl ein konfessioneller Religionsunterricht existiert. Hieraus kann jedoch nicht der Rückschluß gezogen werden, daß die Bremer Klausel nicht vor dem Hintergrund der konfessionellen Bindung des Religionsunterrichts entstanden wäre. Trotz der Bekenntnisbindung des Berliner Religionsunterrichts sollte Art. 141 GG in diesem Fall ein Abgehen von Art. 7 Abs. 3 Satz 1 GG ermöglichen, weil der in Berlin erteilte Religionsunterricht nicht in den Rang eines ordentlichen Lehrfachs erhoben worden war. Art. 141 GG statuiert somit, indem er die von ihm privilegierten Länder von der Geltung des gesamten Art. 7 Abs. 3 Satz 1 GG ausnimmt, nicht nur in bezug auf den Inhalt, d.h. die Bekenntnisgebunden-

[884] *Hildebrandt*, Das Grundrecht auf Religionsunterricht, S. 66; so schon *Ehlers*, Entkonfessionalisierung des Religionsunterrichts, S. 11; in diesem Sinne auch *Kästner*, FS Link (2003), S. 301, 314.

[885] Die Anwendbarkeit der „Bremer Klausel" auf Berlin ist heute einhellig anerkannt, vgl. etwa *Link*, in: Basse/Fischer/Link, Religionsunterricht im Spannungsfeld Staat/Kirche, S. 5, 8; *Pieroth*, in: Jarass/Pieroth, Grundgesetz, Art. 141 Rn. 1.

heit des „Religionsunterrichts“, sondern auch hinsichtlich der Wertigkeit des Religionsunterrichts im Fächerkanon einen Dispens. Während in Bremen Art. 141 GG zur Anwendung gelangen sollte, weil der dortige „Religionsunterricht“ keine bzw. eine überkonfessionelle Ausprägung besaß, wurde in Berlin auf die dortige schulorganisatorische Ausgestaltung Rücksicht genommen. Die Existenz des Art. 141 GG stellt folglich klar, daß es sich bei dem vom Parlamentarischen Rat in Art. 7 Abs. 3 Satz 1 GG garantierten Religionsunterricht um ein ordentliches Unterrichtsfach mit Bekenntnisbindung handeln sollte. Die Vorschrift würde zumindest teilweise (nämlich für Bremen) ihren Sinn verlieren, wenn ein religionskundlicher Unterricht ohnehin mit den Vorgaben des Art. 7 Abs. 3 GG im Einklang stünde.

c) Die Aufnahme des Art. 7 Abs. 3 Satz 1 GG in das Grundgesetz als Anknüpfungspunkt der Bekenntnisgebundenheit

Daß der Religionsunterricht sich nicht in einer neutralen religionskundlichen Unterweisung erschöpfen darf, sondern ein konfessionelles Element enthalten muß, folgt nach den Ausführungen *Hildebrandts* weiterhin aus der Erwähnung des Religionsunterrichts im Grundgesetz[886]. Ohne die Aufnahme des Art. 7 Abs. 3 Satz 1 GG in die Verfassung würde die Erteilung von Religionsunterricht an öffentlichen Schulen nämlich an dem sich aus der Zusammenschau von Art. 4 Abs. 1, 3 Abs. 3, 33 Abs. 3 GG sowie Art. 136 Abs. 1 und 4 und Art. 137 Abs. 1 WRV i.V.m. Art. 140 GG ergebenden Neutralitätsgebot scheitern: „Daß nun das Grundgesetz den Religionsunterricht ausdrücklich in den Lehrauftrag der öffentlichen Schulen mit hineinnimmt und damit wegen der Bindungswirkung der Verfassung zugleich auch die Gestaltungsbefugnis der Länder im Hinblick auf die zu etablierenden Unterrichtsfächer beschränkt, erklärt sich gerade daraus, daß der Religionsunterricht, wenn er ′in Übereinstimmung mit den Grundsätzen der Religionsgemeinschaften′ stattfindet, nicht neutral, sondern bekenntnisgebunden sein soll. Dies hat das Bundesverwaltungsgericht in seiner Entscheidung zur Versetzungserheblichkeit der Religionsnote auch deutlich ausgesprochen: ′Die ausdrückliche Erwähnung in der Verfassung war notwendig, um den Verfassungsgrundsatz der staatlichen Bekenntnisneutralität zu überwinden; dieses Verfassungsgebot konnte nur durch eine gleichrangige Regelung auf Verfassungsebene durchbrochen werden. Eine Einrichtung des Religionsunterrichts

[886] *Hildebrandt*, Das Grundrecht auf Religionsunterricht, S. 65.

allein durch Landesrecht oder einfaches Bundesrecht wäre wegen des Vorrangs der Verfassung nicht möglich gewesen.'"[887]

Wenn *Hildebrandt* ausführt, daß ein bekenntnisgebundener, vom Staat veranstalteter Religonsunterricht mit dem verfassungsrechtlichen Neutralitätsgebot nicht übereinstimmt, gerät ihr jedoch die besondere Ausgestaltung der Zusammenarbeit von Staat und Kirche im öffentlichen Schulwesen aus dem Blickfeld. Das staatskirchenrechtliche System des Grundgesetzes beruht auf den Prinzipen der Nichtidentifikation, der Parität sowie der Neutralität[888]. Der Religionsunterricht berührt jeden dieser Grundsätze, läuft aber keinem von ihnen zuwider. Art. 7 Abs. 3 Satz 1 GG öffnet die Schulen grundsätzlich für den Religionsunterricht aller Religions- und Weltanschauungsgemeinschaften, so daß ein Paritätsproblem ausscheidet. Denn unter Parität versteht man die „rechtliche Gleichordnung und Gleichbehandlung aller Staatsbürger ohne Rücksicht auf ihr weltanschauliches oder religiöses Bekenntnis."[889] Es handelt sich hierbei also in gewisser Weise um einen spezifisch „staatskirchenrechtlichen Gleichheitssatz"[890]. Unbedenklich erscheint auch die Vereinbarkeit des Religionsunterrichts mit dem Grundsatz der Nichtidentifikation. Dieser Grundsatz besagt, daß es dem Staat von Verfassungs wegen untersagt ist, sich eine bestimmte religiöse Überzeugung zu eigen zu machen[891]: „Legt sich nämlich der Staat auf einen materiellen Gehalt fest, dann bewirkt diese Festlegung, daß seine Bürger eine Möglichkeit der Wahl in demjenigen Bereich nicht mehr haben, dem dieser Gehalt angehört. [...] Identifikation auf Seiten des Staates erweist sich damit als gleichbedeutend mit Unfreiheit auf Seiten des Bürgers"[892]. Da der Religionsunterricht grundsätzlich allen Religionsgemeinschaften offensteht, kann nicht die Rede davon sein, daß der Staat sich mit einer bestimmten Religionsgemeinschaft identifizieren bzw. sich deren Glaubensinhalte zu eigen machen würde.

Die in Art. 7 Abs. 3 Satz 1 und 2 GG enthaltene Garantie des Religionsunterrichts verstößt auch nicht gegen den Grundsatz der Neutralität. Der Neutralitätsgrundsatz legt dem Staat die Verpflichtung auf, sich in weltanschaulichen Fra-

---

[887] *Hildebrandt*, Das Grundrecht auf Religionsunterricht, S. 65. Daß es sich beim Religionsunterricht um eine Durchbrechung der staatlichen Bekenntnisneutralität handelt, wird ebenfalls vertreten von BVerwGE 42, 346, 348; *Renck*, BayVBl. 1992, 519; *Kimms/Schlünder*, Verfassungsrecht II, § 14 Rn. 2.

[888] *von Campenhausen*, Staatskirchenrecht, S. 421.

[889] *Jeand'Heur/Korioth*, Grundzüge des Staatskirchenrechts, Rn. 168.

[890] *Jeand'Heur/Korioth*, Grundzüge des Staatskirchenrechts, a.a.O.

[891] *von Campenhausen*, Staatskirchenrecht, S. 421 f.

[892] *Krüger*, Allgemeine Staatslehre, S. 181, zitiert auch bei *von Campenhausen*, Staatskirchenrecht, S. 421.

gen des Urteils und der Parteinahme zu enthalten[893]. Das Neutralitätsgebot darf aber nicht aus einem der Religion distanziert gegenüberstehenden Vorverständnis heraus in dem Sinne mißverstanden werden, daß es den Staat „zur Ignorierung weltanschaulicher Tatsachen nötigen würde“[894]. Eine Rechtsordnung, die dem einzelnen die Gelegenheit bietet, seinen „religiös-weltanschaulichen Überzeugungen auch im öffentlichen Leben soweit wie möglich Geltung zu verschaffen“, wird dem Neutralitätsprinzip keineswegs untreu[895]. Auch durch die in Art. 7 Abs. 3 GG getroffene Regelung ergreift der weltanschaulich neutrale Staat nicht in Fragen der Religiosität Partei. Hierfür könnte zwar sprechen, daß in einem bekenntnisgebundenen Unterricht *an staatlichen Schulen* Glaubenssätze als verbindliche Wahrheiten vermittelt werden. Da der Staat Veranstalter des Religionsunterrichts ist und die Unterrichtsstunden durch staatliches Lehrpersonal abgehalten werden, könnten ihm die an seinen Schulen vermittelten Inhalte zuzuordnen sein, so daß der Grundsatz der Neutralität tangiert wäre. Eine derartige Betrachtungsweise blendet aber das Normprogramm des Art. 7 Abs. 3 Satz 2 GG aus der Betrachtung aus. Denn diese Vorschrift stellt – zumindest was die Grundsätze der jeweiligen Religionsgemeinschaft anbelangt – den Staat von der Verantwortung für die inhaltliche Gestaltung des Religionsunterrichts frei[896]. Nicht staatliche Stellen definieren die Grundsätze der Religionsgemeinschaften und übernehmen damit Verantwortung für deren Richtigkeit, Vollständigkeit und Verbindlichkeit. Die Befugnis zur Festlegung der im Religionsunterricht dargebotenen Inhalte liegt vielmehr bei den Religionsgemeinschaften, die im Prinzip frei sind darüber zu entscheiden, wie sie ihre Grundsätze definieren wollen. Die Definitionskompetenz hinsichtlich ihrer Glaubensgrundsätze gehört in den Binnenbereich der jeweiligen Religionsgemeinschaft, auf den Einfluß zu nehmen dem Staat verwehrt ist[897]. Wenn Art. 7 Abs. 3 Satz 2 GG die Verantwortung für die im Religionsunterricht angesprochenen Unterrichtsinhalte den Religionsgemeinschaften auferlegt, kann aber schwerlich davon gesprochen werden, der Staat trete durch den Religionsunterricht in Widerspruch zum Neu-

---

[893] *von Campenhausen*, Staatskirchenrecht, S. 422.

[894] Vgl. *von Campenhausen*, Staatskirchenrecht, a.a.O.

[895] Vgl. *von Campenhausen*, Staatskirchenrecht, a.a.O.

[896] Vgl. *Uhle*, DÖV 1997, 409, 412; *Maurer*, FS Zacher (1998), S. 577, 583: „Die religiös-weltanschauliche Neutralität des Staates wird dadurch gewährleistet, daß alle relevanten Religionsgemeinschaften Zugang erhalten. [...] Da der Religionsunterricht für alle relevanten Bekenntnisse offen ist und durch deren Grundsätze inhaltlich bestimmt wird, identifiziert sich der Staat gerade nicht mit einer bestimmten Lehre.“

[897] Vgl. *Maurer*, FS Zacher (1998), S. 577, 579: „Da der säkulare Staat in religiöser Hinsicht keine sachlichen Kompetenzen besitzt, kann er zwar die äußeren Voraussetzungen und den Rahmen des Religionsunterrichts, nicht aber seinen Inhalt, d.h. das, was gelehrt werden soll, bestimmen.“

tralitätsprinzip. Der Staat ist beim Religionsunterricht durch sein Lehrpersonal nur als „Sprachrohr der Religionsgemeinschaften“ tätig. Weil nicht der Staat, sondern die jeweilige Religionsgemeinschaft die im Religionsunterricht vertretene Position sich als eigenes Glaubensgut zurechnen lassen muß, bringt Art. 7 Abs. 3 Satz 2 GG gerade die „Distanz“ des Staates zu den Inhalten des Religionsunterrichts deutlich zum Ausdruck.

An dieser Beurteilung vermag auch die in Art. 7 Abs. 3 Satz 2 GG enthaltene Regelung nichts zu ändern, daß der Religionsunterricht „unbeschadet des staatlichen Aufsichtsrechts“ erteilt wird. Denn diese Bestimmung hat nicht etwa zur Folge, daß sich der Staat die im Religionsunterricht vermittelten Grundsätze nach vorheriger Prüfung ihrer Vereinbarkeit mit den Maßgaben des Grundgesetzes zu eigen machen würde. Art. 7 Abs. 3 Satz 2 GG setzt der Definitionskompetenz der Religionsgemeinschaften, soweit sie hierdurch in den staatlichen Raum einwirken, lediglich eine äußerste Grenze. Die Funktion des Staates ist beim Religionsunterricht ganz auf die Aufgabe der „Verwaltung der Freiheit“[898] reduziert. Die in bezug auf den Religionsunterricht staatlicherseits bestehenden administrativ-organisatorischen und finanziellen Verpflichtungen, von *Heckel* plastisch als „weltliche Intendaturfunktionen“ bezeichnet[899], haben daher ebensowenig wie die aufsichtsrechtliche Verantwortung die Identifikation mit einer bestimmten Religion zur Folge[900]. Der Religionsunterricht läuft dem Neutralitätsgebot aus diesem Grund nicht zuwider[901].

Dieses Ergebnis wird bestätigt, wenn man sich die Konsequenzen vor Augen hält, die sich aus dem Fehlverständnis, es handele sich bei Art. 7 Abs. 3 Satz 1 GG um eine Ausnahmevorschrift zum Neutralitätsprinzip, im Hinblick auf die durch Art. 141 GG von der Verpflichtung zur Einrichtung von Religionsunterricht dispensierten Länder ergäben. Ein Bundesland, in dem Art. 7 Abs. 3 Satz 1 GG wegen Art. 141 GG nicht zur Anwendung käme, wäre unter Zugrundelegung der Einschätzung *Hildebrands* nämlich angesichts der staatlichen Neutralitätspflicht daran gehindert, an seinen Schulen Religionsunterricht einzuführen[902]. Diese Einengung des gesetzgeberischen Gestaltungsspielraums vermag in

---

898 *Link*, in: Basse/Fischer/Link, Religionsunterricht im Spannungsfeld Staat/Kirche, S. 5, 18.

899 Vgl. *Heckel*, JZ 1999, 741, 744.

900 Vgl. *Uhle*, DÖV 1997, 409, 413.

901 I.E. ebenso *Mehrle*, NVwZ 1999, 740, 741, der in bezug auf Art. 7 Abs. 2 und 3 GG von einem mustergültigen „Staatskirchenrecht im Kleinen“ spricht.

902 Vgl. *Renck*, LKV 1997, 81, 83 f.: „Nimmt Art. 141 GG Brandenburg aus dem Geltungsbereich von Art. 7 III GG heraus, so ist damit ein staatlicher Religionsunterricht in diesem Lande bei dieser Verfassungslage schlechthin ausgeschlossen. Es steht daneben dem Landesgesetzgeber, entgegen mancher Annahme, nicht einmal frei, von sich aus einen solchen Bekenntnisunterricht einzuführen.“

Anbetracht des mit der Bremer Klausel verfolgten Zwecks kaum zu überzeugen. Der Parlamentarische Rat wollte mit Art. 141 GG die Streitigkeiten über die Stellung des Religionsunterrichts im Fächerkanon schlichten und bestimmten Ländern ein Abweichen von Art. 7 Abs. 3 Satz 1 GG ermöglichen. Art. 141 GG hat also den Zweck, auf landesrechtliche Sonderregelungen Rücksicht zu nehmen und deren Aufrechterhaltung auch unter der Geltung des Grundgesetzes zu ermöglichen. Die Vorschrift sollte die Gestaltungsfreiheit des Landesgesetzgebers erweitern und nicht etwa einschränken. Demgegenüber kann, auch wenn Art. 141 GG es erlaubt, eine von Art. 7 Abs. 3 Satz 1 GG abweichende Regelung zu treffen, nicht davon ausgegangen werden, daß durch das Zusammenspiel von Bremer Klausel und Neutralitätsgebot für von Art. 7 Abs. 3 Satz 1 GG divergierende Regelungen eine Art „Bestandsgarantie“ abgegeben werden sollte. Hierfür spricht auch eine Erklärung des Abg. *von Brentano*, der im Parlamentarischen Rat zur Auslegung des Art. 142 GG (später Art. 141 GG) anmerkte: „Als Berichterstatter habe ich zu Art. 142 folgende Erläuterung zu geben: Unter einer landesrechtlichen Regelung in einem Lande im Sinne dieses Artikels ist nicht nur eine einheitliche Regelung zu verstehen, sondern es kann sich auch um eine differenzierte Regelung handeln. *Im Wege der Landesgesetzgebung kann nach diesem Artikel der Religionsunterricht auch dort, wo er am 1. Januar 1949 nicht ordentliches Lehrfach war, zum ordentlichen Lehrfach erklärt werden.* Diese so getroffene Regelung kann im Wege der Landesgesetzgebung wieder geändert werden“[903].

Als Ergebnis bleibt festzuhalten, daß der Religionsunterricht nicht im Widerspruch zum Neutralitätsgebot steht. Selbst wenn das Grundgesetz keine Regelung zum Religionsunterricht enthielte, wäre eine Art. 7 Abs. 3 GG entsprechende einfachgesetzliche Regelung verfassungsgemäß[904]. Die Aufnahme der Gewährleistung des Religionsunterrichts in die Verfassung gibt deshalb über dessen inhaltliche Prägung keine Auskunft. Sie vermag insbesondere nicht zu belegen, daß ein religionskundlicher Unterricht nicht mehr in den Schutzbereich des Art. 7 Abs. 3 Satz 1 GG fiele.

---

903 Abg. *von Brentano* (CDU), Stenographische Berichte des Parlamentarischen Rates, Sitzung vom 6. Mai 1949, S. 192 (Hervorhebung nicht im Original).

904 Vgl. *Mehrle*, Trennung vom Staat – Mitarbeit in kirchlichen Institutionen, S. 245.

d) Der Grundrechtscharakter des Art. 7 Abs. 3 Satz 1 GG als Anhaltspunkt für die Zulässigkeit einer Entkonfessionalisierung?

Die Zulässigkeit einer Transformation des Religionsunterrichts in eine Weltanschauungskunde könnte weiterhin damit begründet werden, daß Art. 7 Abs. 3 Satz 1 GG ein Grundrecht enthält[905]. Insoweit ließe sich geltend machen, daß es den Religionsgemeinschaften, die ja schließlich Träger des Grundrechts auf Religionsunterricht sind, freistehe, auf den konfessionellen Teil des Religionsunterrichts zu verzichten.

Auch wenn es sich bei Art. 7 Abs. 3 Satz 1 GG nicht nur um eine institutionelle Garantie, sondern zugleich um ein Grundrecht der Religionsgemeinschaften handelt, ergibt sich allein hieraus jedoch kein Argument dafür, die konfessionelle Komponente des Religionsunterrichts für disponibel zu erklären. Es ist zwar richtig, daß es den Kirchen freisteht, dem Religionsunterricht eine rein weltanschauungskundliche Prägung zu geben. Ein um seine kerygmatischen Elemente beraubter „Religionsunterricht" wäre aber nicht mehr vom Schutzbereich des Art. 7 Abs. 3 Satz 1 GG erfaßt. Natürlich kann niemand die Religionsgemeinschaften dazu zwingen, an der Bekenntnisgebundenheit des Religionsunterrichts festzuhalten. Sollte es jedoch zu einer Entkonfessionalisierung des Religionsunterrichts kommen, unterfiele dieser Unterricht nicht mehr dem besonderen Schutz des Art. 7 Abs. 3 Satz 1 GG. Er ließe sich dann ohne weiteres durch den Landesgesetzgeber abschaffen. Der Rechtsnatur des Art. 7 Abs. 3 Satz 1 GG als Grundrecht läßt sich somit kein Argument für die Möglichkeit einer Entkonfessionalisierung des Religionsunterrichts entnehmen, ohne daß es für einen derartig modifizierten Unterricht zum Verlust des besonderen verfassungsrechtlichen Schutzes kommen würde.

3. Teleologische Interpretation

Das Erfordernis der Konfessionalität des Religionsunterrichts ergibt sich schließlich aus dem Normzweck des Art. 7 Abs. 3 GG. Der Religionsunterricht wurde vom Parlamentarischen Rat an die Grundsätze der Religionsgemeinschaften gebunden, weil einerseits die Bedeutung einer weltanschaulichen Erziehung sehr hoch eingeschätzt wurde, andererseits aber ein in der Hand des Staates liegender Weltanschauungsunterricht wegen der Gefahr etwaiger staatli-

---

[905] Eine derartige Argumentation wird von *Ehlers*, Entkonfessionalisierung des Religionsunterrichts, S. 36, in Betracht gezogen, letztlich aber zu Recht verworfen.

cher Totalitätsansprüche vermieden werden sollte. Das staatskirchenrechtliche Neutralitätsprinzip erlaubt einen Religions- und Weltanschauungsunterricht deshalb nur unter der Voraussetzung, daß die Inhalte nicht vom Staat, sondern von den Weltanschauungs- und Religionsgemeinschaften bestimmt werden. Dagegen ist dem Staat die Einrichtung einer bloß auf Wissensvermittlung ausgerichteten Religions- bzw. Weltanschauungskunde ohne Mitwirkung der Religionsgemeinschaften möglich. Angesichts des Umstandes, daß einem solchen Unterricht nicht dasselbe erzieherische Potenzial zukommt (hier fehlt es nämlich an transzendent begründeten sittlichen Postulaten), besteht auf seiten des Staates an einer bloßen Religionskunde, deren Inhalte durch die Religionsgemeinschaften über Art. 7 Abs. 3 Satz 2 GG festgelegt werden, ein deutlich geringeres Interesse als an einem traditionellen Religionsunterricht. Sollten die Religionsgemeinschaften den Religionsunterricht in einen nur noch auf Wissensvermittlung ausgerichteten Unterricht umgestalten, würden sie ihre Mitwirkung an der Schulerziehung letztlich entbehrlich machen: Einen Religionskunde-, Ethik- oder Philosophieunterricht ist der Staat nämlich auch ohne die Mitwirkung der Religionsgemeinschaften einzurichten imstande. Die Zusammenarbeit des Staates mit den Religionsgemeinschaften, die in Art. 7 Abs. 3 GG statuiert wird, macht daher nur Sinn, wenn es sich bei dem Religionsunterricht i.S.d. Art. 7 Abs. 3 Satz 1 GG um einen Unterricht mit Bekenntnisbindung handelt. Der Sinn und Zweck der Einbeziehung des Religionsunterrichts in die Schulerziehung läßt demnach keine andere Auslegung zu, als daß Bestandteil dieses Unterrichts zumindest auch die Vermittlung von Glaubenswahrheiten in einer Form sein muß, bei der diese nicht in Frage gestellt, sondern als verbindliches Glaubensgut präsentiert werden.

4. Ergebnis

Ein Religionsunterricht, der seine konfessionelle Positivität und Gebundenheit eingebüßt hat, unterfällt nicht mehr dem besonderen verfassungsrechtlichen Schutz des Art. 7 Abs. 3 Satz 1 GG.

Achter Teil
Zusammenfassung

Die vorliegende Arbeit setzt sich mit der Frage auseinander, ob Art. 7 Abs. 3 Satz 1 GG auf dem Gebiet der neuen Bundesländer, insbesondere im Bundesland Brandenburg, aufgrund eines Verfassungswandels außer Kraft getreten ist. Im Verlauf der Untersuchung wurden folgende Ergebnisse erzielt:

1. Art. 141 GG ist auf die neuen Bundesländer nicht anwendbar.

Die Anwendbarkeit des Art. 141 GG auf die neuen Bundesländer mußte diskutiert werden, weil ein geltungsbeendigender Verfassungswandel ins Leere greifen würde, wenn Art. 7 Abs. 3 Satz 1 GG ohnehin in Ostdeutschland keine Rechtswirkungen entfalten würde. Gegen die Einschlägigkeit der Bremer Klausel sprach zunächst die grammatikalische Interpretation, weil der Begriff „Land" in anderen Verfassungsbestimmungen überwiegend zur Kennzeichnung von Staaten als Rechtssubjekten verwendet wird. Da die im Zuge der Wiedervereinigung auf dem Gebiet der ehemaligen DDR gegründeten Länder nicht mit den sowjetzonalen Ländern identisch sind, fehlt es an der für Art. 141 GG erforderlichen Rechtssubjektsidentität. Dieses Ergebnis wurde durch die historische Auslegung bestätigt: Der Parlamentarische Rat wollte durch Art. 141 GG die in der SBZ rechtsstaatswidrig zustande gekommenen Regelungen zum Religionsunterricht nicht verfassungsrechtlich absichern. Auch die teleologische Auslegung widersprach einer Anwendung des Art. 141 GG auf die neuen Bundesländer. Die Vorschrift sollte nämlich Einwände einiger bei den Verhandlungen im Parlamentarischen Rat vertretener Bundesländer ausräumen, so daß ihre Geltungserstreckung auf die SBZ nicht zur Rede stand. Schließlich deutet die systematische Stellung des Art. 141 GG auf die Unanwendbarkeit der Norm für die neuen Bundesländer hin. Vor dem Hintergrund, daß die Vorschrift den im Grundrechtsteil plazierten Art. 7 Abs. 3 Satz 1 GG einschränkt, ist eine restriktive Auslegung geboten.

2. Einen normvernichtenden Verfassungswandel kann es bei Grundrechten nicht geben.

Ein Verfassungswandel, der Art. 7 Abs. 3 Satz 1 GG außer Kraft setzt, kommt nicht in Betracht, wenn es sich bei dieser Norm um ein Grundrecht handelt. Daß es infolge eines Verfassungswandels zu einer veränderten Auslegung kommen kann, ist zwar auch bei Grundrechten nicht ausgeschlossen. Eine Normgeltungsbeendigung kann bei einem Grundrecht aber nicht dadurch eintreten, daß eine Mehrheit der Grundrechtsberechtigten von dem durch das Grundrecht gewährten Freiraum keinen Gebrauch mehr macht. Hierdurch würde die Funktion der Grundrechte als Instrument des Minderheitenschutzes ausgehebelt.

3. Art. 7 Abs. 3 Satz 1 GG enthält ein Grundrecht der Religionsgemeinschaften.

Der Zusammenhang des Art. 7 Abs. 3 Satz 1 GG zu Art. 7 Abs. 3 Satz 2 GG macht deutlich, daß die Religionsgemeinschaften zum Sachwalter des weltanschaulichen Unterrichts an den Schulen bestellt wurden. Mit diesem Angebot zur Mitwirkung an der Ausgestaltung der Schulerziehung wäre es unvereinbar, wenn die Religionsgemeinschaften die ihnen zugewiesene Rechtsposition nicht einklagen könnten. Art. 7 Abs. 3 Satz 1 GG beinhaltet allerdings kein Grundrecht der Schüler und Erziehungsberechtigten. Insbesondere läßt sich aus der inhaltlichen Nähe dieser Vorschrift zu Art. 4 GG kein Grundrecht auf Religionsunterricht ableiten.

4. Die früher zum Verfassungswandel vertretenen Theorien sind nicht auf die Verfassungsordnung des Grundgesetzes übertragbar.

Ein Rückgriff auf das Begriffsverständnis *Labands* schied wegen des in Art. 79 Abs. 1 Satz 1 GG vorgesehenen Ausschlusses von Verfassungsdurchbrechungen sowie der Existenz einer Verfassungsgerichtsbarkeit aus, deren Aufgabe es ist, die normative Kraft der Verfassung zu schützen. Der Ansatz von *Hsü Dau-Lin* mußte abgelehnt werden, weil er mangels tauglicher Kriterien zur Eingrenzung des Verfassungswandels eine Aushöhlung der Verfassungsgeltung ermöglicht hätte. Schließlich konnte die als Normqualität des Faktischen verstandene Lehre von der normativen Kraft des Faktischen *Jellineks* nicht zur Begründung eines normgeltungsbeendigenden Verfassungswandels herangezogen werden. Eine Staatsrechtslehre, die verfassungswidrige Zustände als verfassungsgemäß anerkennt, wenn die maßgeblichen Verfassungsorgane sie zu akzeptieren bereit sind, ist mit dem Geltungsanspruch des Grundgesetzes nicht vereinbar.

5. Eine die Geltung von Normen beseitigende Normobsoleszenz ist nicht anzuerkennen, so daß Art. 7 Abs. 3 Satz 1 GG trotz der veränderten religionssoziologischen Situation in den nicht durch Art. 141 GG dispensierten Ländern fortgilt.

Ein Außerkrafttreten von Normen infolge einer „völligen Veränderung der Normsituation“ widerspricht dem Demokratieprinzip, dem Gewaltenteilungsgrundsatz sowie dem Rechtsstaatsprinzip. Ein Unwirksamwerden von Normen kann sich allerdings aus einem durch die faktische Entwicklung eintretenden Widerspruch zu höherrangigem Recht ergeben. Da es bei Verfassungsnormen an dieser Möglichkeit mangelt, kommt das von *Renck* postulierte Außerkrafttreten des Art. 7 Abs. 3 Satz 1 GG nicht in Betracht.

6. Ein entkonfessionalisierter Religionsunterricht würde nicht an der Schutzwirkung des Art. 7 Abs. 3 Satz 1 GG teilhaben.

Obwohl eine Entkonfessionalisierung des Religionsunterrichts das Übereinstimmungsgebot in Art. 7 Abs. 3 Satz 2 GG nicht eines sinnvollen Regelungszwecks berauben würde und die Wortlautauslegung auch die Subsumtion einer Religionskunde unter den Begriff des Religionsunterrichts erlaubt, ist es mit dem Normzweck des Art. 7 Abs. 3 Satz 1 GG unvereinbar, von dieser Vorschrift auch eine religionskundliche Unterweisung als erfaßt anzusehen. Es muß nämlich berücksichtigt werden, daß der Religionsunterricht in der schulischen Ausbildung insoweit eine Besonderheit darstellt, als es sich bei ihm um einen weltanschaulich gebundenen Unterricht handelt. Für die Erteilung eines derartigen Unterrichts ist der weltanschaulich neutrale Staat grundsätzlich unzuständig. Aus diesem Grund sieht Art. 7 Abs. 3 Satz 2 GG die Mitwirkung der Religionsgemeinschaften am Religionsunterricht vor und entbindet den Staat zugleich von der Verantwortung für die im Religionsunterricht vermittelten Inhalte. Einen ausschließlich religionskundlichen Unterricht wäre der Staat auch ohne die Mitwirkung der Religionsgemeinschaften zu erteilen imstande, weil dieser nicht im Widerspruch zum Neutralitätsgebot steht. Da Art. 7 Abs. 3 Satz 1 GG gerade das Interesse des Staates an einer weltanschaulich gebundenen Erziehung zum Ausdruck bringt, würde eine Entkonfessionalisierung des Religionsunterrichts das mit dieser Norm verfolgte Konzept einer dem inhaltlichen Zugriff des Staates entzogenen Erziehung in religiöser Positivität und Gebundenheit zunichte machen.

Literaturverzeichnis

Albert, Hans-Peter: Der Staat als 'Handlungssubjekt', Interpretation und Kritik der Staatslehre Georg Jellineks, Heidelberg 1988.

Anger, Thorsten: Die Einführung des Unterrichtsfaches „LER" in Brandenburg – ein Paradigmenwechsel im Deutschen Staatskirchenrecht?, http:\\www.uni.tuebingen.de/ Kirchenrecht/nomokanon/abhandlung2.htm.

Anschütz, Gerhard: Die Verfassung des Deutschen Reichs vom 11. August 1919, Wissenschaftliche Buchgesellschaft Darmstadt, Unveränderter fotomechanischer Nachdruck der 14. Auflage, erschienen im Verlag Georg Silke, Berlin 1932.

Arndt, Adolf Verfassung des Deutschen Reichs, 2. Auflage, Berlin 1902

Badura, Peter: Der Sozialstaat, DÖV 1989, 491 ff.

ders.: Die parlamentarische Demokratie, in: Isensee/Kirchhof (Hrsg.), Handbuch des Staatsrechts der Bundesrepublik Deutschland, Band I, Grundlagen von Staat und Verfassung, Heidelberg 1987, § 23, S. 953 ff.

ders.: Verfassungsänderung, Verfassungswandel, Verfassungsgewohnheitsrecht, in: Handbuch des Staatsrechts der Bundesrepublik Deutschland, Band VII, Normativität und Schutz der Verfassung – Internationale Beziehungen, Heidelberg 1992, § 160, S. 57 ff.

Badura, Peter/ Starck, Christian: Verfassungsbeschwerde, in: Konrad-Adenauer-Stiftung, Religionsunterricht in den Schulen, Der Streit um das Fach LER in Brandenburg – ein Beispiel für die Auseinandersetzung um das Verhältnis von Staat und Religion mit einem Ausblick auf Nordrhein-Westfalen, 2. Auflage, Sankt Augustin 1998, S. 71 ff.

Baldus, Manfred: Zur Baulast der politischen Gemeinden an Kirchengebäuden in Nordrhein-Westfalen, JR 1970, 52 ff.

Baumeister, Peter: Das Rechtswidrigwerden von Normen, Eine rechtsdogmatische Untersuchung zu den Grenzen der Wirksamkeit und Anwendbarkeit von Normen – Probleme des Spannungsverhältnisses von Recht und Zeit, Berlin 1996.

ders.: Rechtswidrigwerden statt Funktionslosigkeit von Bebauungsplänen, GewArch 1996, 318 ff.

Bayer, Detlef Die Konstituierung der neuen Bundesländer Brandenburg, Mecklenburg-Vorpommern, Sachsen, Sachsen-Anhalt und Thüringen, DVBl. 1991, 1014 ff.

Benda, Ernst: Wirklich Götterdämmerung in Karlsruhe?, NJW 1995, 2470 f.

Berg, Wilfried: Staatsrecht, Grundriß des Staatsorganisationsrechts und der Grundrechte, 2. Auflage, Stuttgart, München, Hannover, Berlin, Weimar, Dresden 1997.

Bilfinger, Carl: Der Reichssparkommissar, Berlin, Leipzig 1928.

ders.: Verfassungsumgehung, Betrachtungen zur Auslegung der Weimarer Verfassung, AöR NF. 11 (1926), 163 ff.

Blanke, Hermann-Josef Vertrauensschutz im deutschen und europäischen Verwaltungsrecht, Tübingen 2000.

Blau, Klaus: Bedeutung und Probleme der Privatschulfreiheit, JA 1984, 463 ff.

Böckenförde, Ernst Wolfgang: Anmerkungen zum Begriff Verfassungswandel, in: Wege und Verfahren des Verfassungslebens, Festschrift zum 65. Geburtstag von Peter Lerche, hrsg. von Peter Badura und Rupert Scholz, München 1993, S. 3 ff.

ders.: Demokratie als Verfassungsprinzip, in: Isensee/Kirchhof (Hrsg.), Handbuch des Staatsrechts der Bundesrepublik Deutschland, Band I, Grundlagen von Staat und Verfassung, Heidelberg 1987, § 22, S. 887 ff.

ders.: Der deutsche Katholizismus im Jahre 1933, Eine kritische Betrachtung (1961), in: ders., Der deutsche Katholizismus im Jahre 1933, Kirche und demokratisches Ethos, Schriften zu Staat, Gesellschaft, Kirche, Band 1, Freiburg, Basel, Wien 1988.

ders.: Die Entstehung des Staates als Vorgang der Säkularisation, in: ders., Recht, Staat, Freiheit, Studien zur Rechtsphilosophie, Staatstheorie und Verfassungsgeschichte, 1. Auflage, Frankfurt/Main 1991, S. 92 ff.

ders.: Geschichtliche Entwicklung und Bedeutungswandel der Verfassung, JA 1984, 325 ff.

Boese, Thomas: Die Entwicklung des Staatskirchenrechts in der DDR von 1945 bis 1989, Unter besonderer Berücksichtigung des Verhältnisses von Staat, Schule und Kirche, Baden-Baden 1994.

Bornhak, Conrad: Wandlungen der Reichsverfassung, AöR 26 (1910), 373 ff.

Braas, Gerhard: Die Entstehung der Landesverfassungen in der Sowjetischen Besatzungszone Deutschlands 1946/47, Köln 1987.

Bracher, Karl Dietrich: Die Auflösung der Weimarer Republik. Eine Studie zum Problem des Machtverfalls in der Demokratie, 5. Auflage, Villingen 1978.

Brenner, Michael: Grundrechtsschranken und Verwirkung von Grundrechten, DÖV 1995, 60 ff.

von Brünnek, Alexander: Die Justiz im deutschen Faschismus, KJ 1970, 21 ff.

Bucher, Peter (Bearb.): Der Parlamentarische Rat 1948-1949, Akten und Protokolle, Band 2, Der Verfassungskonvent auf Herrenchiemsee, hrsg. vom Deutschen Bundestag und vom Bundesarchiv unter Leitung von Kurt G. Wernicke und Hans Booms, Boppard am Rhein 1981.

von Campenhausen, Axel: Eigentumsgarantie und Säkularisationsverbot Im Grundgesetz, BayVBl. 1971, 336 ff.

ders.: Kirchliche Zukunft bedarf des Religions-Unterrichts, Rheinischer Merkur/Christ und Welt vom 25. Mai 1990.

ders.: Offene Fragen im Verhältnis von Staat und Kirche am Ende des 20. Jahrhunderts, in: Marré/Schümmelfeder/Kämper (Hrsg.), Essener Gespräche zum Thema Staat und Kirche 34, Das Staat-Kirche-Verhältnis in Deutschland an Der Schwelle zum 21. Jahrhundert, Münster 2000, S. 105 ff.

ders.: Staatskirchenrecht, 3. Auflage, München 1996.

ders.: Staatskirchenrecht in den neuen Bundesländern, in: Isensee/Kirchhof (Hrsg.), Handbuch des Staatsrechts der Bundesrepublik Deutschland, Band IX, Die Einheit Deutschlands – Festigung und Übergang –, Heidelberg 1997, § 207, S. 305 ff.

ders.: Zum Stand des Staatskirchenrechts in Deutschland, BayVBl. 1999, 65 ff.

Czermak, Gerhard: Staat und „Religionsgesellschaften“ in veränderter Situation, Recht und Politik 1994, 31 ff.

Dambitsch, Ludwig: Die Verfassung des Deutschen Reichs mit Erläuterungen, Berlin 1910.

Dästner, Christian: Die Verfassung des Landes Nordrhein-Westfalen, Kommentar, Köln, Stuttgart, Berlin 1996.

Dederer, Horst Georg: Organisatorisch-personelle Legitimation der funktionalen Selbstverwaltung, NVwZ 2000, 403 ff.

Dederke, Karlheinz: Reich und Republik. Deutschland 1917-1933, 4. Auflage Stuttgart 1981.

Degenhart, Christoph: Staatsrecht I, Staatsorganisationsrecht, 15. Auflage, Heidelberg 1999.

Denzler, Georg/ Fabricius, Volker: Die Kirchen im Dritten Reich, Christen und Nazis Hand in Hand?, Band 2: Dokumente, Frankfurt 1984.

Depenbrock, Johannes: Fortgeltung des Reichskonkordats und des Preußenkonkordats in den neuen Bundesländern, NVwZ 1992, 736 ff.

von Doemming, Klaus Berto/ Füßlein, Rudolf: Werner/ Matz, Werner: Entstehungsgeschichte der Artikel des Grundgesetzes, JöR NF. 1 (1951), 1 ff.

Dolzer, Rudolf/Vogel, Klaus (Hrsg.) Bonner Kommentar zum Grundgesetz, Mithrsg. Für Abschnitt X: Klaus Vogel, Heidelberg 1950 ff., Stand: 93. Lieferung, Dezember 1999.

Dreier, Horst: Die Radbruchsche Formel – Erkenntnis oder Bekenntnis?, in: Staatsrecht in Theorie und Praxis, Festschrift für Robert Walter zum 60. Geburtstag, hrsg. von Heinz Mayer u.a., Wien 1991, S 117 ff.

Dreier, Horst (Hrsg.): Grundgesetz Kommentar,
Band I: Artikel 1-19, Tübingen 1996,
Band II: Artikel 20-82, Tübingen 1998,
Band III: Artikel 83-146, Tübingen 2000.

Dreier, Ralf: Sein und Sollen, Bemerkungen zur Reinen Rechtslehre, JZ 1972, 329 ff.

Von Drygalski, Reinhart: Die Einwirkung der Kirchen auf den Religionsunterricht an öffentlichen Schulen, Göttingen 1967.

Ebsen, Ingwer: Das Bundesverfassungsgericht als Element gesellschaftlicher Selbstregulierung, Eine pluralistische Theorie der Verfassungsgerichtsbarkeit im demokratischen Verfassungsstaat, Berlin 1985.

Ehlers, Dirk: Der Bedeutungswandel im Staatskirchenrecht, in: Pieroth (Hrsg.), Verfassungsrecht und soziale Wirklichkeit in Wechselwirkung, Berlin 2000, S. 85 ff.

Ders.: Entkonfessionalisierung des Religionsunterrichts, Eine Untersuchung über die inhaltlichen Gestaltungsanforderungen der Verfassung, Neuwied, Berlin 1975.

Ehmke, Horst: Prinzipien der Verfassungsinterpretation, VVDStLR 20 (1963), S. 53 ff.

Eick-Wildgans, Susanne: Anstaltsseelsorge: Möglichkeiten und Grenzen des Zusammenwirkens von Staat und Kirche im Strafvollzug, Berlin 1993.

Eiselt, Gerhard: Islamischer Religionsunterricht an öffentlichen Schulen in der Bundesrepublik Deutschland, DÖV 1981, 205 ff.

Erbel, Günter: Verfassungsprinzipien und Verfassungswandel (Eine Verfassungsvergleichende Untersuchung: Bundesrepublik Deutschland/Vereinigte Staaten von Amerika), RiA 1987, 25 ff.

Felix, Dagmar Einheit der Rechtsordnung, Zur verfassungsrechtlichen Relevanz einer juristischen Argumentationsfigur, Tübingen 1998.

Fiedler, Wilfried: Sozialer Wandel, Verfassungswandel, Rechtsprechung, Freiburg, Freiburg u.a. 1972.

Finkelnburg, Klaus: Verfassungsfragen des wiedervereinigten Berlin, LKV 1991, 6 ff.

Fischer, Erwin: Das Bundesverfassungsgericht und das Gebot der Trennung von Staat und Kirche, KJ 1989, 295 ff.

ders.: Volkskirche ade! Trennung von Staat und Kirche, 4. Auflage, Berlin 1993.

Forsthoff, Ernst: Die Umbildung des Verfassungsgesetzes, in: Festschrift für Carl Schmitt zum 70. Geburtstag, hrsg. Von Hans Barion, Ernst Forsthoff, Werner Weber, Berlin 1959, S. 35 ff.

Friauf, Karl Heinrich/ Höfling, Wolfram (Hrsg.) Berliner Kommentar zum Grundgesetz, Berlin 2000.

Friesenhahn, Ernst: Religionsunterricht und Verfassung, in: Krautscheidt/Marré (Hrsg.), Essener Gespräche zum Thema Staat und Kirche 5, Münster 1971, S. 67 ff.

Frisch, Michael: Die Bremer Klausel und die neuen Bundesländer, DtZ 1992, 144 ff.

ders.: Kirchenbaulasten und Geltungsverlust von Rechtsnormen, ZevKR 44 (1999), 244 ff.

von der Gablentz, O.M./ Kuhn, Hans W./ von Mettenheim, C.F. (Bearb.) Dokumente zur Berlin-Frage 1944-1959, Herausgegeben vom Forschungsinstitut der Deutsche Gesellschaft für Auswärtige Politik in Zusammenarbeit mit dem Senat von Berlin, München 1959.

Germann, Michael Die Anwendung von Art. 60 BayVwVfG auf vertragliche Kirchenbaulasten, – Antwort auf Ludwig Renck, Kirchenbaulast in aeternum?, BayVBl. 1996, 554 -557 -, BayVBl. 1998, 422 ff.

Göbel, Gerald: Der Kampf um die Schule, Religiöse Präsenz an staatlichen Schulen in der Rechtsprechung des Bundesverfassungsgerichts, in: Verfassung – Philosophie – Kirche, Festschrift für Alexander Hollerbach zum 70. Geburtstag, hrsg. von Joachim Bohnert, Christof Gramm, Urs Kindhäuser u.a., Berlin 2001, S. 771 ff.

Goerlich, Helmut: Art. 141 GG als zukunftsgerichtete Garantie der neuen Länder und die weltanschauliche Neutralität des Bundes, NVwZ 1998, 819 ff.

Goeschen, Andreas Bremer Klausel: „In einem Lande der Bundesrepublik". Zur Frage, ob die „Bremer Klausel" auf die neuen Bundesländer Anwendung findet, Art. 7 Abs. 3 Satz 1 und Art. 141 GG, AfkKR 170 (2001), S. 129 ff.

ders.: Bremer Klausel und Blocksystem, Zur Vereinbarkeit der Länderverfassungen der sowjetischen Besatzungszone (SBZ) mit den Normativbestimmungen des Grundgesetzes (Art. 7 III 1, 23 S. 2 a.F., 28, 141 GG), LKV 1997, 320 f.

Grimmer, Klaus: Die Rechtsfiguren einer „Normativität des Faktischen", Untersuchung zum Verhältnis von Norm und Faktum und zur Funktion der Rechtsgestaltungsorgane, Berlin 1971.

Großfeld, Bernhard: Götterdämmerung?, NJW 1995, 1719 ff.

Gusy, Christoph: Parlamentarischer Gesetzgeber und Bundesverfassungsgericht, Berlin 1985.

ders.: Vom Deutschen Reich zur Weimarer Republik, JZ 1999, 758 ff.

Häberle, Peter Das Konzept der Grundrechte (Derechos fundamentales), Rechtstheorie 24 (1993), 427 ff.

ders.:: Zeit und Verfassungsstaat – kulturwissenschaftlich betrachtet, Jura 2000, 1 ff.

Heckel, Martin: Der Rechtsstatus des Religionsunterrichts im Pluralistischen Verfassungssystem, Tübingen 2002.

ders.: Religionsunterricht für Muslime?, JZ 1999, 741 ff.

ders.: Religionsunterricht im Lichte der Religionsfreiheit, ZevKR 44 (1999), 147 ff.

ders.: Religionsunterricht in Brandenburg, Zur Regelung des Religionsunterrichts und des Faches Lebensgestaltung, Ethik, Religionskunde (LER), Berlin 1999.

ders.: Schlußwort, JZ 2000, 563 f.

ders.: Staat und Kirchen in der Bundesrepublik, Staatskirchenrechtliche Aufsätze 1950-1967 (1973), in: Mikat (Hrsg.), Kirche und Staat in der neueren Entwicklung, Darmstadt 1980, S. 1 ff.

Heckmann, Dirk Die Ausnahme als Regel?, Zur Geltung des Ladenschlußgesetzes, JZ 1999, 1143 ff.

ders.: Geltungskraft und Geltungsverlust von Rechtsnormen, Elemente einer Theorie der Autoritativen Normgeltungsbeendigung, Tübingen 1997.

Heimann, Hans Markus: Materielle Anforderungen an Religionsgemeinschaften für die Erteilung schulischen Religionsunterrichts, in: Andreas Haratsch/Norbert Janz/Sonja Rademacher/Stefanie Schmahl/Norman Weiß (Hrsg.), Religion und Weltanschauung im säkularen Staat, 41. Tagung der Wissenschaftlichen Mitarbeiterinnen und Mitarbeiter der Fachrichtung „Öffentliches Recht", Potsdam 2001, S. 80 ff.

Hesse, Konrad: Grenzen der Verfassungswandlung, in: Festschrift für Ulrich Scheuner zum 70. Geburtstag, hrsg. Von Horst Ehmke, Josef H. Kaiser, Wilhelm A. Kewenig, Karl Matthias Meessen, Wolfgang Rüfner, Berlin 1973, S. 123 ff.

ders.: Grundzüge des Verfassungsrechts der Bundesrepublik Deutschland, 20. Auflage, Heidelberg 1995.

ders.: Verfassungsrechtsprechung im geschichtlichen Wandel, JZ 1995, 265 ff.

Heun, Werner: Die Stellung des Bundespräsidenten im Lichte der Vorgänge um die Auflösung des Bundestages, AöR 109 (1984), 13 ff.

Hildebrandt, Uta: Das Grundrecht auf Religionsunterricht. Eine Untersuchung zum subjektiven Rechtsgehalt des Art. 7 Abs. 3 GG, Tübingen 2000.

Hillgruber, Andreas: Deutsche Geschichte 1945-1975, Die >> deutsche << Frage in der Weltpolitik, 8. Auflage, Stuttgart, Berlin, Köln 1974.

Hillgruber, Christian Staat und Religion, DVBl. 1999, 1155 ff.

Hohlfeld, Klaus (Bearb.) Dokumente der Deutschen Politik und Geschichte Von 1848 bis zur Gegenwart, VI. Band, Berlin 1952.

Hollerbach, Alexander: Die Kirchen unter dem Grundgesetz, VVDStRL 26 (1968), 57 ff.

ders.: Freiheit kirchlichen Wirkens, in: Isensee/Kirchhof (Hrsg.), Handbuch des Staatsrechts der Bundesrepublik Deutschland, Band VI, Heidelberg 1989, § 140, S. 595 ff.

ders. Grundlagen des Staatskirchenrechts, in: Isensee/Kirchhof (Hrsg.), Handbuch des Staatsrechts der Bundesrepublik Deutschland, § 138, S. 471 ff.

ders.: Rechtsbeziehung zwischen kirchlicher und politischer Gemeinde, Versuch einer Skizze anhand der Rechtslage in Baden-Württemberg, in: Ex aequo et bono, Willibald M. Plöchl zum 70. Geburtstag, hrsg. Von Peter Leisching, Franz Pototschnig, Richard Potz, Innsbruck 1977, S. 511 ff.

Holubek, Reinhard: Allgemeine Staatslehre als empirische Wissenschaft. Eine Untersuchung am Beispiel von Georg Jellinek, Bonn 1961.

Hsü Dau-Lin: Die Verfassungswandlung, Berlin, Leipzig, 1932.

Huber, Ernst Rudolf: Deutsche Verfassungsgeschichte,
Band 3: Bismarck und das Reich, 3. Auflage, Stuttgart, Berlin, Köln, Mainz 1988;
Band 6: Die Weimarer Reichsverfassung, Stuttgart, Berlin, Köln, Mainz 1981.

ders. (Hrsg.): Dokumente zur Deutschen Verfassungsgeschichte, Deutsche Verfassungsdokumente, Band 2: 1851-1900, 3. Auflage, Stuttgart, Berlin, Köln, Mainz 1986.

Hufeld, Ulrich: Die Verfassungsdurchbrechung, Rechtsproblem der Deutschen Einheit und der europäischen Einigung, Ein Beitrag zur Dogmatik der Verfassungsänderung, Berlin 1997.

Ipsen, Jörn: Rechtsfolgen der Verfassungswidrigkeit Von Norm und Einzelakt, Baden-Baden 1980.

ders.: Staatsorganisationsrecht, 11. Auflage, Neuwied, Kriftel 1999.

Isensee, Josef: Diskussionsbeitrag, in: Marré/Schümmelfeder/Kämper (Hrsg.), Essener Gespräche zum Thema Staat und Kirche 32, Der Beitrag der Kirchen Zur Erfüllung des staatlichen Erziehungsauftrags, Münster 1998, S. 101 ff.

ders.: Staatsleistungen an die Kirchen und Religionsgemeinschaften, in: Listl/Pirson (Hrsg.), Handbuch des Staatskirchenrechts der Bundesrepublik Deutschland, Band I, 2. Auflage, Berlin 1994, § 35, S. 1009 ff.

Isensee, Josef / Ossenbühl, Fritz : Normenkontrollantrag, in: Konrad-Adenauer-Stiftung, Religionsunterricht in den Schulen, Der Streit um das Fach LER in Brandenburg – Ein Beispiel für die Auseinandersetzung um das Verhältnis von Staat und Religion mit einem Ausblick auf die Situation in Nordrhein-Westfalen, 2. Auflage, Sankt-Augustin 1998, S. 17 ff.

Janz, Norbert: Das brandenburgische Schulfach „Lebensgestaltung-Ethik-Religionskunde“ (LER): Königs- oder Irrweg?, öarr 2002, 22 ff.

Jarass, Hans D./ Pieroth, Bodo: Grundgesetz, 7. Auflage, München 2004.

Jeand'Heur, Bernd: Verfassungsrechtliche Schutzgebote zum Wohl des Kindes und staatliche Interventionspflichten aus der Garantienorm des Art. 6 Abs. 2 Satz 2 GG, Berlin 1993.

Jeand'Heur, Bernd/ Korioth, Stefan: Grundzüge des Staatskirchenrechts, Stuttgart, München, Hannover, Berlin, Weimar, Dresden 2000.

Jellinek, Georg: Allgemeine Staatslehre, 3. Auflage, Berlin 1929, 7. Neudruck, Bad Homburg an der Höhe 1960.

ders.: Verfassungsänderung und Verfassungswandel, Nachdruck der Ausgabe von Berlin, Häring, 1906, hrsg. und eingeleitet von Walter Pauly, Goldbach 1996.

Jellinek, Walter: Über die normative Kraft des Faktischen, Zu Georg Jellineks 100. Geburtstag am 16. Juni 1951, JZ 1951, 347 ff.

Jeselsohn, Sigmund: Begriff, Arten und Grenzen der Verfassungs-Änderung nach Reichsrecht, Heidelberg 1929.

Kästner, Karl-Hermann: Die Konfessionalität des Religionsunterrichts an öffentlichen Schulen zwischen Religionspädagogik und Jurisprudenz, in: Bürgerliche Freiheit und Christliche Verantwortung, Festschrift für Christoph Link zum siebzigsten Geburtstag, hrsg. Von Heinrich de Wall und Michael Germann, Tübingen 2003, S. 301 ff.

ders.: Die Verfassungsgarantie des kirchlichen Vermögens, in: Listl/Pirson (Hrsg.), Handbuch des Staatskirchenrechts der Bundesrepublik Deutschland, Band I, 2. Auflage, Berlin 1994, § 32, S. 891 ff.

ders.: Diskussionsbeitrag, in: Marré/Schümmel-Feder/Kämper (Hrsg.), Essener Gespräche zum Thema Staat und Kirche 32, Der Beitrag der Kirchen zur Erfüllung des staatlichen Erziehungsauftrags, Münster 1998, S. 118 f.

ders.: Religiöse Bildung und Erziehung in der Öffentlichen Schule – Grundlagen und Tragweite der Verfassungsgarantie staatlichen Religionsunterrichts, in: Marré/Schümmelfeder/Kämper (Hrsg.), Essener Gespräche zum Thema Staat und Kirche 32, Der Beitrag der Kirchen zur Erfüllung des staatlichen Erziehungsauftrags, Münster 1998, S. 61 ff.

Kempter, Klaus: Die Jellineks 1820-1950, Eine familien-Biographische Studie zum deutschjüdischen Bildungsbürgertum, Düsseldorf 1998.

Kenntner, Markus: Grundgesetzwandel, – Überlegungen zur Veränderung des Grundgesetzes und seines Bezugrahmens –, DÖV 1997, 450 ff.

Kilian, Michael: Wiedererstehen und Aufbau der Länder im Gebiet der vormaligen DDR, in: Isensee/Kirchhof (Hrsg.), Handbuch des Staatsrechts der Bundesrepublik Deutschland, Band VIII, Die Einheit Deutschlands – Entwicklung und Grundlagen –, Heidelberg 1995, § 186, S. 55 ff.

Kimms, Frank/ Schlünder,Irene: Verfassungsrecht II, Grundrechte, München 1998.

Kirchhof, Paul: Die Identität der Verfassung in ihren unabänderlichen Inhalten, in: Isensee/Kirchhof (Hrsg.), Handbuch des Staatsrechts der Bundesrepublik Deutschland, Band I, Grundlagen von Staat und Verfassung, § 19, S. 775 ff.

Kisker, Gunter: Insichprozeß und Einheit der Verwaltung, Zur Frage der Zulässigkeit von Insichprozessen vor den Verwaltungsgerichten, Baden-Baden 1968.

Klein, Hans Hugo: „...die Einheit und Freiheit Deutschlands zu vollenden“ – Geltung und Bestand des Wiedervereinigungsgebots, in: Verantwortlichkeit und Freiheit – Die Verfassung als wertbestimmte Ordnung, Festschrift für Willi Geiger zum 80. Geburtstag, hrsg. von Hans-Joachim Faller, Paul Kirchhof und Ernst Träger, Tübingen 1989, S. 132 ff.

Kleine, Markus: Institutionalisierte Verfassungswidrigkeiten Im Verhältnis von Staat und Kirchen unter Dem Grundgesetz. Ein Beitrag zur juristischen Methodik im Staatskirchenrecht, Baden-Baden 1993.

Kloepfer, Michael Der Vorbehalt des Gesetzes im Wandel, JZ 1984, 685 ff.

ders.: Verfassung und Zeit. Zum überhasteten Gesetzgebungsverfahren, Der Staat 13 (1974), 457 ff.

Korinek, Karl/ Müller, Jörg P./ Schlaich, Klaus: Die Verfassungsgerichtsbarkeit im Gefüge der Staatsfunktionen, VVDStRL 39 (1981)

Korioth, Stefan: Islamischer Religionsunterricht und Art. 7 III GG. Zu den Voraussetzungen religiöser Vielfalt in der öffentlichen Pflichtschule, NVwZ 1997, 1041 ff.

Kostorz, Peter: „Lebensgestaltung-Ethik-Religionskunde“ statt Religionsunterricht in Brandenburg, Standpunkte im Streit um ein (verfassungskonformes) Konzept schulischer Wertevermittlung, http:\\www.uni.tuebingen.de/kirchenrecht/nomokanon/abhandlung5.htm.

Kotulla, Michael Fortgeltung von Rechtsverordnungen nach Wegfall ihrer gesetzlichen Ermächtigungsgrundlage?, NVwZ 2000, 1263 ff.

Kremser, Holger: Das Verhältnis von Art. 7 Abs. 3 Satz 1 GG und Art. 141 GG im Gebiet der neuen Bundesländer, JZ 1995, 928 ff.

ders.: Der Rechtsstatus der evangelischen Kirchen in der DDR und die neue Einheit der EKD, Tübingen 1993.

ders.: Der Weg der Kirchen/Religionsgemeinschaften von der sozialistischen DDR in das vereinte Deutschland, JöR NF. 40 (1991/1992), 501 ff.

Krüger, Herbert: Allgemeine Staatslehre, 2. Auflage, Stuttgart, Berlin, Köln, Mainz 1966.

Laband, Paul: Das Staatsrecht des Deutschen Reiches, 4. Auflage, Band 2, Tübingen, Leipzig 1901.

ders.: Die geschichtliche Entwicklung der Reichsverfassung seit der Reichsgründung, JöR 1 (1907), 1 ff.

ders.: Die Wandlungen der deutschen Reichsverfassung, Vortrag gehalten vor der Gehe Stiftung zu Dresden, Dresden 1895.

Landé, Walter: Die Schule in der Reichsverfassung, Berlin 1929.

Langer, Albert: Die normative Kraft des Faktischen und Georg Jellinek, in: Ein Leben, drei Epochen: Festschrift für Hans Schütz zum 70. Geburtstag hrsg. von Horst Glassl u. Otfrid Pustejovsky, München, 1971, S. 256 ff.

Larenz, Karl: Methodenlehre der Rechtswissenschaft, 3. Auflage, Berlin, Heidelberg, New York 1975.

Leisner, Walter: Verfassungswidriges Verfassungsrecht – Nach dem „Bodenreform-Urteil" des BVerfG, DÖV 1992, 432 ff.

Leistikow, Sven/ Krzyweck, Hans-Jürgen: Der Religionsunterricht in den neuen Bundesländern, RdJB 1991, 308 ff.

Lenz, Helmut: Buchbesprechung zu Holubek, Allgemeine Staatslehre als empirische Wissenschaft, Eine Untersuchung am Beispiel von Georg Jellinek, Bonn 1961, Der Staat 1 (1962), 235 ff.

Lerche, Peter: Stiller Verfassungswandel als aktuelles Politikum, in: Festgabe für Theodor Maunz zum 70. Geburtstag am 1. September 1971, Herausgegeben von Hans Spanner, Peter Lerche, Hans Zacher, Peter Badura, Axel Frhr. v. Campenhausen, München 1971, S. 286 ff.

Lindner, Thomas: Baulasten an kirchlichen Gebäuden, Staatliche und kommunale Leistungspflichten für den Kirchenbau, Tübingen 1995.

Link, Christoph: „LER“, Religionsunterricht und das deutsche Staatskirchenrecht, in: Verfassung – Philosophie – Kirche, Festschrift für Alexander Hollerbach zum 70. Geburtstag, hrsg. von Joachim Bohnert, Christof Gramm, Urs Kindhäuser u.a., Berlin 2001, S. 747 ff.

ders.: Religionsunterricht, in: Listl/Pirson (Hrsg.), Handbuch des Staatskirchenrechts der Bundesrepublik Deutschland, Bd. 2, 2. Auflage, Berlin 1995, § 54, S. 439 ff.

ders.: Religionsunterricht im pluralistischen Staat, in: Basse/Fischer/Link (Hrsg.), Religionsunterricht im Spannungsfeld Staat/Kirche, Stuttgart 1976, S. 5 ff.

ders.: Verfassungsbeschwerde, in: Konrad-Adenauer-Stiftung, Religionsunterricht in den Schulen, Der Streit um das Fach LER in Brandenburg – ein Beispiel für die Auseinandersetzung um das Verhältnis von Staat und Religion mit einem Ausblick auf die Situation in Nordrhein-Westfalen, S. 41 ff.

Link, Christoph/ Pahlke, Armin: Religionsunterricht und Bekenntniszugehörigkeit. Die Teilnahme katholischer Schüler, die sich vom Religionsunterricht der eigenen Konfession abgemeldet haben, am evangelischen Religionsunterricht der Sekundarstufe II nach niedersächsischem Schulrecht, in: Listl (Hrsg.), Der Religionsunterricht als bekenntnisgebundenes Lehrfach, Berlin 1985, S. 13 ff.

Listl, Joseph (Hrsg.): Die Konkordate und Kirchenverträge in der Bundesrepublik Deutschland, Textausgabe für Wissenschaft und Praxis, Band I, Berlin 1987.

Listl, Joseph: Die Religionsfreiheit als Individual- und Verbandsgrundrecht in der neueren deutschen Rechtsentwicklung und im Grundgesetz, in: Krautscheidt/Marré (Hrsg.), Essener Gespräche zum Thema Staat und Kirche 3, Münster 1969, S. 34 ff.

ders.: Zur Frage der verfassungsrechtlichen Zulässigkeit eines „kooperativ-konfessionellen" Religionsunterrichts an der Gesamtschule in Weinheim, in: ders. (Hrsg.), Der Religionsunterricht als bekenntnisgebundenes Lehrfach, Berlin 1983, S. 49 ff.

Lörler, Sighart: Verfassungsrechtliche Maßgaben für den Religionsunterricht in Brandenburg, ZRP 1996, 121 ff.

Loschelder, Wolfgang: Grenzen staatlicher Wertevermittlung in der Schule, in: Dem Staate, was des Staates – der Kirche, was der Kirche ist, Festschrift für Joseph Listl zum 70. Geburtstag, hrsg. von Josef Isensee, Wilhelm Rees und Wolfgang Rüfner, Berlin 1999, S. 349 ff.

Loth, Wilfried: Die Teilung der Welt: Geschichte des Kalten Krieges 1941-1955, München 2000.

Löwer, Wolfgang: Cessante ratione legis cessat ipsa lex, Wandlung einer gemeinrechtlichen Auslegungsregel zum Verfassungsgebot, Berlin, New York 1989.

Lücke, Jörg: Die Weimarer Kirchengutsgarantie als Bestandteil des Grundgesetzes, JZ 1998, 534 ff.

Mahrenholz, Ernst G.: Die Kirchen in der Gesellschaft der Bundesrepublik, 2. Auflage, Hannover 1972.

Mampel, Siegfried: Das Ende der sozialistischen Verfassung der DDR, Deutschland Archiv 1990, 1377 ff.

ders.: Die sozialistische Verfassung der Deutschen Demokratischen Republik, Kommentar, Frankfurt/Main 1982.

von Mangoldt, Hermann: Bundesverfassungsgericht – Verfassungsverfahrensrecht, DtZ-Informationen 1991, 128 ff.

ders.: Grundrechte und Grundsatzfragen des Bonner Grundgesetzes, AöR 75, 273 ff.

ders.: Zur Rechtslage Berlins, ROW 1990, 1.

von Mangoldt, Hermann/ Klein, Friedrich/ von Campenhausen, Axel: Das Bonner Grundgesetz, Kommentar, Band 14: Artikel 136 bis 146, 3. Auflage, München 1991.

von Mangoldt , Hermann/ Klein, Friedrich/ Starck, Christian: Das Bonner Grundgesetz, Kommentar, Band 1: Präambel, Artikel 1 bis 19, 4. Auflage, München 1999.

Maunz, Theodor: Verfassungsinhalt und Verfassungswirklichkeit, BayVBl. 1969, 1 ff.

ders.: Die Kooperation von Staat und Kirche, BayVBl. 1988, 231 ff.

Maunz, Theodor/ Dürig, Günter: Grundgesetz, Kommentar von Theodor Maunz, Günter Dürig, Matthias Herdegen, Roman Herzog u.a., München 1958 ff., Stand: 36. Ergänzungslieferung (Oktober 1999).

Maunz, Theodor/ Zippelius, Reinhold: Deutsches Staatsrecht, 30 Auflage, München 1998.

Maurer, Hartmut: Allgemeines Verwaltungsrecht, München 1999.

ders.: Die verfassungsrechtliche Grundlage des Religions-unterrichts, in: Verfassung, Theorie und Praxis des Sozialstaats, Festschrift für Hans F. Zacher zum 70. Geburtstag, hrsg. von Franz Ruland, Heidelberg 1998, S. 577 ff.

ders.: Staatsrecht, Grundlagen, Verfassungsorgane, Staatsfunktionen, München 1999.

ders.: Zur Verfassungswidrigerklärung von Gesetzen, in: Im Dienst an Recht und Staat, Festschrift für Werner Weber zum 70. Geburtstag, hrsg. von Hans Schneider und Volkmar Götz, Berlin 1974, S. 345 ff.

Mehrle, Gebhard: Art. 141 GG in „neuem Licht"?, NVwZ 1999, 740 ff.

ders.: Trennung vom Staat – Mitarbeit in kirchlichen Institutionen, Militärseelsorge und Religionsunterricht in den neuen Bundesländern, Berlin 1998.

Meyer, Georg: Lehrbuch des deutschen Staatsrechtes, 5. Auflage, Leipzig 1899.

Model, Otto/ Müller, Klaus:: Grundgesetz für die Bundesrepublik Deutschland, Taschenkommentar für Studium und Praxis, 11. Auflage, Köln, Berlin, Bonn, München 1996.

Muckel, Stefan: Anmerkung zu OVG Berlin, Urteil vom 4.11.1998, 7 B 4.98, DVBl. 1999, 558 ff.

ders.: Islamischer Religionsunterricht und Islamkunde an öffentlichen Schulen in Deutschland, JZ 2001, 58 ff.

ders.: Kriterien des verfassungsrechtlichen Vertrauensschutzes bei Gesetzesänderungen, Berlin 1989.

ders.: Religionsgemeinschaften als Körperschaften des öffentlichen Rechts, Zur aktuellen Diskussion um die Verleihung der Körperschaftsrecht, Der Staat 38 (1999), 569 ff.

ders.: Religiöse Freiheit und staatliche Letztentscheidung, Die verfassungsrechtlichen Garantien religiöser Freiheit unter veränderten gesellschaftlichen Verhältnissen, Berlin 1997.

ders.: Überkreuz mit dem Kreuz, KuR 110, 21 ff. (= 1996, 65 ff.)

Muckel, Stefan/ Tillmanns, Reiner: >> Lebensgestaltung - Ethik - Religionskunde << statt Religionsunterricht?, Zur Geltung des Art. 7 Abs. 3 GG im Bundesland Brandenburg, RdJB 1996, 360 ff.

Mückl, Stefan: Staatskirchenrechtliche Regelungen zum Religionsunterricht, AöR 122 (1997), 513 ff.

Müller, Friedrich: Juristische Methodik, 5. Auflage, Berlin 1995.

ders.: Normstruktur und Normativität, Berlin 1966.

ders.: Strukturierende Rechtslehre, 2. Auflage, Berlin 1994.

ders.: Thesen zur Struktur von Rechtsnormen, ARSP 56 (1970), 493 ff.

Müller, Friedrich/Pieroth, Bodo: Religionsunterricht als ordentliches Lehrfach: Eine Fallstudie zu den Verfassungsfragen seiner Versetzungserheblichkeit, Berlin 1974.

Münch, Fritz: Die normative Kraft des Faktischen, in: Kroker, Eduard/Veiter, Theodor (Hrsg.), Rechtspositivismus, Menschenrechte und Souveränitätslehre in verschiedenen Rechtskreisen, Wien, Stuttgart 1976, S. 38 ff.

von Münch, Ingo: Die Zeit im Recht, NJW 2000, 1 ff.

ders.: Staatsrecht, Band 1, Einführung; Deutschland: Teilung und Vereinigung; Staatsform; Staatsorgane; Deutschland in der Europäischen Gemeinschaft, 5. Auflage, Stuttgart, Berlin, Köln 1993.

von Münch, Ingo/ Kunig, Philip (Hrsg.) Grundgesetz-Kommentar, Band 1: Art. 1-20, 5. Auflage, München 2000, Band 2: Art. 21-69, 3. Auflage, München 1995 Band 3: Art. 70-146, 3. Auflage 1996.

Mußgnug, Reinhard Außerkrafttreten von Rechtsverordnungen beim Wegfall der gesetzlichen Ermächtigung?, BaWüVBl. 1965, 86 ff.

Niehues, Norbert: Schul- und Prüfungsrecht, Band 1: Schulrecht, 3. Auflage, München 2000.

Oebbecke, Janberd: Reichweite und Voraussetzungen der Grundgesetzlichen Garantie des Religionsunterrichts, DVBl. 1996, 336 ff.

Otto, Gert: Religionskunde in der Schule, Konfessioneller Unterricht ist ein Anachronismus, EvKomm 1992, 31 ff.

Pauly , Walter: Verfassungswandel und normative Kraft des Faktischen, in: Jellinek, Verfassungsänderung und Verfassungswandlung, hrsg. und eingeleitet von Walter Pauly, Nachdruck der Ausgabe Berlin, Häring 1906, Goldbach 1996, S. VII ff.

Pfennig, Gero/ Neumann, Manfred J. (Hrsg.): Verfassung von Berlin, Kommentar, Berlin u.a. 1978.

Pieroth, Bodo: Buchbesprechung zu Baumeister, Das Rechtswidrigwerden von Normen, DVBl. 1997, 860 f.

ders.: Die verfassungsrechtliche Zulässigkeit einer Öffnung des Religionsunterrichts, ZevKR 38 (1993), 189 ff.

Pieroth, Bodo:/ Kingreen, Thorsten: Die Einschlägigkeit des Art. 141 GG für das Land Brandenburg, in: Rechtstheorie und Rechtsdogmatik im Austausch, Gedächtnisschrift Bernd Jeand'Heur, hrsg. von Wilfried Erbguth, Friedrich Müller und Volker Neumann, Berlin 1999, S. 265 ff.

Pieroth, Bodo/ Schlink, Bernhard: Grundrechte, Staatsrecht II, 19. Auflage, Heidelberg 2003.

Pikart, Eberhard/ Werner, Wolfram (Bearb.): Der Parlamentarische Rat 1948-1949, Akten und Protokolle,
Band 5/I: Ausschuß für Grundsatzfragen, Boppard am Rhein 1993;
Band 5/II: Ausschuß für Grundsatzfragen, Boppard am Rhein 1993.

Piloty, Robert: Verfassungsänderung ohne Änderung der Verfassungsurkunde, DJZ 1923, Spalte 511 ff.

Post, Albert: Staatliche Grundrechtsvorsorge und Bekenntnisunterricht, ZRP 1999, 347 ff.

Preuss, Hugo Verfassungsändernde Gesetze und Verfassungsurkunde, DJZ 1924, Spalte 649 ff.

Puza, Richard: Das in Brandenburg eingeführte Unterrichtsfach Lebensgestaltung-Ethik-Religionskunde und der konfessionelle Religionsunterricht, in: Biesinger/Hänle (Hrsg.), Gott – mehr als Ethik, Freiburg, Basel, Wien 1997, S. 147 ff.

ders. Rechtsfragen um den Religionsunterricht und das brandenburgische Unterrichtsfach LER, in: Dem Staate, was des Staates – der Kirche, was der Kirche ist, Festschrift für Joseph Listl zum 70. Geburtstag, hrsg. von Josef Isensee, Wilhelm Rees und Wolfgang Rüfner, Berlin 1999, S. 407 ff.

Quaritsch, Helmut: Kirchenvertrag und Staatsgesetz – Zum Problem der Einwirkung nachträglicher Verfassungs- und Gesetzesänderungen auf die von Staat und evangelischen Kirchen geschlossenen Verträge, in: Hamburger Festschrift für Friedrich Schack zu seinem 80. Geburtstag am 1. Oktober 1966, hrsg. von Hans Peter Ipsen, Hamburg 1966, S. 125 ff.

Radbruch, Gustav: Gesetzliches Unrecht und übergesetliches Recht (1946), in: Rechtsphilosophie, 5. Auflage, Stuttgart 1956, S. 347 ff.

Ramb, Martin W. Das Verhältnis von Kirche und Staat nach der deutschen Wiedervereinigung in der Krise?, Der staatskirchen-rechtliche Grundlagenstreit um den Religionsunterricht und das neue Schulfach „Lebensgestaltung-Ethik-Religionskunde“ (LER) im Bundesland Brandenburg, Frankfurt/Main, Berlin, Bern, New York, Paris 1998.

Rees, Wilhelm: Der Religionsunterricht und die katechetische Unterweisung in der kirchlichen und staatlichen Rechtsordnung, Regensburg 1986.

ders.: Katholische Schule und Religionsunterricht als Verwirklichung der Religionsfreiheit, Kirchenrechtlicher Anspruch und staatliche Normierung, in: Dem Staate, was des Staates – der Kirche, was der Kirche ist, Festschrift für Joseph Listl zum 70. Geburtstag, hrsg. von Josef Isensee, Wilhelm Rees und Wolfgang Rüfner, Berlin 1999, S. 367 ff.

ders.: Religionsunterricht in der Schule, Rechtliche Grundlagen und neuere Fragestellungen aus katholischer Sicht, KuR 730, 15 ff. (= 1996, 99 ff.)

Reifner, Udo Juristen im Nationalsozialismus, ZRP 1983, 13 ff.

Renck, Ludwig: Bekenntnisrecht im wiedervereinigten Deutschland, ZRP 1999, 323 ff.

ders.: Der Streit um den Bekenntnis- und Ethikunterricht, NJ 2000, 393 ff.

ders.: Die Trennung von Staat und Kirche, BayVBl. 1988, 225 ff.

ders.: Erwiderung, Bekenntnisunterricht – ein Gebot der Bekenntnisfreiheit?, JZ 2000, 561 ff.

ders.: Institutionell garantierter Bekenntnisunterricht?, ZRP 2003, 137 ff.

ders.: Rechtsfragen des Religionsunterrichts an den öffentlichen Schulen der neuen Bundesländer, ThürVBl. 1993, 102 ff.

ders.: Rechtsfragen des Religionsunterrichts im bekenntnisneutralen Staat, DÖV 1994, 27 ff.

ders.: Religionsunterricht in Brandenburg?, LKV 1997, 81 ff.

ders.: Religionsunterricht in den neuen Bundesländern, LKV 1993, 88 f.

ders.: Staatskirchenrecht in den neuen Bundesländern – dargestellt am Beispiel Thüringens –, ThürVBl. 1994, 182 ff.

ders.: Verfassungsprobleme des Ethikunterrichts, BayVBl. 1992, 519 ff.

ders.: Zum Stand des Bekenntnisverfassungsrechts in der Bundesrepublik, BayVBl. 1999, 70 ff.

ders.: Zur grundrechtlichen Bedeutung von Art. 7 III GG, NVwZ 1992, 1171 f.

Ress, Georg: Die Autorität des Verfassungsrechts, in: Die Autorität des Rechts: Verfassungsrecht, Völkerrecht, Europarecht. Referate und Diskussionsbeiträge des wissenschaftlichen Kolloquiums aus Anlaß des 65. Geburtstages von Karl Doehring am 17. März 1984, hrsg. von Torsten Stein, Heidelberg 1985, S. 5 ff.

Richardi, Reinhard/ Annuß, Georg — Sonn- und Feiertagsarbeit unter der Geltung des Arbeitszeitgesetzes. Eine Betrachtung des Spannungsfeldes zwischen Verfassung, Arbeitszeitgesetz und Bedarfsgewerbeverordnung, Baden-Baden 1999

Richter, Ingo: — Der Religionsunterricht als institutionelle Garantie, RdJB 1996, 295 ff.

Rinken, Alfred — Demokratie und Hierarchie. Zum Demokratieverständnis des Zweiten Senats des Bundesverfassungsgerichts, KritV 79 (1996), 282 ff.

Robbers, Gerhard: — Obsoletes Verfassungsrecht durch sozialen Wandel, in: Grundrechte, soziale Ordnung und Verfassungsgerichtsbarkeit, Festschrift für Ernst Benda zum 70. Geburtstag, hrsg. von Eckart Klein in Verbindung mit Klaus-Eckart Gebauer, Karl Kreuzer u.a., Heidelberg 1995, S. 209 ff.

Roellecke, Gerd: — Aufgaben und Stellung des Bundesverfassungsgerichts im Verfassungsgefüge, in: Isensee/Kirchhof (Hrsg.), Handbuch des Staatsrechts der Bundesrepublik Deutschland, Band II, Heidelberg 1987, § 53, S. 665 ff.

Roßnagel, Alexander: — Verfassungsänderung und Verfassungswandel in der Verfassungspraxis, Der Staat 22 (1983), 551 ff.

Rottmann, Joachim: — Über das Obsolet-Werden von Verfassungsnormen, in: Festschrift für Wolfgang Zeidler, Band 2, hrsg. von Walther Fürst, Roman Herzog, Dieter C. Umbach, Berlin, New York 1987, S. 1097 ff.

Rüfner, Wolfgang: Deutsche Einheit im Staatskirchenrecht, in: Marré/Stüting (Hrsg.), Die Einigung Deutschlands und das deutsche Staat-Kirche System, Essener Gespräche zum Thema Staat und Kirche 26, Münster 1992, S. 60 ff.

ders. Urteilsanmerkung zu VerfGH NRW, Urteil vom 16.4.1982, VerfGH 17/78, DÖV 1983, 30.

Sachs, Michael: Bloße Unvereinbarerklärung bei Gleichheitsverstößen?, Probleme einer Entscheidungspraxis des BVerfG, dargestellt am Beispiel des Beschlusses zum nordrhein-westfälischen Hausarbeitstagsgesetz, NVwZ 1982, 657 ff.

ders.: Grundgesetz, Kommentar, 2. Auflage, München 1999.

Schäfer, Detmar: Religionskunde in der Oberstufe, RdJB 1992, 324 ff.

Scheilke, Christoph Th.: Religion in der Schule einer pluralen Gesellschaft, RdJB 1996, 340 ff.

Schenke, Wolf-Rüdiger: Verfassung und Zeit – von der „entzeiteten" zur zeitgemäßen Verfassung, AöR 103 (1978), 566 ff.

Scheuner, Ulrich: Das Grundgesetz in der Entwicklung zweier Jahrzehnte, AöR 95 (1970), 353 ff.

ders.: Der Bestand staatlicher und kommunaler Leistungspflichten an die Kirchen (Art. 138 Abs. 2 WRV), in: Diaconia et ius, Festgabe für Heinrich Flatten zum 65. Geburtstag, hrsg. von Heribert Heinemann, Horst Herrmann, Paul Mikat, München, Paderborn, Wien 1973, S. 381 ff.

ders.: Fortfall gemeindlicher Kirchenbaulasten durch völlige Änderung der Verhältnisse?, ZevKR 14 (1968/1969), 353 ff.

Schlaich, Klaus Das Bundesverfassungsgericht. Stellung, Verfahren, Entscheidungen, Ein Studienbuch, 4. Auflage, München 1997.

Schlaich, Klaus/ Korioth, Stefan Das Bundesverfassungsgericht. Stellung, Verfahren, Entscheidungen, Ein Studienbuch, 6. Auflage, München 2004.

Schlink, Bernhard: Die Entthronung der Staatsrechtswissenschaft durch die Verfassungsgerichtsbarkeit, Der Staat 28 (1989), 161 ff.

ders.: Religionsunterricht in den neuen Ländern, NJW 1992, 1008 ff.

Schlink, Bernhard/ Poscher, Ralf: Der Verfassungskompromiß zum Religionsunterricht, Art. 7 Abs. 3 und Art. 141 GG im Kampf des Parlamentarischen Rates um die >> Lebensordnungen <<, Baden-Baden 2000.

Schmidt-Aßmann, Eberhard: Der Rechtsstaat, in: Isensee/Kirchhof (Hrsg.), Handbuch des Staatsrechts der Bundesrepublik Deutschland, Band I, Grundlagen von Staat und Verfassung, Heidelberg 1987, § 24, S. 987 ff.

Schmidt-Bleibtreu, Bruno/Klein, Franz: Kommentar zum Grundgesetz, 9. Auflage Neuwied, Kriftel 1999.

Schmidt-Jortzig, Edzard: Außerkrafttreten von Gesetzen wegen „völliger Veränderung der Verhältnisse“?, Rechtstheorie 12 (1981), 395 ff.

Schmitt, Carl: Freiheitsrechte und institutionelle Garantien, in: Verfassungsrechtliche Aufsätze aus den Jahren 1924-1954, Materialien zu einer Verfassungslehre, Berlin 1958, S. 140 ff.

ders.: Verfassungslehre, Berlin 1954.

Schmitz, Theodor: Diskussionsbeitrag, in: Marré/Schümmelfeder/Kämper (Hrsg.), Essener Gespräche zum Thema Staat und Kirche 32, Der Beitrag der Kirchen zur Erfüllung des staatlichen Erziehungsauftrags, Münster 1998, S. 112 f.

Schmoeckel, Reinhard: Der Religionsunterricht, Die rechtliche Regelung nach Grundgesetz und Landesgesetzgebung, Berlin 1964.

Schnapp, Friedrich E. Toleranzidee und Grundgesetz, JZ 1985, 857 ff.

Schneider, Hartmut: Die Rechtsfigur des Verfassungswandels im Europäischen Gemeinschaftsrecht. Eine Untersuchung anhand der Rechtsgrundlage der Gemeinsamen Fischereipolitik, DVBl. 1990, 282 ff.

Scholz, Rupert: Der Auftrag der Kirchen im Prozeß der deutschen Einheit, in: Marré/Stüting (Hrsg.), Essener Gespräche zum Thema Staat und Kirche 26, Die Einigung Deutschlands und das deutsche Staat-Kirche-System, Münster 1992, S. 7 ff.

Schuppert, Gunnar Folke: Grundrechte und Demokratie, EuGRZ 1985, 525 ff.

ders.: Rigidität und Flexibilität von Verfassungsrecht, Überlegungen zur Steuerungsfunktion von Verfassungsrecht in normalen wie in „schwierigen Zeiten“, AöR 120 (1995), 32 ff.

Schweitzer, Michael: Staatsrecht III, Staatsrecht, Völkerrecht, Europarecht, 7. Auflage, Heidelberg 2000.

von Seydel, Max: Commentar zur Verfassungsurkunde für das Deutsche Reich, 2. Auflage, Freiburg i.B. u.a. 1897.

Smend, Rudolf: Verfassung und Verfassungsrecht, in: Staatsrechtliche Abhandlungen und andere Aufsätze, 2. Auflage, Berlin 1968, S. 119 ff.

Speidel, Reiner: Außerkrafttreten von Normen durch endgültigen Wegfall des geregelten Sachverhalts, BaWüVBl. 1964, 177.

Sperling, Eberhard/ Weidemann, Heidi: Zum Fortbestand herkömmlicher Kirchenbaulasten der politischen Gemeinden, DÖV 1973, 269 ff.

Starck, Christian: Religionsunterricht in Brandenburg, Art. 141 GG als Ausnahme von der Regel des Art. 7 Abs. 3 GG, in: Dem Staate, was des Staates – der Kirche, was der Kirche ist, Festschrift für Josef Listl zum 70. Geburtstag, hrsg. von Josef Isensee, Wilhelm Rees und Wolfgang Rüfner, Berlin 1999, S. 391 ff.

ders.: Religionsunterricht und Verfassung. Eine rechtsvergleichende Betrachtung, in: Bürgerliche Freiheit und Christliche Verantwortung, Festschrift für Christoph Link zum siebzigsten Geburtstag, hrsg. von Heinrich de Wall und Michael Germann, Tübingen 2003, S. 483 ff.

Steiner, Udo: Der funktionslose Bebauungsplan, in: Planung und Plankontrolle, Entwicklungen im Bau- und Fachplanungsrecht, Otto Schlichter zum 65. Geburtstag, hrsg. von Jörg Berkemann, Günter Gaentzsch, Köln, Berlin, Bonn, München 1995, S. 313 ff.

Stern, Klaus: Das Staatsrecht der Bundesrepublik Deutschland, Band I: Grundbegriffe und Grundlagen des Staatsrechts, Strukturprinzipien der Verfassung, 2. Auflage, München 1984;
Band III/1: Allgemeine Lehren der Grundrechte, München 1988;
Band V: Die geschichtlichen Grundlagen des deutschen Staatsrechts, München 2000.

ders.: Idee und Elemente eines Systems der Grundrechte, in: Isensee/Kirchhof (Hrsg.), Handbuch des Staatsrechts der Bundesrepublik Deutschland, Band V, Allgemeine Grundrechtslehren, Heidelberg 1992, § 109, S. 45 ff.

Stückrath, Birgitta: Art. 146 GG: Verfassungsablösung zwischen Legalität und Legitimität, Berlin 1997.

Studenroth, Stefan: Einflußnahme des Bundestages auf Erlaß, Inhalt und Bestand von Rechtsverordnungen, DÖV 1995, 525 ff.

Thiel, Markus: Der Erziehungsauftrag des Staates in der Schule, Grundlagen und Grenzen staatlicher Erziehungstätigkeit im öffentlichen Schulwesen, Berlin 2000

Thieme, Werner: Demokratie, – Ein Staatsziel im Wandel der gelebten Verfassung –, DÖV 1998, 751 ff.

Thoma, Richard: Die juristische Bedeutung der grundrechtlichen Sätze der deutschen Reichsverfassung im allgemeinen, in: Nipperdey (Hrsg.), Die Grundrechte und Grundpflichten der Reichsverfassung, Kommentar zum zweiten Teil der Reichsverfassung, Band 1, Allgemeine Bedeutung der Grundrechte und die Artikel 102-117, Berlin 1929, S. 1 ff.

Tillmanns, Reiner: Grundzüge des Staatskirchenrechts in den neuen Bundesländern, in: Tillmanns/Neumann (Hrsg.), Verfassungsrechtliche Probleme bei der Konstituierung der neuen Bundesländer, Berlin 1997, S. 161 ff.

ders.: Islamischer Religionsunterricht in Berlin, Anmerkungen zu einem langjährigen Rechtsstreit, RdJB 1999, 471 ff.

Uhle, Arnd: Die Verfassungsgarantie des Religions- unterrichts und ihre territoriale Reichweite, – Ein Beitrag zum Verhältnis von Art. 7 Abs. 3 S. 1 GG zu Art. 141 GG –, DÖV 1997, 409 ff.

Vogelsang, Thilo: Das geteilte Deutschland, 12. Auflage, München 1983.

Volk, Ludwig (Bearb.) Akten Kardinal Michael von Faulhaber 1917-1945, Band 1, Herausgegeben von Konrad Repgen, Mainz 1975.

Voll, Otto/ Störle, Johann: Handbuch des Bayerischen Staatskirchenrechts, München 1985.

Wähler, Klaus: Diskussionsbeitrag, in: Marré/Schümmelfeder/ Kämper (Hrsg.), Essener Gespräche zum Thema Staat und Kirche 32, Der Beitrag der Kirchen zur Erfüllung des staatlichen Erziehungsauftrags, Münster 1998, S. 118.

de Wall, Heinrich: Das Grundrecht auf Religionsunterricht: Zur Zulässigkeit der Verfassungsbeschwerden gegen das Brandenburgische Schulgesetz, NVwZ 1997, 465 ff.

ders.: Die Einrichtungsgarantien des Grundgesetzes als Grundlagen subjektiver Rechte, Der Staat 38 (1999), 377 ff.

ders.: Zum subjektiven Recht der Kirchen auf den Sonntagsschutz, NVwZ 2000, 857 ff.

ders.: Zum Verfassungsstreit um den Religionsunterricht in Brandenburg, ZevKR 42 (1997), 353 ff.

Walter, Christian — Hüter oder Wandler der Verfassung?, Zur Rolle des Bundesverfassungsgerichts im Prozeß des Verfassungswandels, AöR 125 (2000), 517 ff.

Walther, Manfred: — Hat der juristische Positivismus die deutschen Juristen wehrlos gemacht?, KJ 1988, 263 ff.

Wassermann, Rudolf: — Kommentar zum Grundgesetz für die Bundesrepublik Deutschland-Reihe Alternativkommentare, 2. Auflage, Neuwied, Darmstadt 1989.

Wernsmann, Rainer — Wer bestimmt den Zweck einer grundrechtseinschränkenden Norm – BVerfG oder Gesetzgeber?, NVwZ 2000, 1360 ff.

Wilke, Dieter: — Bundesverfassungsgericht und Rechtsverordnungen, AöR 98 (1973), 196 ff.

Wimmer, Raimund: — Verfassungsbeschwerde, in: Konrad-Adenauer-Stiftung, Religionsunterricht in den Schulen, Der Streit um das Fach LER in Brandenburg – ein Beispiel für die Auseinandersetzung um das Verhältnis von Staat und Religion mit einem Ausblick auf die Situation in Nordrhein-Westfalen, 2. Auflage, Sankt Augustin 1998, S. 87 ff.

Winter, Jörg: — Zur Anwendung des Art. 7 III GG in den neuen Ländern der Bundesrepublik Deutschland, NVwZ 1991, 753 ff.

Wißmann, Hinnerk: — Art. 141 GG als >> Brandenburger Klausel <<?, RdJB 1996, 368 ff.

Wrege, Wolf Reinhard: Zum Religionsunterricht in den neuen Ländern (Art. 7 III 1, 141 GG), LKV 1996, 191 ff.

Zeiler, Horst: Außerkrafttreten von Bebauungsplänen infolge abweichender tatsächlicher Entwicklung, BayVBl. 1978, 626 ff.

Zippelius, Reinhold: Juristische Methodenlehre, 7. Auflage, München 1999.

Zivier, Ernst R.: Verfassung und Verwaltung von Berlin, 3. Auflage, Berlin 1998.

Zorn, Philipp: Die deutsche Reichsverfassung, Leipzig 1907.

Zuck, Rüdiger: Verfassungswandel durch Vertrag?, ZRP 1998, 457 ff.

Schriften zum Staatskirchenrecht

Herausgegeben von Axel Frhr. von Campenhausen und Christoph Link

Band 1 Christoph Link: Staat und Kirche in der neueren deutschen Geschichte. Fünf Abhandlungen. 2000.

Band 2 Andreas Franitza: Der Allgemeine Hannoversche Klosterfonds und die Klosterkammer Hannover. Untersuchung zur rechtsgeschichtlichen Entwicklung. 2000.

Band 3 Reinald Willenberg: Rundfunk unter kirchlicher Trägerschaft. 2001.

Band 4 Martin Fischer: Kirchliche Beiträge im Fernsehen. Darstellung eines abgestuften Mitgestaltungsmodells kirchlicher Beteiligung im Fernsehen. 2001.

Band 5 Bernd Albrecht von Garmissen: Landwirtschaftliches Grundvermögen in kirchlicher Hand. Dargestellt am Beispiel der Evangelischen Kirche in Deutschland und unter besonderer Berücksichtigung der Evangelisch-Lutherischen Landeskirche Hannovers. 2001.

Band 6 Berend Lindner: Entstehung und Untergang von Körperschaften des öffentlichen Rechts. Unter besonderer Berücksichtigung der Religions- und Weltanschauungsgemeinschaften. 2002.

Band 7 Gesa Dirksen: Das deutsche Staatskirchenrecht - Freiheitsordnung oder Fehlentwicklung? 2003.

Band 8 Im Dienste der Sache. Liber amicorum für Joachim Gaertner. Herausgegeben von Ricarda Dill, Stephan Reimers, Christoph Thiele. 2003.

Band 9 Arnd Diringer: Scientology. Verbotsmöglichkeit einer verfassungsfeindlichen Bekenntnisgemeinschaft. 2003.

Band 10 Konstantin v. Notz: Lebensführungspflichten im evangelischen Kirchenrecht. 2003.

Band 11 Matthias Schwara: Die Heiliggeistkirche in Heidelberg im Wandel der Zeiten. Ein Beitrag zur Rechtsgeschichte Südwestdeutschlands. 2003.

Band 12 Axel Frhr. von Campenhausen (Hrsg.): Deutsches Staatskirchenrecht zwischen Grundgesetz und EU-Gemeinschaftsrecht. Symposion im Kirchenamt der Evangelischen Kirche in Deutschland am 25. und 26. April 2002 in Hannover. 2003.

Band 13 Thomas Bauer: Die GmbH als Rechtsform karitativer Einrichtungen der Kirche. 2003.

Band 14 Anne-Ruth Glawatz: Die Zuordnung privatrechtlich organisierter Diakonie zur evangelischen Kirche. Unter besonderer Berücksichtigung von unternehmerischen Umstrukturierungen in der Diakonie. 2003.

Band 15 Detlef Kehlen: Europäische Antidiskriminierung und kirchliches Selbstbestimmungsrecht. Zur Auslegung von Art. 13 EG und Art. 4 der Richtlinie 2000/78/EG. 2003.

Band 16 Andreas Grube: Der Sonntag und die kirchlichen Feiertage zwischen Gefährdung und Bewährung. Aspekte der feiertagsrechtlichen Entwicklung im 19. und 20. Jahrhundert. 2003.

Band 17 Burghard Winkel: Kirche und Vergaberecht. Der vergaberechtliche Status der evangelischen Landeskirchen in Deutschland. 2004.

Band 18 Suzanne Mann: Das Kopftuch der muslimischen Lehramtsanwärterin als Eignungsmangel im Beamtenrecht. 2004.

Band 19 Markus Ogorek: Geltung und Fortbestand der Verfassungsgarantie staatlichen Religionsunterrichts in den neuen Bundesländern. Ein Beitrag zur Lehre vom sogenannten Verfassungswandel. 2004.

www.peterlang.de